# BIBLIOTHÈQUE

### DES

# ÉCOLES FRANÇAISES D'ATHÈNES ET DE ROME

---

## FASCICULE CINQUANTE-NEUVIÈME

ESSAI SUR L'ADMINISTRATION DU ROYAUME DE SICILE SOUS CHARLES Iᵉʳ
ET CHARLES II D'ANJOU

Par Léon Cadier

TOULOUSE. — IMP. A. CHAUVIN ET FILS, RUE DES SALENQUES, 28.

# ESSAI SUR L'ADMINISTRATION

DU

# ROYAUME DE SICILE

SOUS

## CHARLES Iᵉʳ ET CHARLES II D'ANJOU

PAR

### Léon CADIER

MEMBRE DE L'ÉCOLE FRANÇAISE DE ROME

PARIS

ERNEST THORIN, ÉDITEUR

LIBRAIRE DES ÉCOLES FRANÇAISES D'ATHÈNES ET DE ROME
DU COLLÈGE DE FRANCE ET DE L'ÉCOLE NORMALE SUPÉRIEURE
DE LA SOCIÉTÉ DES ÉTUDES HISTORIQUES

7, RUE DE MÉDICIS, 7

——

1891

*Léon Cadier est mort le 26 décembre 1889. Il s'est éteint au milieu des siens, presque subitement, mais enfin vaincu par une longue maladie dont le progrès, inaperçu de lui seul, ne laissait plus à sa famille et à ses amis aucune espérance. Il laissait de nombreux manuscrits. Les deux Mémoires qu'il avait envoyés à l'Institut étaient complètement rédigés. Il avait aussi préparé entièrement la publication du* Registre de Jean XXI. *Nous comptons donner prochainement ce Registre, et voici les deux Mémoires sur le gouvernement des rois angevins de Naples. Un des collègues et des plus chers amis de Cadier, M. Stéphane Gsell, s'est, avec M. Ed. Jordan, dévoué de tout cœur à la correction des épreuves. Il aurait fallu des retouches, des additions, même certaines corrections que l'auteur seul aurait pu faire. Cadier se proposait d'achever avec le plus grand soin ce qu'il avait si bien commencé. Ses amis et ses maîtres ont pensé toutefois que les deux Mémoires méritaient d'être publiés tels que nous les avons recueillis, et nous avons été heureux de pouvoir rendre cet hommage à sa mémoire. M. Batti, des Archives de Naples, a bien voulu prendre la peine de collationner ses Pièces justificatives, s'unissant ainsi au même sentiment que nous exprimait M. le surintendant des mêmes Archives, le respecté commandeur Capasso : « La notizia della morte del sig[r] Cadier fece a me ed a tutti gli ufficiali della sala diplomatica di questo Archivio una pena grandissima. Per la sua bontà e per l'assiduità al lavoro, ci avevamo abituati a tenerlo come un compagno dei nostri studii. E siamo grati alla sua memoria per essersi occupato con tanto amore e con tanta dottrina ad illustrare la storia nostra. »*

*De fait, Léon Cadier a légué de virils et touchants exemples.*

*Rarement on aura vu plus méritante la lutte de l'ardeur intellectuelle et morale, de la jeunesse et de la vie intérieure.*

**145730**

— VI —

*Ancien élève de l'Ecole des Chartes et de l'Ecole des hautes
études, archiviste-paléographe, licencié ès lettres, membre de
l'Ecole française de Rome pendant les trois années 1887, 1888,
1889, Léon Cadier aspirait à la noble indépendance que donnent la science et l'enseignement. Sa santé, depuis longtemps
ébranlée, bien qu'il en convînt à peine, l'avait forcé d'écou-
ter l'offre, à laquelle il avait droit, d'un poste honorable dans
l'administration des Archives; mais il souhaitait un rôle plus
actif, et s'obstinait à espérer que son bon travail lui vaudrait
d'être chargé d'une conférence d'enseignement supérieur.*

*C'était l'ambition de sa vingt-huitième année, le premier
dessin du plan de toute sa vie.*

*L'activité intelligente et féconde de ses derniers efforts au
service de ces espérances a de quoi étonner. Ce n'est pas celle
du jeune savant qui, craignant de n'avoir pas longtemps à
vivre, veut laisser de soi un beau témoignage; c'est celle d'un
ferme esprit, non solidaire de la débilité du corps, tout entier
à la dignité de son œuvre, à la pensée de la récompense légitime, au contentement intérieur de l'action. Et telle a été cette
énergie, soutenue par la force morale, qu'il n'a pas même vu
devant lui la menace toujours présente dont ceux qui l'entou-
raient se sentaient émus.*

*Dès son temps d'études à l'Ecole des Chartes, plusieurs ar-
ticles ou mémoires publiés dans des revues spéciales et sa
thèse de sortie l'ont déjà signalé. Il accomplit une mission en
Espagne et publie, dans les* Mélanges d'archéologie et d'histoire *de l'Ecole française de Rome, pour 1887, un important*
Rapport *sur les* Bulles originales conservées dans les Archives de Navarre. *En 1888, il présente au concours de l'Institut pour les* Antiquités de la France *un volume in-8° intitulé :* Les Etats de Béarn depuis leurs origines jusqu'au
commencement du seizième siècle, étude sur l'histoire et
l'administration d'un pays d'Etats. *Il obtient la première
médaille, et ses juges louent sans restriction le plan du livre,
délimité, disent-ils, « avec une précision qui est un des si-
gnes caractéristiques de l'esprit de l'auteur... » Ils ajoutent
« qu'il a fixé une règle critique dont tous ceux qui s'occupent
des mêmes études pourront tirer un grand profit. » — « C'est*

*un beau travail,* » *écrit un de ses maîtres,* M. Monod, « *un des plus remarquables, sans contredit, que la jeune école historique ait produits sur notre histoire provinciale.* »

*Il est, de la sorte, bien préparé aux études originales et critiques. Aussitôt nommé membre de l'Ecole française de Rome, il choisit une belle et ample carrière, où l'engageaient heureusement l'exemple et les travaux d'un de ses prédécesseurs. Peu d'années auparavant,* M. Paul Durrieu, *par de lumineux calculs, avait rétabli l'ordre chronologique dans la série considérable des registres de la maison d'Anjou conservés aux archives de San Severino, à Naples, et donné ainsi la clé d'un trésor que rendait jusque-là presque inutile le désordre d'une reliure maladroite pratiquée au seizième siècle.*

*Léon Cadier y emprunte la matière de ses propres travaux. Sous ce titre général :* Recherches sur l'administration française dans le royaume de Sicile à la fin du treizième siècle, *il envoie en 1888 à l'Institut une vaste* Introduction *où sont définies les principales règles du gouvernement du roi Charles I<sup>er</sup> en ses diverses périodes, et, en 1889, un mémoire plus particulier :* Essai sur la grande cour royale de Sicile pendant les règnes de Charles I<sup>er</sup> et de Charles II d'Anjou.

*Ce n'est pas là encore tout le tribut de ses trois dernières années. Il y faut ajouter l'élaboration première d'un projet de vaste publication conçu de concert avec* M. Paul Durrieu, *en vue de faire connaître et de commenter un à un toute une série de documents compris dans les Registres angevins. Il y faut ajouter, dans les* Mélanges *de 1889, une étude sur* Le tombeau du pape Paul III Farnèse, de Guglielmo della Porta, *et d'autres travaux encore.*

*Le caractère de Léon Cadier était à la hauteur de son intelligence. La marque principale en était, très visible pour ceux qui ne l'approchaient que par intervalles et d'un peu loin, une grande dignité, discrète et douce ; et ceux-là mêmes pouvaient deviner aisément ce qui éclatait aux yeux des plus proches, c'est-à-dire une âme affectueuse et tendre, digne de profonds regrets et de larmes sincères.* « *Sa mort,* » *écrit son maître respecté,* M. Paul Meyer, « *me laisse la sensation d'un grand vide ; c'est une force de moins. Il eût été très loin ; sa puissance de conception et de combinaison était grande. C'était vraiment — sans parler de son caractère, qui était séduisant, — l'un des jeunes gens tout à fait hors ligne que j'ai eus comme élèves, depuis vingt ans, à l'Ecole des Chartes. »* — *« Sa mort est pour moi, »* dit M. Monod, *« un deuil personnel des plus cruels ; c'est aussi une perte bien sensible pour la science. »*

*Ses travaux et ceux de M. Durrieu ont montré combien d'informations on peut tirer des Registres angevins pour faire connaître l'administration civile et financière des rois de Naples de la maison d'Anjou, les emprunts faits par eux aux institutions françaises, l'importation de notre langue et de nos usages, etc. La riche mine n'est pas épuisée, et nous pouvons bien prévoir que quelque membre de l'Ecole française de Rome voudra y fouiller encore. Il sera aidé non seulement par l'exemple de ses deux prédécesseurs, mais aussi par les nombreuses copies de documents que nous a légués Léon Cadier et dont nous n'avons pas pu faire l'entière publication. Et ce sera un nouvel hommage à une mémoire qui nous restera chère.* A. G.

# ESSAI

SUR

## L'ADMINISTRATION DU ROYAUME DE SICILE

SOUS

### CHARLES Iᵉʳ ET CHARLES II D'ANJOU

---

## PREMIÈRE PARTIE

LE GOUVERNEMENT DE CHARLES Iᵉʳ D'ANJOU. — LES
RÉFORMES ADMINISTRATIVES DE 1282 ET 1283. —
LA CONSTITUTION D'HONORIUS ET LA RÉGENCE PEN-
DANT LA CAPTIVITÉ DE CHARLES II D'ANJOU.

---

### I

#### GOUVERNEMENT DE CHARLES Iᵉʳ D'ANJOU AVANT LES VÊPRES SICILIENNES.

Le 7 janvier 1285 s'éteignait à Foggia, en Apulie, l'une des
plus grandes figures du treizième siècle, Charles d'Anjou, roi de
Jérusalem et de Sicile, duc de Pouille et prince de Capoue, sénateur de Rome, prince d'Achaïe, comte d'Anjou, de Provence et
de Forcalquier, etc. Sa vie avait été brillante et glorieuse, et pendant longtemps la fortune lui avait été constamment favorable.
En peu d'années, le cadet apanagé de la maison capétienne était
devenu l'heureux possesseur des belles provinces du midi de la

1

France et de l'Italie; son influence s'était exercée non seulement dans toute la péninsule, mais dans l'Europe entière. Il était devenu l'un des plus grands princes de la chrétienté, le soutien du Saint-Siège, et il avait pu songer un instant à conquérir et à restaurer à son profit l'empire grec d'Orient. Puis, au moment où il paraissait arrivé au faîte de la puissance, la fortune, jusqu'alors si fidèle, l'avait abandonné; la jalousie et l'envie que ses succès rapides avaient excitées, la haine que sa domination fière et hautaine avait suscitée parmi ses sujets, les égarements et les fautes auxquels l'avaient entraîné son ambition et son orgueil indomptable, avaient provoqué une réaction terrible contre son autorité. A son tour, il avait connu le malheur; il avait vu ses sujets, excités par des souverains rivaux, se révolter contre lui, ses vieux compagnons d'armes vaincus ou tués, ses flottes dispersées, et la moitié de son royaume venait de lui échapper. Malgré son énergie et sa constance, ses efforts pour vaincre ou apaiser la révolte demeuraient sans résultats, après trois ans de lutte. Pour comble de tristesse, son fils unique, son seul héritier, le prince de Salerne, était entre les mains de ses pires ennemis, détenu prisonnier au milieu de cette population barbare et cruelle de la Sicile, qui, grisée par le sang français, demandait à grands cris son supplice, pour venger l'exécution sanglante du malheureux Conradin. Charles d'Anjou mourait donc sans avoir achevé son œuvre, et ses derniers moments avaient été attristés sans doute par l'incertitude où il était du sort réservé à son fils, à sa conquête, à cette monarchie brillante qu'il avait cru fonder dans le midi de l'Italie.

La mauvaise fortune qui avait frappé Charles d'Anjou dans les dernières années de sa vie l'a suivi jusque dans la tombe et s'est attachée à sa mémoire. Bien que sa vie soit très connue et que les moindres faits de son règne aient été rapportés, soit par les nombreux chroniqueurs contemporains, soit dans les innombrables documents qui nous sont parvenus sur cette époque, il y a peu d'histoires qui soient aussi sujettes à revision que la sienne, il est peu de personnages qui aient été attaqués avec autant d'acharnement et d'injustice. Charles d'Anjou a été l'objet d'une haine tenace; on aurait pu croire qu'après six cents années passées sur sa mémoire, les passions se seraient éteintes pour faire place au jugement impartial et équitable de l'histoire. Le contraire s'est produit, et, dans une des dernières études sur son règne, la meilleure, sans contredit, qui ait paru jusqu'ici, — j'ai nommé *La Guerra del Vespro Siciliano*, de M. Amari, — la légende qui entourait le rôle de Jean de Procida dans cette ténébreuse affaire a disparu, mais pour faire place à la légende de Charles d'Anjou, exposée avec plus de passion que jamais (1). Toutes les fautes qui ont été commises sous son règne lui sont attribuées; toutes les oppressions lui sont imputées, même celles qui existaient bien longtemps avant son règne; mais ses intentions surtout sont suspectées, et, s'il a fait quelque réforme utile ou quelque acte de justice, c'est pour mieux cacher ses sinistres projets; s'il parle de sa bonne ville de Palerme « quam speciali prerogativa diligimus et fovemus, » il fait des protestations mensongères (2); s'il fait des règlements pour la bonne administration de la monnaie et contre les faussaires, c'est pour mieux voler ses sujets (3), etc., etc. L'étude consacrée par M. Amari à l'administration de la Sicile sous Charles I<sup>er</sup> n'est qu'un long réquisitoire déclamatoire et passionné.

La raison de ces attaques et de ces calomnies est facile à comprendre. Le plus beau fait d'armes de l'histoire de Sicile est un horrible massacre; pour le faire accepter par la postérité, pour pouvoir célébrer encore aujourd'hui les *Vêpres Siciliennes* comme un événement glorieux des annales siciliennes, on a rejeté tout ce que cet acte avait d'horrible sur ceux qui en avaient été les victimes. Pour excuser les bourreaux, on a accusé les Français de toutes sortes de crimes, on a peint l'administration française en Sicile sous les couleurs les plus noires, on a fait de Charles d'Anjou le plus abominable des tyrans. Sans doute, la révolte de la Sicile, en 1282, a dû être provoquée par des raisons sérieuses; il y a eu probablement des excès commis, la population a dû être soulevée par des abus de pouvoir, qui ont amené un débordement de haine tel que nul, au treizième siècle, n'a songé à plaindre les victimes. Mais les causes de la révolution de Sicile sont surtout

(1) Mon intention n'est pas de diminuer en rien la valeur du bel ouvrage de M. Amari, dont la plus grande partie est excellente et mérite tout au moins une discussion sérieuse et approfondie qui ne peut trouver place ici. Je fais en ce moment allusion uniquement au chapitre IV relatif à l'administration de Charles d'Anjou. M. Amari a pris la peine d'indiquer dans quel état d'esprit il a rédigé ce chapitre, quand il dit (t. I, p. 69, édit. de 1886) : « *Fremendo io le scrive; ma ne racconterò la vendetta.* »

(2) Amari, *La guerra del Vespro Siciliano*, t. I, p. 104.

(3) Rien de curieux et d'instructif à cet égard comme la note de la p. 85 du t. I. M. Amari a pesé un carlin d'or conservé dans le cabinet des médailles à la Bibliothèque nationale de Paris, et l'a trouvé exactement du même poids que l'augustale de Frédéric. Il se croit obligé de faire toutes sortes de suppositions pour expliquer cette coïncidence extraordinaire.

des causes politiques. Pour que le soulèvement de Palerme ait
réussi à séparer pour un temps aussi long la Sicile du royaume
de Naples, il a fallu d'autres causes qu'une mauvaise administration. La politique du roi d'Aragon, les intrigues des nobles
Siciliens dépouillés de leurs terres, le peu d'influence exercée par
Charles d'Anjou dans l'île sont des facteurs autrement sérieux
dans ce grand bouleversement. Charles d'Anjou n'a pas été
d'ailleurs sans trouver des défenseurs : M. le comte de Saint-
Priest a consacré à l'*Histoire de la conquête de Naples par Charles
d'Anjou* (1) une remarquable étude, où il présente le caractère du
frère de saint Louis sous son vrai jour, et, en montrant son
habileté politique, le venge en partie des injustes attaques dont il
a été l'objet. Mais on peut reprocher au livre de M. de Saint-
Priest de ne pas avoir étudié d'assez près l'administration de
Charles d'Anjou et l'organisation de la conquête française dans le
midi de l'Italie. Par là, il prête le flanc aux critiques et accepte,
d'autre part, trop facilement, les opinions mises en cours par les
historiens italiens.

Mon intention n'est pas de rouvrir en ce moment-ci un débat
de cette importance, mais de chercher quels ont été, dans leur
ensemble, les résultats de la politique de Charles d'Anjou vis-à-vis
de ses nouveaux sujets. On peut dire, en effet, avec M. P. Durrieu (2), « que l'étude des Registres angevins est extrêmement
» favorable à la mémoire de Charles Ier d'Anjou. Si l'on peut
» reprocher au fondateur de la dynastie d'avoir abusé de sa vic-
» toire pour traiter ses adversaires avec la plus extrême rigueur,
» on doit reconnaître qu'une fois son pouvoir solidement assuré,
» il s'efforça par tous les moyens de faire régner dans ses Etats
» la paix et la justice. » Les historiens de Charles d'Anjou ne
nous avaient pas habitué à un pareil langage, et ses plus chauds
défenseurs n'avaient pas opposé aux déclamations de ses détrac-
teurs, s'appuyant presque tous sur les récits des chroniqueurs
siciliens, catalans ou partisans de la papauté, le tableau de l'administration du royaume et les ordonnances remarquables du
frère de saint Louis et d'Alphonse de Poitiers, d'après les cinquante registres de sa chancellerie qui ont été conservés. Sans
doute, il ne suffit pas d'édicter de sages lois : il convient surtout
de les bien appliquer; mais c'est par les actes du souverain qu'on
peut le mieux se faire une idée de son caractère et pénétrer ses

(1) Paris, Amyot, 1849, 4 vol. in-8°.
(2) *Les archives angevines de Naples*, t. I, p. 75.

intentions. On a rendu Charles d'Anjou responsable des abus commis par ses officiers ou ses barons ; on lui a reproché les mesures les plus sages, telles, par exemple, celles qu'il a prises contre le brigandage (1). L'étude du gouvernement de ce prince nous montre, au contraire, une administration admirablement organisée et régulière, une surveillance incessante des actes des officiers royaux et la répression des injustices commises (2). Les intentions du souverain n'ont peut-être pas toujours été suivies ; mais ses actes n'ont pas eu pour seul mobile l'orgueil, l'ambition et la rapacité. Charles d'Anjou a voulu organiser sa conquête : il a réussi, et, malgré les tristes événements qui ont suivi sa mort, la couronne de Sicile est restée à ses héritiers pendant plusieurs générations.

### I. — POLITIQUE DE CHARLES D'ANJOU ET GOUVERNEMENT DE CE PRINCE.

1. *Divisions du règne.* — Pour comprendre la politique de Charles d'Anjou dans le royaume de Sicile, il faut distinguer dans son règne trois périodes successives, marquées toutes les trois par un des grands événements de son histoire, et empruntant à ces événements leur caractère particulier. La première phase, qu'on pourrait résumer dans le mot de *conquête*, comprend les premières années du règne, depuis la victoire de Bénévent (26 février 1266) jusqu'à la défaite de Conradin à la bataille d'Alba ou de Tagliacozzo (23 août 1268). Après la mort de Manfred, Charles d'Anjou se présente comme le successeur des anciens rois, et le changement de dynastie s'opère sans grandes difficultés et sans violences. La noblesse sicilienne n'est pas inquiétée ; elle conserve ses terres à la condition d'être fidèle au roi ; aucune poursuite n'est exercée systématiquement contre les partisans de Manfred (3). Le roi rend seulement aux exilés et à ceux qui avaient été dépouillés par les rois précédents les biens qu'ils

---

(1) Amari, ouvrage cité, ch. IV, t. I, p. 96.

(2) Pour donner une idée de la manière dont M. Amari a étudié l'administration de Charles d'Anjou, je signalerai seulement l'usage qu'il a fait des *Capitoli* ou ordonnances de ce prince. Après les Vêpres siciliennes, Charles d'Anjou publia une ordonnance sur la réforme du royaume, datée de 1282, où il réglementait d'une façon plus sévère les actes de ses officiers. M. Amari prend les divers articles de cette ordonnance, et conclut des mesures prises par le roi, pour prévenir des abus, que ces abus existaient, non seulement dans des cas particuliers, mais comme règles de l'administration française en Sicile. On peut aller très loin avec un pareil procédé de critique !

(3) *Saba Malaspina*, lib. III, cap. XV, dans Muratori, t. VIII, col. 831.

tenaient de la couronne ; il cherche même à se concilier les
cœurs de ses nouveaux sujets en mettant en liberté ceux qui
avaient combattu pour la maison de Souabe et en leur restituant
même leurs biens. Quant à l'administration du royaume, rien
n'est d'abord changé ; Charles d'Anjou adopte les règles mises en
pratique par les rois ses prédécessenrs et observe les constitutions
de Frédéric II ; les fonctionnaires en charge sous le dernier roi
conservent même pendant quelque temps leurs attributions (1).

Survient l'expédition de Conradin, qui provoque la révolte de
la plus grande partie des nobles napolitains, sur lesquels Charles
d'Anjou avait cru pouvoir compter. Le roi triomphe, non sans
peine, à Tagliacozzo, et voit son compagnon, Henri de Cousan-
ces, maréchal de France, massacré par les soldats de Conradin,
qui le prennent pour le roi lui-même. Il veut tirer de cette
déloyauté une vengeance éclatante, et la victoire de Tagliacozzo
est le point de départ d'une impitoyable répression, qui modifie
complètement le caractère pacifique de la conquête. Charles I<sup>er</sup>
poursuit comme traîtres (*proditores nostri*) les barons napolitains
passés au service de Conradin, et confisque leurs biens au profit
de la couronne (2). A ce changement de politique du roi correspond une seconde phase de son règne, caractérisée par l'*organisation de la conquête française*. En effet, pour achever son œuvre
et la rendre durable, Charles I<sup>er</sup> résolut de s'appuyer sur ses
compagnons d'armes, qui l'avaient suivi en Italie, et de les retenir auprès de lui, de manière à former au cœur du royaume une
féodalité nouvelle, constituée en armée permanente. Les confiscations des biens des rebelles lui permettaient de disposer d'un
assez grand nombre de terres que Charles I<sup>er</sup> distribua presque uniquement à des Français. A partir de ce moment la prépondérance
de l'élément français se fait sentir davantage, à mesure que croît

_____

(1) Voir P. Durrieu, *Notice sur les registres angevins en langue française* (Rome, 1883, in-8°), p. 31, 32, et *Etudes sur la dynastie angevine de
Naples. I. Le Liber donationum Caroliprimi* (Rome, 1886, in-8°), p. 25
et suiv. (Extraits des *Mélanges d'archéologie et d'histoire de l'Ecole française de Rome*).

(2) M. Durrieu (*ibid.*, p. 27, note 1) insiste avec raison sur la distinction
entre ces deux phases de la conquête de Charles d'Anjou, en faisant remarquer que la plupart des historiens modernes, le comte de Saint-Priest par
exemple, font remonter aux premières années du règne les distributions de
terres aux chevaliers français. C'est une grave erreur, et la question de date
a ici une grande importance, en faisant coïncider le changement dans la
conduite du roi à l'égard de la noblesse napolitaine avec la répression de la
révolte de Conradin.

la puissance de Charles I<sup>er</sup>, qui atteint, en 1277, son apogée. Les coutumes et les mœurs françaises dominent dans tout le royaume. En même temps l'administration change et n'est plus confiée aux nobles du pays. Presque tous les grands officiers du royaume (1) et, en 1277, tous les justiciers ou gouverneurs de province sont des Français. Il en est de même de la plupart des capitaines de places fortes, des châtelains royaux, des gardes des forêts royales et, en général, des fonctionnaires de quelque importance (2).

L'établissement de cette féodalité étrangère et l'organisation nouvelle de l'administration du royaume réussirent à assurer le triomphe de la dynastie angevine dans le midi de l'Italie. Mais elles furent aussi les causes ou, du moins, les prétextes de la révolte de l'île de Sicile, en 1282, et des maux qui en furent la conséquence dans les dernières années du règne de Charles I<sup>er</sup> et dans les premières années de son successeur Charles II. Le massacre des Vêpres Siciliennes produisit une impression terrible sur le roi. Au moment où, tout entier à ses préparatifs contre l'empire grec, il formait des rêves ambitieux, le soulèvement des Siciliens le rappelait brusquement à la réalité et lui montrait que, malgré tant d'efforts, sa conquête n'était pas encore bien affermie. Il voulut avant tout achever son œuvre, et, éclairé sans doute par les plaintes qui s'élevaient de l'île de Sicile contre son administration, il entra résolûment dans la voie des réformes. Aux Vêpres Siciliennes commence donc, pour le règne de Charles I<sup>er</sup>, une nouvelle période, celle des réformes, pendant laquelle le roi consacre tous ses soins, en dehors de la lutte contre la Sicile et contre Pierre d'Aragon, à reconstituer son gouvernement sur des bases plus solides et à s'attacher le plus possible ses sujets du continent, pour pouvoir triompher plus sûrement des Siciliens révoltés. La mort vient le surprendre en 1285, avant que son œuvre soit complètement achevée. Mais son initiative devait produire des fruits, et ses ordonnances, complétées par ses successeurs, assurer l'établissement définitif de la dynastie angevine.

2. *Situation du roi au début de son règne.* — C'est de cette troisième période de réformes du règne de Charles I<sup>er</sup> que je voudrais m'occuper. Mais pour bien comprendre l'état du royaume

_____

(1) Voir Minieri-Riccio, *De' grandi officiali del regno di Sicilia* (Naples, 1872, in-8°).

(2) Durrieu, *Notice sur les registres angevins en langue française*, p. 32 et 33.

de Sicile en 1285 et l'organisation du gouvernement de 1282 à 1289 (période que je désire étudier ici), il importe de revenir quelque peu en arrière et d'insister sur les conditions dans lesquelles se trouvaient le souverain et le royaume pendant la seconde période où s'est organisée la conquête. La substitution de la dynastie angevine à la maison de Souabe, grâce à la papauté, semble, au premier abord, s'être opérée sans grandes difficultés. Charles d'Anjou, vainqueur à Bénévent, devient le maître de tout le royaume de Sicile et est accueilli, sinon avec sympathie, du moins sans vive résistance. Mais il avait accepté le trône de Sicile dans des conditions qui étaient loin d'être aussi favorables et aussi simples qu'elles le paraissent ; il s'était, semble-t-il, bien rendu compte de la difficulté de la tâche, quand il hésitait à accepter les offres d'Urbain IV et surtout les obligations onéreuses et humiliantes que le Saint-Siège voulait lui imposer. Ce n'est pas sans appréhensions qu'il s'était décidé, après deux années de réflexion, à conquérir le royaume de Naples et à devenir l'homme lige de la papauté. Il est probable que l'influence qu'il avait su acquérir en Italie, en Toscane notamment, la dignité de sénateur de Rome qu'il avait obtenue, malgré le pape, influèrent sur la décision de Charles d'Anjou, en même temps qn'elles obligeaient Clément IV à hâter la conclusion des négociations. Charles d'Anjou entrevit, sans doute, la possibilité de constituer dans le midi de l'Italie un Etat puissant, malgré la dépendance où voulait le tenir le Saint-Siège. Mais il ne faut pas oublier, comme on l'a fait trop souvent, que la papauté continue, sous son règne et sous ceux de ses successeurs, à jouer un rôle prédominant dans les affaires de Sicile, et qu'elle est aussi en partie responsable des fautes politiques que l'on reproche au fondateur de la dynastie angevine.

M. de Saint-Priest s'est efforcé de montrer les véritables causes des dissentiments qui ont existé entre Charles d'Anjou et les souverains pontifes dès les premiers temps de la conquête, en disant que la politique du frère de saint Louis différait et devait différer de celle de la papauté (1). Il a fort bien exposé, d'après la correspondance du pape Clément IV (2), l'origine de la mauvaise humeur du pape vis-à-vis du défenseur du Saint-Siège en Italie,

(1) Voir Saint-Priest, ouv. cité, tout le livre VII, et en particulier t. II, p. 263.

(2) Cette correspondance a été publiée par Martène et Durand, *Thesaurus anecdotorum*, t. II.

mauvaise humeur qui ne fit que s'accroître et qui se changea
souvent en hostilité sous les pontificats de Grégoire X et surtout
de Nicolas III. Sans doute, on ne peut qu'admirer les idées élevées du pape Clément IV et le programme de pacification et de
gouvernement qu'il trace à Charles d'Anjou dans une lettre célèbre (1) ; mais les sages conseils du pape pouvaient-ils être suivis,
en 1266, et les mesures bienveillantes qu'il recommandait
étaient-elles d'une application immédiate? Il est permis d'en douter quand on examine la situation dans laquelle se trouvait le
vainqueur de Bénévent, et il est bon d'ajouter que bien des avis
donnés dans la lettre du pape ne furent pas perdus, et que leur
influence se retrouve dans bien des mesures prises plus tard par
le roi de Sicile.

On a voulu aussi représenter Charles d'Anjou, dans les premières années de son règne, comme la victime de quelques aventuriers italiens, de financiers qui avaient joué le rôle d'exacteurs
sous les règnes précédents et qui étaient venus le tirer d'embarras, alors que connaisant mal les lois et les mœurs du peuple
qu'il allait gouverner, ignorant jusqu'à sa langue et n'ayant
qu'une connaissance très imparfaite du pays, il ne savait comment administrer sa nouvelle conquête (2). On a voulu ne voir
en lui qu'un conquérant avide de gloire, ne prétendant se servir
du royaume qu'il venait d'acquérir que pour étendre au loin la
foi catholique, l'influence et l'esprit de la France. Dans les Deux-
Siciles, dit M. de Saint-Priest (3), « il ne voyait pas seulement
» un pays à gouverner par des lois sages et lentes, à guérir par
» une administration douce et paternelle, une population à
» gagner, des mœurs nouvelles à adopter, mais un camp à for-
» mer, un centre d'opérations à établir, une mine d'hommes et
» d'argent à exploiter. » Quand on étudie l'administration de
Charles d'Anjou, les mesures qu'il a édictées, et surtout l'esprit
dans lequel il a voulu gouverner son nouveau royaume, en ayant
soin de ne pas confondre les diverses périodes de son règne, on
arrive à un résultat bien différent de celui qui apparaît à son
défenseur, et l'on doit reconnaître que sa politique eut d'autres
mobiles, avec une direction autrement sûre et autrement ferme
que celle qu'on lui suppose.

Charles d'Anjou, en acceptant l'investiture du royaume de

(1) Clementis PP., IV, ep. CCCLXXX. Martène, *Thes.*, t. II, p. 407.
(2) Saint-Priest, ouv. cité, t. II, p. 242 et 243.
(3) *Ibid.*, t. II, p. 270.

Sicile, savait ce qu'il faisait et où il allait ; on peut lui reprocher trop de rigueur dans sa conduite à l'égard des vaincus, trop d'indulgence et de générosité vis-à-vis de ses compagnons d'armes ; mais, même dans les circonstances les plus difficiles, il ne montra jamais d'indécision. Un simple fait, en apparence bien secondaire, mis en lumière par M. Durrieu (1), peut servir à montrer que le nouveau roi de Sicile, en prenant possession de la couronne que lui offrait la papauté, avait des idées bien arrêtées sur la conduite qu'il allait tenir dans le gouvernement de son royaume. La bulle d'investiture du pape Clément IV est datée du 28 juin 1265 ; le premier registre de sa chancellerie débute par un acte donné à Rome, le 15 juillet de la même année, dix-sept jours seulement après l'inféodation du royaume de Sicile ; toutes les pièces transcrites dans ce premier registre (2) sont antérieures à la bataille de Bénévent et même au couronnement de Charles Iᵉʳ, le 6 janvier 1266. En entrant d'ailleurs dans son nouveau royaume, Charles Iᵉʳ était dominé par une nécessité impérieuse, le besoin pressant qu'il avait de trouver de l'argent pour faire face aux dépenses de l'expédition et pour rembourser les emprunts qu'il avait contractés dans ce but. Le manque d'argent avait, en effet, failli l'empêcher de quitter la Provence. A son arrivée à Rome, le Saint-Siège avait été impuissant à lui fournir tout ce qui lui était nécessaire, et, après lui avoir prêté tout l'argent dont il pouvait disposer, le pape s'était vu obligé d'engager à des banquiers toscans les principales églises de Rome. Après la victoire de Bénévent, Clément IV, en proie lui-même à de graves embarras financiers, réclama avec les plus vives instances le remboursement des sommes prêtées au nouveau roi de Sicile et l'engagea à tenir ses serments à cet égard, en le menaçant des peines ecclésiastiques.

Il fallait donc trouver de l'argent, tout en cherchant à faire accepter pacifiquement la substitution de la maison d'Anjou à celle des Hohenstaufen, c'est-à-dire sans frapper les sujets du nouveau roi d'imposition de guerre et sans opérer de confiscations en masse. Charles d'Anjou ne pouvait même pas, pour faire face aux premières et plus pressantes nécessités, recourir au clergé ; le serment d'investiture lui interdisait d'imposer les terres ecclésiastiques (3), et le clergé régulier refusait même de

---

(1) Durrieu, *Les archives angevines de Naples*, t. I, p. 33.

(2) Archives de Naples, *Reg. ang.*, III, f⁰ 9 et xL, f. 1 à 4. Voir Durrieu, t. II, p. 22 et 23.

(3) « *Item, nullas tallias, vel collectas imponet ecclesiis, monasteriis,*

payer les dîmes imposées par le pape (1). Pour suivre les conseils du pape et remplir les engagements qu'il avait pris en acceptant la couronne, Charles Ier aurait dû même se contenter des impôts qui existaient à l'époque normande, au règne de Guillaume le Bon (2), qui apparaissait aux Siciliens d'alors comme l'âge d'or de leur histoire, mais sur lequel on n'avait d'ailleurs que des notions très vagues (3). On s'était imaginé peut-être que le nouveau régime débuterait par la suppression des impôts, et, à en juger d'après les récits de Saba Malaspina, l'historien guelfe qui représente le parti pontifical hostile à Charles d'Anjou, la papauté aurait encouragé ou du moins laissé répandre cette idée pour faire mieux accueillir son protégé. Charles d'Anjou prit au contraire le parti le plus sage, étant donné les difficultés qu'il rencontrait : il ne changea rien à l'administration du royaume, maintint les officiers de son prédécesseur en place (4), et continua à

clericis et viris ecclesiasticis vel rebus eorum. » Traité de l'investiture du royaume de Naples, art. xxv, publié dans Lünig, Codex diplomaticus Italiæ, t. II, p. 946 et suiv.

(1) Saint-Priest, t. II, p. 233, 235 et suiv.

(2) Raynaldi, Annales eccl., 1265, § xx, t. III, p. 163. — Lünig, t. II, p. 946 et suiv. Art. xxvii : « Item, comites, barones, milites et universi homines totius regni et terræ prædictæ vivent in ea libertate et habebunt illas immunitates, illaque privilegia, ipsisque gaudebunt, quas et quæ tempore claræ memoriæ Guillelmi secundi Siciliæ regis et aliis antiquis temporibus habuerunt. »

(3) A la fin du règne de Charles d'Anjou, au moment où le prince de Salerne publie l'ordonnance dite de la Plaine San-Martino, du 31 mars 1283, on ne savait pas en quoi consistaient ces privilèges datant du règne de Guillaume le Bon : « ... servetur status, usus et modus, qui tempore felicis recordationis regis Guillelmi II extitit observatus, secundum quem in conventionibus habitis inter sanctam Romanam ecclesiam et Dominum patrem nostrum, tempore collationis factæ sibi de regno, plenius continetur. Qui status, modus et usus pro eo quod constare non potest, quia vel nulli, vel pauci supersunt, qui possint de hoc testimonium perhibere, volumus quod per sanctissimum patrem et D. D. Martinum summum Pontificem declaretur, exponatur seu determinetur... » Le pape Martin IV s'occupa, en effet (Capit. regni Siciliæ, t. II, p. 49), de rechercher quels étaient ces fameux privilèges, et il chargea le légat Gérard, évêque de Sabine, d'une enquête à ce sujet par une lettre datée de Pérouse, 3 février 1285 (Raynaldi, Annales eccl., 1285, § iii et iv, t. III, p. 593). Cette enquête n'aboutit pas à préciser davantage les privilèges de Guillaume le Bon, car dans sa bulle de réformation du royaume, du 17 septembre 1285, le pape Honorius IV n'y fait pas allusion (Voir Reg. Honorii IV, fol. 72 et suiv.).

(4) Voir compte rendu par Tommaso di Caserta, le 7 mars 1267, de son office de justicier de Sicile, sous le gouvernement de Manfred, du 5 octobre 1265 en février 1266. — Minieri-Riccio, Saggio di codice diplomatico, t. I, p. 40, 41.

lever les impôts en usage sous les princes de la maison de Souabe. Les historiens de Charles I<sup>er</sup> d'Anjou, sur le témoignage de Saba Malaspina (1), ont voulu faire jouer un rôle néfaste dans l'administration financière à Joczolino della Marra, maître rational ou des comptes du roi de Sicile : M. de Saint-Priest représente « ce cauteleux personnage, avec de grands rouleaux de parchemin sur les bras (2), » venant trouver le roi de Sicile pour lui persuader de pressurer le peuple et de tirer de son royaume toutes les ressources possibles. La vérité est que Charles I<sup>er</sup> ne toucha pas à l'administration du royaume et que, loin de détruire, comme on l'a affirmé bien souvent, les registres de la chancellerie de Frédéric II, il se servit au contraire des archives de la maison de Souabe pour l'assiette et la levée des impositions, appela à lui les anciens serviteurs des Hohenstaufen qui voulurent lui être fidèles, et gouverna tout d'abord avec les anciens officiers du royaume et d'après les mêmes principes que ses prédécesseurs.

Cette conduite lui attira des reproches de la part du pape Clément IV, et on en retrouve l'écho dans les déclamations du chroniqueur Saba Malaspina. Mais est-ce dans cette politique de Charles d'Anjou qu'il faut voir la principale cause du mouvement qui se produisit dans le royaume en faveur de Conradin? La plupart des historiens, même ceux qui sont favorables au frère de saint Louis, comme M. de Saint-Priest, l'ont cru, parce qu'ils ont attribué au roi, dans les années 1266 et 1267, la politique française et l'organisation militaire et défensive qu'il ne devait adopter qu'après sa victoire à Tagliacozzo (3). La soumission du royaume de Sicile à Charles d'Anjou avait été plus apparente que réelle. Après la mort de Manfred, le parti gibelin avait été dispersé ; mais il subsistait encore et comptait de nombreux partisans. Ce sont eux qui encouragèrent et soutinrent les prétentions de Conradin, et qui, après avoir reconnu Charles d'Anjou, l'abandonnèrent dès que le prétendant parut en Italie. Aussi, après la défaite de Tagliacozzo, le parti gibelin fut-il implacablement poursuivi par Charles I<sup>er</sup>, qui résolut alors de saisir toutes les terres de ses ennemis et de les utiliser pour établir et retenir dans son royaume les chevaliers français qui l'avaient servi, de manière à former un puissant parti sur lequel il pourrait absolument comp-

(1) *Saba Malaspina*, l. III, c. 16, dans Muratori, t. VIII, col. 831 et 832.
(2) **Saint-Priest**, ouv. cité, t. II, p. 244.
(3) Voir notamment Saint-Priest, ouv. cité, t. II, p. 271, 272.

ter. Mais en même temps qu'il établissait dans le royaume une
féodalité nouvelle, il s'occupait de réformer l'administration, et
c'est dans les ordonnances de cette époque que l'on peut le mieux
juger de la politique de Charles d'Anjou et de l'idée qu'il se faisait du gouvernement de son royaume.

3. *Charles d'Anjou et la féodalité française en Sicile.* — Cette féodalité nouvelle et cette administration régulière ont été l'objet des
plus vives attaques de la part des historiens de la Sicile, qui ont
reproché à Charles d'Anjou les mesures les plus sages pour sauvegarder les droits et l'indépendance de ses sujets. Il est certain
que le roi de Sicile, après avoir été trahi par les partisans de Conradin, poursuivit impitoyablement les traîtres et prit contre eux
des mesures exceptionnelles. C'est ainsi qu'en 1269 il condamne
toutes les villes et terres du royaume de Naples, qui avaient pris
parti pour Conradin, à payer une augustale d'or par feu (1). Le
13 juin 1270, il annula toutes les donations et concessions faites
par l'empereur Frédéric II après sa déposition, et par ses fils,
Conrad et Manfred, excepté celles qu'il avait confirmées (2) : cette
mesure fut renouvelée en 1271 et 1273. Dès le mois de décembre 1268, Charles d'Anjou consentait à recevoir de nouveau dans
sa fidélité ceux des partisans de Conradin qui voudraient faire
leur soumission, à condition qu'ils rentreraient dans le royaume
avant le Carême suivant. Il n'excluait de cette mesure de clémence que les Allemands, les Espagnols, les Catalans et les Pisans (3). Mais, en même temps, il se montrait très sévère contre
les traîtres qui se cacheraient dans le royaume; ceux-là, s'ils
étaient pris, devaient être pendus; les recéleurs et ceux qui ne
les dénonceraient pas étaient sévèrement punis (4). A mesure que
la résistance du parti gibelin se prolonge, les mesures prises contre ses adhérents deviennent plus sévères; ainsi, en 1271, le roi
interdit de contracter mariage avec les filles et les fils de traîtres,
*sans mandement de la Cour* (5). C'est une des mesures tyranniques

(1) Minieri-Riccio, *Della dominazione Angiovina*, p. 42, d'après le Reg.
ang. n° v, fol. 42 v°.

(2) Minieri-Riccio, *Saggio di codice diplomatico*, t. I, p. 67, d'après le
Reg. ang. xı, fol. 41.

(3) « *De assecurandis hominibus illorum qui turbationis tempore Con-
radini a fide regia defecerunt.* » *Capitula regni Siciliæ* (Naples, 1773, in-f°),
t. II p. 14. — Trani, 4 et 11 décembre 1268, xıı° ind.

(4) « *De pœna et vindicta proditorum. Et quod nullus officialis liberet
carceratum pro crimine læsæ Majestatis.* » Trani, 15 décembre 1268, et
Foggia, 12 janvier 1269 (*Capitula regni Siciliæ*, t. II, p. 14 et 15).

(5) « *Quod nullus contrahat matrimonium cum filiabus et filiis prodi-*.

qui justifie en partie les plaintes des Gibelins contre le gouvernement de Charles d'Anjou. Tous les biens des traîtres avaient été
confisqués et distribués aux compagnons d'armes du roi et aux
partisans de la maison d'Anjou.

Ces inféodations nouvelles ont été généralement fort mal comprises des historiens, même de ceux qui sont favorables à Charles
d'Anjou. On a bien vu que le but du roi était de retenir dans son
nouveau royaume les chevaliers français qui l'avaient accompagné en Italie. Mais on a cru aussi qu'en changeant les possesseurs
des grands fiefs du royaume et en établissant une féodalité française à la place des seigneurs napolitains et siciliens, Charles
d'Anjou avait transformé, en même temps, la législation féodale
du royaume et changé les conditions des fiefs, les charges et les
devoirs des feudataires (1). Telle n'est pas du tout la conclusion
à laquelle on arrive quand on étudie les documents de cette époque, et les recherches du commandeur Capasso (2) et de M. Durrieu (3) sur la condition des fiefs à l'époque normande et à l'époque angevine donnent une toute autre idée de la conduite tenue
par le roi de Sicile dans le règlement des devoirs féodaux.

Depuis l'époque des Normands, tous les fiefs et tous les droits
régaliens existant dans le royaume dépendaient de la couronne (4) ; c'était là la loi fondamentale qu'avait établie le roi
Roger. Chaque feudataire était obligé, sur la réquisition de l'autorité souveraine, de présenter les privilèges et concessions de tout
ce qu'il possédait pour qu'ils fussent revus et confirmés par le roi.
C'est en vertu de ce principe que les princes de la maison de
Souabe avaient fait des concessions de terres et que Charles
d'Anjou pouvait substituer ses fidèles aux partisans de Manfred
et de Conradin. Mais cette condition particulière des fiefs entraî-
nait l'obligation pour la royauté d'établir un relevé exact des fiefs
du royaume, de leur valeur et des services qui y étaient attachés.
De là, les censiers qui existaient en Sicile dès le onzième siècle

*lorum, sine mandato Curiæ.* » Aversa, 22 novembre 1271 (*Capit. reg. Sic.,*
II, p. 23).

(1) Voir Amari, *La guerra del Vespro Siciliano,* t. I, p. 72 à 77, et p. 92
et suiv.

(2) *Sul catalogo dei feudi e dei feudatarii delle provincie Napoletane
sotto la dominazione Normanna. Memoria di Bartolommeo Capasso,* extrait
des *Atti della reale Accademia di archeologia,* etc., t. IV (Napoli, 1870, in-4°).

(3) P. Durrieu, *Etudes sur la dynastie angevine de Naples, I Le Liber
donationum Caroli I,* p. 21 et suiv.

(4) *Constitut. regni Siciliæ,* III, 1. Constitution : *Scire volumus.* Voir
Capasso, *Sul catalogo dei feudi,* p. 32.

et les enquêtes sur la valeur des fiefs, dont un grand nombre nous ont été conservés pour l'époque angevine (1). Charles d'Anjou voulait, en effet, se rendre compte des ressources exactes de son royaume, de la valeur des biens du domaine et du revenu des terres confisquées. Il ne fit, dans ces enquêtes, que suivre encore une fois les traditions de ses prédécesseurs et il faut être aveuglé par le parti-pris pour lui faire un reproche de ces mesures administratives et pour n'y voir que des vexations inutiles. Du reste, on a confondu généralement l'époque où eurent lieu les confiscations ; M. Durrieu, en étudiant le *Liber donationum*, véritable *Domesday-book* du royaume de Sicile, a parfaitement mis en lumière ce fait que les donations de terres ne devinrent nombreuses et ne prirent le caractère politique qu'on leur attribue qu'à partir de 1269, après la défaite de Conradin (2).

Ce qui constituait, dans le royaume de Sicile comme en France, l'essence de la tenure féodale, c'était l'obligation du service militaire, qui était attachée non à la personne du feudataire, mais au fief lui-même (3). Du temps de Charles d'Anjou, c'était une règle générale que tout feudataire du royaume était tenu de fournir au roi son suzerain un contingent, à raison d'un chevalier, armé et équipé, pour chaque vingt onces de revenu annuel. On ne sait pas, au juste, si le rapport était le même pour chaque chevalier à fournir ; mais, à l'époque normande, la prestation du service d'un chevalier était ce qui constituait le fief entier (*integrum*) (4). Quand le revenu du fief ne suffisait pas pour fournir le service d'un chevalier, sa valeur était calculée d'après ce qui manquait au revenu requis pour cette prestation. Il y avait des fiefs non entiers (*non integra*, ou *pars feudi*) d'un demi, d'un quart, d'un tiers, de deux tiers, etc., de chevalier (5). En outre, à l'époque de Char-

(1) M. Amari (t. I, p. 73) reproche à Charles I<sup>er</sup> ces enquêtes qu'il veut avoir été faites pour trouver « des défauts vrais ou supposés dans la possession » des fiefs par les partisans de Manfred. Il représente les agents du fisc affamés, envieux, allant en chasse, dépouillant les vieux documents, discutant sur les droits, surpassant en zèle le roi lui-même. Tout ce tableau est inexact : Charles d'Anjou voulait, avec raison, se rendre compte des ressources exactes de son royaume ; et l'institution qui fonctionna peut-être le mieux fut celle de ces *enquêteurs royaux*, dont il avait pris l'idée à son frère saint Louis.

(2) Durrieu, ouv. cité, p. 25 à 27.

(3) « *Servitium designatum et debitum non tam personæ quam rei ipsi ascriptum esse dignoscitur* » (*Constitut. reg. Sic.*, lib. III, tit. 38).

(4) Capasso, *Su catalogo dei feudi*, p. 50.

(5) *Ibid.*, p. 52.

les d'Anjou, on trouve la mention d'un service féodal appelé *adohamentum,* qui consiste en une contribution pécuniaire payée par les feudataires qui ne pouvaient servir personnellement ou qui avaient un fief de moins de 20 onces. Charles d'Anjou ne changea rien au mode de tenure des fiefs ; d'après les principes établis par les princes normands et suivis par les Hohenstaufen , il distribua les terres du domaine, dont il pouvait disposer, et les biens confisqués aux rebelles, à ses partisans, en vertu de son droit de nouvelle investiture. Il eut soin seulement de faire prédominer dans le royaume l'élément français, sur lequel il pouvait compter plus sûrement, mais il n'exclut pas pour cela les régnicoles, restés fidèles, de la possession de leurs fiefs.

Les concessions féodales de Charles d'Anjou, tout en étant faites d'après les règles suivies jusqu'alors dans le royaume de Sicile, ont cependant des caractères particuliers qu'il importe de signaler. Ce que le roi veut avant tout, en distribuant des fiefs, c'est assurer à ses compagnons d'armes une sorte de dotation dont l'importance varie suivant les services rendus ; c'est ce qu'on appelle, dans les documents, une *provision.* Tout de même que l'économie du système féodal de Sicile reposait sur l'évaluation du rapport des terres, pour le service d'un chevalier par fief, de même pour la *provision*, c'est aux revenus du fief seulement qu'on a égard. De là l'indifférence des feudataires royaux à posséder telle terre plutôt que telle autre, la facilité et la fréquence des échanges, pourvu que les fiefs soient d'égale valeur (1) : changements dans lesquels M. Amari (2) ne voit qu'un moyen plus commode de tyranniser les vassaux, en les attribuant aux enquêteurs royaux. Les nouveaux feudataires étaient, en outre, régis par un droit spécial, le *jus Francorum*, qui était beaucoup plus sévère que le droit commun du royaume (*jus Lombardorum*) pour les questions d'hérédité. Il n'admettait, en effet, pour les fiefs, que la succession en ligne directe, c'est-à-dire que quand le vassal mourait sans enfants légitimes, ses biens revenaient au roi à l'exclusion des collatéraux (3). Mais le *jus Francorum* n'était plus sévère que pour les feudataires français, qu'il régissait ; quant aux relations des feudataires avec les sujets du roi ou avec leurs *villani*, rien de nouveau n'avait été introduit dans les coutumes du royaume. Le roi continue à protéger ses sujets contre les violences, les arres-

---

(1) Voir Durrieu, *Le Liber donationum Caroli I*, p. 27 et 28.
(2) Amari, ouv. cité, t. I, p. 73.
(3) P. Durrieu, *Le Liber donationum Caroli I*, p. 30.

tations illégales (1). Des mesures sévères sont prises contre les
comtes, barons ou feudataires, *de quelque nation ou condition
qu'ils soient*, qui occuperaient illégalement des terres du domaine
royal, qui voudraient se soustraire aux obligations ou aux services auxquels ils sont astreints, ou contre ceux qui vendraient à
des prix trop élevés ou voudraient contraindre par la force leurs
vassaux à acheter les gabelles de leurs terres (2). Les feudataires
ne pouvaient, sans autorisation du roi, exiger de leurs vassaux
des services extraordinaires ou lever sur eux des aides arbitraires (3). Le roi recommande à ses justiciers, dans les instructions
relatives à leur office, de ne pas permettre que, sans autorisation
spéciale du pouvoir suprême, on lève dans leur province des collectes, exactions, impositions ou tailles (4). La plupart des historiens de Sicile (5) rapportent que les chevaliers français introduisirent dans le royaume les exactions et les corvées usitées en
France, et répètent tous que les conditions et les règles des fiefs
étaient beaucoup plus dures en France qu'en Sicile. Cette affir-
mation est peut-être vraie, mais ils n'ont apporté jusqu'ici aucune
preuve et ont l'air d'ignorer aussi bien le droit féodal du treizième
siècle en France, que le régime des fiefs du royaume de Sicile.
On a trop voulu généraliser certains abus qui, sans nul doute,
ont été commis dans le royaume, et en faire la loi établie par les
Français dans leur conduite à l'égard des vaincus. Les ordonnances de Charles d'Anjou se font toujours, dès l'année 1270 ou
1272, l'écho des plaintes qui parvenaient au roi, de certaines parties du royaume contre divers excès commis : le roi cherche à y

(1) Voir les *Capitula* : *De pœna violentorum* (Cap. regn. Sic., p. 4, 5). —
« *Ne quis auctoritate propria capiat aliquem de persona, nec ejus bona* »
(Cap. reg. Sic., p. 19, 20 et suiv.).

(2) « *De occupantibus res demanii.* » Venosa, 7 juin 1272. — *Cap. reg.
Sic.*, p. 8 à 10.

(3) Voir, par exemple, les autorisations données par Charles I<sup>er</sup> à certains
évêques et abbés de son royaume pour lever sur leurs vassaux des aides
extraordinaires pour se rendre à un concile (Minieri-Riccio, *Il regno di
Carlo I negli anni 1271 e 1272, passim.* Napoli, 1875, in-8°).

(4) *Capitoli* envoyés, le 23 janvier 1277, aux justiciers des Abruzzes, de
Calabre et de Sicile : « *Item quod in aliqua terra vel loco jurisdictionis
tue, collectas vel exactiones, seu taxationes vel tallias imponi vel exigi
nullatenus patiaris, sine mandato nostri culminis speciali.* » — Minieri-
Riccio, *Saggio di codice diplomatico*, t. I, p. 127.

(5) Voir notamment les exagérations du tableau que fait M. Amari, toujours d'après les réformes de 1282, en supposant générales les oppressions
contre lesquelles sévit Charles d'Anjou (*La guerra del Vespro Siciliano*,
t. I, p. 74 à 77).

porter remède, et certaines de ses ordonnances sont des modèles de bonne administration ; elles témoignent, du moins, des soins qu'il prenait de ses sujets (1). Mais, quand on étudie la condition des Siciliens vis-à-vis des feudataires, on voit que, s'il y a eu des abus, ce n'est pas à cause du système adopté pour la conquête, et rien n'autorise à croire que les nouveaux feudataires aient introduit, dans le régime des fiefs, des conditions plus onéreuses que par le passé. La féodalité établie par Charles d'Anjou apparaît comme le renouvellement de la féodalité normande, avec quelques conditions de plus *pour les possesseurs de fiefs* et destinées à centraliser entre les mains du roi les forces militaires et féodales qu'il avait établies dans son royaume pour défendre et consolider sa nouvelle conquête.

On a pu reprocher avec raison (2) les sacrifices immenses faits par Charles d'Anjou pour retenir auprès de lui ses compagnons d'armes et les engager à rester en Italie. Mais l'œuvre qu'il avait entreprise était difficile et, malgré ses sacrifices, le but qu'il cherchait ne fut pas toujours atteint. Bien des chevaliers français résistèrent aux instances du roi et retournèrent en France. D'autres, après avoir passé quelques années dans le midi de l'Italie, préférèrent abandonner tous les avantages de leur nouvelle situation, pour revenir mourir dans leur patrie (3). Charles d'Anjou fut donc obligé de prendre des mesures sévères pour retenir auprès de lui les feudataires, et il essaya, en imposant aux possesseurs de fiefs des obligations nouvelles, de leur enlever toute pensée de retour en France. Un des caractères nouveaux de la féodalité sicilienne, sous Charles d'Anjou, c'est l'obligation, pour le feudataire, de résider dans le royaume, afin d'être prêt à fournir le service féodal à toute réquisition du roi. Nul ne pouvait s'absenter du royaume sans l'autorisation du roi ; ceux qui restaient plus d'un an hors du royaume et refusaient de rentrer pour se mettre à la disposition du roi, voyaient leurs biens saisis et confisqués au profit de la couronne (4). Enfin, il faut ajouter qu'on

(1) « *Gravi quam plurium fidelium nostrorum conquestione...* » Ordonnance du 5 janvier 1277. — « *Cumque nuper ad aures excellentie nostre pervenerunt quod aliqui statum ipsum pacificum presumentes in aliquibus ipsius regni partibus...* » Ordonnance du 15 février 1277 (Voir Minieri-Riccio, *Saggio di codice diplomatico*, t. I, p. 122, 133 et suiv.).
(2) Saint-Priest, ouv. cité, p. 267, 268.
(3) *Ibid.* Voir aussi Paul Durrieu, *Le Liber donationum*, p. 30 et 31.
(4) 1° Lettre du roi à Pierre de Beaumont, comte de Montescaglioso, camérier du royaume, le chargeant de fixer le délai, passé lequel les barons,

a généralement beaucoup exagéré la distinction établie par Charles d'Anjou entre ses sujets latins et ses sujets français ; il n'est pas exact qu'il ait eu l'idée de séparer autant que possible les feudataires de nationalité différente. Sans doute, il est incontestable qu'il a cherché à faire prédominer l'élément français, surtout pour la possession des grands fiefs du royaume. Mais les Français ne jouissaient pas, dans le royaume, d'une situation privilégiée et d'avantages exceptionnels. Pour le régime des fiefs, nous avons vu qu'ils étaient soumis à des conditions plus dures que les autres feudataires du royaume, régis par l'ancien droit. Quant à l'administration, si Charles d'Anjou a choisi de préférence des Français pour occuper les grandes charges de la couronne et les emplois les plus importants, il n'a nullement entendu exempter ses compatriotes du droit commun. S'il répète dans presque toutes ses ordonnances que les mesures s'appliquent « tant aux Latins qu'aux Français et ultramontains, » ce n'est pas pour établir une barrière entre les vainqueurs et vaincus, mais cela prouve uniquement qu'il voulait la loi égale pour tous (1). « Nous ordonnons, » dit une ordonnance du 7 juin 1272, « que tous nos fidèles, » *de quelque nation* ou condition qu'ils soient, soient attentifs et » obéissants à nos mandements ou à ceux de tous nos officiers » accomplissant notre service, tant dans les aides générales, em-

nobles et autres *ultramontains*, possédant des fiefs dans le royaume, qui ne seraient pas rentrés, seraient privés de leurs biens. — Avellino, 26 mars 1273 (Reg. ang. 1274 B, n. xxi, fol. 165 v°). — 2° Mandement au sénéchal de Provence d'ordonner à tous les Provençaux qui possèdent des fiefs dans le royaume de Naples, de se présenter à la Cour avant la prochaine fête de l'Assomption, sous peine de confiscation de leurs biens. — Foggia, 14 avril 1273 (Reg. ang. 1269 A, n. iii, fol. 13. — Cités dans Minieri-Riccio, *Il regno di Carlo I*, fasc. I, p. 12, 17).

(1) Dans l'ordonnance relative à la valeur du témoignage des voleurs contre leurs complices et receleurs, on lit : « *Et hæc locum habere censemus tam in extraneis quam in incolis regni nostri* » (*Capit. reg. Sic.*, t. II, p. 8). — Dans les articles relatifs aux usurpations de terres du domaine, du 7 juin 1272, reproduite le 8 juin 1277, il est dit que les mesures sont applicables pour tous les fidèles du roi *de quelque nation* qu'ils soient (*Capit. reg. Sic.*, p. 9. *Saggio di codice diplom.*, t. I, p. 143). — L'ordre donné par le roi, le 15 février 1277, de ne pas porter d'armes prohibées s'applique aussi à tous les sujets du royaume, « *sive sint gallici, vel provinciales aut quavis alii ultramontani vel latini* » (Reg. ang. xxvii, fol. 10. — *Saggio di codice diplom.*, t. I, p. 133). — La défense du roi de se dire des injures ou de se provoquer s'adresse aussi bien aux *ultramontani* qu'aux *citramontani* (*Saggio di codice dipl.*, t. I, p. 143). — Le 3 avril 1281, Charles Ier convoque les barons et feudataires des Abruzzes, tant ultramontains que latins, à se trouver à Orvieto huit jours avant la Pentecôte (*Ibid.*, p. 192).

» prunts, collectes de nouvelle monnaie que pour tous nos autres
» services (1). »

## II. — Organisation administrative du royaume.

Pour l'administration du royaume de Sicile, malgré les souvenirs douloureux qui pèsent sur sa mémoire, les ordonnances de Charles d'Anjou le montrent gouvernant non comme un tyran farouche, mais comme le digne frère de saint Louis et d'Alphonse de Poitiers. Ses efforts pour organiser et administrer sagement son nouveau royaume, pour y faire régner la paix et la justice, n'ont pas abouti au résultat qu'il en attendait. Charles d'Anjou n'a pas réussi en Sicile, et ses ordonnances générales, comme les instructions spéciales à ses officiers, pour le bon gouvernement du royaume, ont été effacées par les plaintes, exagérées peut-être mais certainement intéressées, des Siciliens. On ne peut néanmoins refuser toute admiration aux mesures adoptées par le roi pour le bon fonctionnement d'une administration qu'il cherchait à perfectionner de plus en plus, à l'esprit dans lequel il tenta des réformes, à ses intentions et surtout à l'ordre et à la régularité parfaite qu'il réussit à introduire dans son gouvernement.

1. *Justiciers.* — Charles d'Anjou ne changea d'abord rien à l'organisation administrative de la Sicile, qui resta divisée, comme à l'époque de Frédéric II, en onze *justiccrats* ou provinces ayant à leur tête un *justicier* remplissant des fonctions analogues à celles des baillis et sénéchaux en France (2). Les justiciers étaient choisis uniquement parmi les chevaliers et n'étaient nommés que pour un an. Ils pouvaient être, il est vrai, maintenus dans leurs fonctions, mais on ne les laissait jamais plus de deux ou trois ans dans la même contrée. Pour remédier aux inconvénients de ces changements fréquents, on les faisait passer successivement d'une province à l'autre. C'étaient les officiers les

---

(1) « *Statuimus ut omnes fideles, nostri cujuscumque nationis seu con-*
» *ditionis existant, mandatis nostris, vel officialium nostrorum omnium,*
» *servitia nostra exequentium, tam in universalibus collectis, mutuis,*
» *recollectione novæ denariorum monetæ, et in omnibus aliis servitiis*
» *nostris audientes et obedientes existant* » (Capit. reg. Sic., p. 9. Saggio di codice diplom., t. I, p. 143, 148).

(2) Voir, sur l'administration de la Sicile sous Frédéric II, Huillard-Bréholles, *Historia diplomatica Friderici secundi* (Paris, Plon, 1859, in-4°), Introduction, p. cdxii et suiv., et sous Charles I<sup>er</sup> d'Anjou, P. Durrieu, *Les archives angevines de Naples*, t. I, p. 37 et suiv., 47 et suiv., etc.

plus importants de l'administration provinciale ; leurs attributions
étaient à la fois administratives, judiciaires et financières. Ils représentaient le roi dans les provinces, veillaient à l'exécution des
ordres émanés du pouvoir central et au maintien du bon ordre
dans les provinces. Comme juges, ils jugeaient les causes criminelles en première instance et en appel des cours des *jurés* et des
*juges*. Ils recherchaient les malfaiteurs, faisaient des enquêtes et
dirigeaient les procès criminels, etc. Au point de vue financier,
les justiciers dirigeaient la perception de l'impôt foncier appelée
*aide* ou *subvention générale*. Ils avaient, pour les assister dans
leurs fonctions, un ou plusieurs juges ou assesseurs et un ou
plusieurs notaires, généralement aussi un *erarius* ou trésorier.

2. *Juges et jurés.* — Les magistrats inférieurs dans les provinces
se nommaient *judices* ou juges dans les terres du domaine royal,
*jurati* ou *maîtres jurés* dans les terres des seigneurs ecclésiastiques ou laïques. Ils étaient élus au commencement de chaque indiction par les communautés ou *universitates* ; leur élection devait
être approuvée par lettres patentes délivrées par le justicier à qui
ils prêtaient serment ; ils n'étaient élus que pour un an et ne pouvaient pas être réélus à leur sortie de charge (1). Du reste, cette
distinction de *maîtres jurés* pour les terres des seigneurs, et de
*juges* pour les terres du domaine ne paraît pas avoir été établie
d'une manière absolue, car, d'une part, une ordonnance du 12 octobre 1271 abolit l'office de maître juré dans les terres domaniales
pour attribuer leurs fonctions aux baillis desdites terres (2), et,
d'autre part, le pape Honorius IV abolit les maîtres jurés dans les
terres des seigneurs, et le légat Gérard de Parme mande aux justiciers, le 12 octobre 1285, de ne lui envoyer que les noms des
*juges et maîtres jurés* des terres du domaine (3). Enfin, le 11 janvier 1286, un mandement du même légat nous apprend que le
parlement de Melfi (4), conformément à l'ordonnance de 1271, a

---

(1) Pour donner une idée des exagérations de M. Amari, je citerai encore
une simple phrase : « A magistrati affidolli, di que' che si bon allignano
sotto la tirannide, e più venali allorerano, perchè a' giudici annuali delle
terre, anzichè darsi stipendio, richiedeasi un diritto per la loro olezione! »
Ce droit, qui fait considérer toute la justice comme vénale par M. Amari,
se réduit à 18, et, plus tard, aux 12 taris d'or que les justiciers prenaient
aux élus pour l'expédition de leurs commissions et lettres patentes (Voyez
Amari, ouv. cité, p. 95).

(2) Reg. ang. xIV, fol. 86, cité dans Minieri-Riccio, *Il regno di Carlo I
negli anni 1271 e 1272*, p. 38.

(3) Arch. de Naples, Fasc. ang., III, fol. 20.

(4) *Ibid.*, Reg. ang., xIII, fol. 115.

confié aux baillis les attributions jusque-là exercées par les maîtres jurés.

M. de Saint-Priest dit que Charles d'Anjou, « à l'instigation » de Gezzolino della Marra et d'autres officiers fiscaux italiens, » établit de nouvelles divisions, de nouvelles circonscriptions de » territoire, et, par conséquent, des charges nouvelles. Il créa de » nouveaux justiciers, amiraux, protonotaires, douaniers, maî- » tres jurés, baillis, juges et notaires. C'étaient à peu près les » formes de l'administration française, telles qu'elles commen- » çaient à s'établir alors par l'influence des légistes (1). » C'est en l'année 1266 que l'auteur place ces réformes, et il ajoute que ces innovations soulevèrent plus de haines que les exactions mêmes du nouveau roi. Je ne sais où M. de Saint-Priest a puisé ces renseignements, mais ils sont absolument contraires à la vérité. Loin de créer des charges nouvelles, Charles d'Anjou supprima autant que possible les offices et emplois inutiles. Nous l'avons vu déjà abolir l'office des maîtres jurés dans les terres du domaine. On ne trouve pas sous son règne la division du royaume en deux capitaineries générales, comme au temps de Frédéric II (2). Il existe des capitaines pour la guerre, mais leurs fonctions sont moins importantes et ne sont que temporaires. Enfin, dès les premières années de son règne, Charles d'Anjou supprima les vicaires établis par les justiciers dans diverses villes et lieux de la Terre de Labour, du comté de Molise, de la principauté et de la terre de Bénévent, parce que de graves plaintes s'étaient élevées contre ces officiers (3). Le 31 octobre 1273, il écrit au justicier de la Terre de Labour de supprimer le vicaire qu'il a établi dans la ville de Naples et d'administrer cette ville, comme avant le départ du roi pour Rome ; il lui ordonne, en outre, de punir cet officier et les autres officiers établis par lui, s'ils ont commis les méfaits dont on se plaint, le menaçant de le poursuivre lui-même à son retour, s'il n'exécute pas ces ordres (4).

(1) Saint-Priest, ouv. cité, p. 272 du t. II.

(2) Huillard-Bréholles, *Historia diplomatica*, introduction, p. CDXII. La première capitainerie comprenait l'Abruzze, la Terre de Labour, la Principauté, la Capitanate, la Terre de Bari, la Terre d'Otrante et la Basilicate ; la seconde renfermait le val de Crati, la Calabre, la Sicile en deçà et au-delà du fleuve Salso.

(3) « *De non ordinandis vicariis per Justiciarios* » (*Capit. reg. Sic.*, t. II, p. 18). — Cette ordonnance, antérieure à la suivante, mais non datée, fut renouvelée le 25 août 1277 (*Saggio di codice diplomatico*, t. I, p. 142).

(4) Reg. ang. 1278 B, n. XIV, fol. 184. Minieri-Riccio, *Il regno di Carlo I nel 1273*, p. 58-59.

Quant au nombre des justiciers, il resta le même pendant presque tout le règne, et l'on ne peut signaler que deux légers changements dans les divisions administratives établies par les princes normands et les Hohenstaufen. Le 5 octobre 1273, le justicerat des Abruzzes fut divisé en deux : *Juticiariatus Aprucii* 1° *citra et* 2° *ultra flumen Piscarie* ; mais ces deux portions de la province furent réunies en février 1275. Séparées de nouveau le 26 avril 1284, elles furent réunies de nouveau par le légat Gérard de Parme. Le 19 juin 1284, les justicerats de la Terre de Labour et du Principat furent divisés chacun en deux provinces : il y eut les *Justiciariatus Terre Laboris citra* et *ultra flumen Capue* et les *justiciariatus Principatus citra* et *ultra serras Montorii*, ou bien *a serras Montorii citra* et *ultra Salernum;* mais cette division ne subsista que pendant quelques mois (1).

3. *Secreti.* — L'*aide générale* était levée directement par les justiciers des provinces ; mais la perception des autres revenus de l'Etat, autres que l'impôt foncier, était confiée, dans le royaume de Sicile, à divers officiers de finance, appelés *Secreti*, *Magistri procuratores et portulani*, *magistri salis*, *magistri massarii*, etc. Pour cette administration financière, Charles d'Anjou n'apporta pas non plus de changements notables à l'état de choses existant sous ses prédécesseurs. En cela il eut peut-être tort, car cette institution des *Secreti* avait en elle de graves défauts, et les abus qui furent commis par ces officiers, sur lesquels le pouvoir central ne pouvait agir qu'indirectement, peuvent être considérés comme ceux qui soulevèrent de la part des Siciliens les plaintes les plus légitimes. Le royaume fut divisé, pendant le règne de Charles I<sup>er</sup>, entre quatre *Secreti :* 1° *Secretus Principatus*, *Terre Laboris et Aprucii* (2). — 2° *Secretus Apulie*, ayant sous son administration la Capitanate, la Basilicate, la Terre de Bari et la Terre d'Otrante. — 3° *Secretus Calabrie.* — 4° *Secretus Sicilie.* L'ensemble des revenus de l'Etat, à part quelques exceptions, formait ce que l'on appelait la *Secretia.* Le *Secretus* percevait, en effet, soit des revenus directs, comme les rentes et redevances dues par des particuliers, les *adohamenta* des feudataires, les cens payés par des communautés ou des locataires, etc. ; soit des revenus indirects, tels que droits de douane (*dohanæ*), d'entrepôt (*fundici*),

---

(1) Voir P. Durrieu, *Les archives angevines*, t. I, p. 51, et la *Liste chronologique des justiciers du royaume*, dans le t. II, p. 200 et suiv.

(2) Les Abruzzes formaient, à l'époque de l'empereur Frédéric II, une *Secretia* à part (Voir Huillard-Bréholles, *Hist. dipl.*, p. CDXVI).

d'entrée et de sortie (*jura exituræ*), impôts, passages, amendes, etc.,
tous les droits dont l'Etat pouvait frapper les objets de consommation , etc. (1). Les *Secretie* étaient mises *en ferme* et adjugées
après enchères au plus offrant, pour une période d'une année, mais
qu'on renouvelait facilement à l'expiration , sans jamais dépasser
une période de plus de deux ou trois années ; chaque *secretia*
pouvait être affermée soit par un seul *secretus*, soit par plusieurs
associés qui prennent tous le nom de *Secreti*. Ils affermaient pour
une somme d'argent et pour une redevance en nature , payables
annuellement et à quatre termes, tous les trois mois. Ils ont le
droit de choisir eux-mêmes leurs officiers subalternes, en affer-
mant à leurs risques et périls les droits de l'Etat et des gabelles ,
et, une fois l'adjudication faite, ils sont responsables de la levée
de l'impôt, dont ils poursuivent le recouvrement à leurs frais. Ce
système avait, on le comprend, de graves inconvénients ; car s'il
assure à la couronne des revenus fixes, d'autre part, les *Secreti*
cherchent trop à rentrer dans leurs frais et à grossir leurs bénéfices , en poursuivant avec une extrême âpreté la perception des
droits et impôts. De là des extorsions qui provoquent des plaintes
générales et contre lesquelles les enquêtes et les mesures sévères
prises par le pouvoir central sont le plus souvent impuissan-
tes (2). Il faut noter aussi que la plupart des *Secreti* étaient des
Italiens , et, parmi ceux qui excitèrent une réprobation générale
en Sicile , on peut signaler Matteo Ruffolo, de Ravello et les
trois frères de la Marra, qui furent, après les Vêpres siciliennes,
poursuivis et pendus à cause des excès et abus qu'ils avaient
commis (3). Les agents inférieurs des *Secretie* s'appelaient généralement *dohanarii*, *cabelloti* ou *collectores* de tel ou tel droit.

---

(1) Voici, d'après une adjudication de l'année 1272-3, la définition des droits
perçus par un *Secretus* : la *Secretia* lui est affermée « *cum juribus et proventibus bajulationum, dohanarum et cabellarum spectantium ad eandem
Secretiam, cum proventibus etiam fundicorum, exiture casei, olei, car-
nium salitarum, juribus statere, sepi, salis, ferri, aczari, picis, sete, cucul-
lorum, falsorum ponderum et mensurarum, ludi azardi de die, penarum
et bandorum contemptorum, et contra assisiam vendentium, terragiis
juribus decimarum tertiarum, et cum cognitione causarum civilium in
defectu bajulorum et appellationibus earumdem, et cum omnibus veteribus
juribus et novis statutis, spectantibus ad Curiam nostram, et etiam cum
demaniis morticiis et excadentiis* » (Reg. ang. 1272 B, n. XIV, fol. 186. —
Minieri-Riccio, *Della dominazione angioina*, p. 30).

(2) P. Durrieu, *Les archives angevines*, t. I, p. 54 à 56.

(3) Minieri-Riccio, *Memorie della guerra di Sicilia negli anni 1282, 1283,
1284* (Napoli, 1876, in-8°), p. 33, 35 et 47.

4. *Magistri procuratores et portulani.* — Les droits de port (*portus*), les revenus de certains domaines acquis par l'Etat, confisqués ou provenant de successions en deshérence (*demania*, *excadentia* et *morticia*) après l'adjudication faite aux *Secreti*, enfin toutes les revendications mobilières et immobilières à exercer au profit de l'Etat, n'étaient pas perçus ou poursuivis par le *Secretus*, mais par d'autres fermiers, appelés *magistri procuratores et portulani*, qui avaient sous leurs ordres des agents inférieurs, les capitaines de port (*portulani*), les capitaines de navire (*prothontini* et *comiti*), etc. Il y avait aussi quatre grandes régions affermées à des *magistri procuratores et portulani*, isolés ou par groupes d'associés. 1. Terre de Labour et Principat. — 2. Pouille et Abruzzes. — 3. Calabre. — 4. Sicile. Les attributions des *magistri procuratores et portulani* se confondent souvent avec celles des *Secreti*, à cause de la similitude de leurs fonctions, et parce qu'il arrivait fréquemment que la perception de tel droit était enlevée au *Secretus* de la province pour être confiée au *magister procurator et portulanus;* les deux fonctions n'étaient pas d'ailleurs incompatibles, et on les trouve souvent réunies dans les mêmes mains, surtout dans la dernière partie du règne de Charles I<sup>er</sup> (1).

Les *magistri massarii* étaient les fermiers des métaires ou fermes royales (*masseries*) et des haras. Ces fermes étaient dans les provinces du nord du royaume, Terre de Labour, Principat, Abruzzes, administrées directement par le roi, et étaient placées sous la haute surveillance du sénéchal. Dans les provinces les plus éloignées de Naples, au contraire, on affermait les masseries royales en quatre groupes : Basilicate et Terre de Bari, Terre d'Otrante, Capitanate et Calabre aux *magistri massarii* (2). Enfin les maîtres des monnaies, *magistri siclarii*, étaient aussi des fermiers de l'Etat, qui prenaient à bail, après adjudication publique, l'exploitation des monnaies royales de Brindisi et de Messine (3).

Les places fortes étaient commandées par des capitaines et les châteaux et forteresses par des châtelains, qui avaient sous leurs ordres un certain nombre d'hommes d'armes à cheval et de sergents à pied. C'était eux qui avaient aussi la garde des prison-

---

(1) P. Durrieu, *Les archives angevines*, t. I, p. 56 à 58.

(2) Voir le *Statutum Araciarum* publié par Minieri-Riccio, *Saggio di codice diplomatico, Supplemento*, part. I, p. 34, et P. Durrieu, ouv. cité, t. I, p. 58.

(3) P. Durrieu, *ibid.* — Minieri-Riccio, *Saggio di codice diplom.*, t. I, p. 118, 140, 141, 165, 169 et suiv.

niers et surtout des prisonniers d'Etat, dont ils devaient payer la provision. Le justicier de la province exerçait sur eux une haute surveillance (1) et pouvait requérir leurs services en cas de besoin. Il y avait, dans chaque province, un officier royal chargé d'approvisionner les châteaux et de les fournir d'armes et de munitions, de veiller à leur entretien et d'en surveiller les réparations ; on les nommait des *provisores castrorum* (2). La plupart des châtelains de l'île de Sicile devaient être choisis parmi des Français, ne possédant pas de terres dans le royaume, avec cinq ou six sergents. La garnison la plus forte était celle du château de Messine, comprenant, en 1281, un chevalier, quatre écuyers et quarante-sept sergents (3).

5. *Pouvoir central. La Grande Cour.* — Tels étaient les principaux officiers royaux représentant le pouvoir central dans les onze provinces ou justicerats du royaume. Tous recevaient leurs ordres de la *Magna Regia Curia*, qui leur envoyait leurs instructions, à qui ils devaient demander des explications sur les ordres reçus et à qui enfin ils devaient remettre les comptes de tout l'argent de l'Etat reçu ou dépensé par eux. L'organisation du pouvoir central ne subit pas non plus, sous Charles d'Anjou, de grandes modifications ; quelques offices nouveaux furent créés, mais la Grande Cour resta à peu près ce qu'elle était sous les princes de la maison de Souabe ; ses attributions furent seulement mieux définies, et son influence se fit peut-être sentir davantage dans l'administration des provinces, à cause de la disparition, pendant la plus grande partie du règne, des *Curiæ generales* ou *Parlamenta*, sortes de réunions plénières où l'on discutait les questions les plus importantes du royaume et où étaient généralement promulguées les constitutions (4).

(1) Voir les *Capitoli* relatifs aux châtelains et sergents, envoyés le 25 août 1277 au justicier de la Basilicate, dans le *Saggio di codice diplom.*, t. I, p. 142, 143.

(2) Charles d'Anjou nomme Raoul de Gorlay chevalier, pourvoyeur des châteaux de l'île de Sicile, et lui envoie les instructions relatives à son office, 3 avril 1281. — *Saggio di codice diplom.*, t. I, p. 193.

(3) Voir la liste des châteaux et garnisons de l'île de Sicile. *Ibid.*, t. I, p. 196 à 198.

(4) Sur les *Curiae generales*, dont il sera question plus loin, on peut consulter, pour le règne de Frédéric II, Huillard-Bréholles, *Historia diplom. Friderici secundi*, introduction, p. CDX à CDXII, et pour le règne de Charles I<sup>er</sup>, P. Durrieu, *Les archives angevines*, t. I, p. 38; Del Giudicce, *Il giudizio e la condanna di Corradino*, p. 27 à 35, et enfin Giannone, *Istoria civile del regno di Napoli*, t. III, p. 39.

L'organisation de la *Magna regia Curia*, sous Charles Iᵉʳ, a été assez bien étudiée (1) pour qu'il me soit permis de n'y revenir que très brièvement. La réorganisation que lui fit subir Charles II d'Anjou, en 1295, me fournira l'occasion d'étudier le fonctionnement de cette institution ; mais, pour la période qui nous occupe, de 1285 à 1289, en l'absence du roi, deux sections seulement de la Grande Cour ont une réelle importance, ce sont celles qui représentent assez bien le Parlement et la Chambre des comptes de la cour du Roi de France. La *Magna regia Curia* est, à proprement parler, un conseil permanent établi auprès du roi et composé de divers éléments. En premier lieu, la Cour comprend les grands officiers de la couronne au nombre de huit, remontant, sauf le dernier, à l'époque des rois normands : ce sont le *connétable*, l'*amiral*, le *maître justicier*, le *protonotaire*, le *chambrier*, le *chancelier* et le *sénéchal*, plus le *maréchal* ou plutôt les deux maréchaux institués par Charles d'Anjou. Ces grands officiers sont nommés à vie et peuvent être remplacés par des lieutenants, *vice-amiral*, *vice-maître justicier*, *vice-chancelier*, etc.' (2). Charles d'Anjou ne paraît pas, d'ailleurs, avoir attaché grande importance à ces sept offices d'origine féodale, dont les titulaires exerçaient généralement des fonctions plus honorifiques qu'utiles à la bonne administration du royaume. On voit, en effet, le roi, au fur et à mesure des extinctions, laisser la plupart des grands offices sans titulaires, soit en prolongeant indéfiniment la vacance, comme pour le connétable qui ne fut pas remplacé après 1278, ou le protonotaire dont la charge resta sans titulaire de 1268 à 1283, ou pour le chancelier qui fut remplacé, après la mort de Simon de Paris, en 1273, par un vice-chancelier jusqu'en 1290 (3). Les grands officiers de la couronne exercèrent peu d'influence dans la Grande Cour, sous le règne de Charles Iᵉʳ, et leur action dans le gouvernement est à peu près nulle pendant l'interrègne de 1285 à 1289.

La *Magna regia Curia* est tout d'abord le conseil du prince, une sorte de conseil d'État qui s'occupe de toutes les affaires impor-

(1) Voir notamment Tutini, *Discorsi de' sette offici overo de sette Grandi del regno di Napoli* (Rome, 1666, in-4°). La première partie, traitant du connétable, du maître justicier et de l'amiral, a seule paru. — Minieri-Riccio, *De' grandi uffiziali del regno di Sicilia dal 1265 al 1285* (Napoli, 1872, in-8°). — P. Durrieu, ouv. cité, t. I, p. 39, et t. II, p. 189 et suiv.

(2) Voir le *Tableau chronologique des grands officiers du royaume de Sicile*, sous Charles Iᵉʳ, dans P. Durrieu, ouv. cité, t. II, p. 196 et 197.

(3) P. Durrieu, *Les archives angevines*, t. II, p. 190, 196 et 197.

tautes du royaume, donne des avis au roi sur l'administration,
prépare les ordonnances et les règlements, les instructions aux
officiers et qui correspond avec eux. Sous la monarchie angevine,
en effet, la plupart des mandements et des actes administratifs
ne sont pas rendus spontanément, mais envoyés aux officiers des
provinces, sur leur requête et à la suite de questions posées par
eux : c'est ce que l'on appelle, dans la chancellerie angevine, les
*litteræ responsales* (1), qui ont le plus souvent trait à l'administration proprement dite. Mais la Cour a, en outre, des attributions
judiciaires très étendues ; elle paraît encore, à la fin du treizième
siècle, avoir agi comme cour des pairs pour juger les grands barons ; mais ses attributions en matière de justice sont le plus souvent déléguées à une commission ou section qui, sous la direction du maître justicier ou de son lieutenant, constitue un tribunal
de haute justice. La Cour comprend alors plusieurs juges, trois
en général, des avocats fiscaux, un juge d'appel, des procureurs
fiscaux et plusieurs notaires ; elle juge les grands procès civils et
criminels, les procès administratifs et les débats entre les particuliers et l'Etat ; enfin elle reçoit l'appel des juridictions inférieures,
des tribunaux des justiciers des provinces, etc. (2). Enfin, en
matière financière, la Cour délègue aussi ses pouvoirs à une sorte
de section ou commission qui, sous la direction du chambrier, vé-
rifie tous les comptes des officiers provinciaux, veille sur le trésor
royal et prépare les *litteræ responsales* relatives à l'administration
des finances. Cette commission, qui porte le nom de *Chambre* ou
*Camera*, se compose généralement de trois ou quatre maîtres de
comptes ou maîtres rationaux (*magistri rationales*), de notaires et de
secrétaires et auditeurs des comptes. Une ordonnance de Charles
d'Anjou, de 1270, montre que, bien que la Grande Cour résidât
généralement à Naples, les officiers qui la composaient se trans-
portaient dans le royaume pour y rendre la justice ; les maîtres
rationaux notamment doivent suivre le roi partout où il va pour
remplir les charges de leur office auprès de lui (3). C'est dans
cette Grande Cour que Charles d'Anjou réunit ses principaux collaborateurs, ceux qui l'aidèrent à réformer l'administration du
royaume, et qui contribuèrent le plus à l'établissement de la dy-

(1) P. Durrieu, *Les archives angevines*, t. I, p. 40.
(2) *Ibid.* Giannone, *Istoria civile del regno di Napoli*, l. XX, c. vi, t. III, p. 37.
(3) Reg. ang. 1270 B, n. viii, fol. 103, 104 v°, 124, etc. — Minieri-Riccio, *Della dominazione Angioina*, p. 11.

nastie angevine sur le trône de Naples. Parmi les grands officiers qui furent les auxiliaires les plus actifs et les plus intelligents du roi de Sicile, il faut citer les chanceliers Geoffroy de Beaumont et Simon de Paris, les protonotaires Robert de Paris et Bartolomeo de Capoue, qui fut le serviteur fidèle de Charles II, les chambriers Pierre de Beaumont et Jean de Montfort, les maîtres justiciers Guillaume de Muideblé, Dreu de Roibaye et Louis de Mons, qui resta en charge après sa mort ; enfin, l'organisateur des finances, le maître rational Gezzolino della Marra, qu'on a rendu responsable des oppressions et des abus causés par la levée des impôts (1).

6. *Administration financière. Impôts.* — C'est, en effet, contre l'administration financière de Charles I<sup>er</sup> que les Siciliens ont le plus protesté ; c'est contre les exacteurs qu'ils se sont révoltés et ce sont les impôts écrasants qui les ont accablés qui ont fait l'objet de leurs plaintes les plus vives, lorsque, après le massacre des Vêpres siciliennes, ils ont demandé secours au roi d'Aragon. Bartholomeo de Neocastro et Nicolas Speciale, d'une part, Bernard d'Esclot et Ramon Muntaner, historiens catalans, d'autre part, se font l'écho des plaintes des Siciliens, et leurs principaux griefs sont les exactions, les levées d'aides générales, les impôts exorbitants levés par Charles d'Anjou en Sicile (2). Quel fut donc le mode d'impositions adopté par le nouveau roi dans le royaume de Sicile ? Quelles transformations fit-il subir au régime existant avant lui ? En quoi son administration financière fut-elle oppressive et devint-elle insupportable à ses sujets ?

Au premier abord, Charles d'Anjou semble avoir apporté peu

(1) Voir *Saba Malaspina*, lib. III, c. xvi, dans Muratori, *Scriptores*, t. VIII, col. 831, 832. Cf. P. Durrieu, *Le Liber donationum*, p. 16, 17 et 18.

(2) Bartholomeo de Neocastro, *Historia Sicula*, c. xii : « *Quid exacti census inaudita materies?... Quid collecta pecuniæ generalis, pro cujus solutione vix sufficiebant hominum facultates?* » (Muratori, *Scriptores*,t.XIII, col. 1026). — *Nicolai Specialis rerum Sicularum*, lib. I, c. ii : « *Dum regnaret olim in Sicilia Carolus, comes Provinciæ, de regia stirpe Francorum, cœperunt ministri ejus agere insolenter cum Siculis, inaudita vectigalia imponere, intolerabiles obventiones exigere...* » (Muratori, t. X, col. 924.) *Ibid.*, lib. 1, c. xi : « *Exactionum qualitates intolerabiles, vectigalium infinitos modos explicare quis posset?...* » (*Ibid*, t. X, col. 930.) — Bernard Desclot, *Crónica del rey en Pere* (éd. de J. Coroleu. Barcelona, 1885, in-8°) ; cap. lxxxviii, p. 161 : « *Coneguda sia a tots cells qui aquest scrit volran oir, com Carles, qui era senyor de Cecilia, feya quatre vegades lo any colta a les gents del regne de Cecilia ; si que, al cap del any, los havia pres les quatre parts de so que havien.* » Ce sont les plaintes des Siciliens au roi d'Aragon.

de modifications au système financier en vigueur dans le royaume de Sicile. Comme au temps de Frédéric II, les deux principales ressources de la monarchie angevine sont l'impôt foncier direct, appelé *subventio generalis*, perçu par les justiciers des provinces, et l'ensemble des droits et impôts indirects affermés aux *secreti*, *magistri proculatores et portulani*, etc. Originairement, l'aide ou subvention générale n'était perçue dans le royaume de Sicile, comme en France, que dans quatre cas : 1) quand le souverain levait une armée pour la défense du royaume ; 2) quand il était couronné ; 3) quand son fils était armé chevalier ; 4) quand sa fille se mariait (1). La *subventio generalis* dérive de l'aide féodale dans le premier cas : en principe, elle représente l'équivalent, pour les bourgeois et les paysans, du service militaire personnel imposé aux feudataires, qui étaient tenus d'amener au roi, en temps de guerre, un chevalier armé par 20 onces de revenu annuel. Le produit de l'aide, destiné à la défense du royaume, devait donc servir à la solde des troupes permanentes « *pro quieto et pacifico statu regni* (2). » Ce fut Frédéric II qui, à son retour de la croisade, leva le premier dans son royaume des aides ou collectes qui, établies d'abord provisoirement et exceptionnellement, devinrent annuelles et furent désignées sous le nom de *collatæ ordinariæ* (3). C'est une erreur communément répandue que les aides générales étaient levées, au treizième siècle, dans le royaume de Sicile, avec le consentement des parlements, qui différaient des *curiæ generales* en ce que les représentants des communautés y étaient appelés ; Charles d'Anjou aurait le premier rompu avec ces traditions en imposant de sa propre autorité des collectes générales (4). D'après les savantes recherches de M. Huillard-

(1) Huillard-Bréholles, *Hist. dipl. Friderici II*, introd., p. CDXVIII.
(2) P. Durrieu, *Les archives angevines*, t. I, p. 87.
(3) « *Antiquorum habet relatio quod quondam Fridericus, Romanorum imperator, tempore quo de partibus ultramarinis rediit, primo subventiones et collectas ordinarias in regno imposuit supradicto.* » Lettre de Martin IV à Gérard, évêque de Sabine, en 1284, dans Raynaldi, *Ann. eccls.*, t. III, p. 563.
(4) Voir Amari, *La guerra del Vespro Siciliano*, c. IV, t. I, p. 68 : « *Comportabili le gabelle; milli i servigi; rarissimi gli universali tributi ; e i parlamenti soli concedean questi... Federigo imperatore... bandi or col voto dei parlamenti ed or senza, le universali contribuzioni ch'erano per ordine fondamentale limitate ai noti quattro casi feudali ed ei per violenza le rese più frequenti... »*, et plus loin (p. 79) : « *E il pio re [Carlo], nè parlamenti adunando, nè misura osservando alcuna, nè per bisogno pubblico, bandiva l'un sull' altro, più fiate entro un anno, quegli universali tributi...* » Voir encore *ibid.*, p. 102 et 103.

Bréholles, il est prouvé que les *curiæ generales* ne se sont jamais occupées de questions financières (1) ; quant aux *colloquia* ou parlements, ils ne furent réunis que deux fois sous son règne, en octobre 1232 et en avril 1240. Dans la première, fut élaboré *peut-être* le règlement nouveau des douanes ; dans la seconde, d'après Richard de San Germano, on établit *peut-être* une taxe sur les bénéfices ecclésiastiques (2). En tout cas, ces assemblées ne semblent avoir été réunies, comme celles tenues par saint Louis en France, à peu près à la même époque, que pour sanctionner des actes de l'autorité royale, et rien ne prouve qu'elles eussent des attributions politiques aussi importantes que le vote de l'impôt.

En imposant régulièrement des aides extraordinaires, Frédéric II avait commis des actes arbitraires qui avaient soulevé de vives protestations dans son royaume ; lui-même semble avoir reconnu qu'il avait commis un abus de pouvoir en exigeant ces collectes ordinaires, et, dans son testament, il ordonna que les collectes fussent remises sur le pied où elles étaient du temps du bon roi Guillaume (3). Cette formule fit fortune puisque le pape l'avait imposée comme programme à Charles d'Anjou. S'il eût écouté le pape Clément IV, le nouveau roi de Sicile n'aurait levé aucune aide sans le consentement de ses sujets : *Comme l'impôt que tu as levé cette année a causé un grand scandale,* écrivait-il vers le 15 juillet 1267, *nous t'engageons à convoquer en parlement les barons, les prélats, les personnes notables des cités et des lieux importants, afin de déterminer, avec les formalités usitées, dans quels cas tu peux lever des impôts sur les gens de ta maison et tes autres sujets* (4). Ce n'était pas la première fois que la papauté exprimait

(1) Voir la liste des Cours plénières tenues pendant le règne de Frédéric II avec l'indication des matières traitées, dans l'*Historia diplom. Friderici II*, introd., p. CLXXII à CLXXVI.

(2) Huillard-Bréholles, *Hist. diplom.*, introd., p. CDX et CDXI, et t. IV, p. 400 ; t. V, p. 794.

(3) « *Item statuimus ut homines regni nostri sint liberi et exempti ab » omnibus generalibus collectis, sicut consueverunt esse tempore regis » Guglielmi secundi consoluni nostri.* » Portz, *Monum. Germ.*, t. IV, p. 359. Huillard-Bréholles, *Hist. diplom.*, introd., p. CDXIX.

(4) Clementis PP., IV, ep. CCCLXXX, ad regem Siciliæ (Martène et Durand, *Thes. anecd.*, t. II, col. 508) : « *Quia vero scandalum magnum est in regno tuo de collectis quas hoc anno levasti, consulimus tibi, quod vocatis baronibus et prœlatis et personis egregiis civitatum et locorum salubrium, tractetur forma competens, ut sciatur in quibus casibus in tuis vel alienis hominibus collecta levare valeas...* »

le vœu de voir des assemblées plénières réunies dans le royaume
de Sicile. Urbain IV avait voulu poser, comme une des conditions de l'investiture, que Charles d'Anjou serait tenu de réunir
un parlement de ce genre et de faire jurer aux représentants des
divers ordres de lui refuser leur obéissance s'il venait à enfrein-
dre un seul des engagements contractés avec le Saint-Siège ; ce
serment aurait dû être renouvelé tous les dix ans (1). Charles
d'Anjou et saint Louis avaient repoussé avec indignation cette
condition qui donnerait à ses sujets l'occasion de se révolter contre le roi et ils avaient déclaré que ces réserves offensantes ne
pouvaient être prises contre des fidèles chrétiens (2).

Pressé par les besoins financiers qui l'assaillirent dès son entrée dans le royaume, Charles d'Anjou n'écouta pas les sages conseils du pape et leva la *Subventio generalis* régulièrement, ainsi
que l'avait fait Frédéric II. L'aide était établie pour une année,
qui commençait au 1er mars ; la somme à imposer était fixée à
l'avance et on la répartissait sur les provinces à raison d'une augustale d'or, c'est-à-dire 12 sous 6 deniers tournois par feu. Le
travail de répartition était préparé par les justiciers au moyen
d'enquêtes et de tableaux des localités de leur juridiction. C'était
la Grande Cour qui fixait la répartition et qui envoyait à tous les
justiciers les *cedulæ taxationis* indiquant la somme à lever dans
chaque province et la quote-part de chaque localité. Le justicier
faisait alors élire dans chaque localité, par l'*universitas* ou communauté des habitants, des *taxatores et collectores*, qui distri-
buaient entre les habitants, selon les facultés de chacun, la somme
à lever sur la communauté et percevaient l'imposition à leurs risques et périls, en touchant, pour les frais, douze grains par once,
soit 2 pour 100 sur la somme à percevoir (3). Ils étaient responsables de la levée de l'imposition et leurs actes étaient contrôlés
avec soin. Une fois la subvention levée, les *collectores* remet-
taient les deniers qu'ils avaient perçus à des *executores* chargés
par les justiciers de recueillir le total des impositions par communautés. Les justiciers étaient responsables de la levée de la *Subventio generalis* ; mais, comme tous les officiers de finance du

(1) Urbani PP., IV, ep. VII ; Marténe, *Thes. anecd.*, t. II, p. 18. Voy. Saint-
Priest, ouv. cité, t. II, p. 76.
(2) Urbani PP. IV, ep. XVII ; *ibid.*, t. II, p. 37. — Cf. Saint-Priest, t. II,
p. 80 et 81.
(3) Voir Minieri-Riccio, *Della dominazione angioina*, p. 10, d'après les
Reg. ang. III, fol. 69 et 46 ; X, fol. 100 v° ; V, fol. 79 v°. — P. Durrieu, *Les
archives angevines*, t. I, p. 87 à 89.

royaume, ils pouvaient, suivant les ordres qu'ils recevaient, appliquer directement les fonds qu'ils percevaient au payement de divers services, en se faisant donner des quittances ou *apodixes*, qu'ils représentaient ensuite comme valeurs reçues (1). Le reliquat des recettes faites était versé à la Chambre royale, qui, sous la garde de trois trésoriers, deux Français et un Italien, était établie dans le château de Saint-Sauveur de Naples, plus connu sous le nom de Château de l'Œuf (2).

La *Subventio generalis* n'était pas, comme on l'a prétendu (3), perçue sur les nobles et feudataires de la couronne; ceux-ci prêtaient à l'Etat un service personnel, à défaut duquel ils payaient l'*adohamentum*. Mais les charges les plus lourdes étaient, sans doute, les impôts indirects qui étaient poursuivis avec âpreté par les fermiers adjudicataires. Ces droits de l'Etat sont ceux qui étaient affermés aux *secreti*, *magistri procuratores et portulani*, *magistri massarii*, etc. ; quelques-uns de ces droits n'étaient exigés que dans certaines provinces, mais la plupart étaient applicables à tout le royaume. Ces droits ont été souvent énumérés; on les distinguait, au treizième siècle, en *droits anciens*, antérieurs au règne de Frédéric II, et en *droits nouveaux*, qui étaient ceux établis ou modifiés par Frédéric II (4). Les premiers étaient des droits de douane, d'escale et d'ancrage des navires, de port et de pêche, de pâturage, de passage, etc. Les autres s'appliquaient à divers produits et matières; on peut signaler, parmi les plus productifs et les plus durs, le *jus fundici* ou d'entrepôt frappant toute vente d'objets mobiliers, à l'exception des denrées alimentaires et des produits déjà frappés d'un droit : les gabelles du fer, du sel, du poisson, poids et mesures, soie, teintures, échange, etc.; enfin, les droits de sortie de certains produits qui étaient fort onéreux. Pour tous ces produits, il y avait des droits bien déterminés et tarifés ; rien n'était laissé à l'arbitraire. Charles d'Anjou ne diminua pas les droits sur les objets de consommation établis par Frédéric II, mais il ne les augmenta pas. On ne signale que deux nouveaux impôts levés par lui, le *jus tapeti*, payé par les feuda-

---

(1) Huillard-Bréholles, *Hist. diplom.*, introd., p. CDXVII.

(2) P. Durrieu, ouv. cité, t. I, p. 97, 98 et suiv. — Voir l'ordonnance du 27 octobre 1277 relative aux trésoriers du château de l'Œuf, dans Minieri-Riccio, *Saggio di codice dipl.*, t. I, p. 151, 152, et P. Durrieu, *Notice sur les registres angevins en langue française*, p. 14-17.

(3) Amari, ouv. cité, t. I, p. 79.

(4) Voir P. Durrieu, ouv. cité, t. I, p. 91.

3

taires quand ils prêtaient serment au roi, et les droits d'enregistrement ou du sceau royal (1).

Enfin, outre les revenus ordinaires de la couronne, le roi percevait bien des droits divers, tels que amendes, confiscations, revenus des domaines de l'Etat exploités directement, successions
mobilières en déshérence, etc. Les aides extraordinaires continuaient aussi à être perçues, malgré l'établissement des collectes
générales, dans les cas de l'ancien droit féodal; ainsi Charles
d'Anjou et son fils ne manquent pas de demander à leurs sujets
des aides nouvelles pour le mariage de leurs filles, la chevalerie
de leurs fils aînés, la captivité du roi, etc. En résumé, on peut
conclure, avec M. Durrieu (2), que « lorsqu'on étudie de près le
» système financier du royaume de Naples, aux débuts de la dy-
» nastie angevine, on se trouve partout en présence d'une fisca-
» lité des plus ingénieuses, qui ne laisse rien échapper de ce qui
» peut profiter à l'Etat, tout en cherchant à protéger le contribua-
» ble contre les exactions des fermiers et des collecteurs. »

Les historiens de Charles d'Anjou ont généralement adopté la
première conclusion et ont montré le roi, avare et rapace, cherchant à faire argent de tout. Quant aux règles qui ont présidé,
sous son règne, au gouvernement du royaume, on s'est peu préoccupé jusqu'ici de les étudier dans les ordonnances du roi et l'on
s'est facilement contenté des affirmations des chroniqueurs et des
plaintes des Siciliens pour juger de toute l'œuvre de la dynastie
angevine. Après avoir rapidement esquissé le tableau de l'organisation administrative du royaume de Sicile, il importe donc d'examiner quelle a été la conduite du roi et de ses collaborateurs dans
le gouvernement du royaume et l'établissement de la monarchie
angevine, pendant la période antérieure à la révolte de l'île
de Sicile.

### III. — CONDUITE DU ROI CHARLES I⁰ʳ DANS L'ADMINISTRATION DU ROYAUME.

L'organisation administrative du royaume semble avoir été peu
modifiée par Charles d'Anjou; il accepte, à son arrivée en Sicile,
la division en provinces, les rouages de l'administration et le
mode d'impositions établi par ses prédécesseurs. Obligé, après la

___

(1) Voir Saint-Priest, ouv. cité, t. II, p. 241. — Le tarif des droits de chancellerie payés au roi de Sicile est publié dans les *Capitula regni Sicilie*,
t. II, p. 51.

(2) P. Durrieu, ouv. cité, t. I, p. 92.

victoire, de récompenser ses compagnons d'armes, gêné par les engagements contractés pour subvenir aux frais de l'expédition, il adopte les expédients financiers des mauvais jours de Frédéric II et, au lieu de supprimer les collectes et aides, comme l'espéraient ses sujets, il se voit dans la nécessité de chercher à tirer de sa nouvelle conquête tout ce qu'elle peut donner. Une transformation s'était cependant opérée dans le gouvernement du royaume et Charles d'Anjou avait introduit dans l'administration de la Sicile un élément nouveau, l'ordre et la régularité. Pour la levée des impositions, c'est un des griefs qui ont été le plus sensibles aux Siciliens ; c'est un des caractères de l'administration de Charles d'Anjou, qui donnent à son gouvernement une physionomie toute particulière, quand on songe surtout quel était l'état de l'Italie à la fin du treizième siècle. Mais c'est, en même temps, dans cette régularisation des charges supportées par le pays qu'on peut trouver le principal obstacle à l'établissement des Français en Sicile et les causes de l'échec que Charles d'Anjou eut à subir dans ce pays.

Avec les idées qui ont dominé tous les jugements portés sur le fondateur de la dynastie angevine, on n'a vu que les défauts et les inconvénients de cette politique; on l'a attribuée à l'incapacité, à l'orgueil et à l'avarice de Charles d'Anjou et l'on ne s'est pas demandé si cette administration sage et bien ordonnée n'avait pas eu aussi pour le pays de précieux avantages et d'heureux résultats. L'historien le plus impartial de Charles d'Anjou, tout en reconnaissant les difficultés auxquelles le nouveau roi était obligé de faire face, lui fait un grave reproche de l'organisation administrative qu'il substitua aux exactions irrégulières de ses prédécesseurs, et il voit, avec raison d'ailleurs, dans ce système, une des causes de la haine violente suscitée contre Charles d'Anjou. « Charles d'Anjou, » dit-il (1), « ne changea rien ou presque rien » à l'administration financière du royaume; mais il fit un sys- » tème de ce qui, jusqu'alors, n'avait été qu'un expédient... » — « Il n'augmenta pas les charges publiques ; il se contenta de les » maintenir toutes et de les constituer d'une manière fixe, perma- » nente ; il soumit à un retour régulier, déterminé, les impôts, » les collectes exigés jusqu'à lui seulement, dans des circonstances » extraordinaires et pressantes... Voilà ce que ses sujets ne pou- » vaient lui pardonner... Charles se rendit surtout odieux en » portant au milieu de l'anarchie italienne un esprit de fiscalité

(1) Saint-Priest, ouv. cité, t. II, p. 249.

» régulière (1). » En s'exprimant ainsi, M. de Saint-Priest ne fait, d'ailleurs, que développer l'opinion très judicieuse du chanoine Rosario Gregorio, savant auteur des *Considérations sur l'histoire de Sicile* (2). Cette nouvelle administration a eu sur le règne de Charles d'Anjou une influence décisive ; elle a provoqué bien des haines, mais elle a, en même temps, empêché bien des abus. L'étude des ordonnances du roi de Sicile est favorable à sa mémoire, car elle dégage, en partie, sa responsabilité des événements qui se sont produits en Sicile en 1282. Sans doute, tout n'était pas parfait dans ce gouvernement, mais Charles d'Anjou semble avoir fait tous ses efforts pour le perfectionner et l'améliorer. Il avait été obligé d'imposer de lourdes charges à ses sujets, il chercha à compenser leurs sacrifices en les dotant d'une bonne administration et en leur assurant la paix et la justice. Si ses ordres ont été mal exécutés, si la surveillance active qu'il exerçait sur ses officiers a été déjouée par la rapacité et la mauvaise foi de quelques-uns d'entre eux, ce n'est pas sur le roi que l'on doit faire tomber toute la culpabilité.

Quand on étudie l'histoire des premières années de Charles d'Anjou, les conditions dans lesquelles s'est effectuée la conquête, les difficultés auxquelles il a été aux prises dès le début de son règne, on est étonné de l'esprit d'organisation que l'on trouve dans l'œuvre accomplie par ce prince, et l'on ne peut s'empêcher de considérer ses talents politiques comme incompatibles avec les fautes dont on l'accuse et qui pèsent si lourdement sur sa mémoire. C'était un souverain rude, hautain et sévère ; il s'est montré impitoyable pour les traîtres qui l'avaient abandonné pour suivre Conradin. Mais une fois la victoire assurée, tous ses efforts ont tendu pendant plus de dix années à gouverner ses États avec prudence et sagesse. Quoi qu'on en ait dit, Charles d'Anjou respecta les mœurs et les coutumes de ses nouveaux

(1) Saint-Priest. ouv. cité, t. II, p. 247.

(2) Rosario Gregorio, *Considerazioni sopra la storia di Sicilia, dai tempi Normanni sino ai presenti*, t. II, p. 189 : « *Qualunque sia stato di fatto il governo degli Angioini in Sicilia, essi realmente non fecero altre innovazioni essenziali nel sistema della nostra costituzione politica, che rendere ordinarj e perpetui i nuovi sistemi di amministrazione che eransi di fresco introdotti in Sicilia : o a meglio dire, essi non fecero che convertire in fondi certi e in fissi stabilimenti di rendita fiscale le operazioni d'industria ed i privati traffichi dell' imperador Federigo : e dello stato nuovo, in cui per le sue straordinarie circostanze avea questo principe ridotte le collette, ne fecero gli Angioini un sistema ordinario di diritto pubblico e di governo. »*

sujets. S'il introduisit un élément nouveau dans le royaume, des
feudataires français, des mœurs françaises, il laissa à chacun le
droit d'être régi par la coutume qui lui conviendrait; le droit
romain, le droit lombard, le droit féodal français, les constitutions des rois normands et des princes de la maison de Souabe
continuèrent à être appliqués simultanément suivant les personnes : le principe de la personnalité de la loi subsiste dans tout
le royaume. Quant aux coutumes en vigueur dans le royaume,
il n'en supprima aucune, et ce n'est qu'en 1270 que, suivant la
promesse faite au pape, il abolit les constitutions et concessions
de privilèges faites par Frédéric II après son excommunication et
par ses successeurs Conrad et Manfred. Il ajouta aux constitutions du royaume de Sicile, revisées par Frédéric II, une série
d'ordonnances, qu'on a appelées *Capitula* ou *Capitoli* (1) pour les
distinguer des *Constitutiones*, qui font le plus grand honneur au
fondateur de la monarchie angevine et qui ont pour but d'organiser l'administration du royaume et de protéger ses sujets contre les abus, les fraudes et les exactions des officiers royaux.

Charles d'Anjou avait adopté les cadres de l'administration royale
telle que l'avait établie ses prédécesseurs; mais au moment de son
avènement au trône, il avait trouvé le pays profondément troublé par quinze années de guerres et de discordes civiles. Pendant le règne de Manfred et les luttes continuelles qu'il avait été
obligé de soutenir, le royaume de Sicile avait été la proie des
exacteurs et des agents du fisc royal. Les administrateurs des
provinces profitaient de la faiblesse du pouvoir central pour agir
à leur guise et écraser la population : en même temps le vol et le
brigandage se pratiquaient avec plus de violence que jamais. Les
barons transformaient leurs châteaux féodaux en repaires de bri-
gands, d'où ils descendaient pour piller les campagnes, rançon-
ner les voyageurs et les marchands. Tout le royaume était en
proie aux désordres et aux violences, et les officiers royaux, loin
de protéger leurs administrés, étaient les plus âpres et les plus
ardents au pillage. Charles d'Anjou sentit tout de suite le besoin
de rendre la paix à ses sujets si éprouvés par la guerre civile, et
de donner à son royaume une administration tutélaire en la
réorganisant par des règles sévères et prudentes.

Les premières ordonnances qu'on ait réunies dans la collection

---

(1) Voir Giannone, *Dell' istoria civile del regno di Napoli*, l. XX, c. IX :
« *Delle nuove legge introdotte da Carlo I e dagli altri re Angioini suoi
successori, che chiamianco Capitoli del Regno* (t. III, p. 50 et suiv.).

des *Capitoli* de Charles d'Anjou témoignent des préoccupations
de ce prince et de son désir de rétablir le bon ordre et la paix
dans son royaume. En 1269, il édicte des peines sévères contre
les voleurs, « pour maintenir les biens de nos fidèles en sûreté
sous notre sauvegarde. » Celui qui aura volé un objet de la
valeur d'une augustale ou moins sera fustigé, marqué au front
et banni de la province. Pour la valeur d'une once, il perdra la
main ; ceux qui auront volé pour plus d'une once et les récidi-
vistes seront pendus, et, s'ils sont nobles, décapités (1). La rigueur
du châtiment, la mention de vols commis par des nobles donnent
une idée du mal que le roi avait à combattre. En 1272, plusieurs
ordonnances sont destinées à porter remède aux violences qui se
commettent dans le royaume, et à protéger les personnes et les
biens de chacun. On est frappé surtout, dans ces édits, de voir le
but que poursuit le roi et l'esprit de justice dans lequel il les a
dictés. « Emu des clameurs de nos sujets contre ceux qui, mépri-
» sant le culte de la paix et de la justice, dépouillent de leur pro-
» pre autorité ceux qui possèdent, ce qui par l'insolence de plu-
» sieurs a prévalu en ces temps-ci..., nous établissons que nul
» dans notre royaume, puissant ou faible, noble ou plébéien, de
» quelque condition qu'il soit, n'ose dépouiller quelque autre, de
» sa propre autorité, de la possession d'une chose, meuble ou
» immeuble (2). » Ailleurs, une ordonnance contre les complices
et recéleurs des vols montre encore la préoccupation du roi de
faire vivre ses sujets dans la paix et la tranquillité, et de les protéger contre les violences des particuliers (3). Dans presque toutes
les mesures générales prises par Charles Iᵉʳ, on voit le désir de
faire régner la justice et de protéger le faible contre le fort. Dans
l'édit publié à Venosa le 7 juin 1272, et qui, d'après Minieri
Riccio (4), aurait été renouvelé en 1277, ne lit-on pas ces belles
paroles, qui montrent quel était le but poursuivi par le roi en

(1) *Capitula regni Sicilie*, rub. : *De furtis*, t. II, p. 10 et suiv.
(2) *Capitula regis Caroli I*, t. II, p. 5. Ordonnance *de Violentiis* donnée
à Naples le 15 mars 1272, xvᵉ indict.
(3) « *De testimonio publicorum disrobatorum contra participes et recep-
tatores eorum.* » — *Carolus*, etc. : « *Frequens et ineffrœnata latronum ma-*
» *teria invalescens, quæ post tantas prœteritæ turbationis tribuens, sedatis*
» *undique tempestatibus, quibus regni quies dudum extitit agitata, pacem*
» *et quietem publicam, quas post œrumnales incursus hostium felicis nostræ*
» *successionis victoriæ, non sine grandi labore et turbatione animi refor-*
» *mavimus, turbat et multipliciter interpellat, et nobis novæ constitutionis*
» *condende præbet materiam...* » (Capitula reg. Sic., t. II, p. 7.)
(4) *Saggio di codice diplomatico*, t. I, p. 138 à 140.

réorganisant l'administration du royaume de Sicile? « Ne vou-
» lant donc pas le tolérer, parce qu'il n'est pas conforme à la jus-
» tice et à l'équité, que quelqu'un s'enrichisse de la ruine d'au-
» trui et se rende maître d'un gain qui ne lui appartient pas et
» que nous ne devons pas souffrir que *les plus faibles soient oppri-*
» *més par les plus puissants*, et que si les choses susdites étaient
» commises, elles seraient faites non seulement à notre préju-
» dice, mais comme une injure à notre autorité... (1). » Cette
ordonnance, dirigée contre les usurpateurs des domaines et des
droits de l'État, interdit aux comtes, barons, feudataires, bourgeois et autres, possédant des péages ou gabelles, de les affermer
à leurs vassaux à un prix trop élevé, et surtout de les obliger par
la force à se rendre adjudicataires.

On pourrait multiplier les exemples et démontrer facilement,
en n'employant que les textes utilisés par M. Amari, combien est
exagéré le réquisitoire dirigé par lui contre Charles d'Anjou.
Parmi les mesures prises par le roi pour la protection de ses
sujets, il y en a qui font le plus grand honneur au législateur.
La liberté individuelle est autant que possible mise à l'abri des
violences, et, dans les ordres donnés par le roi, rien n'autorise à
admettre une distinction entre les vainqueurs et les vaincus, entre
Français et Italiens, même entre guelfes et gibelins; il s'adresse
au contraire à tous, et en particulier à ceux de sa suite : *quos
nostri lateris comitatus illustrat.* Nul ne peut, sans mandement du
roi ou de ses officiers ayant autorité pour cela, prendre, arrêter
ou retenir un sujet du royaume, ni saisir ses biens, sous peine
d'être arrêté et puni de mort (2). Enfin, ne reconnaît-on pas le
frère de saint Louis et d'Alphonse de Poitiers dans la belle ordonnance, donnée à Aversa le 4 octobre 1272, qui interdisait de sai-

(1) « *De occupantibus res demanii.* » — *Capitula reg. Sic.*, t. II, p. 10.
(2) Ordonnances promulguées à Lagopesole, le 25 août 1277, ou plutôt
envoyées à cette date au justicier de la Basilicate avec ordre de les publier
et de les faire strictement exécuter : « *Contra effrenatas multorum inso-*
» *lentias, qui sibi jurisdictionem indebitam usurpantes, fideles regni*
» *nostri et etiam innocentes capere pro sua voluntate presumunt, salu-*
» *briter providere volentes, universis et singulis, tam hiis videlicet, quos*
» *nostri lateris comitatus illustrat quam aliis quibuscumque, districtius*
» *inhibemus, ut sine speciali mandato nostro vel nostrorum officialium,*
» *plenam a nobis in hoc auctoritatem habentium, ad capiendum seu*
» *arrestandum et detinendum aliquos seu aliquorum bona procedere non*
» *attentent. Quicumque autem contra hanc inhibitionem nostram venire*
» *temptaverint per officiales nostros capiantur protinus et capitali sententia*
» *puniantur* » (*Saggio di codice diplomatico*, t. I, p. 143).

sir, même pour dettes, les bœufs de labour, les charrues et autres instruments aratoires des paysans insolvables? « *Comme un souci pressant*, dit le roi, *nous sollicite, non seulement à songer à procurer à nos sujets la paix et la justice, mais à leur éviter toutes les incommodités qui peuvent nuire surtout aux produits de l'agriculture..., nous ordonnons et défendons que dans tout notre royaume, tant dans les terres du domaine que dans toute autre, que pour dettes ou pour une cause quelconque, existant entre particuliers, on saisisse les bœufs de labour, la charrue, ou tout instrument utile à l'agriculture, même si le débiteur ne possède pas autre chose* (1). » Comme trait de l'esprit de justice apporté par Charles d'Anjou dans son gouvernement, on peut signaler, en outre, sa conduite à l'égard des Juifs: Bien que, dans plusieurs ordonnances, il favorise la procédure des inquisiteurs envoyés dans le royaume contre les hérétiques (2), il protégea constamment les Juifs, qui furent traités, pendant son règne, plus humainement que dans la plupart des royaumes de l'Europe (3).

Quant à sa conduite envers le clergé, s'il maintint les droits de l'Etat contre certaines entreprises des évêques, il respecta, quoi qu'en dise M. Amari (4), les droits et les immunités des Eglises de son royaume. La bulle d'investiture du 26 février 1265 avait imposé au roi un certain nombre de conditions pour la manière dont il devait traiter les ecclésiastiques du royaume de Sicile (5). Il devait leur restituer tout d'abord tous les biens immeubles dont les Eglises avaient été dépouillées sous les règnes précédents, et les biens meubles que l'on pourrait retrouver. La Cour pontificale

(1) « *De pœna violentorum.* » — *Capit. reg. Sic.*, t. II, p. 4.

(2) Charles I⁻ ordonne à tous les châtelains du royaume d'arrêter et d'emprisonner les personnes qui leur seront signalées par les inquisiteurs envoyés par le Saint-Siège contre les hérétiques. Naples, 15 octobre 1269 (Minieri-Riccio, *Sag. di codice dipl.*, t. 1, p. 54). — Lettre de recommandation pour le Fr. Troiano, inquisiteur, du 8 décembre 1269 (*ibid.*, p. 55). — Ordre d'arrêter deux hérétiques, le 19 février 1270 (*ibid.*, p. 58). — Ordre de payer les dépenses de voyage du dominicain Fra Matteo di Castellamaro, inquisiteur en Calabre, Valle di Crati et Terra Giordana, 9 avril 1270. — Même ordre, le 20 mai 1270, pour Fra Troiano, inquisiteur de la Terre de Labour, du Principat et des Abruzzes (*ibid*, p. 63, 64).

(3) Voir, par exemple, *Reg. ang.* n. 111, fol. 1 v° et 2, cité dans Minieri-Riccio, *Il regno di Carlo I*, 1273, p. 21.

(4) « *E prima dirò della slealtà di re Carlo verso la Chiesa.* » Amari, ouv. cité, t. I, p. 70, 72.

(5) Voir Raynaldi, *Ann eccles.*, ann. 1265, § xix, t. III, p. 163. — La bulle d'investiture a été publiée par Lünig, *Codex diplom. Italiæ*, t. II, p. 916 et suiv., et par M. de Saint-Priest, ouv. cité, t. II, p. 332 à 364, app. G.

devait nommer des commissaires enquêteurs ayant pour mission de faciliter ces restitutions. Charles d'Anjou exécuta cette condition dès les premiers temps de son règne, si l'on en juge par les enquêtes qui nous sont parvenues dans la collection des *Fascicoli* (1), contenant des listes de biens restitués aux évêques et aux Eglises. Le roi et ses officiers ne devaient en aucune façon se mêler des affaires ecclésiastiques, en particulier des élections, nominations, provisions, etc. ; ils devaient sauvegarder la liberté, les droits du clergé et surtout la juridiction ecclésiastique (2). On peut citer comme exemple de l'exécution de cet article du serment de Charles d'Anjou une lettre du prince de Salerne, alors vicaire général du royaume, datée du 5 janvier 1272, reprochant au justicier de Calabre, sur la plainte de l'évêque de Squillace, de s'être ingéré dans les affaires ecclésiastiques, et lui ordonnant de faire respecter la juridiction de l'évêque dans toutes les affaires civiles, criminelles et de majesté (3). Charles d'Anjou avait promis, en outre, de révoquer toutes les constitutions de Frédéric II, de Conrad et de Manfred, contraires à la liberté ecclésiastique ; de ne citer les clercs et personnes ecclésiastiques devant les juges séculiers que pour des questions féodales et temporelles; de n'imposer aucune taille ni collecte aux églises, monastères, clercs ou personnes ecclésiastiques; enfin, de ne toucher aucune régale sur les bénéfices vacants (4). De nombreuses ordonnances et mandements de Charles I<sup>er</sup> défendent aux officiers du roi de contraindre le clergé, tant du rite latin que du rite grec, à payer les collectes, tailles, aides, exactions, emprunts, etc. (5). D'autres ordonnent

---

(1) Voir en particulier, aux Archives de Naples, Fasc. ang. n. XLVI. Un fragment de cette enquête a été publié par Minieri-Riccio, *Saggio di cod. dipl.*, t. I, p. 122, 123. — On lit, dans une enquête prescrite, le 8 juillet 1271, au juge Giovanni de Amicis de Barletta, dans les justicerats de Capitanate et de la Terre d'Otrante : « *Item si aliqua de hiis que tenebant hactenus domini eorumdem, restituta sint Ecclesiis vel personis ecclesiasticis aut aliis quibuscunque? quo etiam jure seu titulo, et per quos? ac de cujus mandato in dictis terris et pertinentiis earum?* etc... » (Reg. ang. X, fol. 124 v°, publié dans Minieri-Riccio, *Saggio di cod. dipl.*, t. I, p. 84).

(2) Bulle d'investiture du royaume de Sicile, art. XXI et XXII. Voir Saint-Priest, *ibid.*, t. II, p. 256 à 258.

(3) *Reg. ang.*, 1272 A, n. XIII, fol. 140. — Minieri-Riccio, *Il regno di Carlo I negli anni 1271 e 1272*, p. 3.

(4) Bulle d'investiture, art. XXIII, XXIV, XXV, XXVI. *Ibid.*, p. 258 et 259.

(5) En janvier et en mai 1271, le roi déclare le clergé de Tropea, Solmona, Tocco, San Valentino, Chieti, Butilono, Monte Odorisio, San Martino, Rocca Falluta, Caramanico, Martine in Abruzzo, exempt des tailles et col-

aux *secreti* de payer exactement les dîmes que certains évêques et chapitres possédaient sur les revenus des bailliages de certains ports et de certaines villes (1). La protection du roi s'étend même, dans certains cas, jusque sur les vassaux des ecclésiastiques. Le 6 mai 1271, Charles d'Anjou prescrit à Pons de Blanchefort de faire une enquête au sujet d'une plainte de l'archevêque de Reggio. Les vassaux de ce prélat prétendaient avoir été injustement taxés pour les collectes de la première et de la seconde augustale, frappant sans doute les villes qui avaient pris parti pour Conradin. L'archevêque affirme que ses vassaux ont été en Sicile au service du roi pour combattre les traîtres, et qu'à la venue de Conradin ils ont servi sous le commandement de Jean de Braida, justicier de Calabre, et ont pris part au siège de la cité rebelle d'Arena. Si l'enquête démontre l'exactitude de ces faits, le roi exempte les vassaux de l'archevêque de la collecte (2). Si Charles d'Anjou a eu des procès avec le clergé pour la possession de certaines terres, c'est que les droits des ecclésiastiques ne devaient pas être bien certains ; il a cédé toujours devant les sentences des légats (3), et sa conduite à l'égard du clergé a dû être correcte, puisqu'il ne s'est jamais attiré de graves reproches de la part du pape.

Pour faire respecter les droits et libertés de ses sujets aussi bien que les privilèges du clergé, Charles d'Anjou devait songer avant toute chose à les protéger contre ceux qui avaient la garde de ces privilèges et qui étaient ses représentants dans le royaume. Le triste état dans lequel se trouvait alors le royaume de Sicile provenait surtout de la mauvaise administration, des violences, des exactions et des fraudes commises par les officiers royaux eux-mêmes. Charles se préoccupa de cette situation, et mit tous ses soins à n'envoyer dans les provinces que des officiers honnêtes et capables, qu'il munit d'instructions spéciales et détaillées, leur traçant la conduite à tenir dans les diverses branches de l'administration ; il chercha aussi à prévenir les fraudes, les abus et les excès de ses officiers en prenant des mesures sévères pour sur-

---

lectes (**Reg. ang.** XIII, fol. 39 v°, 131, 140 v°, 131 v°. Voir Minieri-Riccio, *Il regno di Carlo I nel 1271*, p. 7, 17, etc.).

(1) Voir le *Syllabus membranarum*, t. I, *passim.*

(2) *Reg. ang.* 1274 B, n. XIX, fol. 73 v°. — Minieri-Riccio, *Il regno di Carlo I nel 1271*, p. 17.

(3) L'exemple cité par M. Amari (t. I, p. 71) de la sentence du légat Rodolpho, évêque d'Albano, n'est que la conséquence des enquêtes prescrites par l'art. XXI de la bulle d'investiture.

veiller leurs actes, vérifier leurs comptes et s'informer des plaintes provoquées par leur administration.

On peut citer comme un modèle les instructions adressées par le roi aux justiciers des provinces, « après son heureuse entrée dans le royaume, » dont un exemplaire daté du 23 janvier 1277 a été publié (1). Chacun des articles de cette ordonnance mériterait d'être analysé, commenté et illustré à l'aide des mandements royaux conservés en foule dans les registres angevins. Nous ne pouvons ici qu'énumérer les prescriptions les plus importantes. Le premier devoir du justicier, c'est de maintenir l'ordre, de faire respecter les lois, constitutions et ordonnances du royaume et de rendre la justice. Pour cela, il doit parcourir constamment la province et administrer bonne justice à tous, mais surtout aux ecclésiastiques, mineurs, orphelins, veuves et aux misérables (2). Dans une ordonnance antérieure, mais dont nous ne possédons qu'une expédition datée du 25 août 1277 et adressée au justicier de la Basilicate, le roi ayant appris que les justiciers résidaient de préférence dans les meilleures et les plus riches cités de leur province et que l'exercice de la justice en souffre, surtout dans les parties éloignées et reculées du royaume, leur défend de séjourner plus de trois ou quatre jours dans les villes, à moins de nécessité manifeste, et leur prescrit de parcourir leur province pour réprimer le brigandage et éviter les délais et les frais de justice (3). Ce dont le roi se préoccupe surtout, c'est, d'une part, d'assurer à chacun brève et prompte justice, et, d'autre part, d'avoir des administrateurs honnêtes, fidèles et désintéressés. Ainsi, le justicier est tenu de poursuivre les malfaiteurs et de les punir suivant la gravité de leurs délits ou de leurs crimes (4). Il devra éviter aux plaideurs tous frais inutiles, ne nommer de juge extraordinaire et ne prescrire des enquêtes complémentaires qu'en cas d'absolue nécessité, mais avoir recours toujours à la juridiction ordinaire (5). Il est tenu d'abréger autant que possible les délais judiciaires et la prison préventive, qui devra toujours être faite dans les châteaux royaux de la province (6). Le justicier ne doit pas employer les sujets du roi à leurs dépens aux services de la Cour et ne peut, lui ni ses officiers, prendre des mon-

(1) Minieri-Riccio, *Saggio di cod. diplom.*, t. I, p. 125-130.
(2) Ordonnance du 23 janvier 1277, art. Ier, *ibid.*, t. I, p. 126.
(3) Ordonnance du 25 août 1277, *ibid.*, t. I, p. 143.
(4) Ordonnance du 23 janvier 1277, art. II, p. 126.
(5) *Ibid.*, art. IV.
(6) *Ibid.*, art. XII, p. 127.

tures et des bêtes de somme sans le consentement des propriétaires et sans leur payer un loyer ou salaire suffisant (1). — Des instructions sévères sont données au sujet de la moralité des officiers royaux. Les justiciers, les juges, notaires et autres ne pourront recevoir de présents, à part ceux permis par les constitutions dans certains cas, ni des plaideurs (2), ni des villes, châteaux et communautés (3), mais se contenter des salaires qui leur sont assignés. « *Ils doivent*, » dit l'ordonnance du 23 janvier, « *avoir les mains nettes et libres de tous les gains honteux qui avilissent les officiers qui les reçoivent et des présents illicites qui, le plus souvent, pervertissent les hommes et les font dévier du sentier de la vérité* (4). » Enfin, ils n'ont pas le droit de choisir eux-mêmes leurs principaux officiers, les juges et les notaires de leur tribunal, qui sont nommés par le roi ou sa grande Cour. Pour les autres subalternes, dont le principal est le notaire de la Chambre ou leur trésorier, ils sont tenus de ne pas être liés à eux par des liens d'amitié ou de parenté ; ils ne doivent pas, de préférence, les choisir dans la suite de leurs prédécesseurs, mais les prendre incorruptibles et fidèles, car ils sont responsables des actes de leurs inférieurs (5).

Les justiciers avaient sous leurs ordres un certain nombre d'hommes d'armes chargés de faire respecter leurs ordres et du service de leur tribunal ; c'est contre ces *stipendarii* que les plaintes les plus nombreuses parvenaient aux oreilles du roi. Les officiers de justice, les exécuteurs chargés de la collecte des impositions, ceux chargés des achats pour la maison royale ou pour le service de l'État, les maîtres de l'Hôtel du roi, etc., commettaient des abus de pouvoir en pressurant les habitants, les obligeant à leur fournir de gré ou de force les objets, denrées ou bêtes de somme qu'ils étaient chargés d'acheter et qu'ils devaient leur payer au prix ordinaire. Le roi, ému des réclamations qui ne cessaient de lui être faites, écrit le 8 janvier 1277 aux divers justiciers des provinces, leur donnant des ordres rigoureux pour qu'ils empêchent de tels excès et pour qu'ils punissent ceux de leurs officiers subalternes qui se seraient rendus coupables d'oppressions

---

(1) Ordonnance du 25 août 1277, *ibid.*, p. 143. — Ordonnance du 23 janvier, art. XIII, p. 127.
   (2) Ordonnance du 25 août 1277, p. 143.
   (3) Ordonnance du 23 janvier, art. III, p. 126.
   (4) *Ibid.*, art. IV, p. 126.
   (5) *Ibid.*, art. XI, p. 127.

et de violences, les menaçant eux-mêmes d'une amende de 200 onces d'or s'ils n'exécutent pas ses ordres (1).

L'administration des finances, le choix des officiers chargés de procéder à la répartition et à la levée des impositions, la tenue et la vérification des comptes font aussi l'objet de mesures minutieuses et d'instructions détaillées destinées à prévenir toute espèce de fraudes et de malversations. Tout en établissant une régularité rigoureuse profitable au Trésor royal dans la perception des aides et impôts, le roi se préoccupe aussi, dans ses ordonnances, de sauvegarder les intérêts des contribuables, et bien des prescriptions témoignent de l'intérêt qu'il porte à ses sujets et du désir d'empêcher toute oppression et toute injustice. Les justiciers devront empêcher que sur les terres de leur juridiction on ne lève, sans le consentement du roi, des collectes, taxes, exactions ou tailles (2). L'argent reçu par eux devra être du poids général et ordinaire (*ad pondus generale*), pour éviter les fraudes et le préjudice occasionné aux contribuables par les opérations de change (3). Les sommes levées pour les impositions seront adressées à la Chambre par le justicier, sous sa responsabilité et munies de son sceau ; si quelque argent se perdait en route, il ne doit pas en rendre responsables les particuliers, ni surtout les communautés qu'il aura chargées de la transmission en leur faisant élire des messagers pour faire ce service, car c'est à lui à choisir des gens sûrs et fidèles pour les missions de ce genre (4). Enfin, les plus grandes précautions sont prises, dans l'intérêt même des communautés, pour la répartition des impôts.

La *Subventio generalis* était, nous l'avons vu, répartie entre les diverses villes, châteaux et localités du royaume par la Grande Cour, qui envoyait au justicier de chaque province une *Cedula taxationis*. Ce travail de répartition de la Grande Cour royale n'était pas fait arbitrairement et était précédé d'une estimation ou *appretium* qui permettait de fixer la quote-part revenant à chaque localité. Cette estimation était faite avec le concours des communautés et était entourée de nombreuses garanties. Le justicier, après avoir reçu l'ordre de la Cour, devait mander à toutes les universités ou communautés de la province de dresser un état

---

(1) Reg. ang., xxvii, fol. 6. — Publié par Minieri-Riccio, *Saggio*, t. 1, p. 122.

(2) Ordonnance du 23 janvier, art. x, *ibid.*, p. 127.

(3) *Ibid.*, art. vii, p. 127.

(4) *Ibid.*, art. viii, p. 127.

des noms de tous les habitants, de leurs terres et des propriétaires de biens immeubles *burgensatica*, et de le lui envoyer sous le sceau des baillis, juges, etc. Cet état devait être inséré dans le cahier de la répartition de l'aide générale, pour que personne ne fût exempt de contribuer aux impositions (1). Le justicier devait, en outre, fournir à la Cour tous les éléments de la répartition, au moyen d'enquêtes sur la valeur des biens, afin d'établir la taille sur une base équitable ; la répartition était faite en prenant pour base le nombre des feux, que l'on répartissait sur les villes et localités d'après leur importance ; la somme était fixée à l'avance par la Grande Cour et calculée à raison d'une augustale d'or par feu (2). Quand la *Cedula taxationis*, contenant la quote-part de chaque localité de la province, était parvenue au justicier, celui-ci, en la communiquant à chaque université, devait faire élire par elle un certain nombre de taxateurs et de collecteurs, suivant l'importance du lieu ; ceux-ci devaient être choisis parmi les meilleurs et les plus riches de la communauté, et l'université devait concourir toute entière à leur élection. Après avoir prêté serment, ces taxateurs communaux devaient distribuer la somme fixée par la cédule de la Grande Cour sur les habitants de la ville, d'après les facultés de chacun et suivant l'estimation précédemment faite (3). D'après les instructions de 1277, le justicier devait mander à ces taxateurs « de n'avoir égard à personne, *parte,* » *pretio vel amore*, *gratia vel timore*, et de ne faire de tort à per- » sonne par haine ; mais, pleins de respect pour Dieu et pour les » intentions équitables du roi, ils observent en tout une telle éga- » lité, une telle vérité et une telle exactitude, que les *riches* et » ceux qui possèdent davantage soient taxés d'après leur fortune » et leurs moyens et que les pauvres ne soient pas grevés outre » mesure (4). » Le travail des taxateurs doit être fait avec un tel soin que la somme taxée soit perçue intégralement ; dans le cas où tout l'argent ne pourrait être levé, ils seront responsables de la somme manquante (5). Enfin, dans chaque communauté, la répartition doit être écrite en quatre exemplaires ; l'un destiné au justicier, l'autre aux collecteurs, le troisième à un homme probe et fidèle, élu par l'université, et auprès duquel les habitants pour-

(1) Ordonnance du 23 janvier 1277, art. xv, *ibid.*, p. 128.
(2) P. Durrieu, *Les archives angevines*, t. I, p. 88.
(3) Ordonnance du 23 janvier 1277, art. xvi, p. 128.
(4) Ordonnance du 23 janvier, art. xvi, p. 128.
(5) *Ibid.*, art. xvii.

ront s'informer de la somme qui leur a été imposée ; le quatrième, enfin, devait être envoyé aux maîtres des comptes. Dans les terres ecclésiastiques et féodales, trois cahiers suffisaient, le prud'homme élu par la communauté n'existant pas (1).

Les taxateurs et les collecteurs touchaient un salaire fixé à douze grains par once (2). Ils étaient indépendants de l'administration royale, qui n'exerçait sur eux une surveillance rigoureuse que lors de la reddition des comptes. Ainsi, il est défendu aux justiciers d'offrir ou de faire offrir des présents ou des requêtes aux taxateurs communaux, ni d'agir sur eux par promesses, ordres ou menaces (3). Ils ne doivent intervenir en rien, ni directement, ni par leurs notaires dans la rédaction des états de répartition, qui doivent être faits par les soins des taxateurs, écrits par des scribes choisis par eux et scellés du sceau du justicier sans que celui-ci prélève pour cela aucun droit ou salaire (4). Le justicier avait seulement le droit, pour activer la levée des impositions, de nommer des officiers spéciaux ou *exécuteurs,* qui devaient être riches, capables et fidèles, chargés de recevoir des mains des collecteurs les sommes perçues par eux dans les diverses localités ; ils ne devaient en rien se mêler de la perception des impôts, ne rien recevoir des taxateurs et des collecteurs comme présents ou faveurs et prendre une commission d'une once pour chaque centaine d'onces qu'ils faisaient rentrer (5). On voit que l'administration des finances pour les impôts directs était remarquablement organisée dans le royaume de Sicile et que si les charges étaient lourdes pour les populations, elle intervenait, dans une certaine mesure, dans la répartition et la levée des aides. Les efforts tentés par Charles Iᵉʳ pour régulariser l'administration des finances et empêcher toute espèce de fraude de la part des officiers semblent avoir produit d'excellents résultats ; car ce n'est pas contre les collecteurs de l'aide générale que s'élevèrent les réclamations et les plaintes, et dans les modifications introduites, plus tard, dans l'administration financière du royaume, le système de perception si heureusement introduit par Charles Iᵉʳ fut maintenu intact.

Le roi de Sicile et son conseil se méfiaient, avec quelque raison,

---

(1) Ordonnance du 23 janvier, art. xix, p. 128-129.
(2) *Ibid.,* art. xxi, p. 129.
(3) *Ibid.,* art. xviii, p. 128.
(4) *Ibid.,* art. xx, p. 129.
(5) *Ibid.,* art. xxiii, p. 129.

du personnel subalterne employé dans les provinces; mais il fallait aussi prendre des précautions contre les fraudes que pouvaient commettre les justiciers. De là, une série de mesures prises plutôt dans l'intérêt du trésor royal que des contribuables. Le justicier était responsable envers l'Etat du total des sommes comprises dans la *Cedula taxationis* qu'il avait reçue de la Cour. Pour accélérer la rentrée des deniers et éviter, en même temps, une trop grande accumulation d'argent entre les mains du justicier, celui-ci devait envoyer à la Chambre les sommes perçues, dès qu'il avait reçu plus de 300 onces (1). Mais comme le justicier avait des payements à faire, cette règle fut rarement mise en pratique et l'exécution en devint très difficile (2). Si la *Subventio generalis* n'était pas complètement perçue quand le justicier sortait de charge, il était responsable de la levée du reliquat jusqu'à la reddition de ses comptes (3). La tenue des comptes du justicier était aussi soigneusement réglementée : il devait inscrire, avec grand soin, sur son livre de recettes, tout l'argent qu'il recevait au nom de l'Etat, provenant soit des amendes, soit des aides, soit des droits féodaux (4). Outre le registre ordinaire des recettes et dépenses, il devait enregistrer sur un cahier spécial tous les mandements émanés de la Cour et entraînant des dépenses de sa part, afin de les présenter aux maîtres des comptes comme pièces justificatives (5). Chaque fois qu'il faisait un payement au nom de l'Etat ou un versement au Trésor, il était tenu de demander une *apodixe* scellée, qu'il présentait aussi lors de la vérification de ses comptes. Il remettait en échange aux trésoriers de la Chambre une cédule ou bordereau mentionnant la somme versée et que l'on appelait *antapoque* Ces cédules servaient à la vérification des apodixes présentées aux maîtres rationaux par les justiciers, et avaient pour but d'empêcher la falsification des chiffres indiqués dans l'apodixe, ou la présentation d'apodixes supplémentaires et fausses (6). Enfin, la reddition des comptes du justicier devait être faite dans le mois qui suivait sa sortie de charge par devant les maîtres rationaux (7). Telles sont, brièvement résu-

---

(1) Ordonnance du 23 janvier, art. xxiv, p. 129.

(2) Durrieu, ouv. cité, p. 90.

(3) Ordonnance du 23 janvier, art. xxiv.

(4) *Ibid.*, art. v, p. 126.

(5) *Ibid.*, art. xxv, p. 129-130. — Cf. Durrieu, ouv. cité, t. I, p. 53.

(6) Ordonnance du 23 janvier 1277, art. vi, p. 126-127. Cf. Durrieu, ouv. cité, t. I, p. 98-99.

(7) *Ibid.*, art. xxv, p. 129-130.

mées, les instructions données par le roi aux justiciers chargés de
l'administration des provinces. Outre les idées de justice et de régularité dont elles font preuve, on ne peut qu'admirer les réformes opérées par Charles d'Anjou dans l'exercice de la justice et
l'administration des finances, surtout si l'on songe à l'anarchie
qui avait précédé l'avènement au trône de ce prince et aux oppressions qui avaient signalé le règne de ses prédécesseurs.

Nous avons insisté surtout sur les instructions données par le
roi aux justiciers du royaume, d'abord en raison de l'importance
de ces officiers et des rapports constants qu'ils avaient avec les
populations, puis parce que les règles tracées dans ces ordonnances ont pour la plupart survécu au fondateur de la dynastie
angevine, et se retrouvent notamment dans les ordonnances promulguées après la révolution de 1282, pour le bon état du
royaume. On pourrait examiner de même tous les rouages de
l'organisation administrative du royaume de Sicile, et le résultat de cette étude confirmerait et compléterait les conclusions
auxquelles nous sommes arrivés, à savoir que l'œuvre administrative de Charles d'Anjou témoigne à la fois du désir du roi
d'établir dans le royaume une organisation solide, honnête et
régulière, d'éviter les oppressions et les fraudes, et, en outre, de
l'intérêt dont il fait preuve pour les sujets qu'il est appelé à gouverner.

Chaque officier royal reçoit en effet à son entrée en charge,
soit de son prédécesseur, soit directement de la Cour, avec la
commission lui conférant ses pouvoirs, des instructions détaillées
sur les devoirs qu'il a à remplir et sur la manière dont il doit
exercer ses fonctions. Parmi les documents de ce genre qui ont
été publiés, on peut citer les *Capitoli* des *Magistri portulani* et des
*Magistri procuratores* de l'île de Sicile, donnés à Foggia le 11 décembre 1278 (1); les instructions envoyées par le roi à Guillaume
de Joinville, maître des passages des Abruzzes, le 6 novembre
1279 (2); celles données, le 10 avril 1280, à Herbert d'Orléans,
nommé vicaire du roi en Sicile, et à Raoul de Gorlay, désigné,
le 3 avril 1281, comme pourvoyeur des châteaux et garnisons de
l'île de Sicile (3); les *Capitoli* de l'office de maîtres jurés, du
9 novembre 1280 (4); les règles fixées aux maréchaux pour l'ad-

---

(1) Minieri-Riccio, *Saggio di codice diplom.*, supplemento, part. 1ᵃ, p. 38
à 44.

(2) *Ibid.*, t. I, p. 178-180.

(3) *Ibid.*, t. I, p. 181-183 et 193-198.

(4) *Ibid.*, suppl., part. I, p. 45-46.

ministration des haras du royaume, du 20 août 1276, et les
instructions données, le 14 mars 1278, à Pierre de Hugot, maître
des écuries royales (1), etc., etc. Toutes ces ordonnances tendent
au même but : prévenir tout acte et toute mesure arbitraires de
la part des officiers royaux, empêcher les fraudes, régulariser
l'administration pour qu'elle inspire confiance aux contribuables.

Certes, les lois, constitutions, ordonnances et règlements ont
peu de valeur quand ils demeurent inexécutés ou qu'ils sont constamment violés par ceux mêmes qui sont chargés de les appliquer. Charles d'Anjou l'avait compris, et, pour compléter l'organisation administrative de son royaume, il essaya d'exercer un
contrôle plus efficace que la vérification des comptes, en faisant
surveiller les actes de ses officiers dans l'exercice de leurs fonctions. Il emprunta pour cela, à ses frères saint Louis et Alfonse
de Poitiers, l'institution des *enquêteurs*, et nomma dans les
diverses provinces des *inquisitores curie* chargés du contrôle de
l'administration de tous les officiers, vicaires, justiciers, *secreti*,
*vice-secreti*, *magistri portulani* et de leurs subordonnés. Ces enquêteurs étaient généralement au nombre de trois par province,
savoir un clerc, un juge et un notaire, et, pour leur donner plus
d'autorité, on les laissait assez longtemps en charge (2). Ils
devaient faire des enquêtes sur les agissements des officiers et
recueillir les plaintes, les réclamations et les requêtes des habitants sur l'administration. Comme tous les officiers royaux, ils
recevaient, à leur entrée en charge ou pour les diverses missions
dont ils étaient chargés, des instructions détaillées fixant leurs
droits et leurs devoirs vis-à-vis de la Cour, des administrateurs
et des administrés, et leur indiquant sommairement les principaux points sur lesquels leur enquête devait porter. Ces instructions sont rédigées, semble-t-il, d'après un modèle unique, et
se rapportent aux actes des divers officiers, des justiciers d'abord,
puis des *Secreti*, *magistri procuratores et portulani*, douaniers, etc.,
avec les divisions marquées par les formules : *Inquiratur contra
justiciarios*, *contra secretos*, etc. Les enquêteurs s'informeront
d'abord des sommes reçues par les officiers royaux, depuis les
vicaires et justiciers jusqu'aux geôliers et collecteurs, durant le
temps de leur office, pour quelles raisons et de qui ils les ont perçues, etc. ; s'ils ont contracté des emprunts, à quelle époque et
de quelles personnes, terres ou localités, et s'ils les ont intégrale-

(1) Minieri-Riccio, *Saggio di codice diplom.*, suppl., part. 1ª, p. 34-36 et 36-38.
(2) Voir P. Durrieu, ouv. cité, t. I, p. 76.

ment restitués ; combien ils ont perçu pour confectionner et
sceller les cahiers, apodixes et lettres, etc. Ils devront ensuite
s'enquérir des injures, oppressions ou mauvais traitements infli-
gés par les officiers, leurs subalternes et suivants, aux habitants
de leur province, aux communautés comme aux particuliers.
Contre les *Secreti*, ils ont pour mission de vérifier et contrôler les
adjudications et mises en ferme des droits royaux, si toutes les
formes voulues ont été observées et si, après l'adjudication, les
conventions n'ont pas été modifiées au préjudice de l'Etat. Ils
doivent contrôler si les dîmes ont été intégralement payées aux
prélats, etc.; si les *magistri portulani* ont fait sortir des ports des
marchandises, en quelle quantité, sur quels vaisseaux, etc., et
combien ils ont reçu pour les droits de sortie, de sceau et les
apodixes. Enfin, ils s'informeront si quelques-unes des possessions et des domaines de l'Etat ont besoin de réparations, etc. (1).
La mission des enquêteurs royaux ne s'accomplissait pas toujours
sans difficultés et sans péril ; M. Durrieu cite, d'après Minieri-
Riccio, le nom du clerc Gérard de Châteauneuf, assassiné dans
la province de Bari dans l'exercice de ses fonctions (2). Mais on
ne saurait nier que cette institution des *enquêteurs* n'ait eu
d'heureux résultats sur la conduite et le gouvernement du
royaume : la présence de ces commissaires royaux dut agir efficacement sur l'administration des provinces. Leur institution et
les instructions qu'ils recevaient montre encore une fois que,
loin de se désintéresser complètement du gouvernement de son
royaume pour ne songer qu'à la guerre et à des conquêtes loin-
taines, loin de se laisser aveugler par les rapports mensongers de
rapaces courtisans, Charles d'Anjou avait la ferme intention de
tirer sans doute tout le parti possible et toutes les ressources possibles de son royaume, mais d'arriver à ce résultat sans oppressions et sans violence, par le fonctionnement régulier d'une administration sage et honnête.

Les efforts du roi demeurèrent-ils sans résultats et les règles si
minutieuses et si sages qu'il traçait à ses officiers restèrent-elles
lettre-morte ? Ce n'est pas dans les historiens de Sicile qu'il faut

---

(1) Voir les *Capitoli*, pour l'enquête contre tous les officiers du royaume,
donnés à Lecce le 10 février 1274 (*Saggio di codice diplom.*, t. I, p. 109-110),
et ceux donnés, dans la même forme, contre les officiers de la terre
d'Otrante par le prince de Salerne, vicaire général du royaume, le 7 décembre 1276 (*ibid.*, t. I, p. 121).

(2) Voir Durrieu, *ibid.*, t. I, p. 76, et Minieri-Riccio, *Il regno di Carlo I,
anno 1278*, p. 29, en note.

chercher une réponse à cette question. Ignorant, semble-t-il, les
documents que nous avons utilisés pour cette rapide étude, ils
n'ont pas l'air de soupçonner les réformes opérées par Charles
d'Anjou dans l'administration du royaume, ou bien, comme
M. Amari, ils attribuent tout ce qui a survécu de cette organisation à l'impression produite sur Charles d'Anjou par la révolte
de 1282 (1). Le roi, comprenant trop tard le mal qu'il avait fait à
ses sujets, aurait changé complètement de ligne de conduite et
réformé de fond en comble le gouvernement du royaume. Cette
théorie a l'avantage de grossir encore l'importance de la révolution de Sicile et d'en montrer les bienfaisants effets; mais le revi-
rement complet dans la conduite du roi, ce changement subit de
caractère, ce tyran farouche devenu sage législateur, sont des
choses difficiles à admettre. La simple comparaison des ordonnances promulguées avant 1280 et des *Capitoli* de la plaine Saint-
Martin, en 1284, et du pape Honorius, en 1285, montreront que
la plupart des réformes opérées alors n'étaient que le renouvellement de règlements et d'instructions anciennes, et qui, sans
doute, avaient été appliquées dans le royaume avant 1282. La
politique de Charles I<sup>er</sup> après les Vêpres Siciliennes, le besoin
qu'il éprouve de resserrer les liens qui l'unissent à ses sujets de
la Terre ferme pour combattre l'île révoltée s'expliquent ainsi
bien aisément, et ne sont que la continuation des efforts faits
par le roi depuis sa victoire sur Conradin, pour affermir son autorité et assurer l'établissement définitif de la dynastie angevine
sur le trône de Sicile.

D'après le rapide exposé qui précède, on a pu voir quelles sont
les règles que Charles d'Anjou a cherché à établir pour l'administration de son royaume. Mais, tout en admirant l'esprit et la sagesse qui ont présidé à cette organisation, et le désir sincère exprimé par le roi de combattre les abus, les violences et les fraudes,
il faudrait se garder de porter un jugement sur le règne de Charles d'Anjou. Si l'étude des ordonnances de ce prince peut servir
à laver sa mémoire d'injustes accusations et met en relief quelques-unes de ses brillantes qualités et son génie politique, il ne
faut pas oublier que ce n'est que le cadre de son administration
que nous avons essayé de tracer. Il était nécessaire d'opposer aux
déclamations intéressées des historiens de Sicile le tableau des
mesures et des règlements de Charles d'Anjou, qui le présentent
sous un tout autre jour et le montrent aussi bon organisateur que

(1) Amari, *La guerra del Vespro Siciliano*, t. II, p. 5 et 167.

vaillant soldat. Mais il importe de replacer cette organisation administrative dans le milieu où elle a fonctionné ; de voir comment les règlements et les ordonnances du roi ont été appliquées ; dans quelles conditions a pu s'exercer le gouvernement de Charles d'Anjou, et quelles sont les causes qui ont pu en fausser les rouages et en modifier le système. Il faudrait, en un mot, mettre cette administration idéale en face de la réalité et faire œuvre d'historien.

On trouverait alors bien des ombres à ce tableau et bien des lacunes et des faiblesses dans cette organisation. Malgré les ordres, les instructions et les menaces du roi, bien des abus, des exactions et des fraudes soulevaient sans cesse les justes réclamations du royaume. D'après les ordonnances du roi, les précautions et les mesures préventives qu'il prend pour assurer le fonctionnement des diverses branches du gouvernement, on voit que Charles d'Anjou se rendait bien compte, bien avant le soulèvement de l'île de Sicile, que tout n'était pas parfait dans son œuvre réformatrice et qu'il devait compter avec les faiblesses humaines, l'avarice et la rapacité des uns, la haine et la violence des autres. Peut-être le roi eut-il trop de confiance dans l'efficacité des menaces et des mesures sévères édictées contre les officiers coupables ? Peut-être aussi les remèdes furent-ils impuissants à combattre le mal ? Le fait est qu'en dépit des efforts du roi, l'administration royale pesait lourdement sur les habitants de certaines parties du royaume, et des plaintes ne cessaient de s'élever contre les excès et les oppressions ; on en retrouve l'écho non seulement dans les récits des chroniqueurs, mais dans le préambule des ordonnances et dans certaines lettres des souverains pontifes, qui essaient, par leurs avis et leurs conseils, de remédier à cet état de choses. Si les intentions du roi étaient justes et sincères, on ne saurait nier que ses ordres ont été souvent mal observés, mal compris et mal exécutés.

Cette étude doit donc trouver un complément indispensable dans un tableau de l'état du royaume de Sicile au moment des Vêpres siciliennes et dans la recherche des causes qui ont motivé cette révolution de 1282. Car, avec la légende de Charles I<sup>er</sup>, tyran farouche et impitoyable, prodiguant les vexations et les oppressions par tempérament et pour le plaisir, disparaissent les principales causes attribuées par M. Amari et les autres historiens au soulèvement de la Sicile. J'ai cru devoir ajourner l'examen de cette question si importante et n'ai voulu m'occuper ici que des modifications introduites par les princes angevins dans l'administration de la Sicile. Supposant donc suffisamment connus les faits qui ont occasionné et accompagné la révolution de 1282, je passerai sans transitions aux effets qu'elle a produits dans le royaume de Terre ferme et aux réformes qui ont été opérées à la suite de la séparation violente du royaume en deux tronçons.

## II

RÉORGANISATION DE L'ADMINISTRATION APRÈS LES VÊPRES
SICILIENNES.

I. — RÉFORMES DE LA FIN DU RÈGNE DE CHARLES Iᵉʳ.

*Expédition de Charles Iᵉʳ en Sicile.* — La révolte de la Sicile
était venue surprendre Charles d'Anjou au milieu des préparatifs de l'expédition contre Michel Paléologue et de ses projets
de conquête de l'empire d'Orient. Au moment où son autorité
lui paraissait définitivement établie sur le royaume dont la
papauté lui avait donné l'investiture, ce soulèvement inattendu
ruinait ses espérances et lui montrait combien son œuvre était
encore incomplète et peu solide. Tout était à recommencer, et
la mobilité des populations qu'il était appelé à gouverner venait
une fois de plus ébranler sa puissance et compromettre l'avenir
de cette conquête qu'il croyait si bien affermie. Suivant le parti
auquel ils appartiennent, les historiens ont raconté tout différem-
ment la conduite et l'attitude du roi, en apprenant la nouvelle de
l'horrible massacre de ses fidèles. Les uns, comme Bartolomeo de
Neocastro (c. 31) et Nicolas Speciale (l. I, c. 5) le représentent
plein de rage, parcourant ses appartements à grands pas comme
un forcené, en proférant de terribles menaces ; d'autres, comme
Villani, le montrent au contraire abattu et résigné (1). Quels que
soient d'ailleurs les sentiments éprouvés par le roi sur le moment,
il se montra, dans le malheur, énergique et calme. L'indécision
n'était pas, nous l'avons dit, un de ses défauts, on le voit dans la
promptitude avec laquelle il prit ses dispositions et fit ses préparatifs pour remédier au mal·qui venait de le frapper si cruellement (2).

(1) Villani, l. vii, c. 61 (Muratori, t. XIII, col. 278). Voir Saint-Priest, ouv.
cité, t. IV, p. 64, et Amari, t. II, c. vii, p. 225 et suiv.
(2) Nicolas Speciale, lib. I, cap. v : « Itaque nullum cogitur in hac parte

Dès le 8 avril, le roi prend des mesures et donne des ordres pour l'expédition qu'il veut entreprendre contre la Sicile révoltée ; il écrit au capitaine des galères vénitiennes, à son amiral Gérard, de Marseille, de diriger vers la Sicile les galères destinées à l'expédition d'Orient (1). Il obtient du pape une bulle d'interdit conditionnel contre les Siciliens et l'envoi en Sicile du légat Gérard de Parme, évêque de la Sabine, pour ramener les Siciliens révoltés à l'obéissance de l'Eglise. La lettre par laquelle il fait part de la nouvelle du soulèvement au roi de France, en lui demandant de faciliter le départ du comte Robert d'Artois avec cinq cents hommes d'armes, est, comme l'a fait remarquer Saint-Priest (2), d'une simplicité pleine de calme (3). Dès le 25 juillet, l'armée que le roi Charles avait réunie à Catona en Calabre avait passé le détroit et campait à quelques lieues de Messine (4).

S'il fallait ajouter foi aux récits des chroniqueurs siciliens, la conduite de Charles d'Anjou, dans cette première campagne de Sicile, aurait été bien étrange et bien incohérente. Il aurait passé en Sicile avec une armée innombrable, aurait tenté de négocier avec les révoltés, par l'entremise de l'évêque de Sabine, puis, au lieu de combattre, se serait obstiné à faire le blocus de Messine ; le roi d'Aragon étant arrivé sur ces entrefaites à Trapani et à Palerme, Charles aurait brusquement levé le siège et, rentré en Calabre, serait demeuré dans l'inaction et aurait même abandonné aux ennemis des villes du littoral, telles que Reggio. Il est difficile de concilier les actes de Charles d'Anjou avec la fureur qui l'aurait saisi à la nouvelle du massacre de ses fidèles et cette soif de vengeance qu'on lui attribuait contre les Siciliens.

On comprend mieux les événements des dernières années du règne de Charles I<sup>er</sup>, si l'on songe à l'état dans lequel se trouvait alors le royaume de Sicile et si l'on examine de près les derniers actes de son gouvernement en les comparant à l'œuvre de toute

---

» consilium, *nihilque ambiguum in tantæ admirationis sententia*, qui visa
» est ante Mundi oculos divino prodiisse judicio, disceptatur. Quin immo
» numerosam classem, etc... » (Muratori, t. X, col. 926).

(1) Voir Amari, *La guerra del Vespro Sic.*, t. II, p. 225 et 226, d'après les actes des Archives de Naples, et Minieri-Riccio, *Memorie della guerra di Sicilie*, p. 1 à 23.

(2) Saint-Priest, ouv. cité, t. IV, p. 66.

(3) Cette lettre, conservée en original aux archives nationales, *Trésor des chartes*, J, 513, n. 49, a été publiée par Saint-Priest, t. IV, p. 205, app. R, n. 3, et par Amari, ouv. cité, t. III, p. 306-7, document VIII.

(4) Bartolomeo de Neocastro, cap. 38. Amari, ouv. cité, t. I, p. 240.

sa vie. Charles d'Anjou venait d'éprouver une déception cruelle ;
pour la seconde fois, il voyait ce royaume qu'il avait conquis sur
le point de lui échapper, et il éprouvait de nouveau la trahison
des sujets qu'il avait crus définitivement soumis et ralliés à sa
dynastie. Les passions s'étaient sans doute affaiblies avec l'âge,
et l'expérience lui avait donné de cruelles leçons. La révolte de
Conradin avait été réprimée par la violence, et il avait souillé sa
victoire par l'exécution sanglante du jeune prince et de son compagnon le duc d'Autriche. Il avait ensuite, par des lois de pros-
cription, poursuivi impitoyablement les partisans de son rival et
écrasé, semblait-il, le parti gibelin. Le royaume de Sicile avait
été soumis pendant quelques années à un gouvernement sévère
et rigoureux, que l'injustice et l'avidité des officiers royaux avait
rendu insupportable. La révolte avait éclaté, et le roi comprenait, trop tard sans doute, que les plaintes et les réclamations de
ses sujets étaient en partie justifiées, et il reconnaissait solennellement qu'il y avait eu des excès et des abus de la part de son
administration. Quelle conduite allait-il tenir vis-à-vis de l'île
de Sicile révoltée, devant la menace d'un soulèvement général de tout le royaume? Allait-il recommencer la guerre civile,
combattre ses sujets révoltés et les poursuivre implacablement
comme les partisans de Manfred et de Conradin, ruiner le pays
et les villes de son royaume que quinze ans de paix et de tranquillité avaient rendu à leur ancienne prospérité, et qui commençaient à oublier les maux dont ils avaient souffert pendant si
longtemps? Allait-il compromettre enfin l'œuvre de tout son
règne par une répression cruelle qui lui aliénerait à jamais ses
sujets restés encore fidèles?

Sans doute, il pouvait avoir de nouveau recours à ses compatriotes de France. Avec le concours de la papauté, il pouvait faire
prêcher une nouvelle croisade et inonder le midi de l'Italie
d'aventuriers de tous les pays qui étoufferaient la révolte, mais
lui laisseraient un royaume ruiné, dépeuplé ; tout serait à recommencer jusqu'au jour où éclateraient de nouvelles révoltes. Peut-
être Charles d'Anjou attachait-il peu d'importance à la révolte et
n'en prévoyait pas les graves conséquences. Le nombre des Français résidant en Sicile était très peu considérable, et un assez grand
nombre avait échappé au massacre. Tout en soupçonnant avec
raison le roi Pedro d'Aragon de n'être pas étranger à la révolte,
Charles ne pouvait prévoir son intervention directe et efficace
dans les affaires de Sicile. Il pouvait d'ailleurs compter sur l'appui du pape Martin IV, dont les conseils et ceux du légat Gérard

de Parme durent avoir quelque influence sur les premiers actes du roi de Sicile (1). Le fait est que, tout en réunissant en Calabre une armée pour triompher de la résistance de l'île révoltée, Charles n'avait pas complètement renoncé à l'espoir d'arriver à un accommodement avec ses sujets rebelles ; certes, il entendait sévir avec rigueur contre les chefs de la révolte et les principaux coupables ; mais il espérait les châtier sans être obligé de ravager son propre royaume, de détruire ses deux villes les plus florissantes et de confondre dans la répression les innocents et les coupables.

Ainsi s'explique la politique du roi Charles dans les premiers mois qui suivirent la révolte. Il réunit un certain nombre de galères provençales ou pisanes ; Saba Malaspina explique, en effet, que la plus grande partie de la flotte destinée à l'expédition d'Orient se trouvait à Messine (2), et il passa en Sicile avec une armée dont le chiffre semble avoir été bien exagéré, surtout si l'on le compare à celui des navires chargés de lui faire passer le détroit (3). Au lieu de s'emparer sur-le-champ de Messine, qu'il aurait pu prendre sans coup férir, car la défense n'était pas organisée, il campe à quelque distance de la ville et y attend le résultat de la mission de Gérard de Parme, légat du Saint-Siège (4). Cette mission ayant échoué, il ne cherche pas à enlever la place d'assaut, mais à la réduire par un blocus rigoureux qui dure plusieurs mois. Sur ces entrefaites, le roi Pedro d'Ara-

---

(1) C'est aussi l'avis de M. Amari, ouv. cité, t. II, p. 231. Voir plus loin.

(2) Saba Malaspina, *Cont.*, dans Gregorio, *Bib. Sic.*, t. II, p. 360. Voir Amari, ouv. cité, t. I, p. 232.

(3) Ces chiffres varient suivant les chroniqueurs, et sont probablement très inexacts comme tous les renseignements de cette nature ; Bartolomeo de Neocastro, messinois, donne à Charles d'Anjou 24,000 chevaux et 90,000 fantassins ; Nicolas Speciale, 300 navires ; l'Anonyme sicilien et Saba Malaspina se contentent de parler d'une grande armée sans donner de chiffres ; les chroniqueurs catalans, Montaner et d'Esclot indiquent 15,000 chevaliers et 80 ou 100 navires ; enfin Villani, chroniqueur du parti guelfe, donne plus de 5,000 chevaliers et des gens de pied innombrables. Or Charles d'Anjou ne paraît pas avoir convoqué ses milices féodales ; ce sont surtout les Français, les Provençaux et les milices de Toscane qui, avec les Sarrasins de Luceria, formèrent le fond de son armée. Le 9 mai, il écrit à Philippe le Hardi de permettre le départ de 500 hommes d'armes seulement. Les chiffres énoncés plus haut paraissent bien au-dessus de la vérité. Voir Amari, ouv. cité, t. II, p. 232 et Saint-Priest, t. IV, p. 67, qui acceptent le récit des chroniqueurs.

(4) Les documents relatifs à la mission de l'évêque de Sabine ont été publiés par Raynaldi, *Ann. eccl.*, t. III, ann. 1282, § 20, 27, etc. Voir les auteurs cités plus haut.

gon débarque en Sicile, est proclamé roi et successeur de Manfred par les Palermitains, et il somme Charles d'Anjou de se retirer de l'île. Charles, qui craint toujours la trahison et qui redoute surtout la révolte de ses provinces de Terre ferme, prend le parti de rentrer en Calabre, de peur de voir ses communications interrompues avec la péninsule, et, au lieu de risquer son royaume et sa couronne dans une bataille, il négocie, patiente et finit par accepter, comme solution, l'idée chevaleresque d'un combat singulier avec le roi d'Aragon.

Il est naturellement difficile de nier que la fortune fût contraire au roi Charles, et contribua pour beaucoup à l'insuccès de cette première expédition de Sicile. La résistance héroïque des Messinois, après l'arrivée d'Alaimo de Lentini dans leur ville et l'organisation de la défense, le débarquement du roi d'Aragon avec son armée d'Afrique et l'accueil enthousiaste que lui firent les Siciliens, la mortalité qui ravagea le camp du roi pendant le blocus, quelques succès partiels de la flotte sicilienne, enfin les mauvaises nouvelles qu'il recevait du continent, où des lettres du pape Martin IV à l'évêque de la Sabine (1) montrent que la fidélité des Napolitains était fortement ébranlée et que la révolte menaçait de se propager dans le midi de l'Italie, furent les causes principales et déterminantes de la retraite du roi Charles. Mais il est bon de remarquer que tous les récits de cette expédition, sauf peut-être celui de Villani, écrivain bien postérieur, proviennent de chroniqueurs hostiles à la maison d'Anjou, et que les jugements portés sur la conduite du roi se sont tous ressentis de l'échec qu'il venait de subir et du premier succès que venait de remporter la révolution sicilienne.

Deux faits cependant semblent prouver d'une manière évidente que les intentions du roi, au début de l'expédition, étaient d'arriver, si possible, à une conciliation (2). Le premier est la mission de l'évêque de la Sabine en Sicile et de la conduite du légat du pape pendant les dernières années de la vie de Charles Iᵉʳ, de 1282 à 1285. Le pape Martin IV avait confié à Gérard de Parme la mission de pacifier la Sicile par lettres

---

(1) Raynaldi, *Ann. eccl.*, ann. 1282, § 27, t. III, p. 541.

(2) M. Amari reconnaît d'ailleurs le fait, quand il repousse la légende du massacre des moines de l'abbaye de Roccamadore, en disant que les desseins du roi commencèrent par une *feinte clémence* (t. I, p. 241), et plus loin en disant que le sac de Messine n'eût été d'aucun profit pour le roi, et qu'il préféra, *contre son naturel féroce*, prendre la ville par la famine, « parce que ce furent ses sentiments d'avarice qui triomphèrent » (p. 242).

datées d'Orvieto, le jour des nones de juin 1282 (1). Dans le préambule, le pape ne tenait nullement le langage violent que lui prêtent les chroniqueurs, et, en particulier, Villani. Il regrette amèrement les faits qui se sont passés, alors que le royaume de Sicile, qui avait pendant si longtemps été opprimé par la tyrannie, commençait à respirer sous la ferme direction du roi; mais il désire surtout dissiper les erreurs des Siciliens et les faire rentrer dans l'obéissance de l'Eglise et de leur roi. Gérard de Parme arriva dans le camp du roi au moment où les Messinois venaient d'éprouver une première défaite à Milazzo. Le roi fait suspendre les hostilités et, espérant que le légat du Saint-Saint-Siège pourrait obtenir la soumission des Messinois sans effusion de sang, il fait demander aux habitants de le recevoir au nom du pape. Ceux-ci reçurent le légat avec les plus grandes marques de respect et lui remirent les clefs de la ville en signe de soumission au Saint-Siège (2). Mais Gérard refusa de traiter avec les Messinois, et, tout en les assurant de la miséricorde du roi, il les engagea à faire leur soumission sans exiger de conditions, le roi n'ayant pas l'habitude de conclure de conventions avec des sujets révoltés. Villani raconte plusieurs anecdotes au sujet de ce séjour du cardinal à Messine; mais elles paraissent de pure invention, d'autant que les chroniqueurs de Messine, Bartholomeo de Neocastro entre autres, ont une version toute différente. Villani raconte que Charles aurait repoussé les demandes des Messinois avec indignation, tandis que, d'après les historiens siciliens, le cardinal n'aurait parlé que de pardon et de soumission à la discrétion du roi (3). Peut-être l'annonce des tentatives faites par les Siciliens auprès de Pierre d'Aragon eut-elle une influence sur la rupture des négociations conciliantes; mais la mission du légat échoua, et le blocus de Messine fut rigoureusement établi.

De cette tentative de pacification du cardinal Gérard de Parme, il faut retenir seulement ce fait qu'elle a été considérée par les Messinois eux-mêmes comme un témoignage des sentiments de clémence que le roi nourrissait encore à leur égard avant l'arrivée de Pierre d'Aragon en Sicile. Nicolas Speciale, qui ne fait aucune

(1) Ces lettres sont publiées dans Raynaldi, *Ann. eccl.*, t. III, p. 539.

(2) Le récit de cette mission a été fait par Saint-Priest, t. IV, p. 73 à 76, et Amari, t. I, p. 246 et suiv.

(3) Voir Villani, l. VII, c. 65 et 66 : « *Come la gente del re Carlo ebbero Melazzo et come i Messinesi vollono arrendersi allo re Carlo.* » Muratori, *Scriptores*, t. XIII, col. 281, 282.

allusion à l'entrée du légat à Messine, met dans la bouche des conseillers de Charles d'Anjou des conseils de prudence et de miséricorde, et rapporte que le roi, ému de ses avis, résolut de suspendre quelque temps les hostilités (1). Bartolomeo de Neo-castro raconte la visite du cardinal de la Sabine à Messine, en disant qu'elle eut lieu « volente populo Civitatis et de conscientia regis Caroli (2). » Enfin, Saba Malaspina est plus explicite, en se faisant l'interprète de l'espoir qu'avait Charles d'Anjou que la mission du légat amènerait la soumission de ses sujets rebelles : « Le roi, » dit-il, « ordonna de ne tenter aucune attaque et de ne » faire aucun dommage à la cité. Il croyait en effet que les Mes-» sinois, sur les conseils et par l'entremise du légat du Saint-» Siège, qui était venu à l'armée avec lui, recevraient, sans diffi-» culté et sans retard, ses ordres, et obéiraient à la puissance » royale. Il avait peut-être pitié de cette ville illustre dont » il redoutait la ruine, et il ne voulait pas que tant de » mains cruelles de son armée s'enrichissent des dépouilles des » citoyens, si la ville était prise d'assaut (3). » Plus loin, il met dans la bouche du légat, parlant aux Messinois, que le roi est miséricordieux à leur égard. Ces dispositions conciliantes de Charles d'Anjou, dont même les chroniqueurs les plus hostiles à sa mémoire se font l'écho, s'étaient manifestées, dès le mois de juin, par un des actes que l'on peut considérer à juste titre comme l'un des plus importants de son règne, et sur lequel les historiens de Sicile ont eu le tort jusqu'ici de ne pas insister davantage (4).

(1) Nicolas Specialis, l. I, c. 6 : « *De consilio agitato coram rege Carolo, an melius esset inferre statim bellum ad mœnia Messanensium, an expec-tare deditionem eorum.* » — «... Hoc itaque mens Regis nutu Dei victa consilio prœelegit inferendi bellum tempus suspendere » (Muratori, t. X, col. 927-928).

(2) Bart. de Neocastro, *Hist. Sicula*, c. XLI (Muratori, t. XIII, col. 1047).

(3) Saba Malaspina, *Cont.*, dans la *Bibl. Sic.*, t. II, p. 369, 370.

(4) Saint-Priest (t. IV, p. 66) semble n'attacher aucune importance aux *Capitoli* de 1282. Il dit seulement : « C'était s'y prendre un peu tard ; il faut avouer qu'on ne reconnaît pas, dans cette résipiscence forcée, la fierté indomptable, l'audacieuse franchise de Charles d'Anjou. » — Amari (t. I, p. 231) voit dans cet acte le résultat des conseils du pape, et les considère comme un encouragement donné aux Siciliens pour faciliter leur soumis-sion, et une flatterie à l'égard du peuple des Pouilles et de Calabre pour prévenir toute révolte. — Gregorio constate seulement qu'il n'est pas fait allusion aux privilèges du bon roi Guillaume (*Considerazioni sopra la storia di Sicilia*, t. III, p. 133-134) : seul Grimaldi attache quelque importance à cette ordonnance pour la réforme de l'État (*Istoria delle leggi e magistrati*

*Ordonnance du 10 juin 1282.* — Le 10 juin 1282, deux mois
après la révolution de Palerme, le roi publiait à Naples de
nouvelles constitutions sur le bon état du royaume, qui ne
comprennent pas moins de cinquante-sept articles. Dans les
circonstances où elles étaient promulguées, ces constitutions
avaient une signification particulière, et les nombreuses réformes qu'elles édictaient prenaient une grande importance.
C'est l'ordonnance la plus considérable du règne de Charles I$^{er}$, et, touchant à presque toutes les questions de l'administration du royaume, réglant avec le plus grand soin les rapports
du gouvernement et de ses officiers avec les sujets du roi, elle
forme une véritable constitution politique qui, pendant longtemps, aura force de loi dans le royaume de Sicile. On a généralement négligé, ainsi que je le disais, cet acte si important du
règne de Charles I$^{er}$, pour attacher plus d'importance aux *Capitoli* donnés par le prince de Salerne, en 1283, dans la plaine
Saint-Martin. Au point de vue du gouvernement du royaume,
l'ordonnance de 1282 a cependant une tout autre portée, parce
qu'elle réforme l'administration, tandis qu'en 1283 le prince de
Salerne essaie surtout de se concilier les habitants du royaume,
en augmentant les privilèges du clergé et des barons, en protégeant les libertés des non-nobles et en adoucissant quelques
prescriptions par trop sévères des anciennes constitutions du
royaume concernant surtout le droit privé. En outre, si l'on
compare l'ordonnance de 1282 avec les ordonnances antérieures
de Charles I$^{er}$, notamment avec celles de 1278 que nous avons
analysées, on retrouve résumées, complétées et généralisées la
plupart des règles, prescriptions et instructions données par le
roi pour l'administration du royaume. On arrive à cette conclusion que les *Constitutions* de 1282 représentent l'ensemble des
réformes opérées dans le gouvernement du royaume de Sicile
depuis l'avènement de Charles d'Anjou. Cette ordonnance, en
confirmant les recherches que nous avions faites sur les idées de
Charles I$^{er}$ sur l'administration du royaume, donne en même
temps à son œuvre réformatrice une plus grande unité. Dès 1272
et 1278, le roi de Sicile se rendait bien compte que le principal
obstacle à l'affermissement de son autorité était la conduite de
ses officiers, les oppressions et les fraudes commises par eux. Il
avait cherché depuis longtemps à remédier au mal par une série

de règlements et d'instructions; mais, malgré tous ses efforts, la situation de ses sujets dans certaines parties du royaume, et notamment dans l'île de Sicile, avait encore empiré, jusqu'au jour où la révolte avait éclaté. Le premier soin du roi, à l'annonce du soulèvement, est, tout en préparant la répression de la révolte, de prévenir toute autre tentative et d'enlever tout prétexte à de nouvelles plaintes. Charles d'Anjou s'était montré habile politique et sage administrateur dans l'organisation de son gouvernement; les réformes accomplies par lui en 1282, au lendemain des Vêpres Siciliennes, ne peuvent que servir à laver sa mémoire des injustes accusations élevées contre lui par les Siciliens et modifier les jugements portés jusqu'ici sur son caractère, sa conduite et son gouvernement (1).

Dans un long préambule, le roi, après avoir déploré la faiblesse humaine et le péché originel qui détourne les hommes de l'état de pureté que leur avait donné le Créateur, déclare que plus on est élevé en dignité et plus on est en rapport avec les hommes, plus on se rend compte du mal qui règne sur la terre. Dans la pensée du jugement dernier et des comptes qu'il aura à rendre, le roi doit mettre tous ses soins et employer les talents que Dieu lui a donnés à l'administration et au gouvernement de ses sujets. Mais il ne peut le faire qu'en déléguant ses pouvoirs à des officiers, qui puissent répondre à toutes les demandes et rendre la justice à chacun. Cependant, à cause de la malice des hommes et de la corruption des temps, il arrive souvent que l'avarice et l'ambition détournent de leurs devoirs ceux qui sont chargés de protéger et de défendre les sujets du royaume et que les ordres du roi, au lieu de tourner au bien de tous, sont enfreints et violés, et ce qui devrait être une mission de paix et de justice devient une épouvantable oppression. Voulant donc remédier aux maux qui proviennent d'une mauvaise administration, réprimer la désobéissance et la fraude et pourvoir tant aux actes des officiers royaux qu'au bon état de ses fidèles, le roi a décidé d'édicter de nouvelles constitutions apportant les remèdes et les améliorations nécessaires à un bon gouvernement (2).

Plusieurs des mesures prises par le roi ne sont, nous l'avons

_____

(1) L'ordonnance de 1282 a été publiée, sous le titre de *Constitutiones aliæ factæ per prædictum Dominum Carolum Regem Sicilie super bono statu*, dans les *Capitula regni utriusque Siciliæ*, t. II, p. 25 à 40. Elle a été longuement analysée dans Grimaldi, *Istoria delle leggi e magistrati del regno di Napoli*, t. II, p. 450 à 489.

(2) *Capitula regni Siciliæ*, t. II, p. 25 et 26.

dit, que la répétition et la confirmation, avec augmentation de peines pour ceux qui les enfreindraient, des ordonnances qui réglaient précédemment les devoirs des officiers et leurs rapports avec les sujets. Ainsi le roi rappelle tout d'abord aux justiciers que les cahiers des collectes et de la taxation de l'aide générale doivent être rédigés par les soins des collecteurs et non par le notaire de la Chambre, et qu'on ne doit prendre aucun salaire pour la rédaction, la collation ou le scellement de ces cahiers; que, pour chaque payement, il doit être délivré des apodixes et non des cédules (1). Ces dispositions se retrouvent dans les instructions données aux justiciers en 1277 (art. XX) (2). Le roi ajoute que les justiciers ne doivent recevoir aucun salaire pour les actes scellés par eux et leur recommande, pour éviter toute excuse, de ne pas se dessaisir de leur sceau (3). Enfin, ils ne doivent non plus rien prendre pour sceller l'expédition de lettres royales pour des particuliers, soit pour autoriser des mariages, soit pour l'assurement de vassaux, soit pour l'exécution de sentences (4). — Pour les impositions, les justiciers devront recevoir les payements suivant le cours normal de la monnaie, sans rien exiger en sus de la valeur ou pour le change (5); c'est la reproduction de l'art. VII de l'ordonnance du 23 janvier 1277 (6). Les justiciers, juges, notaires et stipendiés de la Cour ne doivent recevoir aucun présent des universités et des particuliers du royaume, pas même les pots de vin (*esculenta et poculenta*) jusqu'alors tolérés (7); ils ne pourront imposer de collectes sans mandements spéciaux du roi (8). La première défense s'étend aux femmes, aux enfants et autres conjoints des officiers et s'applique également aux *Secreti*, *Magistri*, *Procuratores*, *Magistri portulani*, *Magistri passuum*, *Inquisitores*, *Magistri massarii* et *Magistri foresterii* (9).

---

(1) « *Quod nichil recipiatur pro sigillandis et verificandis quaternis collectarum.* » Art. 1ᵉʳ, ibid., p. 26.

(2) *Saggio di cod. diplom.*, t. I, p. 129.

(3) Art. VII : « *Quod nihil recipiatur pro sigillo cujuscumque literæ sigillandæ.* » *Ibid.*, p. 29.

(4) Art. IX : « *Quod exequatur mandatum regium et nihil pro sigillo recipiatur.* » *Ibid.*, p. 29.

(5) Art. II : « *Quod recipiatur quæcumque pecunia pro Curia, sicut communiter expenditur in regno.* » *Capitula regni Sic.*, t. II, p. 26.

(6) *Saggio di cod. diplom.*, t. I, p. 127.

(7) Ordonnance du 23 janvier 1277, art. III et IV, ibid., p. 126. Ordonnance du 25 août 1277, *ibid.*, t. I, p. 143.

(8) Ordonnance du 23 janvier, art. X, ibid., p. 127.

(9) Art. VI : « *Quod nihil recipiatur ab universitatibus in pecunia, col-*

L'ordonnance de 1282 insère, en outre, le mandement du roi aux justiciers leur recommandant de parcourir leur province pour s'enquérir des abus et les réformer, et d'administrer bonne justice, surtout aux églises, aux misérables, aux veuves et aux orphelins, etc. (1). C'est une des prescriptions insérées par Frédéric II dans les constitutions du royaume et qui est reproduite souvent dans les ordonnances de Charles Ier (2).

Le roi rappelle, en outre, que les officiers et serviteurs du justicier ne peuvent, en aucun cas, emprisonner quelqu'un, sans en avoir reçu l'ordre, même dans le cas où il porterait des armes prohibées (3); qu'ils ne peuvent causer aucun dommage ni rien prendre aux sujets du roi de force, soit de la paille, du foin, du bois, des animaux, des lits, etc. Ils ne doivent pas non plus loger dans les maisons des particuliers, mais se contenter des logements qui leur seront assignés par les bailes et les maîtres jurés. Nulle extorsion ou oppression ne doit être commise, mais les vivres et denrées nécessaires aux hommes ou aux chevaux devront être achetés et payés au prix courant de la terre où ils auront été logés (4). Le roi ajoute deux prescriptions défendant, tant aux officiers royaux qu'aux seigneurs domaniaux d'obliger les habitants à leur vendre du vin et de mettre le séquestre sur les récoltes ; le vin devra être acheté à ceux qui voudront bien le vendre et à un prix raisonnable (5). Les bouteillers et autres agents de l'hôtel du roi ne pourront également réserver du vin pour la provision de l'hôtel sans autorisation spéciale (6). Personne, sauf les officiers royaux spécialement établis pour cela et munis d'un ordre royal, ne peut arrêter et saisir des marchandises ou den-

---

lectis vel aliis et quod non imponatur collecta sine mandato regis. » Capit. reg. Sic., t. II. p. 28. Cf. deux ordonnances précédentes, ibid., p. 15 et 21.

(1) Ordonnance du 23 janvier, art. Ier, Sag. di cod. diplom., t. I, p. 126. — Art. x, Capit. reg. Sic., t. II, p. 29.

(2) Constitutiones regni Sicilie, lib. I, tit. LII : Justitiarii non per calendas..., t. I, p. 108. — Capit. reg. Sic., t. II, p. 21.

(3) Voir l'ordonnance précédente dans les Capit. reg. Sic., t. II, p. 20-21 : « Quod nullus appropriet sibi hospitium, in quo hospitatus est, nec ingrediatur cum invito patrono. »

(4) Art. XVI : « Quod familiares justitiariorum neminem capiant sine mandato justitiariorum. » Ibid., p. 31.

(5) Art. XVII : « Quod non ematur vinum a nolentibus vendere, nec vegetes consignentur. » Ibid., p. 31.

(6) Art. XVIII : « Quod non arrestetur vinum sine mandato Curie. » Ibid., p. 31.

5

rées dans les terres, sur les marchés ou dans les rues (1). Enfin, Charles I<sup>er</sup>, renouvelant des ordres précédents, défend, d'après les constitutions de Frédéric II (2), de prendre, pour les services de la Cour, les bêtes de somme destinées à la reproduction (3).

La différence qui existe entre l'ordonnance de 1282 pour la réforme du royaume et les ordonnances précédentes, c'est que celles-ci étaient envoyées aux justiciers sous forme d'instructions et de mandements, avec promesse de peines, sans doute, en cas d'infraction, tandis qu'en 1282 Charles I<sup>er</sup> publie ses prescriptions sous forme de constitutions et ajoute comme sanction à chacun des articles la peine qui frappera ceux qui oseront y désobéir. Ainsi, par exemple, au premier article concernant le scellement des cahiers de répartition des impôts, le notaire de la Chambre qui aura enfreint les ordres du roi et demandé un salaire sera tenu de payer huit fois la valeur de ce qu'il aura reçu ; en cas de récidive, il sera puni d'un an de prison ; le justicier qui aura exigé un salaire sera frappé d'une amende de vingt-cinq augustales d'or (4).

L'ordonnance de 1282 contenait, en outre, un grand nombre de réformes utiles et justes : elle touchait à toutes les branches de l'administration, et on peut reconnaître, dans l'énumération des divers articles, un certain ordre, établi d'après les charges et les offices que visaient les mesures prises par le roi. Il faut cependant ajouter que cette division n'a rien de rigoureux et que, dans bien des articles concernant spécialement les justiciers, le roi a soin d'indiquer que les prescriptions s'appliquent aussi bien aux autres officiers du royaume (5). On peut cependant reconnaître que les vingt-six premiers articles de l'ordonnance s'adressent surtout aux justiciers ; que de l'article XXVII, dont la rubrique commence par les mots : *De officio Secretie* (6), à l'article XXXII, les mesures prises par le roi visent surtout les *Secreti*. Les articles XXXIII à XXXVI s'occupent de l'administration des *Magis-*

(1) Art. XIX : « *Quod non arrestentur in stratis vel mercatis aliqua venalia.* » *Ibid.*, p. 32.

(2) *Constitutiones reg. Sic.*, lib. I, tit. XCII : *Omnes officiales...*, t. I, p. 157. — Cf. Ordonnance du 23 janvier 1277, art. XIII, *Saggio di cod. diplom.*, t. I, p. 127-128.

(3) Art. XXI : « *Quod non capiantur animalia deputata ad centimulos.* » *Capit. reg. Sic.*, t. II, p. 32.

(4) *Capit. reg. Sic.*, t. II, p. 26.

(5) *Ibid.*, t. II, p. 28.

(6) *Ibid.*, t. II, p. 34.

*tri procuratores et portulani.* L'article XXXVII a pour titre : *De officio Magistrorum Massariorum* (1), jusqu'à l'article XL. L'article XLI est intitulé : *De custodibus passuum et grassiæ*, et les deux suivants s'occupent de ces officiers et des droits qu'ils ont à percevoir. A partir de l'article XLIV, qui a pour rubrique : *De ammiratis et vice ammiratis protontinis et comitis* (2), les ordres du roi ont pour trait les affaires maritimes, réparations des vaisseaux, etc. (art. XLIV à L). Les articles LI et LII s'occupent des *Magistris foresteriis* (3); l'art. LIII, des châtelains; les articles LIV à LVI, des droits seigneuriaux, des barons et feudataires. Toutes les mesures et tous les règlements édictés par le roi sont loin d'avoir la même valeur et la même importance; mais on voit, d'après les divisions ci-dessus énoncées, que les réformes portaient sur tous les offices et tous les emplois de l'administration provinciale.

Notre intention n'est pas d'entrer ici, pas plus que dans l'étude des premières années de Charles Ier, dans le détail de cette administration provinciale, dont nous nous sommes contenté d'indiquer les traits principaux. Il suffira, après avoir indiqué le caractère général de l'ordonnance de 1282 et avoir montré comment elle n'est que la continuation de la politique adoptée par Charles Ier pour le gouvernement de son royaume, d'insister seulement sur les réformes les plus importantes et sur les concessions principales que le roi faisait à ses vassaux et sujets.

Le recrutement des officiers subalternes employés dans les provinces avait été depuis longtemps l'objet des préoccupations du roi ; c'était eux qui faisaient peser le plus lourdement sur les populations le poids de l'administration royale. La première condition que doivent remplir les officiers subalternes ou les commissaires, c'est d'être capables ; pour cela, on ne doit pas les choisir trop vieux, infirmes, faibles. Pour assurer le recrutement et le choix de bons officiers, le roi cherche à leur donner plus de stabilité ; les justiciers et autres officiers ne pourront les changer ou révoquer sans raison, mais pour cause d'infirmité ou de fraude, et au su du roi (4). Ils doivent donc prévenir le roi ou la Cour dès qu'un de leurs officiers sera empêché de remplir sa charge. Les

(1) *Capit. reg. Sic.*, t. II, p. 36.
(2) *Ibid.*, t. II, p. 37.
(3) *Ibid.*, t. II, p. 38.
(4) Art. III : « *Quod non ordinentur officiales inhabiles sed idonei.* » *Capit. reg. Sic.*, t. II, p. 27.

*Secreti*, qui vendent et mettent en ferme les gabelles et droits du roi, devront de même ne concéder ces offices qu'à des gens capables et honnêtes, car ils sont responsables devant la Cour de l'insuffisance de leurs subalternes ; la même condition est exigée des *Magistri procuratores et portulani*, des *Magistri massarii*, etc. (1). De même, les *Magistri passuum*, *Magistri massarii*, *Magistri araciarum* et *Magistri forestarum*, et *provisores castrorum* doivent, dans les quinze jours s'ils sont *citra Farum*, dans un mois s'ils sont *ultra Farum*, nommer leurs sous-officiers et envoyer leurs noms à la Cour. Ils ne peuvent ensuite les révoquer ou les changer. Si, pour cause d'infirmité, de mort ou d'empêchement, l'office ne peut être rempli, ils doivent en aviser incontinent la Cour et, jusqu'à une nouvelle nomination approuvée par le roi, veiller à l'administration de ladite charge (2).

Les justiciers ne doivent pas confier à d'autres les enquêtes en matière criminelle ; pour les autres commissions qu'ils peuvent confier à d'autres, ils doivent choisir de préférence non des gens de leur suite ou à leurs gages, mais des habitants de la province fidèles et capables, qui ne reçoivent aucun salaire et ne soient pas nommés par faveur (3). Enfin, tout justicier doit exiger des officiers ordonnés par eux le serment qu'il n'a rien payé ou fait payer pour obtenir l'office qu'il occupe, qu'il n'a rien promis au justicier et n'a pas l'intention de lui donner quoi que ce soit pour cela. Les officiers nommés directement par le roi prêteront le même serment (4). Par contre, l'officier accusé d'avoir reçu quelque chose contre les ordres du roi et qui ne peut prouver son innocence, peut se justifier par serment et par le serment de celui que l'on prétend avoir payé quelque chose (5).

De nouvelles mesures sont prises aussi pour assurer le bon fonctionnement de la justice et éviter toute espèce de fraude dans la rentrée des impositions. Les justiciers doivent mettre en liberté,

---

(1) Art. **XXIX** : « *De ordinandis subofficialibus idoneis et sufficientibus.* » *Ibid.*, p. 34 ; et art. **XXXVII** : « *De officio magistrorum massariorum,* » p. 36.

(2) Art. **XXV** : « *Quod unusquisque subscriptorum officialium significet Curie infra certum terminum subofficiales sufficientes ad officium, quod eorum cuilibet committitur exercendum.* » *Ibid.*, p. 33.

(3) Art. **IV** : « *Quod justiciarii non committant inquisitiones super criminalibus. Alia vero officia committant hominibus de provincia.* » *Ibid.*, p. 27.

(4) Art. **V** : « *De sacramento præstando ab officialibus.* » *Ibid.*, p. 27.

(5) Art. **XIV** : « *Quod stetur sacramento officialis, si aliquid ultra prohibitionem receperit, dum nihil inde possit probari.* » *Ibid.*, p. 30.

sur le champ, les personnes qui ont obtenu de leurs prédécesseurs une sentence favorable et faire exécuter les sentences dans les procès civils (1). Les accusés qui pourront fournir caution ne doivent comparaître qu'au terme fixé par les constitutions du royaume et, s'ils doivent être absous, le justicier ne doit pas augmenter les délais et les frais des procès, mais les renvoyer absous dans les dix jours (2). Les attributions des juges, assesseurs des justiciers, sont augmentées aux dépens de l'autorité de ceux-ci. Ainsi, ce n'est qu'avec le conseil des juges que l'on peut arrêter, dans certains cas, les accusés même disposés à fournir caution (3). Personne ne peut être condamné ou mis à la torture sans l'avis des juges (4), et, dans ce dernier cas, on doit suivre la procédure et les usages des constitutions du royaume (5). Enfin, les juges et les notaires ne peuvent être contraints par les justiciers, les *secreti* ou autres à rédiger des instruments et apodixes quand ils n'ont pas été présents. Ils doivent se garder de faire des instruments publics par complaisance pour les officiers ; le juge ne doit pas, sous peine de faux, souscrire aux actes du notaire, ni le notaire aux actes du juge, quand ils n'ont pas assisté aux opérations dont l'acte fait foi (6).

Pour l'office des *Secreti*, la principale réforme apportée par l'ordonnance de 1282 à l'ordre de choses existant est celle qui enlève aux *Secreti* l'enquête sur les domaines tombés en déshérence (*demania morticia et excadentia*), pour la confier aux *Magistri procuratores et portulani* ; ils ne doivent se mêler en rien de ces sortes d'affaires, sinon par ordres exprès du roi, ou bien pour lui signaler les négligences qui peuvent avoir été commises par les *procuratores* et les *portulani* (7). Les *Magistri procuratores et portulani* des

---

(1) Art. VIII : « *Quod personæ productæ ad litem liberentur si juste sententialæ fuerint per prædecessores officiales.* » *Ibid.*, p. 29.

(2) Art. XV : « *Quod accusati dantes fidejussores non compellantur in Curia morari.* » *Ibid.*, p. 31.

(3) Art. XI : « *Quod non capiantur sine consilio [judicum] parati dare fidejussores sine mandato regio.* » *Ibid.*, p. 30.

(4) Art. XIII : « *Quod non condemnentur vel tormententur aliqui sine consilio judicum.* »

(5) Art. XII : « *Quod non tormententur aliqui sine forma constitutionum et juris communis.* »

(6) Art. XXIV : « *Quod judices et notarii non cogantur ab officialibus conficere instrumenta nisi quibus interfuerint et judex non det fidem notario, et e converso, nisi fuerit præsens, sub pœna falsi.* » *Ibid.*, p. 32.

(7) Art. XXXII : « *Quod Secreti non intromittant se inquirere de demaniis, morticiis et excadentiis, sed magistri Portulani et procuratores.* » *Ibid.*, p. 34.

divers ports ne peuvent prendre et employer, pour le service de
la Cour, les navires et les barques des particuliers que moyennant
un salaire convenable, sous peine de restitution du dommage et
d'une amende d'une once d'or (1). Pour remédier aux exactions
des gardes des passages des frontières qui arrêtaient souvent
hommes, chevaux et victuailles, partout dans l'intérieur de la
province et surtout sur les marchés, alors que leur office ne doit
s'exercer que sur les confins du royaume, le roi énumère les
villes de la frontière des Abruzzes où peut s'exercer leur action
et leur surveillance (2). — Les articles relatifs à la marine concernent principalement la réparation des navires, mais ils apportent aussi des modifications importantes au recrutement des
marins et au payement de leurs gages (comminantiæ). Il est recommandé aux amiraux et aux capitaines de ne pas prendre sur
leurs navires plus d'équipage qu'il n'en faut et de ne pas enrôler
de bons bourgeois ignorants dans l'art naval, mais des gens experts en nombre suffisant (3). Une fois leur solde payée, les marins ne peuvent quitter les navires ou galères sur lesquels ils ont
été enrôlés, soit pour déserter, soit pour embarquer sur d'autres
bâtiments ; en cas de désertion, ils resteront emprisonnés tant que
durera la campagne pour laquelle ils avaient été enrôlés. Si on
ne les découvre pas, on détruira leurs maisons et ils seront bannis
de la province ; s'ils fuient des galères, ils seront punis par l'am-
putation du pied (4). Mais on ne pourra, en cas de contumace,
faire retomber leur faute sur leurs fils, leurs sœurs, leurs femmes, etc. (5).

Pour les châtelains, l'ordonnance de 1282 renouvelle encore
des prescriptions contenues dans les constitutions de Frédéric II (6)
et dans les *Capitoli* de Charles I$^{er}$ (7), défendant aux châtelains et
sergents de porter hors des châteaux des armes prohibées, si ce
n'est pour les transporter à la Cour. Ils ne peuvent avoir sur les

---

(1) Art. xxxv : « *De non capienda vascella aliqua pro serviciis Curiæ,
justo salario non soluto.* » *Ibid.*, p. 35.
(2) Art. xlii : « *De custodibus passuum et grassiæ.* » *Ibid.*, p. 36.
(3) Art. xlvii : « *De solvendo statutas comminantias marinariis conductis
in armata et non coguntur in armata ipsa boni burgenses et cives ipsius
artis ignari et tribuantur eis panatica statuta.* » *Ibid.*, p. 37.
(4) Art. xlix : « *Quod marinarii non subtrahant se a vascellis postquam
ascenderent eadem.* » *Ibid.*, p. 38.
(5) Art. l : « *Quod pro fugientibus a galeis, non capiantur filii pro pa-
tribus, vel e converso ; fratres pro sororibus, nec uxores pro maritis.* »
(6) *Constitutiones regni Siciliæ*, lib. I, tit. xcv, t. I, p. 158.
(7) *Capit. reg. Sic.*, t. II, p. 19.

terres qu'ils habitent des affidés ou recommandés qu'ils exemptent des collectes ou des autres charges de la Cour. Il leur est défendu de s'occuper des affaires des communautés, d'y accepter des fonctions quelconques, d'arrêter les personnes sans ordres reçus, de commettre des extorsions, de prendre rançon des captifs qu'on leur ordonne de remettre en liberté, etc., etc. (1). Tels sont les principaux règlements d'administration édictés, renouvelés ou confirmés par l'ordonnance de 1282.

La fin de l'ordonnance est consacrée spécialement aux droits seigneuriaux, mais ce n'est pas pour de nouvelles concessions de privilèges; le roi édicte, au contraire, une série de mesures destinées à protéger les faibles contre les forts et à défendre les droits régaliens contre les empiétements de la noblesse territoriale. Il est, en effet, défendu aux comtes, barons et feudataires, tant ultra-montains que latins (2), d'arrêter et d'emprisonner, de mettre à la torture, ni de faire aucune injure, dommage ou extorsion à leurs vassaux, de leur imposer des amendes nouvelles (3), de leur vendre malgré eux les revenus de leurs gabelles (4), de recevoir dans leurs terres des serfs du domaine royal (5). Ils doivent se contenter du territoire de leurs anciennes possessions et ne pas les étendre au détriment des terres voisines et des domaines royaux (6); ils ne peuvent faire d'enquête de leur propre autorité ni opérer de saisies (7). Les ordres du roi sont donc dirigés surtout contre les empiétements de la noblesse, et ce n'est que plus tard qu'il chercha à se concilier le clergé et les barons en étendant et augmentant leurs privilèges.

Ainsi, au lendemain de la révolte de la Sicile, au moment de passer dans cette île avec une armée pour faire rentrer les rebelles dans l'obéissance, Charles d'Anjou publie une grande ordonnance qui, sans transformer l'état de choses ancien, sans faire de créations importantes, essaie d'apporter un premier palliatif aux excès

(1) Art. LIV : « de Castellanis. » Ibid., p. 39.
(2) Art. LV : « de Terreriis. » Ibid., p. 39-40.
(3) C'était le renouvellement de la défense faite par Frédéric II dans les Constitutiones, l. I, t. XVI; De impositione defensæ, t. I, p. 35 à 40.
(4) Capit. reg. Sic., t. II, p. 10. Ordonnance du 7 juin 1272 à Venosa.
(5) Constitut. reg. Sic., l. III, t. VII : De hominibus demanii affidatis non tenendis. — Capitula Caroli I : De occupantibus res demanii, t. II, p. 8 et 9.
(6) Ibid., Ordonnance du 7 juin 1272. — Art. LVI : « Quod non extendant se ad territoria vicina, tam demanii, quam ad alia. » Ibid., p. 40.
(7) Ibid., art. LVII : « Quod non faciant inquisitionem auctoritate propria, nec bannum imponant ultra augustale unum. »

et aux oppressions qui avaient été commis sous son nom. Cette ordonnance qui résume et confirme toutes les réformes que le roi avait cherché à introduire dans l'administration établie dans le midi de l'Italie par les princes de la maison de Souabe, — cette ordonnance a le caractère d'un règlement d'administration. Ce n'est pas une série de concessions arrachées à un prince orgueilleux par le malheur qui vient de le frapper : c'est l'œuvre d'un monarque sage et politique, qui, éclairé par les excès auxquels les oppressions ont entraîné ses sujets, reconnaît les défauts de son gouvernement et les fautes commises par ses officiers. Loin de chercher à restreindre les libertés et à plier les rebelles sous le joug de son autorité, il cherche à protéger ses sujets contre ses propres ministres, punit de châtiments sévères ceux qui désobéiraient à ses ordres, et cherche à faire disparaître tout sujet de trouble et de révolte dans son royaume. Enfin, l'ordonnance de 1282 a, nous l'avons dit, une importance capitale pour l'histoire du gouvernement de Charles d'Anjou, parce qu'elle représente très bien la continuation de la politique de ce prince pour organiser la domination française dans le royaume de Sicile et y établir définitivement la dynastie angevine.

## II. — LA RÉGENCE DU PRINCE DE SALERNE.

*Position difficile de Charles I<sup>er</sup> après son expédition de Sicile.* — L'échec de Charles d'Anjou devant Messine et l'arrivée du roi Pedro d'Aragon en Sicile modifièrent peut-être les sentiments de Charles à l'égard des Siciliens et lui firent renoncer à ses projets de conciliation; mais la politique du roi vis-à-vis de ses sujets d'Italie ne fut nullement changée. Il avait été obligé d'abandonner l'île de Sicile, après un siège inutile de soixante et quatorze jours devant Messine, parce qu'il avait craint d'être coupé dans ses communications avec la Terre ferme et qu'il n'était nullement assuré de la fidélité de son armée. Retiré à Reggio, il avait, dès le 29 septembre 1282, fait part du résultat de cette première campagne à tous les justiciers du royaume, pour couper court aux légendes et aux commentaires, en leur annonçant que la prudence l'avait engagé à établir ses quartiers d'hiver sur la Terre ferme, afin d'éviter les inconvénients de la mauvaise saison (1). La flotte qu'il avait préparée pour l'expédition d'Orient

(1) Cette lettre, qui est conservée aux Archives de Naples, Reg. ang. 1283 E, n. 46, fol. 14 v°, a été plusieurs fois publiée, entre autres dans le

avait été détruite par les Messinois. Aux galères catalanes du roi
d'Aragon, il n'avait à opposer que des navires de transport mal
armés et peu propres au combat., ou bien les vaisseaux de ses
alliés, les Pisans et les Vénitiens, et quelques galères provençales. Il avait donc préféré licencier sa flotte, et-le roi d'Aragon en
avait profité pour capturer un grand nombre des vaisseaux qui
rentraient dans les ports de la mer Tyrrhénienne. Les flottes
aragonaises et siciliennes étaient donc maîtresses de la mer, et
d'un moment à l'autre la Calabre pouvait être envahie.

Malgré les pertes subies devant Messine, l'armée de Charles
d'Anjou était encore considérable. Le prince de Salerne venait de
lui amener de France mille lances sous le commandement de
Robert d'Artois, de Pierre, comte d'Alençon, et d'Othenin,
comte de Bourgogne (1). Mais Charles devait avoir de bonnes
raisons de douter de la fidélité de son armée. Ramon Muntaner,
quoique Catalan et partisan de Pedro d'Aragon, se fait l'écho de
ses préoccupations (2). Il n'avait pas voulu risquer de bataille
rangée en Sicile, de peur d'être trahi; dès son arrivée à Reggio,
il licencia la plus grande partie de l'armée et ne garda avec lui
que les seuls Français, qu'il répartit dans les principales villes de
la Calabre (3). Puis il se tint sur la défensive et prit toutes les
mesures nécessaires à la défense des côtes (4). Tandis qu'il était
menacé de la trahison des siens et que ses fidèles se consumaient
sur la côte de Reggio, où la fièvre et la maladie s'étaient mises
dans le camp (5), il avait en face de lui un ennemi jeune, actif et

---

Syllabus membranarum, t. I, p. 245-6 en note, dans Amari, ouv. cité,
document XIII, t. III, p. 327-9, et dans le Saggio di codice diplomatici de
Miniori-Riccio, Suppl., Iʳᵉ part., p. 46-47.

(1) Actes des Archives de Naples des 23 juin, 7 et 16 août, cités par
Miniori-Riccio, Memorie della guerra di.Sicilia, p. 6, 7, 8. — Voir Saba
Malaspina, Cont., Gregorio, t. II, p. 385.

(2) Cronica d'en Ramon Muntaner, éd. Jos. Coroleu (Barcelona, 1886, in-8ᵉ),
c. LXV, p. 124 : « E lo rey Carles qui hach aço entes, qui era molt savi
» senyor de feyt d'armis et de tots altres feyts, pensa que si lo rey d'Arago
» venia, que per cert no podia venir sens sabuda de alcuns de la sua host,
» e axi com havien trahit lo rey Manfre, que axi porien a ell trahir. Et
» part aço, havia paor que la terra de Calabria nos revelas... »

(3) Saba Malaspina, Cont., ibid., t. II, p. 284. — Syllabus membranarum,
t. I, p. 247. Voir Amari, ouv. cité, t. I, p. 336.

(4) Par exemple le roi mande à Pandolfo Fasanella, justicier de la Terre
de Labour, de faire établir, par les communautés maritimes de sa province,
des gardes et des veillées contre les incursions des pirates; Reggio, 2 octobre 1282. Syllabus, t. I, p. 244.

(5) La mort du comte Pierre d'Alençon, que Montaner place à cette

entreprenant, à la tête d'une armée fidèle et vaillante, et soutenu par l'enthousiasme d'une population en révolte qui ne s'apercevait pas qu'elle n'avait fait que changer de maître (1).

Pedro d'Aragon n'avait pas cessé d'entretenir des intrigues avec les bannis du royaume de Sicile et les chefs du parti gibelin d'Italie. Il cherchait à porter la guerre civile dans les Abruzzes en encourageant les espérances de Conrad d'Antioche (2). Le 21 octobre, il envoyait Pasquale de Fuisa de Rossano aux archevêques de Rossano et de Santa Severina, aux prélats et barons de la Basilicate, à ceux de Gerace et de Terra Giordana, aux hommes de Tarante et de Calabre, leur annonçant qu'il avait conquis la Sicile et qu'il espérait s'emparer bientôt du reste du royaume (3). Pedro d'Aragon négociait en même temps avec Venise, Pise, Gênes, pour leur faire abandonner le parti de Charles d'Anjou. Plus tard, quand il passa en Calabre, il chercha par tous les moyens à provoquer un mouvement des habitants en sa faveur, promettant aux comtes, barons et chevaliers de ce pays de recevoir en sa grâce et faveur, et de protéger dans leurs personnes et leurs biens tous ceux qui viendraient à lui (4). Il écrivait notamment au comte de Catanzaro pour leur exposer les raisons qui l'avaient déterminé à passer en Sicile et pour leur offrir la paix et la liberté qu'il avait procurées aux Siciliens (5). Ces tentatives demeurèrent sans résultat ; mais Charles d'Anjou se rendait compte que le terrain sur lequel il était n'était pas solide et pouvait à un moment donné manquer sous lui.

Charles pouvait, il est vrai, compter sur l'appui de la cour de Rome ; Martin IV avait frappé Pedro d'Aragon et les Siciliens des censures ecclésiastiques et avait enjoint au roi d'Aragon de quitter l'île de Sicile, de faire cesser la guerre et de renoncer au titre de roi de Sicile. Il avait défendu à tous les princes, barons et villes de la chrétienté de l'aider dans son entreprise et de conclure de traité avec lui (6). Intervenant, en outre, plus direc-

époque-ci, ne devait cependant survenir que plus tard, le jeudi après la fête des saints apôtres Pierre et Paul, 1283 (Amari, ouv. cité, t. II, p. 4).

(1) *Cronica d'en R. Muntaner*, c. LXXI, p. 137.

(2) *Ricordi del Vespro Siciliano*, t. II, n. CXVI. Amari, ouv. cité, t. I, p. 319.

(3) *Ibid.*, *Ricordi*, t. II, n. CXXXIV.

(4) Lettre du 9 février 1283, publiée *ibid.*, t. II, n. DXX. — Amari, ouv. cité, t. I, p. 321.

(5) Lettre datée de Messine, le 15 janvier 1283, publiée par Saint-Priest, ouv. cité, t. IV, p. 200, et dans les *Ricordi*, t. II, n. DCCI.

(6) Bulle datée du jour de la dédicace de la basilique de Saint-Pierre,

tement dans les affaires de Sicile, le pape interdisait à Conrad
d'Antioche de rien entreprendre contre le roi de Sicile, qui lui
avait fait grâce à la requête des souverains pontifes (1). Apprenant que les habitants de la Calabre méditent de se révolter contre l'autorité royale, Martin IV écrit, le 4 des ides de décembre,
à son légat Gérard de Parme, de mettre Charles I⁰ʳ en possession
des châteaux et forteresses que le Saint-Siège possède dans le
royaume de Naples, entre autres du mont Cassin, des châteaux
de Salerne, d'Olibano, etc., à condition que, le danger passé, il
les restituera aux Eglises (2). — Le roi de Sicile avait, en outre,
reçu des secours de son neveu Philippe le Hardi, qui, outre les
hommes d'armes demandés par le roi, avait prêté au prince de
Salerne un subside de 15,000 livres tournois (3), et qui se préparait à venger l'insulte faite à sa maison par Pedro d'Aragon.
Cependant, malgré sa puissance et l'appui de la papauté, le roi
de Sicile était dans une situation fort embarrassée, craignant de
compromettre par une guerre malheureuse le fruit de ses conquêtes et de dix-sept années de luttes et d'efforts.

*Départ de Charles I⁰ʳ et régence du prince de Salerne.* — C'est
ce qui explique l'empressement avec lequel il accepta l'idée
d'un combat singulier avec le roi d'Aragon, pour faire cesser
leur différend et décider quel serait le maître de la Sicile. Les
historiens partisans de l'un ou de l'autre des deux princes les
ont accusé réciproquement d'avoir cherché à se tromper dans
cette affaire et d'avoir voulu gagner du temps. Les apparences
sont cependant favorables à Charles d'Anjou, qui, par la publicité donnée aux conditions de ce duel, voulut, semble-t-il, mettre
l'opinion publique de son côté. Mais c'est à tort qu'on a dit que
les deux souverains avaient, par le moyen qu'ils avaient choisi
pour vider leur querelle, fait rire le treizième siècle lui-même.
Le devoir du pape était, il est vrai, de s'opposer à cette rencontre; mais le fait qu'elle fut soumise à l'arbitrage d'Edouard I⁰ʳ,
roi d'Angleterre, et que le roi de France prit part aux négociations, prouve bien que cette idée chevaleresque du duel de Charles d'Anjou et de Pierre d'Aragon ne parut nullement ridicule

1282, publiée en partie par Raynaldi, *Ann. eccles.*, année 1282, § xxiii, t. III,
p. 540.

(1) *Ibid.*, t. III, p. 541, année 1282, § xxvi et xxvii.

(2) La bulle de Martin IV, datée de Montefiascone, iv id. decemb., 2ᵉ année
du pontificat, est publiée par Raynaldi, *ibid.*

(3) Archives nationales, *Trésor des chartes*, J. 512, n. 24. Voir Amari, ouv.
cité, t. I, p. 342.

aux contemporains. La rencontre fut sur le point d'avoir lieu ; elle échoua grâce au roi d'Aragon, mais la question de savoir s'il y eut tromperie et déloyauté de sa part n'est pas encore résolue (1).

Charles d'Anjou quitta Reggio vers la fin de février 1283 pour se rendre à Rome, à Paris, et de là à Bordeaux, où devait avoir lieu la rencontre. L'échec de son expédition de Messine et le peu de confiance qu'il avait dans la fidélité des siens n'avaient en rien modifié la conduite qu'il avait cru devoir adopter vis-à-vis de ses sujets, après les Vêpres siciliennes. S'il avait, comme on l'a dit et répété, opprimé ses sujets volontairement et par tempérament avant la révolte de Sicile, si les concessions faites par l'ordonnance de 1282 n'avaient été qu'une feinte, l'insuccès de ses efforts aurait eu pour résultat de faire cesser ces dispositions conciliantes. On voit, au contraire, la mission du légat Gérard de Parme continuer dans le royaume de Sicile jusqu'après le départ de Charles d'Anjou ; elle devait plus tard se prolonger davantage, en prenant un tout autre caractère. Mais le pape Martin IV poursuit les tentatives qu'il a déjà faites pour faire rentrer les Siciliens dans l'obéissance de l'Eglise et de leur roi ; il envoie, le 5 janvier 1283, d'Orvieto, à l'évêque de Sabine, une lettre où, tout en menaçant des rigueurs de l'Eglise Pedro d'Aragon et ses partisans, il promet à ceux qui les combattront ou qui se sépareront d'eux les indulgences que l'on concède à ceux qui vont en Terre sainte (2). Quant aux réformes promulguées le 10 juin 1282 par le roi de Sicile, elles avaient été appliquées (3), et le roi se proposait même de les compléter par de nouvelles mesures destinées à se concilier davantage la confiance et la fidélité de ses sujets.

(1) L'histoire de ce duel entre Charles d'Anjou et Pedro d'Aragon est trop connue pour que nous insistions : de nombreux documents ont été publiés sur les négociations qui eurent lieu à ce sujet entre les deux rois. Nous renvoyons, pour les détails et renseignements bibliographiques, aux ouvrages d'Amari, t. I, p. 336 à 343 et de Saint-Priest, t. IV, p. 107 à 122 et 132 à 140.

(2) Raynaldi, *Ann. eccles.*, année 1283, § 1 à 4, où se trouve publiée la bulle du pape Martin IV.

(3) Le dernier article de l'ordonnance de 1282 en ordonnait la publication dans toutes les terres et villes importantes de chaque province, et d'en livrer copie, sous le sceau des justiciers, aux cités importantes, châteaux et autres villes. En exécution de cet ordre, Pandolfo de Fasanella, justicier de la Terre de Labour et du comté de Molise, envoie à la communauté de Suessa les constitutions édictées par le roi le 10 juin précédent. — Suessa, 12 octobre 1282 (*Syllabus membranarum*, t. I, p. 246).

*Capitoli de San Martino.* — D'après l'idée que se sont faite les historiens de Charles d'Anjou du caractère et de la politique de ce prince dans le gouvernement de la Sicile, il leur était difficile d'admettre que ce prince orgueilleux et ambitieux pût se décider, même sous le coup du malheur, à faire quelques concessions aux justes réclamations de ses sujets. La grande ordonnance de 1282 est passée, nous l'avons vu, presque inaperçue, ou bien a été considérée comme une « feinte clémence. » Quoique moins importante que la précédente pour l'administration du royaume, où les remèdes étaient le plus nécessaires, l'ordonnance du 30 mars 1283 a eu un plus grand retentissement, à cause des nombreuses modifications qu'elle introduisait dans la constitution civile du royaume, et surtout à cause de l'intervention de la cour de Rome, dont elle se réclamait. Il était impossible de passer sous silence les *Capitoli* de la plaine de Saint-Martin et les importantes réformes qu'elles édictaient. On a cherché alors à tourner la difficulté. Les intentions que prête à Charles d'Anjou son historien le plus impartial, M. de Saint-Priest, ne font pas honneur à son héros et peuvent servir à montrer combien est fausse l'idée que cet historien s'est faite du gouvernement de ce prince. « Charles d'Anjou, » dit-il (1), « sentait, à la vérité trop tard, que non seulement pour recouvrer » la Sicile, mais pour conserver ses Etats continentaux, il devait » amender la législation draconienne léguée par la maison de » Souabe et si cruellement appliquée par lui-même. *Pour échap-* » *per à la déconsidération qu'entraîne la nécessité de changer de* » *maximes et de demander grâce pour sa vie passée, ne voulant pas* » *faire lui-même ces changements nécessaires*, il les confia à son » fils aîné Charles, prince de Salerne... » Et, un peu plus loin (2), il ajoute : « Charles Iᵉʳ avait senti que des conces- » sions étaient inévitables ; mais *croyant son honneur blessé par* » *une réparation personnelle*, et ne voulant pas promulguer lui- » même des réformes qui pourraient renfermer un blâme impli- » cite de son administration passée, il déclara, par un édit, » qu'en son absence momentanée du royaume il en remettait » le gouvernement au pape. » Inutile d'ajouter que M. Amari partage cette opinion et croit que Charles d'Anjou ne voulut pas se dédire et réparer de sa propre bouche le mal qu'il avait fait (3).

---

(1) Saint-Priest, ouv. cité, t. IV, p. 106.
(2) *Ibid.*, t. IV, p. 127.
(3) Amari, ouv. cité, t. I, p. 343.

L'ordonnance de 1282, qui précède celle du 30 mars 1283 dans
le recueil des *Capitula regni Siciliæ*, montre que si Charles d'Anjou n'avait pas hésité, au lendemain des Vêpres Siciliennes, à
accorder les réformes indispensables et à sévir contre quelques
officiers coupables (1), il ne devait pas lui en coûter davantage
d'édicter de nouvelles mesures, s'il les jugeait nécessaires au bon
état du royaume. Cette étude nous a d'ailleurs montré, contre
l'opinion des auteurs précédents, que les réformes de 1282
n'étaient nullement en contradiction avec l'œuvre de tout le
règne. Saint-Priest et Amari prêtent à Charles d'Anjou des sus-
ceptibilités puériles et indignes d'un grand roi et d'un caractère
aussi entier que le sien. On ne conteste pas qu'il n'ait consenti
à ces concessions, qu'il n'ait préparé et étudié les réformes que
son fils, le prince de Salerne, fut chargé do faire approuver par
un Parlement général du royaume. Pourquoi vouloir en retirer
l'honneur à celui qui en fut sinon l'auteur, du moins le promo-
teur, et sous l'autorité duquel les nouvelles constitutions furent
promulguées et appliquées? D'ailleurs, la question ne fait pas le
moindre doute : Charles Iᵉʳ avait, le 10 juin 1282, réformé l'administration du royaume ; en 1283, il voulut régler les rapports
de la royauté avec le clergé, la noblesse et les villes. Pour donner
plus de force à cette législation, il convoqua une assemblée générale des trois ordres, comme il s'en tenait sous Frédéric II, et,
avant sa mort, il en réunit de nouvelles. Les *Capitoli* de San Martino sont aussi bien l'œuvre de Charles d'Anjou que celle du
prince de Salerne ; ils sont le couronnement de son règne organisateur, et c'est grâce à eux que la dynastie angevine a dù surtout de surmonter les graves périls dont elle était entourée après
l'insurrection de Sicile.

Avant de quitter son royaume pour se rendre à Rome et de là
en France, Charles d'Anjou avait confié le commandement de
son armée à son fils aîné Charles, prince de Salerne, et l'avait
nommé vicaire général du royaume, par lettres datées de Reggio,
le 12 janvier 1283 (2). S'il fallait en croire les historiens napoli-

---

(1) Après les Vêpres siciliennes, Matteo Rufolo de Ravello et les frères
della Marra, *Secreti* de Sicile, furent poursuivis à cause de leurs extorsions,
et, reconnus coupables, ils furent condamnés à mort et pendus. Voir plus
loin. — Minieri-Riccio, *Memorie della guerra di Sicilia*, p. 33, 35 et 37. —
Durrieu, ouv. cité, t. I, p. 56.

(2) Ces lettres ont été publiées par Minieri-Riccio, *Saggio di codice diplom.*,
t. I, p. 201.

tains, Summonte (1) et Giamone (2), le roi aurait donné à son fils un pouvoir absolu et indépendant, lui commettant tous les droits afférant à l'autorité royale. Il l'entoura d'un Conseil composé de ses grands officiers et des principaux seigneurs, pour l'assister dans le gouvernement du royaume et dans les délibérations les plus importantes de la Couronne : c'est ce Conseil qui aurait été l'origine de la *Curia Vicarii* ou de la *Vicaria*, qui est, à la fin du treizième et au commencement du quatorzième siècle, distincte de la *Magna regia Curia*. Giamone ajoute cependant que la *Vicaria* ne reçut son organisation définitive qu'en 1294, lorsque Charles II créa Charles Martel, roi de Hongrie, son fils aîné, vicaire général du royaume. Ce fut le prince de Salerne qui fut chargé par le roi, son père, de soumettre à l'approbation de ses sujets et de promulguer de nouvelles constitutions pour la réforme du royaume.

Saint-Priest veut que les *Capitoli* de la plaine de San Martino aient été précédés d'un préambule « destiné à se concilier les esprits, et qui peut-être allait au delà de la nécessité, ou, tout au moins, de la dignité de la situation (3). » Il publie, en effet, une déclaration de Charles, prince de Salerne, annonçant aux habitants des principales villes du royaume la destitution et le châtiment de Matheo et Lorenzo de Rufolo et de Angelo, Rogiero, Lorenzo et Galgano della Marra, coupables d'avoir commis des extorsions dans le royaume. Mais cet acte est daté du mois de juin 1283, tandis que les *Capitoli* de San Martino portent la date du 30 mars; il y a bien un préambule dans l'ordonnance du prince de Salerne, mais tout différent de cette déclaration, qui n'a aucun rapport avec elle (4).

Le prince de Salerne avait convoqué, au mois de mars 1283, un Parlement général du royaume, composé des prélats, comtes, barons, citoyens et prudhommes des principales villes, sans doute pour obtenir d'eux les subsides nécessaires à la continuation de la guerre contre la Sicile révoltée (5). C'est à cette assem-

(1) Summonte, *Istoria della città e regno di Napoli* (Napoli, 1601-1643, 4 vol. in-4°), t. II, p. 211 et 328.

(2) Giamone, *Istoria civile del regno di Napoli* (Napoli, 1723, 4 vol. in-4°), t. III, p. 39.

(3) Saint-Priest, ouv. cité, t. IV, p. 127.

(4) Voir plus loin. Cet acte est publié par Saint-Priest, t. IV, p. 289 : l'auteur n'en indique pas la provenance, p. 289.

(5) Voir, au sujet de ce parlement général : Raynaldi, *Ann. eccles.*, année 1283, § 42 et suiv., t. III, p. 560; Giannone, *Istoria civile*, t. III, p. 55; Grimaldi, *Istoria delle leggi e magistrati*, t. II, p. 492; Gregorio, *Conside-*

blée que furent soumises les réformes proposées par Charles
d'Anjou , et il est dit expressément qu'elles ont été édictées « *de
consilio Prælatorum , Comitum , Baronum , civium , multorumque
proborum, Parlamento in Sancti Martini planitie solemniter celebrato,
non sine magna provisione* (1). »

L'ordonnance du 30 mars 1283 débute par un long préambule,
où le prince de Salerne expose aux fidèles du royaume les raisons
qui ont poussé son père et lui à promulguer quelques réformes
utiles à tous. Son désir a toujours été de travailler de toute son
ardeur à relever le royaume de Sicile, son héritage, qui, par les
institutions si injustes de ceux qui l'ont possédé , est tombé dans
une affreuse servitude, et que l'âpreté et la cupidité des officiers
chargés de l'administrer ont réduit à la dernière misère. Il a
cherché à remédier à cet état de choses en infligeant des châtiments pour les crimes commis et en s'opposant par des édits aux
transgressions futures des officiers, pour faire cesser les extorsions et rétablir la paix. Il déclare qu'ayant soumis son projet à
l'approbation de son père, il l'a trouvé animé des mêmes dispositions et que la réforme a été d'autant plus facile. Le prince a
donc cru nécessaire de détruire le plus tôt possible les obstacles
qui s'opposaient au bon gouvernement , de peur que le mal
n'étendît ses racines et ne se propageât dans tout le royaume. Son
père est en effet menacé de graves dangers, et il a dû, pour des
affaires difficiles, se rendre à Rome et en France, ce qui ne lui a
pas permis de mettre plus tôt ses projets à exécution. Mais, avec le
secours de Dieu, toutes les causes de retard ont disparu. Il pense
donc pouvoir étendre le remède à tout le royaume, non par son
moyen, mais par celui de Dieu, pour que les crimes de la faction
des Siciliens reçoivent enfin le juste châtiment, et que les fidèles
du royaume jouissent des privilèges de la munificence royale.
L'instant favorable s'offre à nous maintenant d'accorder aux fidèles du roi la liberté qui leur est nécessaire. Voici le jour du vrai
salut pour les vrais fidèles du roi. Le préambule se termine par
un chant de louange, où le prince invoque l'exemple du roi
David et de son fils Salomon (2).

razioni, t. III, p. 134; Amari, *Vespro sicil.*, t. II, p. 4; Saint-Priest, ouv.
cité, t. IV, p. 127, etc., etc.

(1) *Capitula regni Siciliæ*, t. II, p. 55. Saba Malaspina (*Cont.*, t. II, p. 402-
403) parle de ce Parlement, mais il le confond avec une autre assemblée
tenue à Melfi.

(2) *Capitula regni Siciliæ*, t. II, p. 41, sous le titre de : *Constitutiones
illustrissimi D. Caroli II, principis Salernitani.*

Les *Capitoli* de la plaine San Martino, en Calabre, sont au
nombre de quarante-sept articles, que l'on peut diviser en quatre
chapitres, suivant les matières qu'ils traitent. Cette division en
quatre parties est indiquée d'ailleurs, sauf la dernière, par les
rubriques de certains des articles. Ainsi, l'article I<sup>er</sup> a pour titre :
« *De privilegiis et immunitatibus ecclesiarum et ecclesiasticarum personarum* (1), » et les dix-huit premiers articles de l'ordonnance
concernent, en effet, les droits et prérogatives du clergé. L'article XIX est intitulé : « *De privilegiis et immunitatibus Comitum,
baronum et aliorum feuda tenentium* (2), » privilèges qui sont
compris dans les articles XIX à XXIII. A l'article XXIV :
« *De privilegiis et immunitatibus civium, burgensium et aliorum
hominum a Faro citra* (3), » commencent les articles de l'ordonnance relatifs aux bourgeois des villes. Mais à partir de
l'article XXVIII (4), les règlements changent de caractère et
s'appliquent plus particulièrement à l'administration du royaume :
ils sont destinés à apporter quelques adoucissements à la rigueur
de certaines Constitutions anciennes ; les matières sont, du reste,
énumérées sans ordre, et l'on ne peut établir aucune autre division dans cette quatrième partie qui comprend les articles XXVIII
à XLVII.

L'ordonnance du 30 mars 1283 est destinée à servir de complément à celle du 10 juin 1282. Celle-ci avait pour but de remédier
sur-le-champ aux vices de l'administration et était dirigée spécialement contre les officiers. Elle reproduisait, comme nous
l'avons dit, bien des mesures prises précédemment par le roi sous
forme de règlements ou d'instructions à ses officiers, et elle leur
donnait une sanction nouvelle. Les *Capitoli de San Martino* ont un
autre caractère ; ils contiennent surtout des concessions et des privilèges faits et donnés par le roi à ses vassaux et sujets, soit en leur
restituant ou renouvelant des privilèges anciens, soit en abolissant des mesures par trop rigoureuses des Constitutions anciennes. Les règlements qui concernent l'administration présentent
surtout ce dernier caractère. Enfin, si quelques articles peu nombreux rééditent des ordonnances anciennes, d'autres, au contraire, apportent des réformes entièrement nouvelles et modifient
sur certains points, d'une manière fort sensible, l'état de choses

(1) *Capitula regni Siciliæ*, t. II, p. 42.
(2) *Ibid.*, t. II, p. 47.
(3) *Ibid.*, t. II, p. 49.
(4) *Ibid.*, t. II, p. 50.

existant. L'ordonnance, par exemple, tend à transformer profondément le système des impositions; mais elle ne donne pas de solution définitive à la question qui est soumise à l'arbitrage du pape (1). Complétant l'ordonnance du 10 juin, les *Capitoli de San Martino* lui servent en même temps de sanction, et l'un des articles les plus importants ordonne que les *Constitutiones novellæ* du roi Charles Ier, sur la réformation du royaume, soient inviolablement observées (2). « Mais, » dit l'ordonnance, « comme il
» existe des gens, si amateurs du danger, qu'ils s'efforcent tou-
» jours d'arriver à ce qui est interdit, et qu'il serait inutile d'éta-
» blir des droits, si ceux qui sont établis ne sont pas observés,
» pour que les nouvelles Constitutions promulguées pour la
» réformation et la pacification du royaume par le roi et les pré-
» sentes... soient inviolablement observées, et que les violateurs
» reçoivent le châtiment qu'ils méritent, » une enquête sera faite dans chaque ville, château ou localité, par des prélats, religieux ou autres sages personnes députées pour cela, sur les actes des officiers ou des personnes qui seraient venues à l'encontre de ces Constitutions. Ces enquêtes faites, les violateurs de la loi seront punis comme ils le méritent ; car en violant ces Constitutions et méprisant les ordres du roi, non seulement ils offensent la majesté royale et son représentant, mais ils s'efforcent de nuire à l'intérêt public, en détruisant, autant qu'il leur est possible, les règlements et statuts destinés à son maintien et à son accroissement (3). Fidèle à son procédé d'interpréter les ordonnances de Charles Ier, en admettant, comme généralement pratiqué, tout ce que défendent les règlements royaux, M. Amari conclut, de cette confirmation des *Capitoli* du 10 juin 1282, qu'ils étaient demeurés lettre morte et inobservés (4). Un certain nombre d'actes de l'année 1282, notamment ceux publiés dans le *Syllabus membranarum* (5), permettent de contester cette assertion. L'ordonnance de 1282 avait été appliquée en grande partie avant même sa promulgation, puisqu'elle renouvelait seulement des prescriptions anciennes, et, comme elle ne faisait que corriger l'état de choses

---

(1) Ordonnance du 30 mars, art. XXIV, *ibid.*, t. II, p. 49.

(2) *Ibid.*, art. XLVII, p. 55 : « *Quod observentur constitutiones Domini nostri Regis Caroli editæ super reformatione regni.* »

(3) *Capitula regni Siciliæ*, t. II, p. 55.

(4) M. Amari parle (ouv. cité, t. II, p. 4) de la « *riforma, mal abbozzata già nei capitoli del dieci giugno dell' ottantadue, e peggio osservata, la qual or si mandava ad effetto.* »

(5) Voir *Syllabus membranarum*, t. I, p. 244, 246, 247, etc.

existant déjà, son application n'avait souffert aucune difficulté
et n'avait exigé qu'une surveillance plus active sur les actes
des officiers.

1. *Privilèges accordés au Clergé.* — L'ordonnance du 30 mars
1283 confirme aux églises et aux ecclésiastiques tous les droits et
privilèges que leur assuraient les anciennes Constitutions du
royaume et les conditions imposées aux rois de Sicile par la
bulle d'investiture que leur avait conférée le pape. D'autres privilèges assez importants sont, en outre, concédés au clergé, et sur
tous les points les *Capitoli* règlent les rapports des ecclésiastiques
avec le gouvernement du royaume, en créant pour eux une situation tout à fait exceptionnelle. Les dîmes et autres revenus des
églises devront leur être payés fidèlement, savoir les rentes en
argent à la Pentecôte, les revenus en nature à l'époque des
récoltes (1). Pour le payement des rentes sur les biens ou revenus
de l'Etat, les ecclésiastiques n'auront pas besoin d'obtenir, tous
les ans, des lettres de la Cour, mais les *Secreti*, *magistri procuratores et salis*, les baillis, etc., devront payer les dîmes à jour
fixe (2). Les comtes, barons et autres, qui sont tenus de payer
les dîmes, devront le faire également au jour fixé par la coutume; et, s'ils sont mineurs, le payement devra être fait par
leurs bailes (3).

Les clercs, pour la juridiction et les impositions, sont complètement séparés du pouvoir civil, suivant la convention conclue
entre le Saint-Siège et le roi Charles. Les clercs ne peuvent être
cités devant les tribunaux séculiers que pour leurs biens féodaux (4). Les officiers, comtes, barons et autres personnes laïques ne doivent pas se mêler des élections ecclésiastiques, des
collations de bénéfices, ni des affaires spirituelles, sauf cependant
de celles que peut leur conférer le droit de patronat sur certaines
églises (5). Les ecclésiastiques, vivant cléricalement, sont exempts

_____

(1) *Constitut. reg. Sic.*, l. I, tit. vii : *De Decimis præstandis*, t. I, p. 19.

(2) Art. i^er, *Capit. reg. Sic.*, t. II, p. 42.

(3) Art. ii : « *Quod solvantur decimæ ecclesiis et quod solvantur proventus bonorum pupillorum*, » t. II, p. 42.

(4) Art. iii : « *De non trahendis clericis ad judicia secularia, nisi pro
bonis feudalibus*, » p. 42. Bulle d'investiture de Clément IV, art. xxiv. Voir
Saint-Priest, t. IV, p. 358.

(5) Art. vi : « *Quod nullæ personæ laicales intromittant se de electionibus
prælatorum, nec de aliis spiritualibus, nisi competat hoc alicui privilegio
juris patronatus*, » p. 43. — Cf. Bulle d'investiture, art. xxii, *ibid.*, t. IV,
p. 357.

des collectes et exactions, aussi bien pour les biens ecclésiastiques que pour les biens patrimoniaux qui leur appartiennent
légalement (1). On peut, en outre, donner ou obliger aux églises
toutes les terres et possessions qui ne dépendent pas de la Cour
ou qui ne sont pas engagées à d'autres personnes (2). Les privilèges et droits concédés aux églises par les anciens rois de Sicile,
desquels les ecclésiastiques se trouvent en possession, leur seront
entièrement assurés ; quant à ceux dont ils réclament la possession, il leur sera fait justice sans difficulté par la Cour compé-
tente (3). Les officiers et commissaires de la Cour sont tenus de
ne rien enlever aux églises et aux ecclésiastiques et de ne pas
les troubler dans la possession de leurs biens (4).

L'ordonnance confirme, en outre, aux églises le droit d'asile,
pour les coupables qui s'y réfugieraient et qui ne pourront être
livrés que dans les cas permis par le droit (5); elle assure, en
outre, l'inviolabilité des demeures des prélats, religieux et autres
personnes ecclésiastiques. Les officiers ne pourront y loger contre
la volonté des propriétaires, et si ceux-ci consentent à les recevoir, on ne pourra, par respect pour la maison, y exercer la justice criminelle, ni prendre les lits et autres objets, sous peine de
douze onces d'or pour les comtes et barons, six pour les chevaliers, trois pour les bourgeois (6).

De nouvelles mesures sont prises pour faire respecter les droits
des ecclésiastiques sur leurs vassaux, leurs privilèges de juridiction et les avantages conférés aux vassaux ecclésiastiques eux-
mêmes. Non seulement les officiers et autres personnes laïques
ne peuvent connaître des crimes ecclésiastiques, mais ils ne doivent pas empêcher l'action des prélats et de leurs officiers contre

---

(1) Art. VII : « *Quod clerici clericaliter viventes non communicent cum
aliis in collectis, nisi pro bonis ecclesiasticis, etiam patrimonialibus,* »
p. 43-44. — Cf. Bulle d'investiture, art. XXV, *ibid.*, p. 358.

(2) Art. VIII : « *Quod possessiones et res aliis non obligatæ possint obligari ecclesiis,* » p. 45.

(3) Art. X : « *Quod jura concessa ecclesiis, in quorum possessione sunt,
serventur illæsa : de illis vero, in quorum possessione non sunt, non fiat
eis justitia in Curia,* » p. 46.

(4) Art. XII : « *Quod possessiones ecclesiæ non auferantur, nec turbentur
per Curiam,* » p. 46.

(5) Art. IV : « *Quod rei fugientes ad ecclesiam non extrahantur inviti,* »
p. 43.

(6) Art. V : « *Quod domus prælatorum, ipsis invitis ab officialibus causa
hospitandi non capiantur, nec etiam lecti, nec etiam ibi criminalia judicia
exerceant,* » p. 43.

ces crimes (1). Ceux qui ayant été excommuniés prolongeront la résistance au delà d'un an, seront dénoncés par les prélats aux officiers royaux, pour qu'ils reçoivent de la Cour ou du bras séculier le châtiment qu'ils méritent (2). Les prélats et ecclésiastiques pourront, en outre, contraindre leurs vassaux et débiteurs à leur rembourser leurs dettes et à les satisfaire complètement (3). Si les vassaux des églises, qui tiennent des bénéfices et sont obligés à des services personnels, s'enfuient des terres où ils sont obligés de résider, les prélats et ecclésiastiques peuvent les obliger à revenir et à habiter dans les lieux qu'ils auront abandonnés (4). Par contre, certains privilèges sont accordés à ces mêmes vassaux des terres d'église. Quand ils sont obligés à des services personnels, ils ne peuvent, sans licence des prélats ou ecclésiastiques, être chargés d'offices par la Cour, les comtes, barons, etc. (5). Les vassaux des terres d'église ne peuvent être cités devant les justiciers ou autres officiers de la Cour, si ce n'est pour les crimes ou délits, tels que port d'armes prohibées, qui sont de la connaissance de la Cour royale (6). Enfin, les Juifs, qui sont vassaux de l'église, ne doivent être contraints à aucun service de la Cour et doivent être protégés contre tous dommages et oppressions (7). La part faite au clergé dans les libéralités royales était, on le voit, considérable et les *Capitoli de San Martino* se trouvaient par cela même assurés de l'approbation de la Cour pontificale.

2. *Privilèges accordés à la noblesse.* — Moins nombreux que les privilèges concédés au clergé, les *Capitoli* relatifs aux comtes, barons et feudataires n'en contenaient pas moins des innovations

(1) Art. XIII : « *Quod seculares personæ non intromittant se de aliquo crimine ecclesiastico,* » p. 46.

(2) Art. XI : « *Quod excommunicati durantes in excommunicatione ultra annum, denuncientur Curiæ per prælatos, qui eos excommunicaverunt, vel successores eorum,* » p. 46.

(3) Art. XVI : « *Quod personnæ ecclesiasticæ possint compellere vasallos ipsorum et debitores suos ad satisfaciendum eis,* » p. 47.

(4) Art. XVII : « *Quod si vassalli ecclesiarum, eis ad personalia servitia obligati aufugiunt de terris vel locis, in quibus morari debent, possint ecclesiarum vassallos coercere ad revertendum ad loca ipsa,* » p. 47.

(5) Art. IX : « *Quod vassallis ecclesiarum obligatis ad servitia personalia non committantur servitia per Curiam,* » p. 46.

(6) Art. XV : « *Quod vassalli ecclesiarum non trahantur coram officialibus Curiæ, nisi in criminalibus, spretis defensis, in portatione armorum et aliis, quorum cognitio pertinet ad curiam,* » p. 47.

(7) Art. XVIII : « *Quod Judeis, qui sunt vassalli ecclesiæ, nulla officia committantur,* » p. 47.

importantes et des concessions de l'autorité royale à l'esprit féodal, jusque-là dominé par le pouvoir central. La première réforme
concernait les mariages des vassaux qui, d'après les constitutions
de Frédéric II, ne pouvaient se faire sans le consentement du
roi (1). D'après la nouvelle législation, il est permis aux barons,
comtes et feudataires, de marier librement leurs filles, sœurs,
cousines et nièces, aussi bien que leurs fils, sans l'assentiment
de la Cour, à condition cependant de ne pas leur donner en dot
des fiefs ou des biens féodaux, et de ne leur faire épouser que
des fidèles; dans les deux cas, ils s'exposent à perdre les fiefs
ainsi donnés en dot. S'ils veulent doter leurs enfants de biens
féodaux, ils doivent en demander l'autorisation, qui doit leur
être donnée dans les huit jours; pour cela, il est ordonné que
les officiers de la Cour, chargés de l'expédition de ces autorisations, seront rendus responsables des dépenses et dommages que
pourraient causer les retards provenant de leur faute (2). Le
même privilège est accordé aux bourgeois et aux autres habitants
non nobles du royaume (3).

Les devoirs des nobles envers le roi étaient diminués ou plutôt
mieux réglementés que par le passé. Les feudataires n'étaient pas
tenus au service de la Cour pendant plus de trois mois à leurs propres
dépens; si le roi avait besoin d'eux plus longtemps, il devait leur
fournir des gages (4). Il était recommandé aux justiciers et aux
autres officiers royaux de ne pas contraindre les comtes, barons
et autres nobles à des services, indignes de leur état et de leur
condition, pour leur faire des vexations ou des injures (5). Les
feudataires, laïques ou ecclésiastiques, étaient autorisés, dans les
cas permis par les Constitutions, à demander à leurs vassaux
des aides modérées, sans avoir besoin pour cela de lettres du roi.
Mais s'ils demandaient une aide trop considérable, ou une aide
non prescrite par les Constitutions, ils devaient réparer le dommage causé, et payer à la Cour une amende, double de la somme
qu'ils auraient ainsi extorquée (6). Enfin, l'ordonnance établis-

---

(1) *Constitutiones regni Sicilie*, l. III, tit. XXIII : *De uxore non ducenda sine permissione Curiæ*, t. I, p. 345.

(2) *Capit. reg. Sic.*, t. II, p. 47-48, art. XX : « *De matrimoniis contrahendis.* »

(3) *Ibid.*, art. XXVII : « *Quod servetur capitulum de libertate matrimo-niorum, sicut supra dicitur in schedula Baronum.* »

(4) *Ibid.*, art. XIX, p. 47.

(5) Art. XXIII : « *Quod comitibus, baronibus et aliis nobilibus viris per Curiam aliqua servitia, quæ eos non deceat, minime committantur,* » p. 49.

(6) Art. XXI : « *Quod comites, barones et alii feuda tenentes possint petere adjutorium a vassallis sine litteris Curiæ,* » p. 48.

sait qu'en cas de procès ou d'accusation portée contre eux devant la cour royale, les comtes, barons et feudataires ne devaient être jugés et condamnés que par leurs pairs (1).

3. *Privilèges aux communautés et aux non nobles.* — La réforme la plus importante, proposée par le prince de Salerne à l'assemblée de San Martino, ne devait pas avoir de solution immédiate et ne devait même pas être réalisée plus tard; mais elle était la concession la plus grande que pût faire Charles d'Anjou, car elle répondait aux réclamations de la population, depuis l'avènement de la dynastie Angevine, et aux désirs exprimés par les papes dans les exhortations et les conseils qu'ils avaient donnés au roi pour la conduite de son gouvernement. Le prince de Salerne proposait, en effet, un changement complet dans le mode d'impositions usité dans le royaume depuis le règne de l'empereur Frédéric II. Il ordonnait que pour les collectes, tailles, aides et contributions générales et spéciales, on observerait dorénavant les coutumes et le système d'impositions pratiqués au temps du roi Guillaume d'heureuse mémoire, selon l'accord conclu entre le roi Charles, son père, et le Saint-Siège lors de l'investiture du royaume de Sicile (2). C'était le vœu exprimé par les habitants du royaume depuis le règne de Frédéric II, qui avait inséré dans son testament la promesse que, pour l'administration, on reviendrait à sa mort à ce que les Siciliens considéraient comme l'âge d'or de leur histoire. Clément IV avait imposé cette condition à Charles d'Anjou, en lui offrant la couronne de Sicile, et plus tard lui avait reproché de n'avoir pas tenu sa promesse (3). Le fait est que la vague formule, adoptée par les Siciliens pour résumer leurs desiderata en matière d'impôts, était plus facile à promettre qu'à mettre en pratique. Le prince de Salerne devait en faire l'expérience.

En effet, qu'était au juste l'état des revenus de la couronne à l'époque de Guillaume le Bon? Personne ne le savait au juste, et l'ordonnance de San Martino est obligée de reconnaître que l'on ne peut le savoir, parce qu'il ne reste que peu de gens, ou même personne qui puisse en rendre témoignage (4). Villani, dans son

(1) Art. XXII : « *Quod comites, etc., in regia curia personaliter vel realiter litigantes per compares absolventur vel condemnentur.* »

(2) *Capit. reg. Sic.*, t. II, p. 49, art. XXIV.

(3) Bulle d'investiture de 1265, art. XXVII. Voir Lünig, *Codex dipl.*, t. II, p. 946. Raynaldi, *Ann. eccles.*, 1265, § IX, t. III, p. 163.

(4) Art. XXIV, p. 49 : « *Qui status, modus et usus, pro eo quod constare non potest, quia vel nulli, vel pauci supersunt, qui possint de hoc testimonium perhibere...* »

récit du siège de Messine, que l'on doit considérer d'ailleurs comme peu exact (1), dit que Charles d'Anjou avait repoussé avec indignation les propositions des Messinois, parce que ceux-ci avaient parlé de revenir aux cens usités du temps du bon roi Guillaume. Il se serait écrié « qu'ils voulaient lui enlever la seigneu-« rie, en ne lui payant que le cens usité du temps du roi Guil-« laume, qui n'avait presque rien. » Il est probable que Charles ne prononça jamais ces paroles, mais elles sont cependant l'expression des sentiments qu'il devait éprouver quand on lui parlait de cette réforme. Le vœu des populations de Sicile ne pouvait être réalisé : Charles I<sup>er</sup> et son fils voulurent néanmoins donner une preuve de leur bon vouloir en abolissant les impositions qui n'étaient pas usitées à l'époque purement féodale. Mais il fallait, pour faire face aux besoins nouveaux du royaume et surtout à la guerre que l'on poursuivait en ce moment, trouver des ressources nouvelles. L'assemblée décida que pour régler le système d'impositions, elle s'en remettrait au jugement du pape Martin IV, et que pour obtenir plus promptement et plus facilement le règlement de cette question vitale pour le royaume, le prince de Salerne enverrait avant le premier mai ses envoyés solennels et fidèles à la Cour pontificale. A cette date, les hommes de chaque province enverraient au régent deux d'entre eux, élus parmi les meilleurs, les plus riches et les plus fidèles pour prendre connaissance de la réponse du pape. Il s'engage, dès à présent, à observer infailliblement ce que le pape décidera et ordonnera en pareille matière. En attendant, il fait remise et donation aux fidèles du royaume de tous les restes d'impositions qui devaient être levés dans les provinces, s'engageant à ne pas demander d'aide nouvelle avant la déclaration du pape, *sinon dans les cas compris dans les Constitutions du royaume*, et promettant même de ne faire à ses sujets aucun emprunt forcé (2).

Les promesses du prince de Salerne ne devaient pas avoir de résultat parce qu'elles étaient impossibles à réaliser. La première ambassade à Rome ne put pas avoir de solution ; néanmoins la question fut posée au pape Martin IV. Celui-ci dut éprouver quelque embarras, mais il paraît s'être occupé de rechercher quels

---

(1) Villani, l. VII, c. LXV, dans Muratori, *Scriptores*, t. XIII, col. 281 : « *I nostri sbanditi,* » aurait dit Charles, « *che contrà noi hanno servita la morte, domandano patti et vogliono torre la mia signoria, et voglionmi rendere censo all' uso del re Guilielmo, che quasi non havea niente...* »

(2) *Capit. reg. Sic.*, t. II, p. 49.

étaient ces fameux privilèges datant du bon roi Guillaume. Par
une bulle datée du 3 février 1285, c'est-à-dire près de deux ans
après l'assemblée de San Martino, le pape charge son légat, Gérard
de Parme, de faire une enquête à ce sujet (1). Martin IV rappelle
dans cette lettre les efforts qui ont été faits dans les deux années
précédentes pour accomplir les réformes projetées. Charles Iᵉʳ, en
se rendant à Bordeaux, avait, lors de son passage à Rome, confié
au souverain pontife, par lettres patentes, le soin de diriger,
ordonner et réformer, librement et entièrement, toutes les mesures
qui pourraient avoir été prises pour le soulagement des sujets du
royaume, des églises, des communautés et des particuliers. Plus
tard, déjà atteint par la maladie qui devait le conduire au tombeau, le roi avait confirmé solennellement les lettres précédentes,
ajoutant qu'il n'apporterait aucun obstacle aux décisions du pape
s'il lui restait encore quelque temps à vivre. Il désirait que ses
héritiers observassent d'une manière inviolable tout ce qui serait
fait, ordonné, déclaré et établi par le souverain pontife. — Le pape
rappelle ensuite que le prince de Salerne, non content des intentions et des paroles exprimées par son père, avait, dès l'année 1283,
travaillé à remédier ou plutôt à détruire les charges et oppressions
qui pesaient sur le royaume. Quelques prudhommes du royaume
s'étaient rendus à la Cour pontificale pour obtenir une prompte
expédition des ordres et réformations demandés au pape. Mais à
cause de l'ignorance dans laquelle on se trouvait de l'état auquel
il était fait allusion dans la dite déclaration, on ne put arriver à
une solution, et les envoyés du prince de Salerne, ne pouvant
attendre davantage, demandèrent à rentrer dans leur royaume
sans attendre l'ordonnance du pape. Le pape Martin IV, désireux
cependant d'accomplir la réforme que l'on demandait de lui, avait
prescrit une enquête pour rechercher quel était l'état du royaume
sous la domination Normande, et quels étaient les revenus de la
couronne à cette époque. Il l'avait confiée à son légat Gérard
de Parme, qui lui avait envoyé à ce sujet tout ce qu'il avait pu
découvrir pour le renseigner. « Mais, » dit le pape, « malgré notre
ferme intention de procéder à l'examen de cette enquête, nous en
avons été empêchés pour des raisons légitimes et multiples. » Ce
n'est que récemment qu'il a pu s'en occuper, et il annonce à son
légat qu'il cherche les moyens les plus sûrs et les plus utiles pour
rendre au royaume la tranquillité et le faire jouir de la liberté que
le père avait désiré lui donner et que les fils mettraient à exécu-

(1) Raynaldi, *Ann. eccles.*, année 1285, § III et IV, t. III, p. 592-593.

tion. La mort vint surprendre le pape Martin IV sans qu'il ait pu accomplir l'œuvre de réforme entreprise. Nous verrons comment son successeur Honorius IV chercha à concilier les vœux de la population Sicilienne avec les exigences de la situation et les besoins de la monarchie angevine. Mais le témoignage du pape Martin IV, que nous avons tenu à citer en entier est précieux, car il montre que Charles I<sup>er</sup> était le premier à désirer que les réformes s'accomplissent et que le prince de Salerne avait tenu fidèlement les promesses qu'il avait faites à l'assemblée de San Martino.

Si la réforme des impôts n'aboutit pas immédiatement, elle eut du moins pour premier résultat que le prince de Salerne crut devoir, pour obtenir les subsides dont il avait besoin pour la guerre, demander l'autorisation de ses sujets. C'est ainsi que pendant toute la fin du règne de Charles I<sup>er</sup> réapparaissent les parlements généraux, qui ne furent sans doute réunis que pour demander aux prélats, nobles et autres gens du royaume, leur consentement à l'impôt, c'est-à-dire à la levée de nouvelles aides générales. On voit, le 1<sup>er</sup> juin 1283, Mauro Rufulo, *vice-secretus* de la Capitanate, déclarer, à la demande du justicier de cette province, que personne n'a refusé le payement des nouvelles aides établies sans doute dans le Parlement de San Martino (1). Le 11 décembre de la même année, le prince de Salerne mande au justicier de la même province, Bérard de Saint-Georges, de contraindre les communautés de sa juridiction à payer l'aide générale imposée pour le passage de Sicile (2). Le prince de Salerne avait promis de ne pas demander de nouveaux subsides avant la solution de la question soumise au pape, si ce n'est dans les cas compris dans les Constitutions. Or, la guerre défensive était un des cas où le souverain pouvait exiger une aide de ses sujets : les Siciliens continuèrent donc, comme par le passé, à payer des subventions générales.

Les habitants du royaume obtenaient cependant, par les *Capitoli de San Martino*, des avantages plus immédiats et plus efficaces. La liberté commerciale était jusqu'alors entravée par une foule de droits onéreux et de mesures prohibitives, qui étaient appliqués non seulement à l'entrée et à la sortie des denrées et marchandises aux frontières du royaume, mais à leur transport d'une province ou d'une ville à l'autre. Le prince de Salerne supprima

(1) *Syllabus membranarum*, t. I, p. 254.
(2) *Ibid.*, t. I, p. 259, n. 7.

ces douanes intérieures et déclara que les ecclésiastiques, barons
et tous les fidèles du royaume pourraient librement porter ou
faire porter par mer, d'une terre à l'autre, dans le royaume, le
blé, les légumes et autres vivres provenant de leurs terres et
masseries, sans payer de droit de sortie et de douane. Quant
aux marchandises, on pouvait les exporter des ports autorisés
sans droit de sortie, à condition de ne pas en emporter plus
de cent charges et de payer des droits de douane (1). Ce
n'était pas encore la liberté du commerce, mais c'était un
sérieux progrès, en comparaison de l'état de choses existant
auparavant.

Charles, prince de Salerne, promettait aussi de ne frapper que
de bonne monnaie, d'un prix et d'une valeur fixe, avec le conseil
d'hommes sages et experts en pareille matière. Il décidait, en
outre, que, pour la distribution de la nouvelle monnaie, on ne
procéderait plus, comme autrefois, par collecte et cours forcé,
mais qu'on donnerait la monnaie à des changeurs et aux marchands qui voudraient la recevoir ; enfin, la monnaie aurait une
valeur fixe et ne serait plus, comme autrefois, soumise à des
changements et des variations (2).

L'ordonnance du 10 juin 1282 (3) établissait que quand un
crime aurait été commis dans une localité et que le coupable
n'aurait pas été découvert, la communauté serait déclarée responsable du meurtre, selon la Constitution de Frédéric II (4), et
frappée d'une amende s'élevant à cent augustales pour un chrétien, cinquante pour un Juif ou un Sarrasin. Le prince de
Salerne confirme cette réduction et déclare que l'on reviendra à
la Constitution antique; que l'amende ne sera infligée que si la
victime ne survit pas à ses blessures et après enquête seulement (5). Il déclare, en outre, que les communautés ne seront

(1) *Capit. reg. Sic.*, t. II, p. 46-47, art. xiv : « *Quod quilibet possit
per mare extrahere de una terra ad aliam libere, sine aliquo jure, vic-
tualia et alia provenientia de terris et massariis ipsorum : emptitia vero,
sine jure exituræ, soluto jure dohanæ, de portubus tamen licitis et statutis.* »

(2) Art. xxv : « *Quod cudatur moneta bonæ tenutæ, secundum quod
statui dictarum partium videbitur expedire, pro qua expedenda non fiat
collecta sed dabitur campsoribus et aliis eam sponte recipientibus et erit
perpetua.* »

(3) Ordonnance du 10 juin 1282, art. xxvii, *Cap. reg. Sic.*, t. II, p. 33.

(4) *Constitutiones reg. Sic.*, l. I, tit. xxviii : *De homicidiis et damnis
clandestinis*, t. I, p. 67 et suiv.

(5) Art. xxvi : « *De pœna clandestini homicidii*, » p. 49, 50.

pas responsables des vols commis par des particuliers sur leur
territoire (1).

Quelques privilèges étaient garantis ou renouvelés aux Universités ou communautés du royaume. Il était établi, par exemple, que l'office de maître juré, qui jusque-là était vendu comme
une des branches des revenus du bailliage (*bajulatio*), ne serait
plus vendu, mais que les maîtres jurés seraient élus dans chaque
communauté par l'ensemble des habitants, et que leur charge
serait gratuite (2). Parmi les fonctions des maîtres jurés, on leur
attribuait, en particulier, la garde des foires, qui ne devait plus
être confiée aux officiers du justicier (3). Les Universités ne
devaient plus être obligées, comme autrefois, à envoyer, à leurs
dépens et périls, l'argent des collectes à la Chambre ou à la Cour
royales; mais les officiers royaux, trésoriers, justiciers, etc.,
étaient tenus de faire ces envois, aux dépens de la Cour, par des
hommes sûrs et capables de leur juridiction (4). Enfin, il était
ordonné que quand on demanderait des subsides pour les fortifications d'une ville, la communauté ne serait obligée qu'à la réparation des châteaux ou murailles, et non de fournir les fonds
nécessaires à la construction de nouveaux édifices (5).

L'ordonnance de 1283 confirmait ou corrigeait sur bien des
points les règlements relatifs à l'administration des provinces,
stipulés précédemment et notamment en 1282. Il est bon de noter
qu'elle apportait des tempéraments et quelques adoucissements
aux mesures de rigueur prises par Charles Ier, dans les premières
années de son règne, pour protéger les droits de l'Etat et de sa
couronne. Ainsi, il existait des ordonnances très sévères contre
les usurpateurs des domaines de l'Etat (6); l'ordonnance de San

(1) Art. xxxii : « *Quod universitates terrarum non teneantur ad emenda-
tionem furtorum factorum per speciales personas,* » p. 51.

(2) Art. xl : « *Quod officium magistri jurati non vendatur cum bajulatione, sed eligantur magistri jurati per quamlibet universitatem et officium ipsius gratis concedatur eisdem,* » p. 53.

(3) Art. xlvi : « *Quod non statuantur familiares justitiarii ad custodiam
nundinarum, sed custodiantur per magistros juratos locorum, in quibus
nundinæ fiunt,* » p. 55.

(4) Art. xxxiii : « *Quod universitates terrarum non cogantur deferre
pecuniam ad Curiam cum expensis eorum, sed Curiæ,* » p. 51.

(5) Art. xliv : « *Quod ab universitatibus Terrarum deputatis ad repara-
tionem castrorum exigatur pecunia necessaria tantum et non teneantur
ad nova ædificia,* p. 54.

(6) Ordonnance du 7 juin 1272 à Venosa : « *De occupantibus res demanii,* »
*Capit. reg. Sic.*, t. II, p. 8 et suiv.

Martino établit que, si les procureurs du fisc ou autres officiers croient que certains domaines ou droits de la Cour ont été occupés illégalement, ils doivent citer les détenteurs à comparaître devant le tribunal compétent et que la procédure doit suivre son cours; mais qu'en aucun cas les accusés ou possesseurs ne doivent se voir enlever les biens qu'ils détiennent, sans avoir été condamnés et sans que jugement ait été prononcé (1).

On se rappelle les mesures sévères prises contre les traîtres et les bannis, et que l'on avait étendues à leurs enfants et descendants, en interdisant à leurs fils et filles de se marier sans l'autorisation du roi (2). Ces lois tyranniques sont en partie adoucies, car les filles des traîtres, qui n'auront pas suivi la malice de leurs pères, peuvent se marier sans autorisation de la Cour, à condition que leur dot ne comportera ni biens féodaux, ni biens provenant de la succession paternelle (3). De même pour les condamnés et les contumaces, qui auront dû sortir du royaume, leurs femmes, reconnues non complices de leurs crimes ou délits, ne doivent pas être troublées dans la possession de leurs dots, de leurs douaires ou autres droits (4).

Les autres articles de l'ordonnance du 30 mars 1283 sont consacrés plus particulièrement à l'administration du royaume; ils ajoutent peu aux Constitutions nouvelles édictées l'année précédente par Charles I<sup>er</sup>, qu'ils confirment pleinement. Le prince de Salerne renouvelle, par exemple, les ordres de son père relatifs au choix des officiers royaux, qui doivent être capables et honnêtes (5); ils devront, à leur sortie de charge, demeurer quarante jours dans la province, pour chaque année de leurs fonctions, pour répondre devant leurs successeurs

(1) Art. XXIX : « *Quod si aliquis tenet aliquam possessionem Curiæ occupatam, non privetur ea, donec convictus fuerit in jure,* » p. 50.

(2) Ordonnance du 22 novembre 1271 à Aversa : « *Quod nullus contrahat matrimonium cum filiabus et filiis proditorum, sine mandato Curiæ,* » Cap. reg. Sic., t. II, p. 23.

(3) Art. XXXVII : « *Quod filiæ proditorum quæ paternam malitiam non secutæ sunt, nec sequuntur, possint se maritare de bonis non feudalibus, sine assensu Curiæ,* » p. 52.

(4) Art. XLII : « *Quod si contingat aliquos suis culpis regnum exire, uxores eorum quæ sibi non consenserunt, non molestentur in dotibus et juribus suis,* » p. 53.

(5) Art. XXX : « *Quod servitia Curiæ non committantur, nisi idoneis et sufficientibus et quos etiam decet, et servetur constitutio in hoc capitulo domini Caroli,* » p. 50-51.

des plaintes dirigées contre leur administration. Si la Cour le
juge nécessaire, une enquête sera faite sur leurs actes, et, s'ils
sont reconnus coupables d'excès et de malversations, ils seront
punis (1). Les officiers principaux n'auront plus le droit d'acheter des chevaux, palefrois et mulets dans leur province, mais
devront les faire venir du dehors (2). Pour l'administration de la
justice, les justiciers devront recevoir les accusations et dénon-
ciations, mais ils ne devront pas prendre l'initiative des poursui-
tes et faire accuser les gens par leurs officiers subalternes (3), à
moins que ce ne soit pour un crime public. On ne peut rien exiger pour l'expédition des sentences, soit devant la Grande Cour,
soit devant les justiciers, « car la justice ne doit en aucune façon
être vendue (4). » Pour les droits de sceau, on ne demandera pas
plus que du temps des chanceliers Geoffroy de Beaumont et
Simon de Paris; le prince de Salerne publie le tarif du scellement des diverses lettres de chancellerie (5). Quant aux justiciers
et aux autres officiers, ils ne pourront rien prendre pour sceller
les actes de leur juridiction; on leur accorde seulement un
salaire de 12 taris d'or pour les lettres d'expédition de l'office de
juge et de maître juré des communautés (6). Enfin, quelques
articles défendent de saisir les récoltes et d'arrêter les denrées
pour la provision de l'Hôtel du roi (7); d'obliger les habitants du
royaume à la réparation et à la construction des navires de
l'Etat (8); de recevoir des rançons des prisonniers mis en liberté
par la Cour (9), etc., etc. Les quelques mesures concernant l'ad-

---

(1) Art. XLI : « *Pro quanto tempore remanebant officiales Curiæ in provincia post depositum eorum officium,* » p. 53.

(2) Art. XXXVI : « *Quod officiales majores Curiæ non emant equos, mulos
in provinciis eorum, sed extra provinciam, nisi receperint speciale mandatum,* » p. 52.

(3) Art. XXVIII : « *Quod non possit fieri accusatio per presonerium, vel
familiares ejus, nisi sit crimen publicum,* » p. 50.

(4) Art. XXXI : « *Quod nihil solvatur pro scripturis sententiarum,* » p. 51.

(5) Art. XXXV : « *Quod solvatur pro litteris regis,* » p. 51.

(6) Art. XXXVIII : « *Quod nihil solvatur pro sigillo justiciarii vel alterius
officialis...,* » p. 52.

(7) Art. XXXIV : « *Quod ubicumque Regia Curia morata fuerit, emantur
necessaria suo victui communi pretio et ab ea habentibus, nec sigillentur
vegetes,* » p. 51.

(8) Art. XLIII : « *Quod non compellantur aliqui inviti reparare vascella
Curiæ pro certo pretio, nisi voluerint ea ad extalium recipere facienda,* »
p. 54.

(9) Art. XXXIX : « *Quod presonerii non recipiant a captivis, nisi quod
statum est per dominum Carolum, Siciliæ regem,* » p. 53.

ministration du royaume ne faisaient donc que confirmer et
compléter la grande ordonnance du 10 juin 1282.

*Application des Capitoli de San Martino.* — Tels sont les *Capitoli* de la Plaine de San Martino qui apportaient, on le voit,
de sérieuses réformes dans l'administration du royaume et dans
la législation telle que l'avait reçue Charles Ier d'Anjou de ses
prédécesseurs les Hohenstaufen. Cette ordonnance a une grande
importance dans l'histoire du gouvernement de la Sicile sous
la domination française, car les règlements qu'elle édictait et
les principes qu'elle mettait en vigueur servirent de base à
l'administration des princes de la maison d'Anjou pendant tout
le quatorzième siècle. Selon l'habitude des chroniqueurs, on
trouve peu de renseignements sur cette importante réforme dans
les historiens du temps. Un seul, Saba Malaspina en parle, et s'il
fallait l'en croire, l'ordonnance de 1283 et l'assemblée de la Plaine
de San Martino n'aurait abouti à aucun résultat à cause du pape(1).
Nous avons vu au contraire que Charles d'Anjou avait, dès son
passage à Rome, insisté pour que le pape décidât du mode d'impositions qu'il fallait appliquer dans le royaume, et, grâce à la
lettre si curieuse du pape Martin IV, on peut réfuter le chroniqueur guelfe et montrer, par un exemple, qu'il n'est pas toujours
bien informé pour ce qui concerne le gouvernement du royaume
de Sicile. Le pape Martin IV chargea immédiatement le légat
Gérard de Parme de l'enquête à laquelle il est fait allusion dans
sa lettre de 1285. Le 26 novembre 1283, il lui écrivait d'Orvieto,
lui rappelant qu'il l'a déjà précédemment chargé de s'informer
quelles étaient les impositions et les collectes qui étaient payées
dans le royaume, au temps du roi Guillaume. Le légat avait

(1) Sabæ Malaspinæ Continuatio (Gregorio, t. II, p. 402-403) : « ... *Sed
» antequam perveniat Neapolim , parlamentum apud* MELFIAM (c'est une
» confusion) *pro regni libertatibus celebrat generale, ubi postquam cum
» legato Papæ et regnicolis de ipsius libertatibus contractavit, demum
» quædam capitula libertates hujusmodi, quas videbantur Regnicolæ flagi-
» tare, et quas quondam tempore felicis Regis Guillelmi servatas in Regno
» fuisse rememorant, ad Sedem Apostolicam destinavit, ut eadem Sedes,
» quæ est universa Mater et domina, in qua precipue plenum obtinens
» dominatum, illas libertates interpretetur, declaret, corrigat , addat, vel
» minuat, et eas declaratas remittat, quibus Regnicolas vult gaudere. Sed
» nuntiis Principis et illorum de Regno propterea venientibus ad Sedem
» prædictam, nulla in prædictis successit interpretatio, nec fuit aliqua
» declaratio subsecuta, sed omnino remansit suspensum negotium hujus-
» modi libertatum, ad quas videbatur Principis ejusdem animus aspirare,
» ut in sua posset fidelitate Regnicolas confovere. »*

répondu qu'il n'avait pu rien trouver de précis, si ce n'est que l'on
attribuait à Frédéric II, à son retour de terre sainte, les premières levées d'aides générales et les collectes ordinaires, et qu'a-
vant cette date, on ne levait d'aides que dans quatre cas : 1° quand
le roi rassemblait une armée pour la défense du royaume ; 2° quand
il était couronné ; 3° lors de la chevalerie de son fils, et 4° lors du
mariage de sa fille (1) ; le pape ordonnait à son légat de poursuivre son enquête. A part la question des impositions, qui fut sus-
pendue pendant quelques années, les autres réformes des *Capitoli
de San Martino* paraissent avoir été immédiatement mises à exécution.

Toutes les mesures qui concernaient le clergé avaient reçu l'approbation du pape Martin IV et, après la mort de ce pontife, le
pape Honorius IV les confirma de nouveau solennellement par une
bulle datée de Tivoli le 15 des calendes d'octobre 1285 (2). Quant
aux privilèges des barons et des communautés, la bulle d'Honorius IV y apportait quelques modifications, mais à son retour de
Catalogne, en 1289, Charles II d'Anjou les confirma solennellement. Enfin les règlements d'administration furent mis en
vigueur, comme l'ordonnance du 10 juin 1282, dès leur promulgation. Pour ne citer qu'un exemple, dès le 29 avril 1283, le prince
de Salerne, étant à Nicotera, fait une déclaration relative au droit
de sortie des marchandises et explique que, d'après les constitutions adoptées en Parlement général, les gens qui veulent extraire
des ports autorisés des marchandises destinées à l'intérieur du
royaume, doivent fournir caution qu'ils représenteront des *litteræ
responsales*, des *portulani* du lieu où ils débarqueront leurs marchandises, selon l'article XIV des *Capitoli de San Martino* (3).

Cependant les statuts ou *Capitoli* publiés par le prince de Salerne
rencontrèrent, semble-t-il, quelque opposition de la part des habitants du royaume, et, chose curieuse, ce ne fut pas parce qu'ils
étaient incomplets ou qu'ils satisfaisaient mal les vœux de la
population, mais à cause de leurs trop grandes concessions qui se
heurtaient à de vieilles institutions et à des coutumes locales. Dès
le 16 juin 1283, le prince de Salerne est obligé de réformer, en

(1) La lettre du pape Martin IV, datée d'Orvieto, le 6 des calendes de
décembre 1283, a été publiée dans Raynaldi, *Ann. eccles.*, année 1283, § XLVI,
t. III, p. 562-563.

(2) Voir la bulle d'Honorius IV dans Raynaldi, *ibid.*, année 1283, § XLIII,
t. III, p. 562-563.

(3) Voir les lettres du prince de Salerne dans le *Syllabus membranarum*,
t. I, p. 250.

faveur de la commune de Naples, trois articles de l'ordonnance du 30 mars accordant des privilèges aux comtes,.barons et feudataires (1). Les habitants de Naples lui avaient en effet exposé que la défense de confier aux nobles des services de la Cour, le privilège de n'être jugés que par leurs pairs, enfin l'exemption complète de contribuer aux tailles, collectes et impositions allaient à l'encontre des coutumes et privilèges de la ville de Naples et portaient un grave préjudice à la commune. Le prince modifie en faveur de Naples les articles de l'ordonnance du 30 mars et établit que les nobles et chevaliers devront, suivant l'usage établi , être contraints aux services de la Cour comme les autres bourgeois, qu'ils continueront à être soumis à la juridiction ordinaire de la cité et à payer leur part des contributions de la ville.

*Punition des officiers coupables de malversations.* — Il reste à signaler comme fait important de l'administration du prince de Salerne la punition des officiers coupables de malversations en Sicile. En juin 1283, le prince de Salerne écrit aux habitants des principales villes du royaume, Naples, Trani, Bari, Monopoli, Barletta, Capua, Aversa, Amalfi, pour leur annoncer qu'après d'actives recherches, il est arrivé à découvrir quelques-uns de ceux qui ont causé tant de maux au royaume en commettant des extorsions et malversations, et dont les excès ont été la cause de la révolte de l'île de Sicile. Ne voulant pas tolérer davantage de tels abus, il a, du conseil des fidèles de son père, fait arrêter Angelo della Marra, Ruggiero, Lorenzo et Galgano, ses frères et Matheo Rafulo et Lorenzo, son fils, et les a fait mettre en jugement, se promettant d'en tirer une vengeance exemplaire s'ils sont reconnus coupables (2). Quelques-uns de ces personnages furent en effet pendus pour donner une satisfaction à l'indignation publique, mais tous ne paraissent pas avoir été reconnus coupables, car le 21 avril 1284, Charles, prince de Salerne, faisait restituer à Ruggiero della Marra ses biens qui avaient été confisqués (3).

*Guerre contre le roi d'Aragon.* — La régence du prince de Salerne, du 12 janvier 1283 au 5 juin 1284, fut surtout signalée par la grande réforme opérée à l'assemblée de San Martino.

(1) Reg. ang. 1283 E, n. xLvi, fol. 58, publié dans Minieri-Riccio, *Saggio di codice diplom.*, t. I. p. 206-207.

(2) Les lettres du prince de Salerne datées de Nicotera , 22 juin 1283, ont été publiées par Saint-Priest, ouv. cité, t. IV, p. 289-291.

(3) Lettres de Charles, prince de Salerne, datées de Naples, 21 avril 1284, dans le Reg. ang. 1270 B, n. viii, fol. 45, publiées par Minieri-Riccio, *Saggio di codice diplom.*, t. I, p. 210.

7

A part cet acte si important dans le règne de Charles Ier, l'administration du prince eut surtout pour but les préparatifs de l'expédition pour reprendre la Sicile aux Aragonais et faire rentrer les sujets rebelles dans l'obéissance. Après l'échec de Messine et la retraite des troupes royales en Calabre, les opérations militaires n'avaient pas été heureuses. Sur mer, les flottes catalanes et siciliennes combinées, à la tête desquelles Pedro avait placé un Sicilien, Ruggiero de Lauria, en remplacement de son fils bâtard don Jaime Pérez, avaient détruit la plupart des galères rassemblées par le roi pour son expédition de Messine. En Calabre, le roi d'Aragon avait lancé ses *Almogavares*, sortes d'irréguliers qui faisaient à l'armée angevine une guerre d'escarmouches très meurtrière. Le prince de Salerne avait dû renoncer à défendre la place de Reggio et l'avait abandonnée pour établir son camp sur les hauteurs de San Martino. Mais la maladie s'était mise dans les rangs de l'armée et une des premières victimes avait été le jeune comte Pierre d'Alençon. Pendant ce temps Pedro d'Aragon, après avoir pourvu au gouvernement de la Sicile dans le Parlement de Catane, et complété ses armements, était passé en Calabre vers le 24 février et s'était établi à Reggio (1). La guerre continua par des escarmouches sans que les Français se décidassent à quitter leur campement de San Martino ; le roi d'Aragon continuait ses intrigues avec les principaux seigneurs du pays et obtenait bientôt l'assurance que toute la Calabre se déclarerait pour lui, après le départ de l'armée royale. Il avait déjà pris Corona, Sencinara, Geraci, quand la crainte de soulèvements en Sicile lui fit repasser le détroit.

La reine d'Aragon, Constance, venait de passer en Sicile avec ses plus jeunes enfants, Jaime, Frédéric et Yolande, accompagnée par le fameux Jean de Procida. Pedro l'avait appelée en Sicile, quand il avait conclu avec Charles d'Anjou les conditions de son fameux duel, afin de lui confier le gouvernement de l'île en son absence. Mais la situation du roi n'était plus la même qu'à son débarquement en Sicile, car sa conduite y avait excité bien des mécontentements. Il s'était trouvé dans le même embarras que Charles d'Anjou à son avènement au trône de Sicile, sans pouvoir concilier les vœux de ses nouveaux sujets pour la suppression des impôts avec les nécessités de la guerre et de la défense nationale. Comme le prince angevin, il ignorait les bonnes cou-

(1) Toute cette partie de l'histoire de la Sicile a été fort bien traitée par M. Amari, ouv. cité, t. I, c. IX, auquel je renvoie pour les détails.

tumes de Guillaume II, et au Parlement de Palerme, du mois de septembre 1282, il n'avait pu faire que de vagues promesses, celle, par exemple, de mettre fin à tous les abus des Angevins et de confier aux Parlements le vote des subsides. Mais, jusqu'à présent, il n'avait fait que demander de l'argent aux Siciliens, et tandis que ceux-ci apprenaient les réformes opérées dans les provinces de terre ferme par Charles I⁻ᵉʳ et son fils, ils devaient attendre trois ans les réformes du roi Jaime II (1286). Enfin, son expédition de Calabre, entreprise malgré le conseil des principaux barons siciliens, avait fait encore bien des mécontents.

Le prince de Salerne n'avait pas été sans profiter de ces premiers symptômes de dissentiment, et il avait encouragé secrètement les menées de certains barons ayant appartenu au parti guelfe et mal vus à la cour du roi d'Aragon. Tous les abus du gouvernement précédent avaient été maintenus en Sicile ; le fisc poursuivait la rentrée des deniers avec la même rigueur ; ce n'étaient plus les Français qui avaient les faveurs du gouvernement, mais les Catalans les avaient remplacés. C'est ce qui explique les tentatives de révolte de Palmiero Abbate, de Riccardo son frère, de Ruggiero de Mauro, de Simone de Calatafimi, de Gualtiero de Caltagirone, qui avaient été les chefs de la révolution de 1282 ; quelques mouvements insurrectionnels eurent lieu dans le Val di Noto et à Polizzi, mais ils furent promptement réprimés. Le roi d'Aragon, après avoir, dans le Parlement de Messine du 19 avril, présenté sa femme et ses enfants aux Siciliens, réformé quelques abus, laissé à la tête de l'administration Alaimo de Lentini, comme maître justicier, Jean de Procida comme grand chancelier, Roger de Lauria comme grand amiral, quitta la Sicile sous prétexte de se rendre à Bordeaux pour le duel et rentra en Aragon.

La guerre entreprise à la suite de la révolte de Palerme n'avait donc abouti à aucun résultat ; la Sicile avait échappé, lors du siège de Messine, au châtiment dont la menaçait Charles d'Anjou. La Calabre avait été menacée par Pedro d'Aragon, mais le péril semblait momentanément écarté. Cependant les préparatifs continuaient de part et d'autre, tandis que la Cour de Rome poursuivait, au moyen des censures et des excommunications, la lutte entreprise contre les Siciliens et le roi d'Aragon. Après avoir, dans une bulle du 18 novembre 1282, sommé Pedro d'Aragon d'évacuer la Sicile et les Siciliens de rentrer dans l'obéissance (1), le pape pro-

(1) Raynaldi, *Ann. eccles.*, année 1282, § 23-25. Saba Malaspina, *Cont.*, t. II,

nonça, le 21 mars 1283, une sentence contre les rebelles; rappelant tous les faits de la révolution Sicilienne, les intrigues avec le roi d'Aragon, sa venue dans l'île et son usurpation, il excommunia pour la troisième fois le roi Pedro, promulgua la croisade contre lui, jeta l'interdit sur l'île de Sicile et ordonna la levée de dîmes pour l'expédition de Sicile (1). Puis, décidant que le royaume d'Aragon relevait du Saint-Siège, il déclara don Pedro déchu de ses droits à la couronne d'Aragon et les transporta à Charles de Valois, second fils de Philippe le Hardi (2). En même temps, Martin IV se prononçait publiquement contre le duel impie conclu entre les rois de Sicile et d'Aragon, cassait et annulait toutes les conventions faites à ce sujet et exhortait le roi d'Angleterre à s'opposer à la rencontre des deux rois (3). Le pape aidait, en outre, de tout son pouvoir, le prince de Salerne à faire les préparatifs de l'expédition de Sicile projetée pour le printemps suivant.

Pressé entre le désir de tenir les promesses des *Capitoli de San Martino* et la nécessité de pourvoir aux armements, le prince de Salerne était extrêmement gêné et continuellement en quête d'argent. Les subsides votés par le Parlement de San Martino étaient épuisés, et les opérations militaires ayant été nulles, le prince hésitait sans doute à convoquer une nouvelle assemblée. Nous avons vu que, profitant de la faculté que lui laissaient les Constitutions, il avait demandé des aides pour la guerre (4), et il continua sans doute, comme par le passé, à lever sur le pays la subvention générale (5); il paraît même avoir, malgré sa promesse formelle, voulu emprunter aux communautés, car le 3 juin 1283, le justicier de la Capitanate déclare n'avoir pu obtenir de l'université d'Ascoli les 50 onces du prêt imposé par le prince de Sa-

p. 392. Voir, pour les détails, Amari, ouv. cité, c. x, t. II, p. 1 à 55, et Saint-Priest, t. IV, p. 132 et suiv.

(1) Raynaldi, *Ann. eccles.*, année 1283, § 15-23, t. III, p. 552 et suiv. Saba Malaspina, *Cont.*, t. II, p. 392-393.

(2) *Ibid.* Voir Amari, ouv. cité, t. II, p. 7; Saint-Priest, t. IV, p. 132.

(3) Raynaldi, *ibid.*, année 1283, § vi, vii et viii, t. III, p. 549 et 550.

(4) *Syllabus membranarum*, t. I, p. 254, et les diplômes cités par Amari, ouv. cité, t. II, p. 34, note 1.

(5) *Ibid.*, t I, p. 259. Le 11 décembre 1283, le prince de Salerne mande au justicier de la Capitanate d'obliger les communautés de sa province à payer l'aide générale imposée pour le passage en Sicile. — Le 19 mai 1284, il remet à la communauté de l'île de Capri 30 onces d'or, résidu de la subvention de ladite année (Reg. ang. 1284 C, n. xlix, fol. 159, dans Minieri-Riccio, *Diario Angioino*, p. 29).

lerne, mais seulement 13 onces d'or de quelques particuliers (1) ;
le 1ᵉʳ juillet de la même année, l'université de Cidoniolia déclare
qu'à cause des mauvaises récoltes elle ne pourra prêter les 30
onces d'or demandées par la Cour (2).

Mais c'est surtout grâce à des emprunts que le prince de Salerne
put subvenir aux frais considérables de l'expédition projetée. En
quittant le royaume, Charles Iᵉʳ lui avait donné l'autorisation
d'emprunter jusqu'à concurrence de 100,000 onces d'or en engageant tous les biens et domaines de la maison d'Anjou. Le 15 janvier 1284, le prince expédie en Angleterre Antoine Carville, chanoine de Lyon, et Hugues de Thionville, chevalier, pour obtenir
d'Edouard, roi d'Angleterre, un prêt de 20,000 marcs d'argent (3).
Le 2 décembre 1283, il donnait quittance de 15,000 onces à la
compagnie des Bonaccorsi de Florence (4), et le 26 avril 1284, de
15,608 onces à Buglione et à Virmilletto, marchands de Lucques
de la société des Batifori, avec garantie sur les dîmes ecclésiastiques concédées par le pape (5). Mais c'est à Martin IV lui-même
que le prince eut le plus souvent recours : le 13 février, il reçoit
du pape 10,000 onces d'or et vers la même époque 28,390 onces
14 grains en florins (6) ; le 25 février, autre quittance de 50,000
onces, pour lesquelles il envoie à Rome Jean de Cancelay, Hugues
de Vico et Pietro de Sury (7). Le 13 mars, il envoie encore une
ambassade à Fodhar ou Fadhl, roi de Tunis, pour un emprunt
qui prétendait lui être dû en vertu d'un traité (8). Enfin le pape
avait concédé à Charles d'Anjou les dîmes ecclésiastiques du
royaume, et un synode tenu à Melfi, sous la présidence du légat
Gérard de Parme, avait concédé au prince de Salerne deux années
du revenu des dîmes pour subvenir aux frais de l'expédition de
Sicile (9).

(1) *Syllabus membranarum*, t. I, p. 254, n. 5.
(2) *Ibid.*, t. I, p. 255, n. 7.
(3) Reg. ang. 1284 B, n. xlviii, fol. 127 vᵒ. *Diario Angioino*, p. 3.
(4) Reg. ang. 1283 A, fol. 75. Amari, ouv. cité, t. II, p. 34, n. 2.
(5) Reg. ang. xlv, fol. 141. — *Diario angioino*, p. 21.
(6) *Ibid.*, fol. 99. — *Diario angioino*, p. 10.
(7) Reg. ang. 1284 B, n. xlviii, fol. 102, 108 vᵒ. — *Diario angioino*, p. 12.
Amari, t. II, p. 35.
(8) Minieri-Riccio, *Diario angioino*, p. 55, et *Memorie della guerra di Siciliæ*, p. 57.
(9) Le 28 mai 1284, le prince écrit aux prélats et à toutes les autorités
civiles et ecclésiastiques du royaume, qu'avec l'expresse autorisation du
légat Gérard de Parme, il doit exiger d'eux le payement anticipé des dîmes
ecclésiastiques pour deux ans (Reg. ang. 1284 B, n. xlviii, fol. 185 vᵒ). Il

Grâce à ces diverses ressources, le prince avait poussé activement les préparatifs de l'expédition projetée tout d'abord pour le printemps de l'année 1283 (1). Charles d'Anjou, en passant à Marseille, en avril 1283, avait envoyé en Italie vingt galères sous le commandement de Guillaume Comut et de Barthelemy Bonvin (2); le prince de Salerne avait armé environ quatre-vingt-dix transports et galères, et avait envoyé la flotte provençale faire le tour de la Sicile et ravitailler la place de Malte, assiégée par les Siciliens sous le commandement de Manfred Lancia (3). Mais l'amiral Roger de Lauria, ayant eu connaissance de ce voyage, suivit la flotte provençale avec vingt-sept navires et l'ayant atteinte à Malte, le 8 juillet 1283, la battit complètement; huit galères seulement réussirent à lui échapper. Fier de son succès, l'amiral sicilien revint le long des côtes de Calabre et du Principat jusqu'à l'entrée du golfe de Naples et, après avoir pris d'assaut Ischia et Capri, rentra à Messine chargé de butin (4). Cet échec sur mer et la maladie qui dévastait les rangs de l'armée française empêchèrent l'expédition de Sicile d'avoir lieu; elle dut être renvoyée à l'année suivante. Le commandement de l'armée, après le retour du prince de Salerne à Naples, avait été confié au comte Robert d'Artois. Les préparatifs continuèrent avec la plus grande activité, mais la régente de Sicile prévint l'attaque au commencement de 1284, en jetant de nouveau en Calabre des bandes d'Almogavares, qui pénétrèrent jusque dans le Val de Crati et la Basilicate et s'emparèrent de la terre de San Marco, de Scalea et de plusieurs autres châteaux (5). En vain le prince de Salerne essaya-t-il de leur opposer les milices de la Toscane et les Sarrasins de Lucera; il dut, au mois de mai, convoquer les milices féodales du royaume et les envoyer sous le commandement de Robert d'Artois pour déloger les envahis-

expédie dans le Principat, pour la levée des dîmes, l'abbé Giovanni Ruggiero di Salerno, archidiacre de Reggio (Ibid. — Minieri-Riccio, Diario angioino, p. 32). Le 1er juin, le prince ordonne à tous les justiciers de lever les dîmes, revenus et rentes ecclésiastiques, et nomme des commissaires ecclésiastiques dans tous les justicerats (Ibid., fol. 147 v°. p. 33).

(1) Saba Malaspina, Cont., t. II, p. 398. Amari, ouv. cité, t. II, p. 2 et 3.
(2) Bartolomeo de Neocastro, c. LXXIV. Montaner, c. LXXXI. D'Esclot, c. CX.
(3) Ibid. Voir Amari, t. II, p. 13.
(4) D'Esclot, Cronica del re en Pedro, c. CX, CXIV et CXVI, est le narrateur le plus fidèle de tous ces événements. Voir Amari, t. II, p. 18.
(5) D'Esclot, c. CXIX. Saba Malaspina, Cont., t. II, p. 103-104. Neocastro, p. 76. Voir Minieri-Riccio, Diario angioino, p. 20.

seurs (1). En même temps, il prenait des mesures extraordinaires pour protéger les côtes du royaume contre les croisières de la flotte sicilienne et faisait exercer une surveillance des plus actives (2). Charles d'Anjou se préparait à rentrer dans son royaume avec la flotte qu'il avait armée en Provence; il espérait, avec les trente galères armées par le prince de Salerne à Naples et les quarante équipées à Brindisi, opérer en Sicile une descente qui put réussir mieux que les expéditions précédentes. En attendant, il avait défendu à son fils d'engager aucune bataille avant son retour.

On sait que le prince de Salerne ne suivit malheureusement pas ce conseil. Roger de Lauria, prévenu de la prochaine arrivée de Charles d'Anjou, voulut tenter un grand coup, et se présenta dans la baie de Naples avec trente-quatre galères; on le laissa d'abord manœuvrer tranquillement entre Capri, Baia et les îles Ponza; mais le 5 juin 1284, le peuple de Naples, le sachant ancré à Nisida, demanda la bataille et, malgré les avis de ses sages conseillers et, en particulier, du légat Gérard de Parme, le prince de Salerne s'embarqua avec ses grands officiers et les principaux barons du royaume pour aller à la rencontre de l'ennemi. Les deux flottes se heurtèrent et l'avantage resta aux Siciliens et aux Catalans. Après une lutte acharnée, le prince de Salerne et ses barons tombèrent entre les mains du vainqueur (3).

III. — ETAT DU ROYAUME DE SICILE A LA MORT DE CHARLES Ier D'ANJOU.

La défaite de la flotte angevine, dans le golfe de Naples, portait un coup terrible à la puissance du roi Charles et venait de nouveau renverser tous ses projets de guerre et de conquête. Pour la troisième fois la fortune se montrait défavorable et l'empêchait de tirer de ses sujets la vengeance éclatante qu'il méditait et qu'il préparait depuis plus de deux ans. Le roi débarquait à Gaëte avec sa flotte de quarante galères provençales, le 6 juin, le lendemain

(1) Pour les mesures prises alors par le prince de Salerne, voir les documents analysés dans le *Syllabus membranarum*, t. I, p. 257, 266, 298. Minieri-Riccio, *Memorie della guerra di Sicilia*, p. 63. *Diario angioino*, p. 22, 25, 28, 30, etc.

(2) Voir les instructions et mandements donnés à ce sujet pendant le mois de mai 1284, dans le *Diario angioino*, p. 23 à 30, et dans Amari, t. II, p. 41 et 42.

(3) Le récit de cette bataille se trouve dans la plupart des chroniqueurs contemporains dont la liste se trouve dans Amari, ouv. cité, t. II, p. 50, n. 1, auquel je renvoie pour les détails, ainsi qu'à Saint-Priest, t. IV, p. 148 et suiv.

de la victoire de Roger de Lauria. La ville, qui commençait à se soulever à l'instigation de quelques exilés siciliens, rentra à l'instant dans l'ordre, et c'est en tremblant que l'on fit part au roi de la triste nouvelle. Le roi eut un moment de fureur contre le prince qui avait désobéi à ses ordres, et déclara, paraît-il, qu'il n'attachait pas plus d'importance à sa capture qu'à la perte d'un vaisseau, mais les sentiments paternels reprirent leurs droits et la pensée des deux fils qu'il avait perdus, l'un de mort naturelle, l'autre entre les mains de ses pires ennemis, le plongèrent dans la tristesse. Il se rendit à Naples, se retira dans son château du Carmine et ne voulut voir personne (1).

Mais Charles d'Anjou ne devait pas se laisser abattre : la douleur que lui causait la perte de son fils aîné et de l'héritier de la couronne fit place bientôt au désir de venger sa défaite et de mettre à exécution ses projets contre l'île de Sicile. La lettre qu'il écrivit le 9 juin au pape Martin IV pour lui faire part du nouveau malheur qui venait de le frapper est calme et énergique. Il dit que quoique ses entrailles de père aient été émues de la prise de son fils, à cause de l'affection qu'il avait pour lui, il a la confiance que la faveur divine, qui lui a donné ce fils, pourra détruire les filets dans lesquels il est tombé et que sa puissance n'est en rien diminuée par l'échec qu'il a subi (2). C'est dans le même sens qu'il écrivait le 14 juin au capitaine, aux anciens et à la commune de Pise pour leur faire part de la capture du prince de Salerne, leur dire qu'il ne renonce nullement à ses projets et les prier de lui expédier les galères qu'ils se sont engagés à lui fournir (3).

Après avoir obtenu du pape de nouveaux subsides et négocié un nouvel emprunt de 50,000 onces d'or à Rome ou en Toscane (4), il ordonna à sa flotte de faire le tour de la Sicile pour se joindre à celle réunie à Brindes (5); lui même, le 24 juin, che-

---

(1) Saba Malaspina, *Cont.*, t. II, p. 411, 412. Ptolomeo de Lucca, l. XIV, c. 11.

(2) Cette lettre, qui est conservée aux archives de Naples, Reg. ang. 1283 A, n. XLV, fol. 150, a été publiée par Minieri-Riccio, *Diario angioino*, p. 35 à 39, et dans *Genealogia di Carlo I*, p. 174-6, n. XXXVII.

(3) Reg. ang. 1280 B, n. XXXIX, fol. 150 v°. *Diario angioino*, p. 38-39; *Nuovi studi sopra la domin. ang.*, p. 37.

(4) Raynaldi, *Ann. eccles.*, année 1283, § 41, t. III, p. 560, et Minieri-Riccio, *Diario angioino*, p. 38.

(5) Reg. ang. XLV, fol. 173, d'après le *Diario angioino*, p. 39-40. Saba Malaspina, *Cont.*, t. II, p. 410.

vaucha jusqu'à Brindes, fit ses derniers préparatifs et vint mettre
le siège devant Reggio. Mais la ville lui oppose contre son attente
une vive résistance ; il veut, malgré cet insuccès, passer en Sicile,
et nomme le comte d'Artois son vicaire général en Sicile avec pleins
pouvoirs pour commander en son nom (1). Malheureusement l'armée royale manquait de vivres, soit à cause de la famine qui avait
désolé le royaume l'année précédente, soit que le prince de Salerne n'eût pas suffisamment pourvu aux approvisionnements ;
d'autre part, les partisans sur lesquels il comptait dans l'île ne
bougeaient pas et la reine Constance l'aurait, paraît-il, menacé de
mettre son fils à mort, s'il tentait un débarquement en Sicile (2).
La mauvaise saison arriva sans qu'il eût pu mettre ses projets à
exécution.

Depuis le jour où l'insurrection de Palerme était venue ébranler la puissance de Charles d'Anjou, la mauvaise fortune semblait
l'avoir poursuivi sans relâche. En vain il avait rassemblé des
galères et des troupes pour réduire à l'obéissance ses sujets rebelles ; en vain il avait cherché à se les concilier par des concessions
et par des réformes ; en vain le pape l'avait secondé en usant de
tous les moyens en son pouvoir pour soumettre les révoltés et en
lui procurant l'argent nécessaire aux énormes dépenses de la
guerre. Jusqu'à présent ses efforts avaient complètement échoué ;
malgré un déploiement de forces considérables, des armements
constants, l'appui de ses alliés, Charles d'Anjou n'avait pu abor-
der en Sicile depuis sa retraite de Messine ; bien plus, les ennemis occupaient toute une partie de son royaume et faisaient tous
les jours de nouveaux progrès en Calabre, dans le Val de Crati et
la Basilicate. L'insuccès de la politique de Charles d'Anjou, pendant les trois dernières années de sa vie, le peu de résultat auxquels aboutissaient tant de dépenses et tant d'armements, seraient
absolument inexplicables, si l'on ne s'attachait qu'aux causes extérieures et apparentes, et si l'on ne considérait surtout l'état où se
trouvait alors le royaume de Sicile.

(1) Lettre datée de Bruzzano, le 10 août 1284, Reg. ang., n. XLV. fol. 168 v°.
*Saggio di codice diplom., Suppl.*, part. I, p. 47.
(2) Nicolas Speciale, l. I, c. 28. Anon, *Chr. Sic.*, c. 48. Sur le manque de
vivres de l'armée, voir, outre Villani, l. VII, c. 94, et Saba Malaspina, *Cont.*,
p. 413, 414, les lettres adressées par le roi Charles à la communauté de
Capoue, le 11 septembre 1284, et à celles de Naples, Salerne, Gaëte, Hernia
et Venafro, le 12 septembre, pour leur donner les véritables motifs de la
retraite, dans le *Diario angioino*, p. 45, 48 et 49. Sur les causes de l'échec
de Charles Ier, voir Amari, ouv. cité, t. II, p. 65-66.

Les causes qui motivèrent la retraite de Reggio, au mois de septembre 1284, sont les mêmes que celles qui avaient amené, en 1282, la levée du siège de Messine et l'abandon aux bandes catalanes d'une partie de Calabre. Les chroniqueurs de l'époque ont cherché une foule de raisons pour expliquer l'incroyable dispersion des forces assemblées depuis tant de mois et qui avaient menacé si sérieusement l'île de Sicile. Comme à son retour de Messine, le roi éprouve le besoin de justifier sa conduite aux yeux de ses sujets et écrit aux principales communes du royaume qu'il a été contraint de renoncer à passer en Sicile, faute d'avoir les vivres nécessaires à une telle expédition (1). Mais ce n'était là que le prétexte ; la véritable cause de ce nouvel insuccès était dans la situation profondément troublée du royaume et dans le peu de confiance que le roi avait dans son armée, qui déjà, sous les murs de Reggio, avait commencé à murmurer (2).

En promulgant les nouvelles Constitutions de 1282 et 1283, Charles d'Anjou avait affaibli l'autorité royale, s'était lié les mains vis-à-vis de ses sujets et s'était privé d'une partie des ressources et des forces dont il pouvait disposer. Ces réformes, du moins, avaient-elles atteint le but que se proposait le roi ? En apparence, oui, car les mouvements insurrectionnels que l'on avait pu craindre, à la fin de l'année 1282, ne s'étaient pas produits dans les provinces de terre ferme et les menées du roi Pedro d'Aragon étaient demeurées sans résultat. Mais les intrigues n'avaient pas cessé pendant la régence du prince de Salerne et le roi avait pu avoir par deux ou trois exemples la certitude que la fidélité de ses sujets n'était pas à toute épreuve et qu'il pouvait d'un moment à l'autre être trahi par ceux qui lui paraissaient le plus fidèles. Tous les chroniqueurs rapportent l'anecdote des habitants de Sorrente qui, après la bataille navale du 5 juin, vont au-devant de la flotte sicilienne victorieuse et qui, prenant le prince de Salerne pour l'amiral, à cause de ses riches vêtements et du respect dont il était entouré, plient le genou devant lui et lui offrent des présents, en lui souhaitant de prendre le père comme il avait pris le fils (3).

A Naples, à l'annonce de la défaite et de la capture du prince, la populace s'était soulevée aux cris de : « Meure le roi Charles!

---

(1) *Diario angioino*, p. 48-49.

(2) Voir Amari, ouv. cité, t. II, p. 65-66. Saba Malaspina, *Cont.*, t. II, p. 413.

(3) Voir G. Villani, l. VII, c. 93. Amari, t. II, p. 51. Saint-Priest, t. IV, p. 154.

et vivent Pierre d'Aragon et Roger de Lauria! » Elle s'était mise
à piller les maisons habitées par des Français et à massacrer ceux
qui lui tombaient sous la main. Les Français, sortis de la ville
au nombre de cinq cents chevaliers, songeaient à rejoindre le
comte d'Artois en Calabre, quand la révolte fut apaisée, grâce à
l'énergie du légat Gérard de Parme et à l'appui que lui prêtèrent
les nobles Napolitains (1). Le roi Charles, survenant deux jours
après la révolte, avait pensé d'abord en tirer une vengeance éclatante ; sa colère fut apaisée par le légat, qui lui montra que ce
n'avait été qu'un feu de paille, et que la partie riche et honnête de
la population de Naples lui était restée fidèle. Il se montra cependant moins clément qu'à Gaëte et fit pendre cent cinquante des
principaux meneurs. Le 9 juin, dans sa lettre au pape Martin IV,
il ne semblait attacher aucune importance à l'émeute et se félici-
tait de l'accueil que lui avaient fait les prudhommes et la noblesse
de Naples (2). Mais cette révolte n'en fut pas moins pour le roi un
sérieux avertissement.

La tentative de sédition de Naples ne fut pas d'ailleurs un
fait isolé. Nous avons vu qu'une émeute du même genre avait
failli éclater à Gaëte et n'avait été étouffée que par l'arrivée inat-
tendue du roi ; la Terre de Labour paraît aussi avoir été quelque
peu troublée. Les habitants de Sorrente ne s'étaient pas contentés
de la démonstration faite à Roger de Lauria le jour de la bataille,
ils avaient marché contre les habitants de Vico Equense et avaient
mis leur ville à sac : le 19 août, le roi prescrit une enquête à ce
sujet à Louis de Mons, capitaine et vice-Maître justicier du
royaume (3). A Tarente, il y avait eu aussi un mouvement insur-
rectionnel, et le roi prescrit également au justicier de la Terre
d'Otrante de faire une enquête minutieuse pour connaître ceux
des habitants de Tarente qui, à la nouvelle de la captivité du
prince de Salerne, s'étaient formés en sociétés secrètes, avaient
pris les armes, commis des violences, vols et meurtres, afin qu'ils

(1) Saba Malaspina, *Cont.*, t. II, p. 410, 411. G. Villani, lib. VII, c. 94.
Voir Amari, ouv. cité, t. II, p. 54.
(2) Lettre de Charles I\*r au pape Martin IV : « *Ubi licet nonnulli leves*
» *et viles, post predicti principis captionem, contumaci crassantia exces-*
» *sissent, a nobilibus tamen et reliquis probis viris civilatis ipsius satis*
» *sum letanter exceptus. Et quamvis ad predicti rumoris strepitum in*
» *adjacenti provincia quamplures terre fuerint quadam concussione tur-*
» *bate, statim tamen post adventum meum turbatio conquievit.* » (*Diario*
*Angioino*, p. 36).
(3) Reg. ang. XLV, fol. 159 v°. *Diario angioino*, p. 43.

soient sévèrement punis (1). Enfin, en Calabre et dans la Basilicate, les habitants n'étaient que trop disposés à recevoir les troupes aragonaises et siciliennes, et les rapides progrès, faits dans cette région par les bandes débarquées par Roger de Lauria, qui s'emparèrent successivement de Nicotera, de Cotrone, de Castrovillari, Cerchiaro, Cassano, Morano, Montalto, Regina, Rende, Bracalla, Laino, Rotonda, Castellucio, Lauria, Lagonegro, Tropea, Nicastro, Squillace, etc. (2), prouvent que les habitants opposaient aux ennemis une bien faible résistance. En face des Catalans et des Siciliens, que leurs succès rendaient audacieux, et des bandes d'Almogavares, le comte d'Artois n'avait que des troupes mercenaires ou des milices féodales, qui combattaient sans énergie et qui cherchaient par tous les moyens à se soustraire à leurs obligations. Le nombre des déserteurs devait être grand, si l'on en juge par les mesures si nombreuses prises contre eux par le roi dans cette période du 2 août au 12 octobre 1284 (3). Le roi s'était retiré à Brindisi et avait adressé à ses justiciers une circulaire, datée du 5 octobre 1284, pour leur annoncer qu'avec le concours de Philippe, roi de France, il se préparait à détruire la puissance de Pedro d'Aragon et à reprendre au printemps suivant l'île de Sicile à ses sujets rebelles. Il leur demandait donc de lever dans ce but une aide générale et de prendre toutes les mesures dictées par le roi pour les armements et les approvisionnements en vue de la prochaine expédition (4). C'est à ce moment qu'il apprit qu'une nouvelle révolte, qui pouvait avoir de graves conséquences, venait d'éclater au nord du royaume dans les Abruzzes. Conrad d'Antioche, l'ancien partisan de Conradin, à qui il avait fait grâce à la requête du pape, et qui commandait les terres de l'Eglise sur les frontières du royaume, avait envahi les Abruzzes à la tête de quelques exilés et s'était emparé du comté d'Alba. Mais il fut vaincu par le comte de Campanie et l'expédition échoua (5).

La situation du roi était donc fort périlleuse en présence des

_____

(1) Lettre du 20 août 1284. Reg. ang., XLV, fol. 24. *Diario angioino*, p. 43.

(2) Amari, ouv. cité, t. II, p. 70, 71, 72.

(3) Voir les documents extraits des archives de Naples, cités par Amari, t. II, p. 67, n. 1, et publiés par lui dans les *Pièces justificatives*, n. XXV et XXVIII, t. III, p. 355 et 357.

(4) Reg. ang. 1284 B, n. XLVIII, fol. 196, publié par Minieri-Riccio, *Diario angioino*, p. 50 à 52.

(5) Raynaldi, *Ann. eccles.*, t. III, p. 579, année 1284, § xv. Amari, t. II, p. 93.

attaques incessantes des ennemis et l'état du royaume était profondément troublé. Charles, déjà vieux et mûri par l'expérience, ne voulut pas compromettre toute sa fortune dans une expédition malheureuse et il ajourna la vengeance jusqu'au moment où il serait certain de réussir. Les derniers actes de son administration témoignent des mêmes préoccupations que les grandes ordonnances pour la réformation du royaume et montrent que le malheur n'avait pas changé ses intentions et altéré les sentiments qu'il nourrissait à l'égard de ses sujets.

Le 11 juin 1284, désirant sans doute, par de nouvelles largesses et concessions de terres, se concilier quelques-uns des nobles du royaume, il révoque les donations faites aux comtes et barons, morts ou faits prisonniers dans le combat naval du 5 juin, qui n'ont pas de descendants ou dont les fils sont mineurs (1). Un des derniers actes de sa vie, le 2 janvier 1285, était dirigé contre les malversations des officiers royaux ; il écrivait aux prélats du royaume qu'il avait appris que beaucoup d'officiers, pour mettre leurs biens en sûreté, à cause de leurs exactions, avaient aliéné leurs biens aux églises du royaume, et il les prévenait de se mettre en garde contre ces manœuvres, parce que les droits du roi seraient toujours préférés à tous les autres (2). Enfin, lui qui avait résisté si longtemps aux exhortations du pape Clément IV, au sujet des Parlements généraux, se vit dans la nécessité de convoquer une assemblée de ce genre à Foggia, le 11 novembre 1284 (3). C'est au milieu des préparatifs de l'expédition qu'il comptait entreprendre au printemps de 1285, que la mort vint le surprendre à Foggia, le 7 janvier, dans la soixante-cinquième année de son âge (4).

Charles d'Anjou mourait sans avoir la consolation d'avoir achevé son œuvre et ignorant ce qu'il adviendrait de cette conquête si brillamment commencée. Son royaume était ruiné par les dépenses exagérées et les armements demeurés inutiles des dernières années ; il était, en outre, troublé par les révoltes mal étouffées et occupé en partie par les troupes ennemies. Son fils était entre les mains des ennemis, menacé de mort, sacrifié peut-

---

(1) Reg. ang., 1283 A, n. xLv, fol. 176, 188. Minieri-Riccio, *Nuovi studii*, p. 8.

(2) Reg. ang. 1269 D, n. vi, fol. 61 v°. *Saggio di codice diplomatico*, t. I, p. 212.

(3) Reg. ang. 1284 B, n. xLviii, fol. 194. *Ibid.*, t. I, p. 210-11. *Syllabus membr.*, t. I, p. 270.

(4) Saba Malaspina, *Cont.*, t. II, p. 422.

être déjà à la fureur de la populace Sicilienne. L'autorité royale affaiblie par les concessions faites à la noblesse féodale, les privilèges accordés au clergé et aux communes, survivrait-elle au fondateur de la dynastie angevine? Il n'avait, en mourant, qu'une seule ressource, celle de recommander son royaume au pape et ses héritiers à son neveu Philippe, roi de France, qui se disposait à tirer vengeance de Pedro d'Aragon. Le 6 janvier, il lui recommanda, au moment de mourir, son petit-fils Charles Martel, qu'il désignait pour son héritier, dans le cas où le prince de Salerne ne pourrait monter sur le trône de son père (1). Dans une dernière lettre adressée au pape Martin IV, il lui renouvela ses instances au sujet de la réformation du royaume de Sicile, qu'il laissait incomplète et lui recommanda son royaume, qu'il laissait, avec l'assentiment du souverain pontife, sous l'administration du comte Robert d'Artois, pendant la minorité de son petit-fils, âgé de douze ans seulement (2). Le corps du roi Charles, transporté de Foggia à Naples, fut enseveli dans l'abside de la cathédrale.

Charles d'Anjou disparaissait au moment où la dynastie angevine, élevée par la papauté sur le trône de Sicile, venait de subir plusieurs graves échecs et se trouvait menacée par les forces combinées du roi d'Aragon et de la Sicile révoltée. Son héritier légitime était entre les mains de ses ennemis et ne pouvait succéder au trône de son père. Le royaume, après avoir terriblement souffert des exactions des officiers royaux, des disettes et des guerres, se trouvait privé de la plupart de ses défenseurs, qui avaient péri sur les champs de bataille ou qui étaient absents du royaume, la plus grande partie étant tombés entre les mains des ennemis, d'autres ayant renoncé à leurs fiefs plutôt que d'accepter de si lourdes charges. Tout le midi de l'Italie était occupé ou menacé par l'ennemi; le reste, agité par les intrigues du parti gibelin et sicilien, était profondément troublé et la révolte menaçait d'éclater sur plusieurs points. Cependant, les réformes de de 1282 et de 1283 avaient porté quelques fruits. Le clergé avait contribué aux charges de l'Etat, et les populations, allégées quelque peu du poids si lourd des impositions, commençaient à respirer. Le royaume, ravagé par les disettes de plusieurs années,

---

(1) Archives nationales, *Trésor des chartes*, J. 511, n. 5, publié par Amari, doc. xxx, t. III, p. 363.

(2) Raynaldi, *Ann. eccl.*, année 1285, § i et iii; Bulle du pape Martin IV, datée de Pérouse, 3 des ides de février 1285. Voir Amari, t. II, p. 98 et 99.

continuait à produire en abondance du blé et du vin, car l'exportation des années 1286 à 1289 est, si l'on en juge d'après les documents, très considérable. Il fallait, au royaume de Sicile, une administration sage et prudente, qui fît disparaître toute trace de mécontentement et qui pût lutter avec énergie contre l'anarchie qui menaçait certaines provinces. Charles I<sup>er</sup> s'était adressé au pape, comptant sur son appui pour rendre la paix à son royaume et restaurer sa dynastie en péril : c'était le Saint-Siège qui allait sauver le royaume de la révolution menaçante. Malgré les malheurs des dernières années, la période qui suit les Vêpres Siciliennes est, nous l'avons vu, une des plus fécondes pour la législation du royaume. Les réformes opérées par Charles I<sup>er</sup> et son fils ne rendirent pas la Sicile à la maison d'Anjou, mais elles contribuèrent à retenir dans l'obéissance les provinces de l'Italie méridionale et elles facilitèrent la tâche de la papauté dans la restauration de la dynastie angevine.

# III

LE ROYAUME DE SICILE PENDANT LA CAPTIVITÉ DE CHARLES II D'ANJOU.

I. — ORGANISATION DE LA RÉGENCE PAR LE PAPE MARTIN IV.

*Gouvernement du vicaire général Robert d'Artois et du légat Gérard de Parme.* — Charles Ier avait, en mourant, confié la régence du royaume à son neveu, Robert d'Artois, qu'il avait déjà créé, en 1284, vicaire général de la Sicile (1), et il avait soumis ce choix à l'approbation du pape Martin IV (2). Il avait, en outre, par un acte du 6 janvier 1285, chargé le comte d'Artois d'exécuter ses dernières volontés, et lui avait donné pleins pouvoirs pour distribuer à céux qui l'avaient servi fidèlement des terres et rentes du domaine jusqu'à concurrence de 10,000 onces de revenus annuels, à la condition qu'ils s'engageraient à défendre ses héritiers, à résister à leurs ennemis et à ne pas quitter le royaume sans leur autorisation spéciale (3). Le pape, d'après l'expresse volonté de Charles Ier, reprenait la haute direction du royaume et devait pourvoir au bon gouvernement, tant que durerait la captivité de Charles, prince de Salerne, ou la minorité de son fils aîné, Charles Martel. Martin IV accepta le choix de Robert d'Artois comme régent ou vicaire général du royaume; mais, pour exercer une surveillance plus efficace sur le royaume, il lui adjoignit, avec l'avis du sacré collège, le cardinal Gérard de Parme, évêque de la Sabine et légat du Saint-Siège dans le royaume depuis l'insurrection de Palerme. La bulle du pape, datée de Pérouse le 16 février 1285, rappelle que le roi Charles Ier, à son lit de mort, a confié la régence du

---

(1) Le 10 août 1284 (Reg. ang. 1283 A, n. XLV, fol. 168 v°, publié dans le *Saggio di cod. dipl.*, *Suppl.*. part. I, p. 47).

(2) Raynaldi, *Ann. eccles.*, t. III, p. 592. Saba Malaspina, *Cont.*, t. II, p. 422.

(3) Reg. ang., Roberti, 1324 C, n. CCLV, fol. 9. *Saggio di cod. diplom.*, t. I, p. 213-214.

royaume au comte d'Artois, avec la réserve de l'approbation pontificale ; considérant les difficultés dans lesquelles se trouve le royaume, l'étendue de son territoire, le nombre de ses habitants, les embûches de ses ennemis, la captivité du prince de Salerne, la minorité de son fils, le droit de propriété que l'Eglise a sur le royaume, il a décidé de lui donner comme collègue l'évêque de la Sabine. Il leur confie à l'un et à l'autre « le bail, soin, direction, gouvernement, administration, pouvoir et juridiction pleine et entière dudit royaume, à l'honneur de Dieu et de ladite Eglise. » L'un et l'autre portera le titre de *baile établi par la sainte Eglise romaine*, » mais Gérard de Parme ne doit pas omettre, en même temps, sa qualité de légat du Saint-Siège, et, dans leurs lettres, ils doivent mentionner la présence de l'autre baile nommé par l'Eglise. Ni l'un ni l'autre ne peut, sans l'autorisation de son collègue, ordonner les cours du royaume, nommer le maître justicier ou le vice-maître justicier, les quatre juges de la Grande Cour et les autres justiciers. Les deux régents recevront, comme le roi de Sicile, l'appel des sentences de tous les officiers et juges du royaume ; mais les plaidants pourront avoir recours, en dernier ressort, au Saint-Siège apostolique. La régence de Robert d'Artois et de Gérard de Parme devait durer autant que le pape le voudrait, jusqu'à la mise en liberté du prince de Salerne (1). Telle fut la manière dont le pape institua la régence du royaume de Sicile.

Pour se conformer aux derniers vœux exprimés par Charles d'Anjou, Martin IV s'était déjà préoccupé de faire aboutir les réformes dont il avait été chargé après l'assemblée de San Martino. Nous avons vu qu'il avait écrit une nouvelle lettre à l'évêque de la Sabine, le 3 des ides de février 1285, pour lui rappeler la mission dont il avait été chargé et pour lui dire qu'après avoir été longtemps empêché par une multitude d'affaires, de s'occuper des réformes projetées, il venait enfin d'examiner avec soin l'enquête faite par son légat et qu'il songeait aux remèdes efficaces et aux moyens sûrs et pratiques de rétablir la tranquillité dans le royaume et de le faire jouir d'une liberté légitime. Il lui annonçait qu'il publierait prochainement l'ordonnance si impatiemment attendue (2). En attendant, il envoya au comte d'Artois un sub-

(1) Bulle de Martin IV, datée de Pérouse, 16 février 1285, publiée dans Raynaldi, *Ann. eccles.*, année 1285, § 6, 7, 8, t. III, p. 593-4.

(2) Bulle du 3 des ides de Février 1285, publiée dans Raynaldi, *ibid.*, § III et IV, p. 592-3.

8

side de cent mille livres tournois pour veiller à la défense du royaume et s'occupa, avec les régents, de réprimer les tentatives de révolte partielle qui s'étaient manifestées à la mort du roi Charles Ier. Aussi, dans sa lettre au légat, Gérard de Parme pouvait-il se féliciter de la « sincère dévotion et de la louable fidélité témoignée par les habitants du royaume, les Siciliens et quelques autres exceptés, envers les héritiers du roi, après la mort de celui-ci (1). »

En ne désignant pas immédiatement le roi de Sicile et en inaugurant un interrègne de quelques années, la papauté établissait, sans doute, d'une manière indiscutable, ses droits sur la couronne de Sicile, mais elle risquait aussi de jeter le pays déjà si troublé dans la confusion et l'anarchie. Il fallut toute l'énergie et toute la prudence des régents, la main ferme de Robert d'Artois, l'autorité et le respect dont Gérard de Parme était entouré pour soutenir le trône vacant entre un prisonnier et un enfant de douze ans, avec des sujets prêts à la révolte et une partie du royaume occupée par l'ennemi (2). Heureusement pour la monarchie angevine, le roi d'Aragon était, à ce moment, aux prises avec le roi de France et la régence de Sicile était en proie à bien des difficultés. Mais il n'y en eut pas moins, pendant toute la durée de la régence, une certaine confusion dans les esprits sur la question de savoir quel était le souverain de Sicile. Cette confusion se fait jour dans les formules employées dans les actes de la régence pour indiquer les années de règne; le nombre et la variété de ces formules, le vague même de certaines d'entre elles montrent qu'il y avait toujours quelque hésitation, non seulement de la part des sujets, mais même de la part des officiers du royaume. Ainsi on trouve concurremment : « *Heredum et successorum Caroli I anno primo* (3), » ou « *Dominantibus heredibus Caroli I* (4), » ou bien encore : « *Heredis et successoris Caroli I anno I* (5). » La formule la plus fréquente est cependant conforme aux dernières volontés du roi défunt : « *Caroli nepotis et heredis Caroli I* (6), » ou « *Caroli primogeniti Principis Salernitani et nepotis et heredis Caroli I*

---

(1) Raynaldi, *ibid.*, t. III, p. 592.
(2) Guillaume de Nangis, *Vie de Philippe le Hardi*, dans Duchesne, *Hist. franc. script.*, t. V, p. 543. *Chr. Mon. S. Bertini*, dans Martène, *Thes. anecd.*, t. III, p. 765. Francesco Pipino, l. IV, c. 21, dans Muratori, t. IX, p. 726.
(3) Par exemple, *Syllabus membranarum*, t. II, p. 2, 19, etc.
(4) *Ibid.*, t. II, p. 11.
(5) *Ibid.*, t. II, p. 9, 29.
(6) *Ibid.*, t. II, p. 3.

*anno I* (1). » Quelquefois on ajoute même le nom du prince de Salerne avec un nombre d'années calculé d'après sa première lieutenance du royaume : « *Caroli, principis Salernitani anno XVII et Caroli primogeniti ejusdem anno IV* (2), » ou bien on joint au nom du jeune prince ceux des deux régents : « *Caroli, p. P. S. et Gerardi, episcopi Sabinensis, legati Sedis Apostolicae, ac Roberti, comitis Atrebatensis, bajulorum regni Siciliae* (3). » Enfin, assez souvent, on supprime le nom de l'héritier ou des héritiers de Charles I<sup>er</sup>, pour ne mettre que l'année des deux régents, l'évêque de Sabine et le comte d'Artois (4). Martin IV espérait peut-être, en laissant subsister le doute sur l'héritier du royaume, rendre plus facile la libération du prince de Salerne, qui restait toujours le successeur légitime de son père. Mais cette incertitude aurait pu, sans la fermeté déployée par les régents, être fatale à la monarchie angevine.

*Répression des révoltes.* — A la nouvelle de la mort de Charles I<sup>er</sup>, qui avait été annoncée dans les diverses provinces, sur l'ordre de Jean de Montfort, capitaine général du royaume (5), il y avait eu quelques tentatives isolées de révolte dans plusieurs provinces. La plus importante de ces insurrections partielles paraît avoir été celle des Abruzzes. Conrad d'Antioche avait fait de nouveau irruption dans cette province à la tête de quelques exilés et s'était emparé de plusieurs places et châteaux de la frontière. Le pape Martin IV (6), après avoir empêché les habitants d'Ancône de fournir des secours aux rebelles, envoya contre Conrad d'Antioche un des chefs des armées pontificales, qui parvint à triompher de la révolte. Mais plusieurs villes s'étaient déclarées en faveur des rebelles, Penna (7),

(1) *Syllabus membranarum*, t. II, p. 3.

(2) *Ibid.*, t. II, p. 20.

(3) *Ibid.*, t. II, p. 5.

(4) *Ibid.*, t. II, p. 12, 17, etc.

(5) Le 12 janvier 1285, Jean de Montfort, capitaine général du royaume de Sicile, ordonne à Pierre d'Etampes, *Secretus* de la terre de Bari et de la Basilicate, d'annoncer au justicier, aux prélats, aux communautés de la province de la Terre de Bari, la mort de Charles I<sup>er</sup>, si les envoyés ne sont pas encore arrivés. *Syllabus membranarum*, t. II, p. 1. Cf. Saba Malaspina, *Cont.*, t. II, p. 422.

(6) Raynaldi, *Ann. eccles.*, année 1285, § IX. Lettre du pape Martin IV aux habitants d'Andria, datée de Pérouse, le 3 des nones de février 1285.

(7) Le 28 octobre 1285, le légat ordonne à Nicolas de Luparia, justicier des Abruzzes, de protéger les habitants de Penna contre les attaques des gens de Lorenzi et de Patemelle, qui désiraient se venger des violences commises par les Pennois, quand ils adhéraient au parti de Conrad d'Antioche (Arch. de Naples, *Fasc. ang.*, t. V, fol. 165 v°).

Palena (1), Guasti (2), Carapella (3), Aquila (4), Campli (5),
s'étaient soulevées et avaient commis des violences contre les
fidèles du roi, détruisant les châteaux de leurs seigneurs et
élisant des capitaines, pour résister aux ordres du roi. Ainsi,
le 8 septembre 1285, Amelio de Corbano, justicier des Abruzzes *ultra flumen Piscarie*, reçoit l'ordre de faire une enquête sur
les dommages causés à Etienne et Bérard de Sturano, chevaliers par leurs vassaux, conduits par Gualterio de Bellanco,
Arrigo de Barrelis, Gentile de Zellino, Francesco de Monte Gualtiero et autres rebelles (6). Le 22 septembre, même ordre contre
les traîtres et malfaiteurs qui ont occupé le château de Can-
zano (7). Le même jour, Nicolas de Loparia, justicier des
Abruzzes *citra flumen Piscariae*, reçoit l'ordre de révoquer tous
les capitaines qui ont été élus par les communautés, à l'insu des
régents et au mépris de leur autorité. Tous les capitaines qui ne
présenteront pas leur commission délivrée par les régents, doivent être arrêtés et envoyés devant la Cour; quant aux communautés qui résisteraient aux ordres du roi, leurs biens doivent
être saisis et les habitants réduits à l'état d'*Angararii* ou serfs de
la Cour (8). Le même ordre est donné en particulier contre les
habitants de Lanzano, qui doivent renvoyer Conrad de Cerrato
qu'ils ont élu pour capitaine et payer en outre les 1,000 onces
d'or qu'ils doivent au roi en vertu des conventions conclues entre
Charles Iᵉʳ et la comtesse de Teano (9).

(1) Le 19 février 1286, ordre au justicier des Abruzzes de mettre Renfor-
ciat de Castellane en possession du château de Palena, dont Simon de
Palena s'était emparé lors des troubles qui suivirent la mort du roi (*Fasc.
ang.*, t. XXVIII, fol. 160 v°, et 161).

(2) Même ordre pour le château de Guasti, renouvelé le 9 mai 1286 (*Ibid.*,
et fol. 168, n. 1.)

(3) Ordre au justicier des Abruzzes, le 9 avril 1286, d'obliger les habitants
de Carapella, qui s'étaient révoltés à la mort de Charles Iᵉʳ, à obéir à Mat-
thieu du Plessis, chevalier, et à lui payer les droits et revenus desdites
terres (*Fasc. ang.*, t. XXVIII, fol. 164, n. 3).

(4) A la requête de Giacomo et de Tommaso de Aczano et de Perrin de
Collepetro, ordre est donné au justicier des Abruzzes de poursuivre les
habitants d'Aquila, qui, après la mort du roi Charles Iᵉʳ, avaient détruit leur
château d'Aczano, 20 mai 1286 (*Fasc. ang.*, t. XXVIII, fol. 169, n. 2).

(5) Dans un mandement du 22 janvier 1288, il est fait allusion à la révolte
des Abruzzes et au premier soulèvement de Campli (*Fasc. ang.*, t. XX,
fol. 136, n. 1).

(6) *Fasc. ang.*, t. V, fol. 154 v°.

(7) *Ibid.*, t. V, fol. 159 v°.

(8) *Ibid.*, t. V, fol. 157 v°.

(9) Acte du 22 septembre 1285. *Fasc. ang.*, t. V, fol. 158 v°.

Conrad d'Antioche avait été battu et chassé du royaume, mais la révolte semble s'être prolongée assez longtemps dans les Abruzzes et avoir eu pour chefs un des compagnons de Conrad d'Antioche, Gualterio de Bellanco et ses frères. Dès le 20 juin 1285, la révolte principale avait été réprimée et l'évêque de la Sabine écrivait aux deux justiciers des Abruzzes qu'il avait appris que quelques-uns des habitants de leur province, qui s'étaient rebellés à la mort de Charles Iᵉʳ contre ses héritiers, seraient disposés à faire leur soumission si les régents voulaient bien les recevoir et leur pardonner les fautes commises. Il leur ordonnait de recevoir dans la fidélité de l'Eglise et des héritiers du roi Charles tous ceux qui manifesteraient un repentir sincère et d'envoyer leurs noms et prénoms à la Cour avec la mention des actes commis par eux (1). Le 9 septembre, cependant, la révolte n'était pas complètement terminée.

Au mois de février, le pape Martin IV avait écrit aux habitants d'Adria pour leur faire part de la révolte de Conrad d'Antioche et leur recommander de rester fidèles. Ceux-ci ne paraissent pas avoir écouté les conseils du pape, car les Gibelins de la ville s'efforcèrent de livrer la ville aux rebelles et prêtèrent aide et concours à Conrad d'Antioche, à Gualtiero de Bellanco et à ses frères. Plusieurs d'entre eux se joignirent aux rebelles, prirent ouvertement le nom et le titre de Gibelins et combattirent tous les gens du parti guelfe. Le 9 septembre 1285, le légat écrit à Amelio de Corbano, justicier des Abruzzes, de faire une enquête pour arriver à connaître les noms de ceux qui ont suivi les rebelles et des Gibelins qui sont demeurés dans la ville, d'arrêter les coupables et de les livrer au capitaine d'Adria, afin qu'il instruise leur procès (2). Le 10 septembre, il envoie pour la préservation et la garde de la terre d'Adria, Matheo de Adria, juge de la Maréchaussée, en le chargeant spécialement de poursuivre les rebelles (3). En même temps, les justiciers des Abruzzes recevaient l'ordre de faire, avec l'aide de Jean de Saint-Flamond, capitaine de la province, une enquête pour savoir quels étaient les châteaux du royaume inutiles à la défense du pays, qui deviendraient dangereux pour la sécurité publique si les rebelles s'en

---

(1) *Fasc. ang.*, t. V, fol. 145 vᵒ.

(2) *Ibid.*, t. V, fol. 154 vᵒ.

(3) Lettres de recommandation adressées aux officiers et fidèles des Abruzzes pour Matheo de Adria, juge de la maréchaussée, envoyé à Adria contre les ennemis de l'Eglise et des héritiers du royaume. Somma, 10 septembre 1285. *Fasc. ang.*, t. V, fol. 155 et 155 vᵒ.

emparaient et qui pourraient être détruits (1). Le 23 septembre, le légat, ayant appris que quelques exilés des Abruzzes, étant rentrés dans le royaume, ont fait et font construire des forteresses, sans la permission de la Cour, ordonne aux justiciers de les faire raser et de ne pas permettre qu'on en élève d'autres (2). Sur le conseil de Raynaldo de Avello, ancien capitaine des Abruzzes, il prescrit la démolition immédiate de la forteresse de Peccorano, près de Solmona, en laissant subsister cependant les bâtiments servant d'habitation au Seigneur (3). Le 14 octobre, l'ordre n'ayant pas été exécuté, Gérard de Parme écrit de nouveau au justicier des Abruzzes, lui reprochant d'avoir prêté l'oreille aux protestations du seigneur dudit lieu et lui réitérant l'ordre de détruire la forteresse, le prévenant qu'en cas de désobéissance de sa part, il chargera les habitants de Solmona de cette exécution (4).

Malgré la clémence témoignée par le légat et les mesures de précaution prises contre les rebelles, la révolte n'était pas complètement apaisée. Le 26 décembre 1285, Gérard de Parme écrit aux justiciers des Abruzzes qu'il a appris que Gualterio de Bellanco, qu'il espérait rentré dans l'obéissance de l'Eglise, continue ses mauvais desseins et s'efforce de tout son pouvoir de troubler encore la province des Abruzzes; il leur ordonne de prêter leur concours au capitaine de la province, Jean de Saint-Flaymond, qui est chargé de combattre le rebelle (5). Le 10 janvier, il leur ordonne de convoquer les feudataires de leur province et d'aller, avec Jean de Saint-Flaymond, attaquer Gualterio de Bellanco, qui s'était emparé du château de Campli (6). Une autre lettre du 12 janvier 1286 nous fournit quelques renseignements complémentaires sur cette révolte; à la suite d'une querelle entre les habitants de Tarenii et ceux de Campli, ces derniers, pour combattre les habitants de Tarenii, avaient élu pour capitaine Gualterio de Bellanco, qui s'était emparé de la forteresse (7). L'insurrection devait se prolonger quelque temps encore, car, le 10 mai 1286, le justicier des Abruzzes reçoit de nouveau l'ordre de convoquer les

---

(1) Lettres datées de Naples, le 24 septembre 1285. *Fasc. ang*, t. V, fol. 160.
(2) *Fasc. ang.*, t. V, fol. 159 v°.
(3) Lettres du 22 septembre 1285 à Pierre de Sury, justicier des Abruzzes. *Fasc. ang.*, t. V, fol. 159 v°.
(4) *Fasc. ang.*, t. V. fol. 162 v°.
(5) *Ibid.*, t. XXVIII, fol. 148 v°.
(6) *Ibid.*, t. XXVIII, fol. 150.
(7) *Ibid.*, t. XXVIII, fol. 149 v°, n. 2.

milices féodales de sa province pour combattre, sous les ordres de Pierre de Brayda, capitaine de la province, contre Gualterio de Bellanco, rebelle et ennemi public, et ses complices jusqu'à leur extermination complète et à la destruction complète des terres qu'ils occupent (1).

Les tentatives de révolte ne s'étaient pas limitées à la province des Abruzzes ; le pape Martin IV avait fait tous ses efforts pour empêcher que des troubles ne se produisissent dans les Pouilles et en Calabre (2). Le 22 octobre 1285, Louis de Mons, maître justicier du royaume, donne au justicier de la Terre de Labour, Baldugno de Supino, l'ordre de se saisir des biens de certains habitants d'Isernia qui, à la nouvelle de la mort de Charles Iᵉʳ, s'étaient soulevés contre ses héritiers, avaient excité le peuple à la rébellion, pris les armes, détruit plusieurs maisons de la ville, élu un capitaine, qui saisissait et emprisonnait les habitants restés fidèles, convoquait le conseil au son de la cloche et percevait les revenus du bailliage pour trois mois. Puis, lorsque Jean de Molise s'était rebellé, ils lui avaient prêté aide et concours, s'associant à lui pour s'emparer, par la violence, du château de Piczuco et prenant part au meurtre de Thomas de Piczuco et au pillage de plusieurs Français et Provençaux. Ces rebelles se faisaient appeler Mungabari, offensaient continuellement par leurs paroles le roi et ses héritiers, ne permettaient pas qu'on publiât le ban dans Isernia, au nom du prince Charles, portaient l'étendard de Pierre d'Aragon et avaient peint ses armes sur leurs écus. Ils avaient aussi accueilli, à Isernia, Stefano de Anglone, rebelle au roi, Jean de Molise, et avaient contribué à la prise du château de Miranda et à l'expulsion et au pillage de Jean, seigneur dudit lieu. Enfin, quand Raynaldo de Avellis, capitaine de la province, s'était rendu à Isernia pour mettre fin à ces désordres, ils avaient violemment enlevé aux sergents le butin pris sur Jean de Molise et avaient délivré les prisonniers que ledit capitaine avait enfermés dans le château de Carpinone. Dénoncés par le notaire Rogerio de Isernia, ils avaient été condamnés par la Grande Cour comme contumaces (3). Le 1ᵉʳ septembre 1285, Balduino de Supinis, justicier de la Terre de Labour, recevait du légat l'ordre de

---

(1) *Fasc. ang.*, t. XXVIII, fol. 167 vᵒ.

(2) Raynaldi, *Ann. eccles.*, année 1285, § VIII, t. III, p. 594.

(3) Sentence de Louis de Mons, du 22 octobre 1285 : *De captione tercie partis quorumdam contumacium de Ysernia. Fasc. ang.*, t. III, fol. 33, n. IV.

faire une enquête sur la prise, le pillage et la destruction du château de Belvedere par les habitants dudit lieu, de faire réparer les dommages et de punir les coupables (1). Le 9 janvier 1286, le justicier de la Terre d'Otrante reçoit l'ordre de faire une enquête pour savoir si Francesco de Santo Blasio, traître au roi, est mort ou vivant, et, s'il est vivant, dans quel lieu il habite (2). On pourrait multiplier les exemples ; ceux que nous avons énumérés suffisent à montrer qu'à la suite de la mort de Charles I<sup>er</sup>, de nombreuses tentatives de révolte avaient eu lieu, même dans les parties les plus éloignées de la Sicile. Grâce à l'énergie des régents, elles avaient été réprimées, mais le royaume était profondément troublé et il fallut plusieurs années pour que les justiciers et les capitaines pussent achever la pacification de leurs provinces, en poursuivant les rebelles et en faisant restituer aux usurpateurs les châteaux et les terres dont ils s'étaient emparés à la faveur des troubles. Les documents de cette époque rapportent une foule de violences commises par des nobles et feudataires sur des particuliers. Le 18 août 1285, restitution à Guillaume Carbon de la moitié du château de Monopoli, dont il avait été dépouillé par Odon de Letto, traître au roi, qui avait envahi le château, « *cum quibusdam aliis suis complicibus, hostiliter et armata manu* (3). » Le 19 septembre, enquête sur le pillage du château de Santo Cornicio, par Tommaso, Giacomo et Landulfo de Capravico, Gentile et Mainerio de Aquaviva, chevaliers (4). Le 31 décembre, restitution à Roustan, fils de Jacques de Cancelmo, du château de Rocca Caramani, dont Corrado de Lizauardo et ses frères s'étaient emparés avec violence (5). Le 16 février 1286, le justicier des Abruzzes reçoit ordre de faire justice à Beaumont de Monte Sicco, de réparer les dommages qu'il avait éprouvés et de poursuivre les malfaiteurs qui s'étaient emparés du château de Monte Sicco, pendant que ledit seigneur se trouvait auprès du légat (6). D'autre part, ce sont des gens de Solmona, qui n'ont pas pris part aux troubles, mais qui se sont enfuis de leur ville par peur et à qui l'évêque de la Sabine fait restituer leurs biens (7); ou bien des marchands romains, Bartolommeo Bonsignore et Sabanico, que l'on arrête à

---

(1) *Fasc. ang.*, t. III, fol. 20 v°, n. XIII et XIV.
(2) *Reg. ang.* XIII, fol. 114 v°, n. 4.
(3) *Fasc. ang.*, t. V, fol. 152 v°, 153.
(4) *Ibid.*, t. V, fol. 156 v°.
(5) *Ibid.*, t. XXVIII, fol. 149, n. 2.
(6) *Ibid.*, t. XXVIII, fol. 160.
(7) *Ibid.*, t. XXVIII, fol. 158 v°, n. 2.

Viniola et à qui l'on vole 600 florins (1). Les premiers actes des
régents, Gérard de Parme et Robert d'Artois montrent la situation du royaume dans un état voisin de l'anarchie; les vols et les
brigandages recommencent comme à l'époque de Manfred, les ordres de la Cour ne sont plus écoutés, les nobles et les officiers
commettent des usurpations et des violences. Enfin, l'ennemi
occupe une portion de territoire et les Almogavares pillent sans
cesse les provinces de Calabre, du val de Crati et de la Basilicate.

De ce côté, la mort de Charles I$^{er}$ n'avait pas eu de conséquences plus graves parce que depuis longtemps les habitants
avaient, semble-t-il, trahi la cause de la monarchie angevine,
pour favoriser les Aragonais et les Siciliens. Trois villes de la
côte s'étaient données à Pedro d'Aragon, Gallipoli en Pouille,
Cercario et San Lucido dans le Val de Crati (2). Guillaume
Galcerand, nommé par la régente capitaine général de la Sicile,
au delà du Salso et du Phare, avait assiégé Catanzaro, mais
la ville, fortement défendue par le comte Pietro Ruffo, n'avait
pu être prise et le pape avait obtenu que les deux capitaines
signassent, le 21 juin 1285, une trêve en vertu de laquelle les
hostilités étaient suspendues pendant quarante jours; le comte
de Catanzaro pouvait demander des secours au légat du pape,
et, s'il n'en obtenait pas, il pouvait sortir de la cité et rentrer en
possession de ses biens, à condition de ne pas prendre les armes
contre le roi d'Aragon. La guerre avec la Sicile était entrée
dans une période de calme, grâce à la mort de Charles I$^{er}$, à la
campagne du roi de France en Catalogne qui occupait le roi
Pedro et qui avait obligé Roger de Lauria à aller combattre loin
des côtes de l'Italie. Du reste, la régente de Sicile était assez
occupée par de graves embarras à l'intérieur de l'île, où de vifs
mécontentements s'étaient fait jour et avaient amené l'arrestation
de quelques barons, en particulier du fameux Alainco de Lentini,
le défenseur de Messine; les Siciliens ne songeaient donc pas,
pour le moment, à poursuivre dans les Calabres la campagne qui
leur avait été jusque là si favorable.

Le pays avait besoin de repos et de tranquillité; le premier
soin des régents avait été de rétablir l'ordre un instant troublé,
de faire respecter les ordres donnés au nom de l'Eglise et des
héritiers du roi Charles, de maintenir l'administration dans

(1) *Fasc. ang.*, fol. 163 v°, n. 1.
(2) Bartholomeo de Neocastro, *Hist. Sicula*, c. XC. Muratori, t. XIII,
col. 1002.

l'obéissance absolue à leurs ordres. Mais il fallait songer à protéger le royaume contre les incursions de ses ennemis, rétablir
les finances nécessaires à la guerre, et pour cela doter le royaume
de Sicile de cette administration tant souhaitée par les habitants
et de cette réforme des impositions promise par le pape et attendue avec impatience. Malheureusement le pape Martin IV mourut, sans avoir exécuté sa promesse, le 1er avril 1285 ; le royaume
de Sicile et la maison d'Anjou perdaient en lui un puissant pro-
tecteur et un défenseur énergique et passionné. Il disparaissait à
un moment où il venait de diriger contre le roi d'Aragon, traître
envers l'Eglise, le coup le plus formidable qu'il eût encore reçu.
L'armée du roi de France se trouvait alors réunie à Toulouse et
se disposait à envahir le Roussillon et la Catalogne. Néanmoins,
comme le roi Charles, qu'il avait sans cesse protégé, il ne pouvait
prévoir, en mourant, ce qu'il adviendrait du royaume de Sicile,
qu'il laissait dans l'anarchie, sans roi, sans argent, sans armée
et sans flotte, exposé aux attaques de ses ennemis. Peut-être espé-
rait-il, en désignant pour son successeur (1) Jacques dei Sabelli,
cardinal de Santa Maria in Cosmedin, que sa politique à l'égard
de la Sicile et du roi d'Aragon serait continuée, et que l'œuvre
de pacification qu'il laissait inachevée serait reprise et terminée
au gré de ses vœux.

## II. — Les réformes du pape Honorius IV.

Bien que le nouveau pape, qui prit le nom d'Honorius IV, fût
Romain, il suivit, à l'égard du royaume de Sicile, la politique
de ses prédécesseurs. Honorius, qui eût cherché à abaisser le roi
de Naples, puissant et ambitieux, avait pour devoir de soutenir ce trône vacillant, dont la chute eût mis en péril tout le
parti guelfe de l'Italie (2). Si les Siciliens avaient espéré que
la mort de Martin IV amènerait un changement dans les dispositions du pape à leur égard, ils furent vite détrompés. La
chronique de Kelaùn (3) raconte que les Siciliens lui envoyè-
rent un ambassadeur, avec deux navires, pour traiter de la paix
et de la libération du prince de Salerne, resté en prison en
Sicile, mais qu'ils n'obtinrent, comme résultat, que la défense

---

(1) Raynaldi, *Ann. eccles.*, t. III, p. 596, année 1285, § xiv.
(2) Amari, ouv. cité, t. II, p. 103.
(3) *Cronica di Kelaùn, sultano d'Egytto*, publiée en partie par M. Amari,
ouv. cité, document XXX, t. III, p. 366-7.

que leur signifia le pape de faire la guerre sans sa permission. Un des premiers actes d'Honorius IV est relatif à la Sicile ; car, élu le 2 ou le 3 avril à Pérouse, il adresse, dès le 4 avril, à l'archevêque de Bénévent, l'ordre de citer l'évêque de Larino à comparaître avant un mois devant le Saint-Siège, pour avoir poussé les habitants de Larino à la rébellion contre les héritiers du roi Charles I<sup>er</sup> (1). Suivant l'exemple de Martin IV, le pape concédait les dîmes de terre sainte à la lutte contre Pierre d'Aragon, soit en France, soit en Italie (2). Il nommait Hugues, évêque de Bethléem, collecteur général des dîmes en Italie, et désignait des collecteurs spéciaux dans les diverses provinces de la péninsule (3). Dans une lettre datée du 17 juin 1285, il traçait à Christophe, prieur de Sarteano, diocèse de Sienne, les règles pour la levée des dîmes de l'Italie concédées comme subsides au royaume de Sicile (4). Enfin, il fournissait au comte d'Artois l'argent nécessaire à la défense du royaume et aux préparatifs d'une prochaine expédition contre l'île de Sicile (5).

Tout en continuant la lutte contre Pierre d'Aragon et les Siciliens, en les frappant de censures et d'excommunication, et en fournissant de l'argent au comte d'Artois et à Philippe le Hardi, le pape n'en poursuivait pas moins la pacification du royaume et cherchait à obtenir par la clémence la soumission et l'obéissance de ceux que la guerre n'avait pu dompter. Le 30 juillet 1285, il avait conféré à Gérard, évêque de la Sabine, légat du Saint-Siège, le pouvoir d'absoudre de l'excommunication portée contre eux les habitants du royaume de Sicile, en deçà du Phare, qui, après avoir fourni aide et conseil à Pierre d'Aragon, reviendraient à l'obéissance de l'Eglise romaine et des héritiers du royaume de Sicile (6). Le 24 septembre 1285, Honorius mande, à l'évêque de Trivento, d'absoudre de la sentence d'excommunication qui l'a frappé, Stefano de Anglone, qui, après s'être révolté contre le roi Charles et ses héritiers, avoir suivi le parti de Conrad d'Antioche et s'être emparé de plusieurs châteaux dans les Abruzzes, était rentré dans la fidélité de l'Eglise, et avait obtenu de Raynaldo d'Avella, capitaine des Abruzzes, la remise de sa

(1) *Reg. d'Honorius IV*, édit. Prou, n. 468, col. 333.
(2) Raynaldi, *Ann. eccles.*, t. III, p. 598, année 1285, § XVI.
(3) *Reg. d'Honorius IV*, n. 12, col. 16-19.
(4) *Ibid.*, n. 60, col. 44-47.
(5) Raynaldi, *Ann. eccles.*, t. III, p. 598.
(6) *Reg. d'Honorius IV*, n. 477, col. 339.

peine (1). Une mesure de clémence analogue fut prise à l'égard
de Henri de Castille, qui, après avoir jadis pris part à l'expédition de Conradin, avait causé de graves dommages à l'Eglise de
Rome et offensé les cardinaux de Saint-Eustache et de Santa
Maria in Portico (2). Enfin, le 5 février 1286, le pape mandait à
Gérard de Parme d'absoudre de l'excommunication certains
habitants d'Antina, qui avaient suivi le parti de Conrad d'Antioche (3). Mais Honorius IV devait surtout poursuivre son œuvre de pacification en achevant les réformes entreprises par
Charles I$^{er}$ et le prince de Salerne, à la suite de la révolution sicilienne, et en complétant l'ordonnance de la plaine San Martino
par divers règlements, dont les plus importants, concernant les
impositions, avaient été remis à la décision du pape. On a voulu
faire précéder la bulle du pape Honorius IV, sur la Constitution
du royaume de Sicile, de certains *Capitoli* appelés, par quelques
jurisconsultes, les *Capitoli di Gerardo* (4), qui auraient été établis
par le légat du pape dans un Parlement tenu à Melfi, avant la
mort du pape Martin IV. Cette opinion, soutenue par Matteo
d'Afflitto, Moles, Marciano et autres, reproduite par Grimaldi (5),
me paraît reposer uniquement sur l'erreur du chroniqueur Saba
Malaspina, qui place à Melfi le Parlement tenu, le 30 mars 1283,
par le prince de Salerne, dans la plaine de San Martino (6). Il y
eut, en effet, un Parlement à Melfi, le 1$^{er}$ décembre 1284, celui
convoqué à Foggia n'ayant pu avoir lieu; mais le roi Charles I$^{er}$
était encore vivant (7). Nous verrons s'il n'y a pas lieu de placer
un second Parlement de Melfi après la publication de la bulle du
pape Honorius IV.

Les bulles relatives à l'état du royaume de Sicile, que le pape
Honorius publia à Tivoli le 17 septembre 1285, sont au nombre
de deux. La première, dont il a été déjà question, est la confirmation des *Capitoli* de la plaine San Martino, contenant les privilèges conférés par le prince de Salerno aux églises et aux personnes ecclésiastiques (8). Le pape approuvait naturellement les

(1) *Reg. d'Honorius IV*, n. 141, col. 117.

(2) *Ibid.*, n. 319, col. 240.

(3) *Ibid.*, n. 282, col. 219-20.

(4) Matheo d'Afflitto, *Comm. ad Constitutiones regni*, tit. : *De administratione rerum eccles.*

(5) Grimaldi, *Istoria delle leggi e magistrati del regno di Napoli*, lib. XII,
t. II, p. 518-9.

(6) Saba Malaspina, *Cont.*, t. II, p. 402-403.

(7) Amari, ouv. cité, t. II, p. 97.

(8) Cette bulle a été publiée par Raynaldi, *Ann. eccles.*, année 1283,

*Capitoli*, qui étendaient dans une si large mesure les droits et avantages dont le clergé jouissait déjà en vertu de la bulle d'investiture du royaume de Sicile, promulguée en 1265 par le pape Clément IV : les clercs étaient exemptés des tailles et collectes non seulement pour les biens d'église, mais pour leurs terres patrimoniales et leurs biens particuliers (1). On remarque cependant deux légères modifications apportées par le pape aux *Capitoli de San Martino*. L'article XI, relatif aux excommuniés qui persisteraient plus d'un an dans leur excommunication et qui devaient être dénoncés à la Cour par les prélats, est supprimé (2). A l'article XVII, conférant aux ecclésiastiques le droit de réclamer leurs vassaux qui, obligés à des services personnels, abandonneraient les terres qu'ils habitent (3), le pape introduit une distinction entre les vassaux obligés à des services *personnels* ou à des services *réels*. Dans le cas où ils sont tenus à raison de biens ecclésiastiques et non à cause de leur personne, le pape ordonne qu'ils ne soient pas poursuivis ; mais ils devront restituer les biens qu'ils tenaient de l'Eglise (4).

*Constitution sur le gouvernement du royaume de Sicile.* — Mais la bulle la plus impatiemment attendue, celle qui devait ramener le royaume de Sicile à l'âge d'or du règne de Guillaume le Bon, est la seconde, donnée à Tivoli le même jour, et qui porte, dans le Registre pontifical, le titre de : *Constitutio super ordinatione regni Sicilie* (5). Comme toutes les ordonnances réformatrices, qui furent publiées dans le royaume de Sicile après la révolution de 1282, la Constitution d'Honorius IV est précédée d'un long préambule, où le pape expose l'état dans lequel se trouvait le royaume, les causes qui ont produit la fâcheuse situation actuelle, les efforts déjà tentés pour remédier aux maux et aux oppressions qui accablaient les sujets de Charles d'Anjou ;

---

XLIII, t. III, p. 562, et par M. Prou, *Registre d'Honorius IV*, n. 97, col. 86 à 89.

(1) *Capitula regni Sicilie*, t. II, p. 43, Ordonnance du 30 mars, art. VII ; *Bulle du pape Honorius*, art. VII, dans le *Reg. d'Honorius IV*, p. 87.

(2) *Capitula reg. Sic.*, t. II, p. 46, art. XI.

(3) *Ibid.*, art. XVII, p. 47.

(4) Bulle du 17 septembre 1285, art. XV, *Reg. d'Honorius IV*, p. 88.

(5) La bulle du pape Honorius IV, connue sous le nom de *Capitula papæ Honorii*, a été plusieurs fois publiée (Potthast, n. 22291). Parmi les éditions les plus correctes, il faut citer 1° celle de Giannone (*Istoria civile*, t. III, p. 461 à 475), d'après la copie extraite, par le juriste Marciano, des archives de l'abbaye de La Cava ; 2° celle de Raynaldi, *Ann. eccles.*, t. III, p. 603, et celle de M. Prou, *Reg. d'Honorius IV*, n. 96, col. 72 à 86.

enfin les raisons qui ont déterminé l'intervention du Saint-Siège. Après quelques considérations générales sur l'union étroite de la paix et de la justice, qui ne peuvent aller l'une sans l'autre, et sur les conséquences néfastes que peuvent avoir les excès et les oppressions des gouvernants, le pape déclare que les exemples récents instruisent plus efficacement que les écrits sur les maux qui résultent d'une administration injurieuse et oppressive. C'est à l'époque de l'empereur Frédéric II qu'il fait remonter l'origine des oppressions et des charges si lourdes qui ont accablé le royaume de Sicile; c'est à ces excès et abus qu'il attribue les rébellions et les invasions qui l'ont désolé, appauvri, diminué. Mais l'iniquité de Frédéric s'est transmise à ses descendants et s'est tellement augmentée et accrue, que les charges imposées par lui ont, paraît-il, duré jusqu'à présent et ont même été augmentées, car de nouvelles oppressions sont venues s'y ajouter. Aussi l'opinion de bien des personnes accuse-t-elle Charles, roi de Sicile, d'illustre mémoire, d'avoir continué à commettre des abus inventés par Frédéric II et ses descendants, rendus, croyait-il, permis par une si longue application et un si long usage. La rébellion des Siciliens, avec les graves dangers qu'elle a entraînés, a non seulement causé un grave préjudice au roi et à ses héritiers, en les menaçant de leur faire perdre tout le royaume, mais aussi à l'Eglise romaine, à qui appartient le royaume, et qui a été privée d'une partie des sujets de l'île de Sicile et d'autres parties du royaume, devenus partisans de ses ennemis. Il est donc de l'intérêt de la papauté et de l'Eglise de pourvoir aux dangers qui menacent le royaume, l'Eglise et les héritiers qui tiennent la Sicile en fief du Saint-Siège, mais aussi d'empêcher avec soin et diligence que de semblables faits se produisent à l'avenir, en remédiant aux maux qui les ont causés et en supprimant ainsi toutes les occasions de révolte et de guerre (1).

Plusieurs raisons ont donc poussé le pape à pourvoir, par de nouveaux édits, aux maux dont il a été informé par la rumeur publique et par les diverses enquêtes faites par Gérard, légat du Saint-Siège, afin que, les charges injustes ayant été abolies, le trône royal puisse être affermi, et la paix et la justice être rétablies dans le royaume (2). Sur les instances de Charles d'Anjou

(1) C'est là que, à tort selon nous, M. Prou termine le préambule et numérote les divers articles de la bulle pontificale (col. 72-73). Cette réserve faite, nous suivrons, pour plus de commodité, l'édition et la numérotation de notre confrère.

(2) Bulle du 17 septembre, § 1, col. 74.

et du prince de Salerne, son fils, le pape Martin IV avait consenti à procéder à l'ordonnement, réformation, direction et disposition de certaines mesures tendant à remédier aux oppressions résultant des collectes, exactions, mariages, et concernant tant les églises, monastères et biens ecclésiastiques que les communautés et particuliers dudit royaume. Il avait reçu pour cela pleins pouvoirs du roi de Sicile, qui, en mourant, l'avait supplié de poursuivre son œuvre et d'établir tout ce qui lui paraîtrait utile au bon état de ses héritiers et de ses fidèles. Enfin, le pape Honorius rappelle que Charles d'Anjou et son fils ont, pour supprimer quelques-uns des abus qui opprimaient le royaume, publié diverses constitutions qui, quoique elles aient reçu un commencement d'exécution, n'ont pas été jusqu'à présent complètement observées (1). Voulant ajouter à ces ordonnances et règlements l'autorité de la confirmation apostolique, le pape a décidé, avec le conseil du Sacré-Collège, de pourvoir tout d'abord aux charges qui pesaient le plus lourdement sur le royaume, et il s'est occupé de réformer le système des impôts (2).

La Constitution du pape Honorius n'est pas divisée comme les *Capitoli* de 1282 et de 1283 en diverses parties, traitant particulièrement de certaines questions ou de certaines classes de personnes. Pour faciliter l'examen des réformes apportées par le Saint-Siège aux Constitutions précédentes, nous étudierons tout d'abord les modifications qu'il apportait à la levée des contributions et aides générales, réformes qui, nous l'avons vu (3), avaient provoqué lors de l'assemblée ou Parlement de San Martino, le recours au pape Martin IV et l'intervention du Saint-Siège. Nous suivrons ensuite l'ordre des *Capitoli de San Martino* et la division des articles en : 1° *privilèges aux nobles;* 2° *privilèges aux communautés;* 3° *réformes administratives,* en ayant soin de distinguer les articles, qui ne sont que la reproduction et la confirmation des ordonnances de 1282 et 1283, de ceux qui introduisent des modifications ou des innovations à l'état de choses existant.

1. *Réforme des impôts.* — Les premiers articles de la Constitution d'Honorius IV sont les plus importants, parce qu'ils répondaient aux vœux exprimés depuis tant d'années par les populations du royaume, que pour les collectes et impositions, on abolit les charges nouvelles imposées par l'empereur Frédéric II et

(1) Bulle du 17 septembre, § 2, col. 74-75.
(2) *Ibid.,* § 3, col. 75.
(3) *Capitoli de San Martino,* art. xxiv, t. II, p. 49.

que l'on en revînt aux temps de l'administration des rois normands. Il avait été impossible de découvrir quel était au juste le
mode d'impositions qui existait au temps du bon roi Guillaume,
mais les enquêtes que le pape Martin IV avait prescrites au cardinal Gérard de Parme (1) avaient abouti à ce résultat que l'on
reconnaissait que les contributions, désignées sous le nom de
*subventions générales*, avaient été établies pour la première fois
par l'empereur Frédéric II, à son retour de terre sainte; avant
cette époque, les collectes et les aides n'étaient demandées que
dans quatre cas : 1° quand le roi de Sicile levait une armée pour
la défense du royaume; 2° quand il était couronné roi; 3° quand
son fils était armé chevalier; 4° quand il mariait sa fille (2).
D'après cette enquête, le pape Honorius IV défend aux rois qui
régneront sur la Sicile, ou à ceux qui gouverneront à leur place,
ou à leurs ministres, de faire des collectes dans le royaume, si ce
n'est dans les quatre cas précités (3). L'ordonnance développe, en
outre, les conditions dans lesquelles doivent être levées les aides
générales ainsi limitées. Ainsi, pour la défense du territoire, il
faut que le royaume ait été envahi d'une façon sérieuse et non
par des irruptions, feintes, momentanées ou passagères; ou bien
qu'une grave révolte se soit produite et qu'elle dure quelque
temps (4). Pour le second cas, la captivité du roi, il faut que les
revenus de la couronne ne soient pas suffisants pour payer sa
rançon (5). Dans le troisième cas, l'aide pourra être levée, non
seulement pour la chevalerie du fils aîné comme anciennement,
mais pour la chevalerie du roi, celle de son frère, consanguin
ou utérin, et de ses fils indistinctement (6). Enfin, pour le quatrième cas, l'aide sera levée pour le mariage des sœurs, des
filles et des nièces du roi, ou de ses descendantes en ligne directe,
quand une dot sera nécessaire (7). Enfin, le pape limitait la
somme qui pouvait être levée par le roi dans ces quatre cas et
qui ne devait en aucune façon être dépassée. L'aide générale

---

(1) La première enquête nous est connue par la lettre du pape Martin IV
du 26 novembre 1283, publiée dans Raynaldi, *Ann. eccles.*, année 1283,
§ XLVI, t. III, p. 562 ; la seconde, par la lettre du 9 février 1285, au cardinal
Gérard de Parme, *Ibid.*, année 1285, § III, t. III, p. 592-3.
(2) Raynaldi, *ibid.*, t. III, p. 562-563.
(3) *Registre d'Honorius IV*, col. 75, § 3 à 7.
(4) Bulle du 17 septembre 1285, § 4, col. 75.
(5) *Ibid.*, § 5.
(6) *Ibid.*, § 6.
(7) *Ibid.*, § 7.

levée sur tout le royaume, tant en deçà qu'au delà du Phare de Messine, ne devait pas surpasser la somme de 50,000 onces d'or, en cas de défense invasion ou rébellion et de rançon du prince, 12,000 onces, pour la chevalerie, 15,000 onces pour le mariage. Dans le cas où plusieurs des circonstances précitées se produiraient dans la même année, il ne pourra cependant être fait plus d'une collecte (1).

Pour compenser les ressources que le roi de Sicile allait perdre par suite de l'abolition des aides générales ordinaires et des collectes annuelles, le pape cherchait à augmenter les revenus de la couronne, en conseillant au roi de s'abstenir de faire des donations de terres domaniales (2). C'était, en effet, le moyen de revenir le plus facilement en arrière, mais le conseil était plus platonique que pratique, attendu qu'il restait à cette époque fort peu de domaines non aliénés, en dehors des forêts, des eaux et des quelques masseries royales rétablies par Charles Iᵉʳ. La royauté pouvait, de cette manière, augmenter ses revenus, mais en se privant d'un des seuls moyens qu'elle eût à sa disposition pour avoir autour d'elle une noblesse fidèle et dévouée, prête à la servir et à la défendre. En diminuant le nombre des fiefs, on réduisait le nombre des milices féodales et on augmentait les charges de l'Etat qui serait obligé d'avoir recours à des troupes mercenaires.

2. *Privilèges aux barons et nobles.* — Les innovations les plus importantes, après la réforme des impôts, étaient celles que le pape introduisait dans les relations des feudataires avec la royauté. A cet égard, la Constitution d'Honorius IV apportait un bouleversement complet des institutions féodales du royaume de Sicile et changeait entièrement le caractère de la féodalité du midi de l'Italie, telle qu'elle avait été constituée par les rois normands après la conquête. Les privilèges conférés par Honorius IV à la noblesse ont été généralement critiqués par la plupart des historiens du royaume de Naples, qui y ont vu une des causes du peu de succès que devait avoir la nouvelle Constitution décrétée par le pape. C'est, en effet, une des parties de la bulle d'Honorius qui semble n'avoir pas été appliquée dans le royaume, si l'on en excepte quelques mesures utiles et sages. Mais la plupart des nouveaux privilèges étaient en désaccord trop absolu avec les institutions du royaume, pour avoir pu produire des résultats pendant le peu de temps que la Constitution pontificale demeura

(1) *Registre d'Honorius IV*, col. 75-76, § 7.
(2) *Ibid.*, § 8.

9

en vigueur. Il faut enfin noter que les articles qui concernent la noblesse du royaume ne sont pas du tout la confirmation de privilèges existants ou ayant existé dans le royaume, mais une tentative pour établir un ordre de choses entièrement nouveau.

Avec la Constitution d'Honorius disparaissent les dernières entraves qui s'opposaient encore à la liberté des mariages, obstacles que les Constitutions nouvelles avaient en partie levés (1). Le pape interdit au roi et à ses officiers d'apporter le moindre empêchement aux mariages que les habitants du royaume voudraient contracter, déclarant que les mariages doivent être libres et que les sujets du royaume seront autorisés, sans en faire la demande spéciale, à donner en dot aux contractants leurs biens meubles ou immeubles, féodaux ou non féodaux. Le fait de n'avoir pas demandé d'autorisation au roi ne leur causera aucun dommage et toute constitution ou coutume contraire à cette liberté est abolie (2). Pour le bail ou tutelle des barons ou feudataires mineurs, le roi continue à le conférer, mais il était tenu de choisir de préférence le parent le plus proche, s'il était capable (3). — Une modification des plus graves était introduite dans les Constitutions qui réglaient jusqu'alors l'ordre de succession aux fiefs, en admettant la descendance en ligne collatérale à hériter des fiefs, même de ceux tenus *in capite*, jusqu'à la troisième génération. D'après le droit lombard, on pouvait admettre à succéder au fief toutes les personnes alliées au même degré au feudataire ou au sous-feudataire. Pour les feudataires régis par le droit franc, les femmes pouvaient succéder à défaut d'héritier mâle et l'aîné devait être préféré au cadet, excepté dans le cas de deux sœurs dont l'aînée serait mariée; dans ce cas, la plus jeune, non mariée, doit avoir la préférence, mais, si toutes deux sont mariées, l'aînée seule a droit à la succession (4). Pour les fiefs, nouvellement acquis, le frère seul succède en ligne collatérale. Le pape abolit toutes les coutumes à ce contraires (5).

D'autres privilèges de non moindre importance réglaient les rapports du roi avec ses vassaux. Les barons et autres feudataires

(1) *Constitutiones reg. Sic.*, l. III, tit. 23. Capit. Caroli I : « *Quod nullus contrahat matrimonium,* » t. II, p. 23. *Capit. San Martino,* art. xx et xxvii, t. II, p. 47 et 50.

(2) Bulle du 17 septembre 1285, § 20, col. 80.

(3) *Ibid.*, § 33, col. 82.

(4) *Ibid.*, § 34, col. 82-83.

(5) *Constitutiones reg. Sic.* — *Const. Friderici II*, l. III, c. 27. *De success. nobil. in feudis.*

n'étaient pas tenus de servir personnellement ou de fournir *adhoamentum* hors du royaume. Pour le service à l'intérieur du royaume, il ne peut, d'après les *Capitoli* de San Martino (1), dépasser trois mois, soit que les feudataires fournissent le nombre d'hommes qu'ils doivent pour le fief, soit qu'ils payent trois onces d'or par mois pour chaque homme qu'ils ne fourniront pas (2). On ne doit pas obliger les comtes, barons et feudataires à fournir à leurs frais des transports ou des vaisseaux ; pour le service maritime : le pape ordonne qu'il ne sera rien changé aux règlements en vigueur (3). Les sous-feudataires ne sont pas tenus de servir le roi pour le fief qu'ils tiennent du feudataire, mais soulement pour d'autres fiefs qu'ils tiennent directement du roi (4). S'ils commettent un délit amenant la perte de leur fief, ou s'ils meurent sans héritier légitime, le baron feudataire, si le fief est enregistré (*quadematus*), ne peut l'inféoder sans autorisation du roi ; mais si le fief n'est pas enregistré, le feudataire peut en disposer à son gré sans être tenu de demander l'assentiment du roi (5). Les vassaux des barons ne peuvent être contraints par la Cour ou par les officiers à des services privés, et s'ils le font volontairement et commettent quelque faute, les biens des vassaux et ceux des barons, leurs seigneurs, ne doivent en souffrir aucun préjudice (6). Les vassaux des barons ne sont pas tenus de faire contre leur volonté de nouveaux services, s'ils sont obligés en raison de leur personne, non des biens qu'ils tiennent, à des services personnels. Mais s'ils ne veulent pas, étant obligés pour leurs biens, accepter de nouvelles terres ou charges, ils doivent rendre à leurs seigneurs les terres qu'ils tiennent d'eux (7). Enfin, le pape défendait d'établir des maîtres jurés dans les terres d'église et dans celles des comtes et des barons, et ordonnait de retirer ceux qu'on y avait nommés (8).

3. *Privilèges aux universités ou communautés.* — Les privilèges aux communautés du royaume sont moins nombreux et moins importants que ceux concédés à la noblesse, car le pape se borne généralement à confirmer les ordonnances et règlements de 1282

(1) *Capit. reg. Sic.*, t. II, p. 47, art. xix.
(2) Bulle du 17 septembre 1285, art. 40, col. 83-84.
(3) *Ibid.*, § 32, col. 82.
(4) *Ibid.*, § 35, col. 83.
(5) *Ibid.*, § 36, col. 83.
(6) *Ibid.*, § 37, col. 83.
(7) *Ibid.*, § 39, col. 83.
(8) *Ibid.*, § 38, col. 83.

et 1263. Ainsi, les amendes pour les crimes clandestins sont maintenues à 100 augustales d'or pour un chrétien, 50 augustales pour un Juif ou un Sarrasin (1), dans le cas seulement où le meurtrier serait inconnu et où aucune accusation ne serait faite, et avec ce tempérament que l'amende sera diminuée dans les lieux de peu d'importance (2). Pour les vols, les communautés ne seront pas rendues responsables des délits commis par des particuliers (3). En outre, on ne pourra les obliger à prêter au roi, à la Cour, ou à ses officiers, à prendre la garde de masseries royales, la ferme d'une gabelle ou la charge de réparer des navires ou vaisseaux, contre la volonté des habitants; mais on devra, pour ces réparations ou pour la fabrication du biscuit destiné à la flotte, choisir des gens capables et expérimentés (4). Les universités et les particuliers ne peuvent être obligés de garder des prisonniers (5), ni d'envoyer à leurs dépens et à leurs risques de l'argent à la Chambre royale (6), ni de construire de nouveaux édifices, sous prétexte qu'ils sont tenus à réparer les châteaux et murailles; quant à cette réparation, elle ne peut être exigée que quand les constructions ou châteaux ont plus de cinquante ans (7). Le pape confirme, en outre, en les développant, les règlements contre les officiers et employés de la Cour, pour leur logement dans les villes et localités, et les défenses faites de prendre quoi que ce soit, montures, bêtes de somme, lits ou autres biens aux habitants, ou de leur faire quelque injure (8). Enfin, il ajoute aux mesures prises contre les abus commis par les châtelains, la défense de contraindre les habitants du royaume à porter des pieux, du bois et autres choses nécessaires aux châteaux, sans recevoir le salaire et contre leur volonté, et surtout d'exiger d'eux le payement d'un péage, alors qu'ils transportent des denrées ou autres objets à l'usage de la Cour (9).

4. *Règlements administratifs.* — Les Constitutions d'Honorius IV

---

(1) *Constitutiones reg. Sic.*, l. I, tit. 28. *De homicidio et damnis clandestinis*, etc... Cf. *Capit. S. Martino*, art. XXVI : *De pœna clandestini homicidii*, t. II, p. 49-50.

(2) *Reg. d'Honorius IV*, col. 76, § 10.

(3) *Capit. reg. Sicil.*, t. II, p. 10 et suiv., et p. 51, *Capit. S. Mart.*, art. XXXII.

(4) *Reg. d'Honorius IV*, col. 77, § 11. Cf. *Capit. S. Mart.*, art. XLIII, p. 54.

(5) *Ibid.*, col. 77, § 12. Cf. Ordonnance de 1282, art. XXV, t: II, p. 33. *Capit. S. Mart.*, art. XXXI, p. 51.

(6) *Ibid.*, § 13. Cf. *Capit. S. Mart.*, art. XXXIII, t. II, p. 51.

(7) *Ibid.*, § 14, col. 77. Cf. *Capit. S. Mart.*, art. XLIV, p. 54.

(8) Ordonnance de 1282, art. XVI, p. 31. *Reg. d'Honorius IV*, col. 81, § 28.

(9) Bulle d'Honorius IV, du 17 septembre 1285, § 26, col. 81.

ajoutent peu de chose aux ordonnances de Charles I<sup>er</sup> et du prince
de Salerne, qu'ils se contentent de confirmer le plus souvent pour
ce qui concerne l'administration du royaume. Ainsi il est recommandé de choisir des officiers capables (1), qui n'oppriment pas
injustement les sujets, comme cela s'est produit souvent, surtout
avec les officiers étrangers qui ne connaissaient pas les coutumes
du royaume et qui avaient la faveur de la Cour (2). Le pape renouvelle les prescriptions des *Capitoli* précédents pour ce qui concerne la saisie des vins et des denrées sur les marchés et la défense
d'obliger les habitants à vendre aux officiers royaux (3). Dans les
endroits où il y a peu de choses à vendre, les vivres seront fournis
aux officiers, moyennant un prix raisonnable, par des gens élus
par les habitants et députés à cela par la Cour (4). Il est de même
interdit aux officiers de prendre les animaux destinés à la reproduction ou aux moulins pour des services de la Cour (5). Enfin
les anciens tarifs pour le sceau royal devront être remis en vigueur (6); pour les lettres de justice, on ne pourra rien exiger (7);
pour les lettres de grâce, qui ne sont pas des concessions de fiefs,
pas plus de quatre tarins, sans faire de distinction entre les lettres
patentes et les lettres closes. Pour les concessions de fiefs et autres
privilèges, on ne pourra jamais exiger plus de dix onces d'or (8).

A ces anciens règlements le pape Honorius ajoutait quelques
nouvelles mesures tendant à réprimer quelques abus se produisant
trop fréquemment. Le prince de Salerne avait promis au Parlement de San Martino de ne frapper que de bonne monnaie et de
ne plus exiger de collecte pour la distribution de cette monnaie (9).
En confirmant cette promesse, le pape ajoute que le roi ne pourra
changer fréquemment la monnaie et il établit qu'il ne lui sera
permis de frapper de nouvelle monnaie qu'une fois dans sa vie;
la monnaie usuelle sera de peu de valeur et devra la conserver
durant toute la vie du roi (10). Il renouvelle les règlements de

---

(1) *Capit. reg. Sic.*, t. II. Ordonnance de 1282, art. III, p. 27. Ordonnance
de 1283, art. XXX, p. 50.

(2) *Reg. d'Honorius IV*, col. 82, § 29.

(3) *Capit. reg. Sic.*, t. II, p. 31. Ordonnancé de 1282, art. XVII, XVIII, XIX.

(4) *Reg. d'Honorius IV*, col. 79-80, § 19.

(5) Ordonnance du 10 juin 1282, art. XXI, p. 32. *Reg. d'Honorius IV*, col. 81,
§ 28.

(6) Ordonnance du 10 juin 1282, art. VII et IX, p. 29.

(7) Ordonnance du 10 juin 1282, art. I, t. II, p. 26.

(8) *Reg. d'Honorius IV*, col. 81, § 27.

(9) *Capit. S. Martino*, art. XXV, p. 49.

(10) *Reg. d'Honorius IV*, art. IX, col. 76.

Charles Ier au sujet des cautions : tout homme pouvant fournir caution ne doit pas être emprisonné (1); le pape abolit tout ce qui, dans les Constitutions de Frédéric II, limitait ce droit (2). On ne pourra enlever la possession d'une terre, même usurpée, sans jugement préalable (3) ; enfin, pour la découverte des trésors, on devra suivre toujours les lois romaines (4). Sauf en cas de guerre ou en prévision d'une révolution, les habitants pourront entrer et sortir du royaume librement; mais les armes et les chevaux ne pourront être exportés du royaume sans autorisation spéciale (5). Le pape confirme en outre les mesures prises par le prince de Salerne pour le transport des denrées à l'intérieur du royaume, sans payer de droit de sortie ou de dépôt (6). Il est interdit au roi ou à ses officiers de faire des forêts sur les terres des particuliers ou d'empêcher les cultures sous prétexte de forêts (7). Toutes les églises et les personnes ecclésiastiques du royaume pourront user librement de leurs salines et les officiers royaux ne devront en aucun cas leur en interdire l'usage ou défendre d'acheter le sel provenant de ces salines (8). Les habitants du royaume qui auront tué, sans intention de fraude, un animal sauvage hors des enclos ou forêts, ne seront pas punis (9). — Enfin le pape abolit l'abus du droit de naufrage permettant au roi de s'emparer des biens des naufragés et il ordonne la restitution de tout ce qui échapperait aux naufrages (10).

Signalons, en terminant, trois articles destinés à faciliter la répression des abus dans l'avenir. De même que dans la recherche des possessions illégales, les procès entre les particuliers et le fisc devront se produire devant les juridictions ordinaires, sans qu'il y ait de privilège en faveur des officiers royaux; nulle exécution ne pourra avoir lieu avant que la sentence ait été rendue (11). Le pape conseille au roi de pourvoir à ce qu'à l'avenir les plaintes de ses sujets puissent lui parvenir librement, afin d'apporter on

(1) Ordonnance de 1282, art. xi, p. 30.
(2) *Constitutiones reg. Sic.*, l. II, tit. 10, t. I, p. 212 et suiv. : *De his qui fidejussores dare possunt.*
(3) Ordonnance du 30 mars 1283, art. xxix, p. 50.
(4) *Reg. d'Honorius IV*, col. 77, § 15.
(5) *Ibid.*, col. 78-79, § 16.
(6) *Ibid.*, cf. *Capit. S. Mart.*, art. xiv, p. 46.
(7) *Ibid.*, art. xxiv, col. 81.
(8) *Ibid.*, art. xxv, col. 81.
(9) *Ibid.*, art. xxxi, col. 82.
(10) *Ibid.*, art. xvii, col. 79.
(11) *Ibid.*, art. xxiii, col. 80, 81.

cas de besoin un remède prompt et efficace aux oppressions (1).

Enfin le pape, profitant de la faculté qui lui avait été concédée d'intervenir directement dans les affaires intérieures du royaume, prit quelques mesures destinées à servir de sanction aux constitutions qu'il édictait, en assurant l'exécution de ses ordonnances et en fournissant aux sujets du royaume un moyen de faire entendre leur voix et de protester contre les abus. De peur, dit-il, que les dangers, causés par les oppressions faites aux sujets du royaume, ne se produisent de nouveau et pour assurer une plus grande certitude aux gouvernants qu'ils auront moins de liberté et de pouvoir pour commettre des abus, il est établi que les communautés ou les particuliers qui auraient à souffrir de quelque excès ou extorsion pourront avoir recours au Saint-Siège, pour exposer leur plainte et obtenir la réparation du dommage qui leur aura été fait. Mais on fera une distinction entre les violations des ordres du roi et des règlements établis par lui, et les actes qui émanent de son autorité, tels que collectes imposées, changement de monnaies, empêchement de mariages, etc. ; pour ces actes, si le roi ne les révoque pas dans les dix jours, le pape agira sur lui en frappant d'interdit sa chapelle tant que le dommage n'aura pas été réparé (2). Dans les actes illégaux ou les violences commis par les officiers royaux, particulièrement si ceux-ci veulent s'opposer au recours des communautés ou des particuliers au Saint-Siège, le roi verra, au bout d'un mois après qu'il aura su le fait et n'aura pas agi, sa chapelle interdite ; s'il résiste, l'interdit sera lancé, au bout de deux mois, sur tous les lieux où il ira, lui, sa femme ou son fils. Au bout de six mois, il sera frappé d'excommunication, et, s'il demeure opiniâtre, le Saint-Siège déliera ses sujets de toute obéissance envers lui (3). Pour assurer enfin l'exécution de cette constitution nouvelle, le pape ordonne que dans le serment que le roi de Sicile est tenu de prêter solennellement au souverain pontife et à l'Église romaine, il sera tenu de jurer que lui et ses successeurs observeront d'une manière inviolable cette Constitution et ne permettront pas qu'elle soit violée (4).

Le pape ajoute que bien que cette réforme s'applique à des oppressions anciennes, sur lesquelles il a reçu des plaintes, les rois

(1) *Registres d'Honorius IV*, ibid., art. xxx, col. 82.
(2) Bulle d'Honorius IV du 17 septembre 1285, § 41, col. 84.
(3) *Ibid.*, § 42, col. 84.
(4) *Ibid.*, § 43, col. 84-85.

qui se succéderont à l'avenir sur le trône de Sicile ne doivent pas
pour cela s'imaginer qu'ils ont la faculté d'opprimer autrement
leurs sujets, mais qu'ils doivent, au contraire, les maintenir dans
un bon état, s'abstenant de toute exaction illégale et de toute
charge interdite (1). Enfin, il se réserve expressément le droit
d'interpréter, en cas de doute, les articles de la nouvelle Constitution qui paraîtraient obscurs ou qui présenteraient quelque
difficulté (2).

Telle est la fameuse Constitution du pape Honorius qui apportait de sérieuses modifications à certaines institutions du royaume
de Sicile et quelques réformes importantes dans l'administration.
Ces réformes ont été louées par les uns, critiquées vivement par
d'autres, qui ont blâmé cette ingérence de la papauté dans les
affaires civiles et qui ont contesté au pape, consulté sur la question des impositions, le droit de bouleverser profondément les
institutions féodales en introduisant une foule d'innovations plus
ou moins dangereuses. Mais les historiens ont surtout discuté la
question de savoir si les Constitutions d'Honorius avaient été appliquées dans le royaume de Sicile ; dans quelle mesure et pendant combien de temps elles étaient restées en vigueur. Deux
opinions sont en présence ; l'une soutient que les *Capitoli* d'Honorius ont été observés et sont demeurés fort longtemps en vigueur
dans le royaume ; elle a été exposée surtout par Raynaldi dans
ses *Annales ecclésiastiques* (3). L'autre opinion veut, au contraire,
que les constitutions d'Honorius n'aient été appliquées que durant
la vie de ce pontife ou tout au moins pendant la captivité de
Charles II d'Anjou, et soutient même que certaines prescriptions
du pape n'ont jamais été mises en pratique : c'est l'avis de Giannone, le savant auteur de l'*Istoria civile del regno di Napoli* (4). La
question n'a pas l'importance que les historiens et jurisconsultes
napolitains veulent bien lui prêter, car, d'une part, Raynaldi
ne cite que des textes datant du règne de Charles II et reconnaît
que, plus tard, les constitutions d'Honorius tombèrent en désuétude, et, d'autre part, Giannone, en admettant que les *Capitoli*
n'ont été appliqués que jusqu'en 1289, reconnaît cependant que
quelques-unes des mesures prises par le pape entrèrent dans la
législation du royaume et furent constamment appliquées.

(1) Bulle d'Honorius IV du 17 septembre 1285, § 44, col. 85.
(2) *Ibid.*, § 45, col. 85.
(3) Raynaldi, *Ann. eccles.*, t. III, p. 611 à 614.
(4) Giannone, *Istoria civile del regno di Napoli*, t. III, p. 80-82, lib. XXI,
c. 1.

A côté d'arguments fort sérieux, les deux auteurs apportent des raisons qui paraissent bien faibles et bien puériles à l'appui de leurs théories. Tel est l'argument de Giannone qui constate que les *Capitoli* d'Honorius ne figurent pas dans les éditions imprimées des constitutions du royaume ; Raynaldi fait remarquer, au contraire, qu'on les retrouve joints aux autres *Capitoli* du royaume dans la plupart des manuscrits ; mais, à son tour, il donne comme argument, en faveur de sa thèse, le fait que l'original de la bulle du souverain pontife a été conservée longtemps à l'abbaye de la Trinité de la Cava. En somme, il importe de distinguer, dans la Constitution d'Honorius, les articles qui confirmaient les ordonnances de 1282 et 1283, et qui n'ont pas cessé d'être appliqués, ceux qui, suivant la demande du prince de Salerne, concernaient les impositions et prétendaient ramener le temps du bon roi Guillaume, que l'on a fait semblant d'appliquer pendant quelque temps, enfin ceux qui touchaient aux institutions du royaume et aux prérogatives de l'autorité royale, qui ont paru dangereux à Charles II, lequel s'est empressé, soit de les faire annuler par le pape Nicolas IV, soit de les laisser tomber en désuétude. Nous reviendrons, d'ailleurs, sur cette question, qui n'offre pas tout l'intérêt que l'on a bien voulu lui prêter. L'essentiel est de constater que la Constitution d'Honorius IV a été appliquée, pendant quelques années, dans le royaume de Sicile, et il importe de se demander comment elle a été mise à exécution et quelle a été l'administration du royaume pendant la régence établie par le souverain pontife.

### III. — ADMINISTRATION DE GÉRARD DE PARME ET DE ROBERT D'ARTOIS.

La bulle du pape Honorius, du 17 septembre 1285, avait pour but de faciliter en les complétant l'application et l'exécution des règlements que le prince de Salerne avait édictés, le 30 mars 1283, au parlement de San Martino. Les *Capitoli* de l'ordonnance du 10 juin 1282, de celle du 30 mars 1283 et de la Constitution d'Honorius IV forment l'ensemble des réformes opérées dans le royaume à la suite de l'insurrection de l'île de Sicile, et témoignent du désir sincère qu'avaient les papes et les gouvernants de remédier aux abus qui s'étaient introduits dans l'administration du royaume et qui avaient causé tant de maux à la monarchie angevine. En même temps que les nouvelles ordonnances étaient destinées à améliorer le sort des sujets du royaume et à les maintenir dans la fidélité de l'Église et des héritiers légitimes de la couronne, elles avaient pour but de ramener à l'obéissance et à la soumission les sujets rebelles qui, en se donnant au roi d'Aragon, n'avaient fait que changer de maître et n'avaient pas encore obtenu le bénéfice de leur révolte, dont les sujets restés fidèles avaient été les premiers à profiter.

Par une bulle datée du 22 septembre 1285, Honorius IV avait mandé à son légat Gérard de Parme et au comte d'Artois de publier solennellement la Constitution nouvelle qu'il venait de promulguer, et de la faire observer dans le royaume de Sicile (1). Il leur rappelle que, bien que son intention soit de faire participer tous les habitants du royaume aux bénéfices et privilèges des réformes proposées, il s'est réservé, par une décision antérieure (2), le pouvoir et la faculté de priver des avantages conférés par la bulle du 17 septembre les communautés et les particuliers du royaume, et spécialement de l'île de Sicile, qui ont abandonné la fidélité du roi, de ses héritiers et de l'église, s'ils ne font pas promptement leur soumission et ne rentrent pas dans l'obéissance (3). En exécution des ordres du pape, les deux régents publiaient, le 27 octobre, à Trani (4), les constitutions du pape relatives aux privilèges des ecclésiastiques, et probablement aussi celles relatives à l'administration, bien que leur expédition ne nous soit pas parvenue. Un mandement de Robert d'Artois au justicier de la Basilicate, daté de Foggia, le 13 mars 1286 (5), lui recommande, en effet, de faire observer, autant qu'il est en son pouvoir, les *Capitoli* du pape Honorius sur l'état et le gouvernement du royaume, et de les faire observer rigoureusement par les officiers de la cour, *secreti*, *vice secreti*, châtelains, gardes des forêts, etc. Nul doute que la Constitution d'Honorius n'ait fait la loi pendant l'administration du légat Gérard de Parme. Dans la commission, donnée par le légat, du justicerat des Abruzzes à Ansaldo Lavandarii, chevalier, le 28 janvier, il lui recommande en premier lieu de faire observer dans son administration principalement les *Sacra capitula sanctissimi in Christo patris et Domini, domini nostri Honorii pape quarti, regni constitutiones et consuetu-*

(1) *Reg. d'Honorius IV*, n. 98, col. 89 à 91.
(2) Bulle datée de Tivoli, le 8 septembre 1285, *Reg. d'Honorius IV*, n. 99, col. 91.
(3) *Ibid.*, col. 90 et 91.
(4) Arch. de Naples, arca I, maz. 9, n. 12, aujourd'hui perdu mais publié par Minieri-Riccio, *Saggio di codice diplomatico*, t. I, p. 215.
(5) Arch. de Naples, Reg. ang. 1291 A, fol. 349, publié par Raynaldi, *Ann. eccles.*, année 1285, § LIII et LIV, t. III, p. 611.

*dines approbatas*, etc. (1). Les formules, rapportées par Raynaldi et datées du 22 octobre 1288, prouvent qu'après la mort d'Honorius IV la Constitution nouvelle édictée par le Saint-Siège ne cessa pas d'être en vigueur tant que dura la régence (2).

Les privilèges accordés aux ecclésiastiques par les *Capitoli de San Martino* avaient été confirmés par Honorius IV et devaient être observés pendant de longues années dans le royaume, puisqu'on les trouve insérés dans la pragmatique du roi Ferdinand de 1466 (3). Les ecclésiastiques du royaume avaient, dans le Parlement de Melfi, abandonné les dîmes de deux années (4); en outre, le pape avait concédé à Charles d'Anjou le revenu des dîmes de terre sainte; des collecteurs, nommés par le pape, avaient été établis non seulement dans le royaume de Sicile, mais dans toutes les provinces de l'Italie, en Provence et en France (5). Enfin, en prorogeant et même en remettant au roi de Sicile le cens annuel de 8,000 onces qu'il était tenu de payer au Saint-Siège, le pape avait enlevé momentanément une des plus lourdes charges qui pesaient sur les finances du royaume (6). Le 15 mars 1286, les deux régents du royaume, se trouvant à Foggia, écrivirent au pape Honorius et au Sacré-Collège pour leur annoncer l'arrivée de Pierre de Latyera, chapelain, et de Guillaume dit le Noir, leurs délégués pour le payement du cens déjà de deux années en retard. Comme ils sont dans l'impossibilité de payer, à cause du mauvais état des finances, ils supplient le pape d'accepter comme gages les joyaux de la couronne et autres objets précieux des héritiers de Charles Ier (7). Le cens dû au pape ne fut pas payé tant que dura la captivité de Charles II d'Anjou.

(1) Arch. de Naples, *Fasc. ang.*, XXVIII, fol. 152.

(2) Raynaldi, *Ann. eccles.*, t. III, p. 611, année 1285, § LV : Mandement de Robert d'Artois, daté de Barolo, 22 octobre 1288 : « ... *Devotioni vestræ firmiter injungentes, quatenus officium supradictum ad honorem et fidelitatem regiorum heredum, curiæque profectum diligenter et fideliter exercere curetis, constitutiones et obtentas consuetudines regni et apostolice sedis Capitula super ipsius statu regni noviter edita, in quibus officium vestrum tangunt, tenaciter observando, prout in nostri præsentia corporaliter præstitistis ad Sancta Dei Evangelia juramenta.* »

(3) *Capit. reg. Sic.*, t. II, p. 266.

(4) Minieri-Riccio, *Diario Angioino*, p. 32, 33. Voir plus haut.

(5) *Reg. d'Honorius IV*, n. 12, col. 16 ; n. 186, col. 143 ; n. 190, col. 144-145; n. 192, col. 147 ; n. 193, col. 331, col. 249, etc.

(6) Bulle du pape Martin IV, du 4 des cal. de juillet 1283 à Orvieto, publiée par Raynaldi, *Ann. eccles.*, t. III, p. 563, année 1283, § XLVII.

(7) Arch. de Naples, *Fasc. ang.*, t. LXXXIX, fol. 1. Camera, *Ann. delle due Sicilie*, t. II, p. 6.

En échange des services rendus au royaume par le pape et par le clergé, les régents s'efforcèrent de faire respecter leurs privilèges. De nombreux actes exhortent les officiers royaux à observer scrupuleusement, à l'égard des ecclésiastiques, les nouvelles ordonnances. Ainsi, il leur est recommandé de ne pas contraindre les clercs, surtout s'ils sont bénéficiers et vivent cléricalement, à payer les tailles, exactions, collectes (1). Le 20 janvier 1286, ordre est donné au justicier d'Otrante d'exempter des tailles et collectes les oblats du monastère de la Sainte-Trinité de Brindisi et leurs biens, à condition que lesdits religieux ne se livrent pas au commerce, observent leurs vœux de chasteté, ne se marient pas, etc. (2). On voit les articles de la Constitution d'Honorius appliqués pour l'usage de leurs salines et les droits qu'ils peuvent posséder sur le sel et le fer des dépôts (fundici) de la Cour (3). Le légat se préoccupe aussi de faire restituer aux églises, aux monastères et aux personnes ecclésiastiques les biens qui leur ont été enlevés à la faveur des guerres et des troubles. Ainsi, le 18 mai 1286, ordre est donné au justicier des Abruzzes de rendre à l'abbé et au couvent de Santa Maria de Vittoria, les moulins dont Pierre de Sury les avait dépouillés, quand il était justicier (4); le 4 mai, un ordre du même genre est donné en faveur du prieuré de Saint-Eustasio de Arco (5). Le 27 juin 1286, ordre est donné au stratigote de Salerne de restituer au monastère de La Cava le terroir de Dufrano à Salerne, qui lui a été enlevé avec violence (6); le 18 septembre, une sentence de l'évêque de la Sabine oblige Jacques de Virgiliis à restituer au même monastère des possessions qu'il avait illégalement occupées à Melfi (7). — Mais le gouvernement des régents veille surtout, avec le plus grand soin, à ce que les dîmes que les prélats et ecclésiastiques perçoivent sur des revenus de l'État, leur soient payées exactement par les officiers royaux. Les mandements du légat du Saint-Siège et du comte d'Artois pour le

(1) Reg. ang. XIII, fol. 116 v°, n. 5.
(2) Ibid., XIII, fol. 117, n. 4.
(3) Fasc. ang., XX, fol. 139. Mandement du légat à Raynier, secretus des Abruzzes, au sujet des droits cédés par le roi Charles Ier au couvent de Santa Maria della Vittoria, sur le sel et le fer du dépôt de Piscaria. 23 février 1288. — Voir aussi Fasc. ang., XX, fol. 120 v°, n. 1.
(4) Fasc. ang., XXVIII, fol. 168 v°, n. 2.
(5) Ibid., fol. 167, n. 2.
(6) Archives de La Cava, n° 6890. — 87, 61, LVIII, 80.
(7) Ibid., n° 6909. — 58, 125, LVIII, 99.

payement des dîmes sont extrêmement nombreux dans les registres des *Secreti*, conservés en fragments dans les *Fascicoli Angioini*. On pourrait multiplier les exemples : le 2 mars 1285, le
légat mande à Pierre d'Etampes, *secretus* de Pouille, de payer au
patriarche d'Antioche les dîmes de Trani (1); le 22 juillet, le
comte d'Artois confirme le mandement de Charles Ier, au sujet
des dîmes d'Acerenza et d'autres droits en Basilicate et dans la
terre d'Otrante qui doivent revenir à l'archevêque d'Acerenza (2).
Le 13 mars 1286, ordre au secretus de Pouille de maintenir l'évêque de Venosa en possession des dîmes de cette ville (3) ; même
ordre au secretus du Principat, le 18 février 1288, au sujet des
dîmes d'Avessa appartenant à l'évêque, et qui sont perçues sur
le « *banco justicie, dohana, buccaria, cambio, bajulatione, plateatico
Averse*, etc. (4). » Le 5 mars 1288, le comte d'Artois fait exécuter
le mandement de Charles Ier, du 2 mars 1282, au sujet du payement de la dîme de Botonto au monastère de Santa Maria de
Villareal (5). Des ordres analogues sont donnés en faveur de
l'archevêque d'Amalfi (6), de l'archevêque de Naples (7), de l'évêque de Troia (8), de celui de Juvenaccio (9), de celui de Monopoli (10), de l'archiprêtre et du chapitre de Foggia, etc., etc. (11).
Pendant tout le temps que dura l'administration des régents, on
peut dire que les privilèges du clergé furent maintenus et observés avec le plus grand soin, afin de ne donner lieu à aucun mécontentement et d'obtenir au besoin les ressources extraordinaires utiles à la défense du royaume.

Quant aux privilèges nombreux concédés aux comtes, barons
et feudataires du royaume de Sicile, la plupart ne furent jamais
appliqués et n'ont laissé aucune trace. On retrouve cependant quelques-unes des mesures les plus réformatrices d'Honorius IV dans
les *Capitoli* de 1289, édités par le roi Charles II, après son cou-

---

(1) *Syllabus membranarum*, t. II, part. I, p. 2.
(2) *Ibid.*, p. 9.
(3) Reg. ang. XIII, fol. 154 v°, n. 1.
(4) *Fasc. ang.*, XX, fol. 137 v°, n. 2, et 139 v°, n. 2.
(5) *Fasc. ang.*, LXXXII, fol. 157 et 157 v°.
(6) *Fasc. ang.*, XX, fol. 146 v°. Mandement du 24 mars 1288 au *Secretus
Principatus*.
(7) *Ibid.*, fol. 146. Mandement du 25 mars 1288.
(8) *Fasc. ang.*, LXXXII, fol. 163, n. 1.
(9) Mandement du comte d'Artois aux *Secreti* de Pouille, le 9 avril 1288,
*Fasc. ang.*, LXXXII, fol. 164 v°, n. 1.
(10) *Ibid.*, fol. 176 v°, n. 2, et fol. 178, n. 2. Mandement du 15 juillet 1288.
(11) *Ibid.*, fol. 172 v°, n. 3. Mandement du 1er juin 1288.

ronnement et son retour dans le royaume (1). Ainsi le système
des successions féodales en ligne collatérale ne fut pas complètement adopté : rien ne fut changé aux fiefs anciens, mais, pour
les fiefs distribués après l'avènement de Charles I<sup>er</sup>, on admit la
succession du frère ou de la sœur du défunt à défaut d'héritiers
mâles (2). On conserva des *Capitoli* d'Honorius tout ce qui était
juste et équitable, mais sans adopter la forme même des règlements du pape et leur donner force de loi : c'est ce que le commentateur André d'Isernia définit par les mots : « *Quod illa non
servantur, nisi quatenus sunt rationabilia* ; » les *Capitoli* d'Honorius
sont appelés par les anciens jurisconsultes napolitains *Ortato-
riali* (3).

Les privilèges octroyés par l'ordonnance de San Martino furent
au contraire confirmés et maintenus en faveur des nobles et feudataires ; mais un changement assez notable se produisit, semble-t-il, dans la noblesse du royaume de Sicile après la mort de
Charles I<sup>er</sup> d'Anjou.

La guerre de Sicile et les épidémies qui l'avaient accompagnée
avaient été funestes à la noblesse française qui s'était établie dans
le royaume lors de la conquête faite en 1265 par Charles d'Anjou.
Un grand nombre de barons avaient péri dans les batailles ou
étaient tombés entre les mains des ennemis, et nous avons vu que
le 11 juin 1284, le roi Charles avait révoqué les donations de fiefs
faites à des barons morts ou faits prisonniers, dont les fils étaient
mineurs ou qui n'avaient pas d'héritiers (4). Mais les rangs des
barons et feudataires de race française s'étaient surtout éclaircis,
parce que beaucoup d'entre eux préférèrent alors quitter le royaume
en abandonnant les terres qu'ils y possédaient, pour finir paisi-
blement leur vieillesse dans leur pays natal, à l'abri de guerres qui
ne leur rapportaient aucun profit. Le royaume perdit ainsi un grand
nombre de ses défenseurs, et il est probable que les nombreuses
défections qui se produisirent alors dans les rangs des feudataires,
jointes aux désertions des régnicoles, contribuèrent beaucoup à
l'échec complet des efforts tentés par Charles d'Anjou pour reconquérir l'île de Sicile. Il fallait cependant pourvoir à la défense du
royaume, récompenser les fidèles, et pour cela disposer des biens

(1) *Capitoli* datés de Naples, 1289 : « *Confirmatio capitulorum editorum
in planitie Sancti Martini,* » dans les *Capit. reg. Sicil.*, t. II, p. 71 à 77.

(2) *Capit. reg. Sicil.*, t. II, p. 75 : « *De proroganda successione datura.* »

(3) Giannone, *Istoria civile del regno di Napoli*, l. XXI, c. I, t. III, p. 81.

(4) *Reg. ang.* 1283 A, n. XLV, fol. 176, 188, dans Minieri-Riccio, *Nuovi studii*, p. 8.

laissés vacants par le départ et l'absence des feudataires. Le légat Gérard de Parme et Robert d'Artois publièrent, le 24 juin 1285, une ordonnance où, déclarant qu'il n'était pas juste que ceux qui jouissent des commodités échappent aux incommodités communes, ils dénoncent tous ceux qui, ayant reçu de Charles I<sup>er</sup> et du prince de Salerne d'immenses donations de châteaux, terres, domaines, fiefs, etc., ont trompé les espérances du roi en manquant à leurs devoirs naturels et civils, en quittant en cachette le royaume au moment où il était menacé des dangers de la guerre et de l'invasion et en violant de la façon la plus vile leur fidélité à la majesté royale. Le roi de Sicile ayant établi que nul feudataire ne pouvait quitter le royaume, surtout en cas de guerre, sans son autorisation spéciale et pendant un terme limité, les régents déclarent que tous les feudataires qui se sont absentés du royaume sans autorisation, surtout après la mort du roi et qui ne seront pas rentrés avant le commencement du carême de l'année 1286, seront privés et exclus de la possession de leurs fiefs et de leurs biens. Pour éviter que l'on pèche par ignorance, ils donnent à cette ordonnance la plus grande publicité et en prescrivent la publication dans toutes les provinces (1). Le 26 septembre 1285, l'évêque de la Sabine envoyait de nouveau cette ordonnance au justicier de la Terre de Labour en lui ordonnant de la mettre à exécution (2). Un grand nombre de barons ne répondirent pas à l'appel qui leur était adressé par les régents et ne se soumirent pas aux prescriptions de l'ordonnance du 24 juin 1285. Parmi ceux qui furent ainsi privés de la possession des fiefs et des terres qu'ils tenaient du roi de Sicile, on peut citer Gui de Monclar, qui tenait le château de Riccio dans la Terre de Labour ; ses biens furent donnés à Bartholomeo de Capua, conseiller du roi, par lettres datées de Foggia le 23 mars 1286 (3). Un mandement du 4 mars 1286 ordonnait au *Secretus* de la Pouille de mettre l'évêque de Martorano en possession du château de Petra monte Corbino, en Capitanate, qui avait appartenu jadis au comte de Vaudemont, absent du royaume et ne s'étant pas conformé aux prescriptions de l'ordonnance des régents (4). C'est aux défections qui se produisirent alors qu'il faut attribuer aussi la disparition des familles françaises

(1) Archives de Naples, Reg. ang. xiii, fol. 45, et *Fasc. ang.*, III, fol. 21 v°. Cet acte a été publié par Minieri-Riccio, *Saggio di cod. diplom.*, t. II, p. 2 et 3.

(2) *Fasc. ang.*, III, fol. 21.

(3) Reg. ang. xiii, fol. 45.

(4) *Ibid.*, fol. 153.

dans le royaume de Sicile ; dès la première génération, elles étaient diminuées des deux tiers. A la mort de Charles II, en 1309, l'élément français n'était plus dans le royaume qu'une infime minorité (1).

Pour les feudataires restés dans le royaume, on ne voit pas que les privilèges d'Honorius aient eu une exécution, surtout en ce qui concernait le service féodal. D'une part, en effet, malgré la constitution qui limitait le service militaire à l'intérieur du royaume (2), on voit des feudataires obligés d'aller servir en Achaïe. Le 26 janvier 1286, le comte d'Artois mande au justicier de la Basilicate de ne pas contraindre pendant un mois Alduino Filangieri, chevalier, à partir pour l'Achaïe avec les feudataires désignés par le roi (3). D'autre part, la durée du service ne paraît pas avoir été toujours aussi strictement bornée à trois mois, car, en cas de nécessité, on retenait à l'armée les feudataires, même quand leur temps était fini et quand ils désiraient partir. Le 20 août 1286, par exemple, le comte d'Artois ordonne à Henri de Guines, capitaine en Calabre, et aux barons et *terrerii*, qui sont en sa compagnie, de ne pas quitter leur poste avant l'arrivée de Jean de Montfort, comte de Squillace, sous peine de la perte de leurs fiefs (4).

Mais, en revanche, les aliénations de terres domaniales ou féodales et des droits de la couronne, les *provisions* payées sur les revenus des *Secretiæ* et bailliages semblent avoir, sous le gouvernement de la régence, pris une grande extension. Charles d'Anjou avait, à son lit de mort, chargé Robert d'Artois de récompenser un certain nombre de ses fidèles et lui avait donné pleins pouvoirs pour distribuer des terres et des rentes jusqu'à concurrence d'un revenu annuel de 10,000 onces, à condition qu'ils continueraient à servir ses héritiers et à défendre le royaume contre les incursions des ennemis, et ne le quitteraient pas sans autorisation spéciale (5). Si l'on en juge par le nombre des donations qui furent faites à cette époque, le comte d'Artois exécuta scrupuleusement les dernières volontés du roi. Ces donations sont toutes faites d'après le même modèle et contiennent un préambule, où

(1) Durrieu, *Notice sur les Registres angevins en langue française*, p. 33.
(2) Constitution d'Honorius IV, art. 40, col. 83-84.
(3) Reg. ang. xiii, fol. 117 v°, n. 3. Voir aussi *ibid.*, fol. 116, n. 4, et 117, n. 5.
(4) Reg. ang. lxxx, fol. 91 v°, n. 5, et 92, n. 2.
(5) Voir la lettre de Charles I<sup>er</sup> d'Anjou, du 6 janvier 1285, à Foggia, publiée dans le *Saggio di codice diplomatico*, t. l, p. 213-4.

le régent rappelle quelle a été l'une des dernières pensées de Charles d'Anjou et les pouvoirs qu'il lui a confiés pour récompenser ceux de ses fidèles qui n'avaient pas, durant sa vie, reçu la juste rémunération de leurs bons services (1). En vain prit-on des mesures pour diminuer le nombre des aliénations, suivant les prescriptions de la bulle du pape Honorius, et décida-t-on que les donations ne pourraient être faites que par les deux régents ensemble et non par l'un d'eux seulement. En vain cherchat-on surtout à empêcher que les revenus royaux et les deniers d'impositions destinées à la guerre ne fussent dépensés en pensions, provisions et donations. Les régents eurent beau défendre aux officiers royaux de détourner aucune somme de l'argent reçu pour telle contribution, ils furent obligés de violer eux-mêmes cette interdiction, et la plupart des mandements de 1288 et 1289 portent seulement la formule : « Nonobstant la défense faite de dépenser en provisions l'argent de la Cour (2). »

Les privilèges aux communautés n'avaient pas une grande place dans la Constitution du pape Honorius IV, qui se bornait à reproduire les *Capitoli de San Martino*. La plus grande innovation de la bulle du 17 septembre 1285 était la suppression des collectes, tailles et exactions et la réduction à quatre cas de la levée de l'aide générale. Mais les conditions dans lesquelles se trouvaient le royaume de Sicile permettaient de lever les aides générales, sans apporter de modifications à la levée et à la répartition des impositions, telles qu'on les pratiquait pendant le règne de Charles Ier. Le pays était envahi par les Aragonais et les Siciliens, et le prince pouvait lever l'aide pour la guerre parce qu'il était en cas de légitime défense. En outre, le roi, ou du moins l'héritier légitime de la couronne était prisonnier des ennemis et, dès que les premières négociations eurent été entreprises pour sa mise en liberté, on put demander dans le royaume une aide pour sa rançon. Ainsi, le 7 octobre 1287, le comte d'Artois mande à Pierre de Cadro, justicier de la terre d'Otrante, d'exiger de certaines com-

(1) Donation faite par le comte d'Artois à Hugues Lebayne, familier du prince de Salerne, le 6 mars 1286, Reg. ang. xiii, fol. 155.

(2) Par exemple, le 15 avril 1288, le comte d'Artois mande aux *Secrell* de la Pouille de payer à Pierre de Toucy l'argent de sa provision qu'il doit prendre sur la douane de Brindisi (*Fasc. ang.*. LXXXII, fol. 166, n. 1). Le 24 avril, même ordre pour payer à Ludo de Uno la provision qui lui est due par les baillis d'Andria, nonobstant les ordres interdisant de distraire les revenus de la *Secretta* et des gabelles de la Pouille (*Fasc. ang.*, LXXXII, fol. 169 v°, n. 1).

munautés de son ressort l'argent offert par elles pour la délivrance du prince de Salerne ; la liste des contributions est incomplète, mais on voit que Brindisi payait 300 onces d'or ; Otrante, 57 ; Neritoni, 181 onces ; Oria, 63 onces, etc. (1). Le 1ᵉʳ janvier 1286, on trouve, dans certains documents, la mention d'une aide imposée pour le mariage de la fille du roi, mais il est probable qu'il s'agit du reliquat d'une contribution imposée pendant le règne de Charles Iᵉʳ (2). En apparence, rien n'est changé pour la levée des impositions pendant la régence de Gérard de Parme et de Robert d'Artois; les documents nous manquent pour vérifier si la prescription du pape Honorius, limitant la somme qui pourrait être demandée pour chaque aide, fut appliquée. Cependant, il semble que l'aide pour la guerre fut levée dans le royaume plus d'une fois par an : au mois d'avril 1285, il est question d'une aide pour la guerre (3) ; au mois de décembre de la même année et au mois de janvier 1286, on lève une nouvelle imposition (4); en avril 1286, aide pour la guerre (5), etc., etc.

Cependant, une modification importante paraît s'être introduite dans la levée des aides générales après la publication de la Constitution du pape Honorius IV : c'est la réquisition ou la demande faite, pour chaque levée d'aide, non pas peut-être à des parlements généraux qui, s'ils ont été tenus de 1285 à 1289, n'ont laissé que peu de traces, mais à des assemblées de prélats, barons et communautés de diverses provinces. Tandis que, dans un mandement pour la levée de l'aide générale, en janvier 1286, le légat annonçait aux justiciers que, pour la défense du royaume menacé par l'invasion et la rébellion, il avait décidé d'imposer la *subventio generalis*

(1) *Syllabus membranarum*, t. II, part. I, p. 20.

(2) Ordre au justicier et au trésorier du Principat de rembourser à Jean Acconzajoco de Ravello la somme de 140 onces d'or qu'il a prétée à Nicolas Boucel pour la chambre royale, sur l'argent imposé pour le mariage de la fille du roi. 1ᵉʳ décembre 1286, Brindisi. — Le 30 décembre 1285, à Tarente, l'ordre est donné au *Secretus* du Principat de faire un remboursement du même genre à Bartholomeo Acconzajoco. Reg. ang. XIII, fol. 116, n. 1, 2, 3.

(3) Le 3 avril 1285, les régents écrivent à Hugues de Brienne et à Narzon de Toucy pour la défense de Bari et de Brindisi et pour le payement de l'aide pour la guerre. Reg. ang. XIII, fol. 46.

(4) Le 29 décembre 1285, commission donnée à Jean Tafarec, chevalier, et à Nicolas de Barto, clerc du roi, pour le payement des gens d'armes et pour la levée de l'imposition dans la province des Abruzzes. Reg. ang. XIII, fol. 110 et 110 v°.

(5) Commission donnée à R., évêque de Martorano, et à Benedetto de Manfridonia pour la levée d'une aide destinée à l'expédition contre les rebelles de Sicile. Baroli, 4 avril 1286. Reg. ang. XIII, fol. 46.

nécessaire dans les provinces en deçà du phare de Messine (1), dans la commission du 4 avril 1286, le légat parle d'une réunion de prélats et barons, latins et ultramontains, à Foggia, où une aide a été accordée pour le passage de Sicile (2). Le 15 mai 1287, Gérard de Parme mande au justicier du principat de lever l'aide promise par les prélats, barons et communautés de sa province, comme aide pour la guerre contre les rebelles (3).

Le seul intérêt que les régents aient témoigné aux communautés du royaume consiste dans les mesures prises par eux pour empêcher les justiciers et autres officiers du royaume d'exiger à deux reprises différentes le payement de leur contribution à l'aide générale, et dans les délais accordés à certaines communautés ou dans la remise de l'aide, en raison de services rendus ou de fléaux qui les ont frappées. Ainsi, le 5 juillet 1285, ordre est donné au justicier des Abruzzes de ne pas exiger de la communauté de Francavilla le payement de l'aide générale parce qu'elle a déjà payé la contribution à son prédécesseur (4), le 13 avril 1286, même ordre en faveur des habitants de Villamarina (5); le 18 avril, en faveur des habitants de Manupelli (6), etc. Des délais sont accordés, le 6 janvier 1286, par le comte d'Artois, aux habitants de Meçano, pour leur contribution de 15 onces d'or à l'aide générale (7); aux habitants de Brindisi, pour trois mois, parce qu'ils n'ont pu payer au justicier, au terme fixé, la somme qui leur avait été imposée, et le justicier avait frappé d'une amende les collecteurs (8). Les régents veillent aussi à ce que les emprunts faits à des communautés soient remboursés exactement (9), afin de ne donner lieu à aucun mécontentement.

Tout en protégeant les communautés contre les exactions des officiers royaux, les régents exigent de ceux-ci une obéissance absolue aux ordres qui leur sont adressés, surtout pour ce qui concerne l'intérêt général du royaume. Ainsi, le 30 décembre 1285, le comte d'Artois mande au justicier de la terre d'Otrante d'exécuter

---

(1) « *Pro subventione generali nuper imposita.* » *Fasc. ang.*, XXVIII, fol. 154.

(2) Reg. ang. XIII, fol. 46 v°.

(3) *Syllabus membranarum*, t. II, part. I, p. 19.

(4) *Fasc. ang.*, V, fol. 147 v°.

(5) *Ibid.*, XXVIII, fol. 164, n. 1.

(6) *Ibid.*, fol. 164 v°.

(7) Reg. ang. XIII, fol. 113, n. 10.

(8) *Ibid.*, XIII, fol. 115, n. 1.

(9) *Ibid.*, XIII, fol. 114, n. 1.

les lettres remettant à la communauté de Tarente l'amende de 150 onces d'or qu'elle avait encourue pour n'avoir pas fourni les vivres nécessaires à l'expédition de Sicile, à la condition qu'elle payerait la moitié de la dite somme (1). Le 6 janvier 1286, le même justicier reçoit l'ordre de surseoir, pendant quatre mois, au payement de l'amende qu'il avait infligée aux habitants d'Astuni pour n'avoir pas fourni les vivres demandés pour les troupes du roi opérant contre Luceria (2). Enfin, le 14 août 1286, on lève sur les communautés de Melfi, Venosa, Gaudiano, Cervaricio, Genciano, Spinacciola, etc., l'amende qui les avait frappées pour dégats commis dans les forêts royales de Lagopesole et de Guuldi (3). Mais, à côté de cela, les régents accueillent les plaintes des habitants contre les violences et les exactions dont ils ont été victimes. Le 19 février 1288, Gérard de Parme écrit au *Secretus* du principat au sujet des plaintes des syndics et de la communauté de Salerne contre les fraudes des *portulani* de Salerne (4). Le 1er juin 1286, le justicier des Abruzzes reçoit l'ordre d'empêcher les hommes de Solmona de molester ceux de Peccorino, sous prétexte que ceux-ci doivent détruire leurs fortifications (5). Ordre est donné, le 5 mars 1286, au justicier de la terre d'Otrante de protéger les hommes de Villanova contre leurs voisins qui leur disputaient la possession de certaines terres et pâturages (6). En un mot, l'administration des régents à l'égard des communautés, pendant cette période de guerre et de troubles, semble avoir eu surtout pour but le soulagement des populations appauvries par la disette et les impositions et la protection des faibles contre les forts, sans avoir pu d'ailleurs réussir, en raison des conditions où se trouvait le royaume, à revenir, pour la levée des impositions, au temps du bon roi Guillaume.

Pour rendre la paix et la tranquillité au royaume et lui permettre de résister aux attaques incessantes des ennemis, il fallait surtout veiller à ce que l'autorité des régents fût partout reconnue, à ce que l'administration royale fût à la fois ferme et honnête et à ce que les réformes opérées en 1282, en 1283 et en 1285 fussent rigoureusement observées. Nous avons vu dans quel état de trouble et presque d'anarchie le royaume de Sicile s'était trouvé

(1) *Reg. ang.* XIII, fol. 111 v°.
(2) *Ibid.*, XIII, fol. 115, n. 4.
(3) *Ibid.*, CIV, fol. 211 v°, n. 3.
(4) *Fasc. ang.*, XX, fol. 138, n. 1.
(5) *Ibid.*, XXVIII, fol. 170, n. 2.
(6) *Reg. ang.* XIII, fol. 161, n. 3.

tions, des révoltes s'étaient manifestées sur bien des points du territoire ; des usurpations et des violences avaient été commises soit par des officiers royaux, soit par des particuliers, et les ordres des régents n'avaient pas toujours été écoutés ni mis à exécution. Le *Secretus de Pouille*, Barnabé de Piscaria, par exemple, déclare, le 30 juillet 1285, qu'il n'a pu exécuter les lettres de Gérard, évêque de la Sabine, pour la restitution à Aloyse, femme de Mathieu Du Plessis, des châteaux de *Manupelli*, *Tocci*, *Casalis comitis* et *Carapella*, parce qu'il en avait été repoussé par des hommes armés (1) ; le 6 août 1285, il fait une déclaration analogue, parce qu'il n'a pu assigner à Guillaume et à Jean de Ponsy le château de Castellione que des hommes armés gardaient au nom de Paris de Chaurs (2). Il fallait, avant tout, faire respecter l'autorité des régents, et, pour cela, exercer une surveillance active sur les officiers royaux.

Le registre d'un justicier de la Terre de Labour, contenant les mandements du légat Gérard de Parme, du 25 août 1285 au 1er décembre de la même année (3), permet de se rendre compte de l'administration du royaume au moment de la période la plus troublée et dans l'époque de transition des mois qui ont précédé et suivi la publication de la Constitution du pape Honorius IV. On retrouve dans le choix des officiers, dans les instructions qui accompagnent la commission du justicier, dans les moyens mis à sa disposition pour bien exercer sa charge, les mêmes dispositions que dans les actes du même genre de Charles d'Anjou. Une des mesures nouvelles prises par les régents pour faire respecter leurs ordres consiste tout d'abord dans l'augmentation du nombre des sergents chargés de l'exécution des sentences ou commissions des justiciers ; leur nombre est fixé à soixante cavaliers dans chaque province aux gages de deux onces d'or (4). En outre, on a été obligé de rétablir dans les provinces et dans les villes les plus importantes les capitaines que Charles Ier avait supprimés : les commissions des justiciers règlent leurs rapports avec ces officiers, et leur permettent de les charger, pendant leur

(1) *Syllabus membranarum*, t. II, part. I, p. 7.
(2) *Ibid.*, t. II, part. I, p. 11.
(3) *Fasc. ang.*, III, fol. 1 à 28.
(4) Commission de justicier de la Terre de Labour pour Balduino de Supino, le 25 août 1285. — *Fasc. ang.*, III, fol. 1. Commission de justicier des Abruzzes pour Ansaldo Lavandieri, le 28 janvier 1286, *Fasc. ang.*, XXVIII, fol. 152.

absence, de certaines enquêtes (1). Il leur est recommandé d'exercer leur office avec zèle et de rendre la justice à chacun dans leur
province, ne faisant à personne de faveur, *pretio, timore seu gratia,
odio vel amore*. Ils doivent surtout, dans leur administration, observer et faire respecter les *Capitoli* du royaume, ceux du pape
Honorius IV, les constitutions et coutumes du royaume et les
droits communs lombard et romain, suivant les cas, etc. (2).

Pour diminuer autant que possible les exactions et les violences commises pour la levée des impositions, il y a, semble-t-il,
dans les premiers actes des régents, une tendance à augmenter la
responsabilité des officiers importants et en particulier des justiciers et, d'autre part, à remettre entre leurs mains l'administration de la justice en confiant les questions de finances à des officiers spéciaux qui, quoique placés directement sous leurs ordres,
dépendent de plus en plus de la Cour. Ainsi, le 8 octobre 1285,
le légat Gérard de Parme autorise le justicier de la Terre de
Labour, pour alléger un peu ses occupations, à confier la collecte
des deniers et certains autres services à des hommes capables et
fidèles, qui seront tenus de rendre leurs comptes devant la Cour,
mais dont les justiciers seront responsables ; mais ils ne pourront leur confier quoi que ce soit qui touche à la juridiction,
aux enquêtes, etc., etc. (3). En 1286, cette mesure est complétée
ou du moins régularisée par l'institution, auprès de chaque justicier, d'un trésorier ou *erarius*, toujours dans le but de faciliter
à ces officiers l'administration et l'exercice de la justice. Ces trésoriers sont spécialement chargés de la répartition et collecte
générale des impositions, de la conservation des deniers et des
payements que les justiciers étaient chargés de faire dans les
provinces et qui avaient, dans les dernières années, pris une
grande extension. Ils sont non seulement chargés de la recette de
la subvention générale, mais de la levée des restes d'impositions, des amendes, condamnations, compositions et autres revenus de la Cour ; ils délivrent des apodixes qui, pour plus de
sûreté, devront être revêtues de la suscription du juge et du
notaire de la Cour du justicier, et sont tenus de rédiger leurs
comptes en partie double et d'en envoyer expédition aux maîtres
des comptes tous les trois mois (4).

---

(1) *Fasc. ang.*, III, fol. 1 v°, et *Fasc. ang.*, XXVIII, fol. 152.
(2) Commission d'Ansaldo Lavandieri, *Fasc. ang.*, XXVIII, fol. 152.
(3) *Fasc. ang.*, III, fol. 14 r°.
(4) Lettre du légat Gérard de Parme instituant des trésoriers auprès de

Pour éviter les inconvénients résultant du déplacement trop fréquent des fonctionnaires royaux, une ordonnance du 7 janvier 1286 recommandait à tous les justiciers du royaume de conserver auprès d'eux le même juge et le même notaire, afin de faciliter l'expédition des affaires et surtout la répartition et la levée de la subvention générale (1). Les modifications apportées par les *Capitoli de San Martino* et la Constitution d'Honorius à l'administration inférieure des provinces n'avait pas été sans amener quelque confusion, dont on retrouve la trace dans les mandements de cette époque. Ainsi, le 21 août 1285, le justicier de la Terre de Labour avait reçu l'ordre de faire élire, comme d'habitude, pour l'indiction suivante, par les communautés de sa province des juges bons, loyaux et capables, et de recevoir d'eux, d'après les *Capitoli de San Martino*, 12 taris d'or pour l'expédition de leur commission (2). Le 13 août 1285, le même ordre avait été donné pour l'élection des *maîtres jurés*, tant dans les terres du domaine que dans celles des églises, comtes et barons (3). Le 5 septembre, le légat Gérard de Parme ordonne que les élections des juges et maîtres jurés devront être confirmées par la Cour et non plus simplement par les justiciers des provinces, ainsi que cela se pratiquait jusque-là (4). Mais le 12 octobre 1285, le légat écrit que, le pape ayant dans la Constitution nouvelle décrété que les terres des églises, des comtes et des barons n'éliraient plus de maîtres jurés, il ordonne aux justiciers de ne pas confirmer les élections et de n'envoyer à la Cour que les noms des maîtres jurés élus par les terres du domaine (5). Enfin, le 11 janvier 1286, le légat ordonne qu'en exécution des décisions prises par le parlement de Melfi et pour faire disparaître les oppressions et exactions commises par les maîtres jurés, l'on confie désormais l'administration exercée par les maîtres jurés aux baillis des terres du domaine (6).

Telles sont les principales modifications apportées à l'administration des provinces du royaume pendant la régence de Gérard

chaque justicier du royaume et nommant Jean Fortobrachi, marchand de Pistoia, trésorier dans la province des Abruzzes. Naples, 2 février 1286. *Fasc. ang.*, XXVIII, fol. 154, n. 2.

(1) Reg. ang. XIII, fol. 113 v°.
(2) *Fasc. ang.*, III, fol. 17 r°.
(3) *Ibid.*, fol. 17, n. 2.
(4) *Ibid*, fol. 17 v° et 18.
(5) *Ibid.*, fol. 20.
(6) Reg. ang. XIII, fol. 115, n. 2.

de Parme et de Robert d'Artois. Il faut ajouter une surveillance plus active sur les actes des *Secreti*, dont les exactions avaient causé tant de maux au royaume, et l'exécution, à cet égard, des réformes publiées par l'ordonnance du 10 juin 1282. La Cour payera désormais les officiers subalternes des *Secretiæ* du royaume, mais elle en réduira le nombre et pourra contrôler plus facilement leurs actes. Ces officiers sont au nombre de douze, savoir : un *vice-secretus* avec quatre officiers subalternes, deux coureurs à pied, un notaire et deux scribes (1). On exige des *Secreti* le payement rigoureux de la caution qu'ils doivent fournir à la Cour et l'envoi, aux maîtres des comptes, des noms de leurs associés et *fidejussores* (2). S'ils refusaient, à leur sortie de charge, de rendre leurs comptes, on saisissait leurs personnes et leurs biens et ceux des personnes qui s'étaient portées garants (3).

En même temps, les régents Gérard de Parme et Robert d'Artois s'occupaient de la défense du royaume et de l'expédition contre les rebelles de Sicile. Les opérations militaires, retardées faute d'argent ou renvoyées à une année suivante pour plusieurs raisons, furent peu importantes, tant que dura leur administration. La mort du roi Pedro d'Aragon, les sentiments de conciliation exprimés par son fils Alfonso, les difficultés intérieures de l'île de Sicile et le désaccord survenu entre le nouveau roi d'Aragon et son frère Jaime II, qui s'était fait couronner roi de Sicile, le 2 février 1286, firent perdre à la guerre contre le royaume de Naples beaucoup de son intensité et de son intérêt. Les opérations militaires se continuèrent en Calabre et furent marquées, au commencement de l'année 1286, par le retour de certaines villes, telles que Tarente, Castrovillare et Morano, à l'obéissance aux héritiers de Charles I$^{er}$ ; pour se venger de cette défection, les Almogavares s'emparèrent de Castelabate, appartenant au monastère de La Cava, et le conservèrent jusqu'en 1292 (4). Mais la campagne de 1286 fut à peu près nulle ; les régents s'occupèrent

(1) Mandement du 31 août 1287 à Landolfo Ayosse, *Secreto Terre Laboris*, Fasc. ang., XX, fol. 122.

(2) Reg. ang. XIII, fol. 114. Mandement au justicier de Calabre daté de Brindisi, 1286.

(3) Ordre au justicier de Calabre de se saisir des personnes et biens des cautions de Guglielmo de Logotheta de Reggio et de Riccardo de Guana qui, ayant exercé la *Secretia* de Calabre pendant les années de la XI$^e$ à la XIII$^e$ indiction, refusaient de rendre leurs comptes aux maîtres rationaux. Brindisi, 8 janvier 1286. Reg. ang. XIII, fol. 114, n. 5.

(4) Muratori, *Ann. d'Itali*, année 1286. Camera, *Ann. delle due Sicilie*, t. II, p. 15.

surtout de pourvoir à la défense des côtes ; Naples fut un instant menacée, au mois de juin 1286, par la flotte sicilienne, sous les ordres de l'amiral catalan Bernardo de Sarrian, qui s'empara de Capri et de Procida (1) et ravagea les côtes de Castellamare, Sorrente et Amalfi. Une autre escadre sicilienne fit une croisière sur les côtes de Calabre et de Pouille et ravagea Cotrone, Tarente et Gallipoli (2).

L'année suivante fut marquée par un retour offensif des troupes angevines en Sicile. Une armée de cinq cents cavaliers et de cinq mille fantassins fut réunie sous les ordres de Raynaldo d'Avella à Brindisi, tandis qu'une flotte de quarante-six navires était armée à Sorrente. L'armée de Calabre s'embarqua le 15 avril, et, après avoir touché Malte, débarqua à Agosta le 1er mai. Jaime se rendit à Catane pour la combattre, tandis que Roger de Lauria armait la flotte et se disposait à repousser l'invasion qui menaçait de partir de Naples. Raynaldo d'Avella fut forcé de s'enfermer dans le château d'Agosta et d'y soutenir un long siège de quarante jours, après lequel il fut obligé de se rendre. Pendant ce temps, la flotte de Roger de Lauria arrivait à Castellamare, le 16 juin 1287, avec quarante-deux galères, et remportait une victoire éclatante sur la flotte napolitaine, commandée par l'amiral Narjaud de Toucy, et sur laquelle se trouvaient les principaux feudataires du royaume (3). Cette défaite fut la ruine des efforts et des tentatives faites par les régents pour l'expédition de Sicile. Ils se bornèrent seulement, l'année 1288, à prendre des mesures pour la défense du royaume et pour la sécurité des côtes. Mais ils ne purent empêcher le roi Jaime, de Sicile, de faire une tentative hardie sur Gaëte, où il devait être assiégé, en 1289, par le roi Charles II en personne.

Ainsi, l'administration de Gérard de Parme et de Robert d'Artois, de 1285 à 1289, n'eut, au point de vue de la résistance aux ennemis du dehors et de la répression des rebelles de Sicile, que la papauté ne perdait pas de vue, que peu de résultats. C'est surtout à l'intérieur du royaume que leur gouvernement sage, modéré et prudent produisit d'heureux effets.

On peut caractériser, en effet, cette période d'interrègne, qui va de 1285 à 1289, en disant qu'elle a été avant tout une ère de réformes et de pacification. Charles Ier et son fils, le prince de

---

(1) Camera, ouv. cité, t. II, p. 7. *Syllabus membranarum*, t. II, p. 15.
(2) Amari, ouv. cité, t. II, p. 173-174.
(3) Amari, ouv. cité, t. II, p. 179-191.

Salerne, avaient promulgué les principales réformes et publié
deux belles ordonnances donnant satisfaction aux vœux légitimes
des populations. Mais, sans cesse occupés par les préparatifs de
guerre et par la résistance à opposer à leurs ennemis, ils n'avaient
pu réaliser complètement leurs projets de réorganisation administrative, et Charles d'Anjou, en mourant, avait supplié le pape
d'intervenir pour achever et compléter son œuvre. Martin IV,
puis Honorius IV, cherchèrent à accomplir ce dernier vœu, et la
Constitution d'Honorius avait moins pour but l'introduction de
réformes nouvelles, qui demeurèrent en partie inexécutées, que
l'application et la mise en pratique des réformes déjà promulguées en 1282 et 1283. A cet égard, le pape Martin IV avait
rendu un immense service à la maison d'Anjou en adjoignant
au régent désigné par le roi Charles, Robert d'Artois, un des
princes de l'Eglise, l'évêque de la Sabine. Ce fut en effet la présence de ce légat qui permit de réaliser les réformes ; tandis que
Robert d'Artois s'occupait surtout de guerre et de préparatifs
contre la Sicile, ou bien de la répression des révoltes partielles
qui avaient éclaté dans le royaume, Gérard de Parme poursuivait
une mission de pacification et veillait surtout au gouvernement
intérieur du royaume.

Les deux régents ne firent rien de grand et d'éclatant, bien
qu'ils aient réussi, pour la première fois, depuis 1282, à jeter une
armée dans l'île de Sicile. Ils n'en accomplirent pas moins une
œuvre excellente, en maintenant le royaume de Sicile dans la
fidélité de l'Eglise et de la maison d'Anjou. Ils avaient reçu le
gouvernement dans les circonstances les plus difficiles, au moment où il était en proie à l'invasion étrangère, à l'anarchie et
au désordre à l'intérieur; non seulement ils avaient réussi à faire
respecter leurs ordres et à résister pendant quatre ans aux ennemis extérieurs, mais ils n'avaient cessé de poursuivre l'œuvre
commencée en 1282 pour la pacification et la réforme du royaume,
et ils avaient continué les préparatifs d'expédition destinés à faire
rentrer l'île rebelle dans l'obéissance de l'Eglise et de leur roi.
L'œuvre de Gérard de Parme et de Robert d'Artois permit donc
la réalisation de bien des réformes et elle a sa place dans l'histoire de l'administration et des institutions du royaume de
Naples. C'était déjà avoir réussi dans leur mission que de remettre entre les mains de Charles II d'Anjou, à son retour de Catalogne, le royaume de Sicile à peu près dans le même état qu'en
1285, mais pacifié et rendu fidèle à la monarchie angevine
par sept ou huit ans d'administration prudente et d'efforts ten-

tés pour doter le royaume des réformes utiles et nécessaires.

Ainsi, à la suite de l'insurrection de Sicile en 1282, on voit les efforts de Charles d'Anjou pour organiser sa conquête et lui donner une administration ferme, juste et honnête, prendre une direction nouvelle. Le roi comprend que, s'il veut conserver la couronne à ses héritiers, il doit entrer résolument dans la voie des réformes, et il remanie complètement le gouvernement et la plupart des institutions que lui avaient légués les princes de la maison de Souabe. Il cherche à mettre en pratique et à faire entrer dans les mœurs les principes qu'il avait voulu inculquer à ses officiers pour la bonne administration du royaume. Secondé par son fils le prince de Salerne, encouragé et aidé par la papauté, il entreprend une réforme générale du royaume qui, si elle ne put être toujours appliquée suivant les intentions du législateur, contribua à soulager le peuple du royaume des oppressions et abus dont il avait souffert, et conserva à la maison d'Anjou la couronne de Sicile et le royaume de Naples.

# SECONDE PARTIE

## LA GRANDE COUR ROYALE DE SICILE PENDANT LES RÈGNES DE CHARLES I<sup>er</sup> ET CHARLES II D'ANJOU.

---

## INTRODUCTION

Ce mémoire est un fragment de mes recherches sur l'administration française dans le royaume de Sicile à la fin du treizième siècle et fait suite au précédent. J'avais étudié d'abord, dans une Introduction générale, les diverses périodes du règne de Charles I<sup>er</sup> et cherché à établir la ligne de conduite suivie par ce prince dans l'administration du royaume. La politique de Charles I<sup>er</sup> d'Anjou m'avait paru avoir eu un double but : d'une part, fonder sa dynastie sur une base solide en s'entourant d'une féodalité toute française et en donnant à ses compagnons d'armes les principales charges et offices de son nouveau royaume; d'autre part, concilier cet intérêt dynastique avec les besoins et les aspirations des populations qu'il était appelé à gouverner. Son gouvernement apparaissait comme un compromis entre les usages antérieurs de la Cour de Sicile, dont il avait emprunté les cadres administratifs, et les usages qui avaient cours en France. J'y avais joint une étude sur l'Administration des régents Gérard de Parme, légat du Saint-Siège, et Robert, comte d'Artois, pendant la captivité de Charles II d'Anjou en Catalogne. Cette période, qui sert de transition entre les règnes des deux premiers princes de la dynastie angevine, présente, en effet, un intérêt tout particulier, parce que le royaume fut administré d'après les fameuses ordonnances du pape Honorius IV de 1285.

Dans le travail sur la Grande Cour royale de Sicile sous Charles I<sup>er</sup> et Charles II, je me suis efforcé de répondre en partie aux *desiderata* exprimés dans le Rapport de la Commission des Ecoles d'Athènes et de Rome, en étudiant les relations qui ont pu exister entre le mode de gouvernement importé par les princes angevins dans l'Italie méridionale et celui qui était en vigueur en France, à la même époque. Je n'ai pas la prétention d'avoir résolu le problème; le présent travail n'est qu'un essai dont je ne me dissimule pas les imperfections. J'ai choisi, de préférence, la Grande Cour royale, parce que c'est là que l'influence française s'est fait surtout sentir et que l'on peut distinguer le plus facilement ce que le roi Charles I<sup>er</sup> a conservé des usages antérieurs et les éléments nouveaux qu'il a introduits. Mais je me suis heurté à bien des difficultés, provenant, en particulier, des conditions dans lesquelles ce mémoire a été rédigé. D'une part, la plupart des livres indispensables à l'étude des institutions de la France m'ont fait défaut à Naples. D'autre part, ce n'est qu'à Naples que je pouvais songer à rédiger quelque chapitre du règne de Charles II d'Anjou, sur lequel rien ou presque rien n'a été publié. Pour les dernières années du règne surtout, il m'a été très difficile de dresser la liste des grands officiers, car je n'avais aucun guide. Cette partie de mon travail aura besoin d'être revue d'après les registres qu'il me reste à examiner.

Bien que le règne de Charles I<sup>er</sup> d'Anjou ait fait l'objet de nombreux travaux et donné lieu à d'excellentes publications, on n'avait pas encore fait d'étude complète sur son administration. L'ouvrage de M. Paul Durrieu, qui m'a servi de guide et a facilité singulièrement mes recherches dans les archives angevines, est, avant tout, une étude diplomatique de premier ordre, et, à part les chapitres qu'il a consacrés à la Chancellerie et à l'Hôtel du roi, son étude sur la Grande Cour ne comprend que quelques pages. Le travail de Minieri-Riccio sur les grands officiers de Charles I<sup>er</sup> abonde en renseignements précieux, mais il est sans critique, et l'auteur a fait plutôt une série de biographies qu'une histoire des institutions. Les travaux publiés à Naples, au dix-septième et au dix-huitième siècle, sont ou bien incomplets, comme le livre de Tutini sur les sept offices du royaume, ou faits sans rigueur. Restent les publications de textes de Minieri-Riccio, de Del Giudice, et surtout de Winckelmann, que j'ai mises à profit.

Néanmoins, ce travail n'aurait pu être mené à bon terme, à l'aide des seuls Registres angevins, si je n'avais eu à ma disposition plusieurs manuscrits précieux pour l'*Histoire de l'administration du royaume de Sicile sous Charles I<sup>er</sup> et Charles II d'Anjou.* L'année dernière, j'ai trouvé aux Archives du Vatican, grâce à la complaisance du Père Denifle, un manuscrit qui a pour titre :

*Formularium Curie Caroli secundi regis Siciliae,* que j'avais vu cité
dans les *Annales ecclesiastici* de Raynaldi et qui est conservé ac-
tuellement sous la cote : Arm. XXXV, n° 137, avec plusieurs
manuscrits fort importants pour l'histoire de Sicile. C'est un manuscrit sur parchemin, de cent quinze feuillets, mesurant 390 sur
sur 285 millimètres, qui paraît avoir été écrit vers 1307. L'écriture en est soignée, et c'est peut-être un manuscrit original. Le
Formulaire, qui me semble devoir être attribué à Bartolommeo di
Capua, logothète et protonotaire de Sicile, ne comprend pas
moins de cent trente-deux actes transcrits intégralement, plus un
grand nombre de formules : *Exordia et accessus,* etc. — Ce manuscrit a été le guide que je cherchais pour étudier les cent
trente-quatre registres de Charles II d'Anjou. J'ai profité de mon
séjour à Rome pour le copier entièrement.

Plusieurs manuscrits du même genre avaient été signalés, entre autres le *Cartularium Neapolitanum* de Marseille (Archives des
Bouches-du-Rhône, B, 269), dont Winckelmann a publié des extraits dans ses *Acta imperii inedita*; un manuscrit de la bibliothèque de Giessen, signalé par lui, copie du dix-huitième siècle,
prise, peut-être, sur le manuscrit du Vatican ; enfin, un autre qui
appartenait à Minieri-Riccio, et qui a passé, après sa mort, en
des mains inconnues. J'ai trouvé, en outre, à Marseille (Arch. des
Bouches-du-Rhône, B, 260), un manuscrit des constitutions de
Charles Ier et de Charles II, de la fin du treizième siècle, suivi
d'un Formulaire pour les grands officiers. Le ministère de l'Ins-
truction publique a bien voulu mettre à ma disposition les deux
manuscrits de Marseille pendant le séjour que j'ai fait en France,
et j'ai pu les étudier à loisir. Enfin, la Bibliothèque nationale
m'a donné en communication le manuscrit latin 4625, où j'ai co-
pié le *Ritus Curie officii Rationum* et les ordonnances relatives aux
grands officiers, qui viennent à la suite du recueil des constitutions de l'empereur Frédéric II. Grâce à ces précieuses sources
d'information, j'ai pu entreprendre mon travail sur la Grande
Cour royale de Sicile, et la comparaison des divers manuscrits que
j'avais eus à ma disposition m'a permis de compléter, sur bien
des points, les recherches de M. Winckelmann et de M. Durrieu.

La collection des registres de la chancellerie angevine n'en
reste pas moins la mine inépuisable d'où ont été tirés les principaux éléments de cette étude. Les actes des Formulaires ne sont
pas datés, mais on peut les retrouver dans les Registres angevins
et leur donner ainsi leur véritable valeur. En outre, bien des
points obscurs des ordonnances ne peuvent être expliqués que par

des *Capitoli* et instructions du roi à ses officiers. J'ai cru devoir joindre à mon mémoire quelques pièces justificatives, en très petit nombre, vu l'abondance des documents, mais ayant trait surtout aux institutions que j'étudiais. Ces documents forment le commentaire du *Formularium curie*, qui a été la source principale de mon travail.

Enfin, j'ai joint à mon étude sur les grands officiers un *Tableau chronologique des grands officiers de Charles II*, en me servant de l'excellent modèle donné par M. Léopold Delisle dans le *Catalogue des actes de Philippe-Auguste*. M. Paul Durrieu en avait publié un semblable pour le règne de Charles I⁰ʳ (t. II, p. 196-197); je me suis efforcé de compléter son travail pour le règne de son successeur. Comme le reste du mémoire, ce tableau chronologique aura besoin d'être revu pour les trois dernières années du règne de Charles II.

Cette étude est divisée en quatre parties : 1° Les grands offices de la Couronne ; 2° le Conseil du roi ; 3° la Haute Cour de justice ; 4° la Cour des comptes, dont la réunion et l'ensemble forme la *Magna Regia Curia Sicilie*.


Naples, 30 avril 1889.

# I

## OBSERVATIONS GÉNÉRALES SUR LA GRANDE COUR ROYALE A L'ÉPOQUE DE CHARLES I<sup>er</sup> ET DE CHARLES II.

Le pouvoir royal, sous les princes de la maison d'Anjou, est centralisé dans la Grande Cour royale que le roi, dans les documents, appelle simplement Sa Cour (*Curia nostra*). Ce mot de *Curia*, ainsi que l'a fait remarquer M. Paul Durrieu (1), est pris souvent, dans les Registres angevins, dans le sens le plus large, et correspond à l'expression moderne d'*Etat*, car il désigne le principe même du pouvoir central. Tous les actes purement administratifs enregistrés à la chancellerie se distinguent des documents concernant des affaires particulières par la formule *Pro Curia* ajoutée en marge des registres. Les officiers royaux sont tenus de prêter serment à *la Cour* ; c'est au nom de *la Cour* qu'ils agissent, qu'ils publient les ordonnances, lèvent des impositions ou poursuivent les criminels ; c'est à la *Curia* qu'ils doivent rendre leurs comptes, à elle qu'ils doivent se référer dans toutes les circonstances qui réclament des instructions nouvelles. C'est dans ce dernier sens et non dans l'acception générale qui fait désigner par *foreste Curie*, *masserie Curie*, *naves Curie*, les forêts, les métairies, les navires de l'Etat, que nous voudrions étudier la *Curia regis* ; nous la désignerons de préférence, comme dans les documents de l'époque, par la formule *Magna regia Curia*.

La Grande Cour royale, prise en son ensemble, a, dans le royaume de Sicile, la même importance que la *Curia regis* du roi de France, sur le modèle de laquelle elle a été réorganisée par le fondateur de la dynastie angevine. Les savantes recherches de M. Huillard-Bréholles sur le règne de l'empereur Frédéric II (2)

(1) *Archives angevines de Naples*, t. I, p. 37.
(2) Huillard-Bréholles, *Historia diplomatica Frederici II*, introduction, p. CXIX, CXXXIV, CCCCVI et suiv.

11

montrent qu'il n'y a encore rien de précis et de bien défini dans
les attributions de la *Curia* dans la première moitié du treizième
siècle. Sous les deux premiers princes de la maison d'Anjou, la
*Magna regia Curia* conserve encore, dans sa composition et dans
ses attributions, quelque chose de vague et d'indéterminé ; cela
tient surtout à la facilité avec laquelle le roi donne à ses fidèles
le titre de *consiliarius regius*, qui permet d'être associé aux travaux de la Cour et au manque de résidence fixe pour ce grand
conseil de la Couronne. La Cour n'est pas, à la fin du treizième
siècle, un corps constitué, installé en un lieu déterminé et ayant
un règlement et une organisation particulière. La Cour accompagne le roi, et sa composition varie suivant les personnages et
conseillers qui se trouvent dans sa suite. Bientôt cependant les
inconvénients de ce système et le défaut de stabilité et d'organisation se firent sentir, surtout lorsque le souverain fut obligé de
s'absenter du royaume et de séjourner pendant assez longtemps
soit à l'étranger, soit dans des provinces reculées de ses domaines.
Le bon exercice de la justice d'une part, la surveillance des officiers royaux et particulièrement de leur gestion financière d'autre
part, exigèrent bientôt la création de commissaires spéciaux recevant du roi une délégation de son pouvoir, et représentant la
Cour dans des cas déterminés, et toujours pour une période de
temps limitée. Dès le règne de Frédéric II, le soin de rendre la
justice était confié au Maître justicier de la Grande Cour, dont
les attributions, déjà établies par les constitutions de Melfi, en
1231, furent précisées et fixées par celles de Grosseto, en 1244 (1).
Le maître justicier a auprès de lui un certain nombre de juges
formant la *Grande Cour impériale*, dont l'influence, malgré ce
titre, ne s'exerça que sur le royaume de Sicile. Mais cette Cour
eut de bonne heure une sorte d'organisation permanente qui se
traduit par l'usage d'un sceau spécial pour sceller les lettres de
rémissions, de citations et d'enquêtes. A côté de ce tribunal, on
trouve les *Magistri rationum Curiae*, chargés d'examiner les
comptes des officiers royaux, probablement sous la direction du
Logothète. Mais ces commissaires ne forment pas, à proprement
parler, une cour ; ils reçoivent une mission spéciale dans telle
province, et leurs fonctions expirent dès qu'ils ont rempli leur
mandat (2). Il ne faudrait donc pas se hâter de conclure que, dès
le milieu du treizième siècle, le sectionnement de la Cour du roi,

---

(1) *Historia diplomatica Frederici II*, introduction, p. CXL.
(2) *Ibid.*, p. CCCCVII et CCCCVIII.

suivant ses différentes attributions, était déjà opéré ; la transformation de la Grande Cour royale en corps organisé n'eut lieu
que très lentement. A cette époque, la *Curia* n'est pas indépendante de la personne du roi, et ne se distingue pas nettement des
personnages de sa suite et de son entourage.

Si la *Magna regia curia* offre beaucoup d'analogie avec la Cour du
roi de France, elle s'en distingue cependant par quelques traits es-
sentiels, qu'il importe de marquer avant d'étudier les éléments qui
ont pu être empruntés par les monarques angevins à l'ancienne Cour
capétienne. Dès le règne de Philippe le Hardi, la section judiciaire
de la Cour du roi de France est fixée dans le Palais de la cité à Paris ;
le reste de la *Curia regis* conserve son caractère ambulatoire, et
l'on trouve encore, à cette époque, des citations à comparaître « là
où serait le roi (1). » Néanmoins, il y a une Cour sédentaire à
Paris, divisée déjà en grand'chambre, chambre des plaids, section
des enquêtes, section des requêtes (2); elle a des sessions en
nombre indéterminé et à des dates variables, mais le temps y est
déjà « partagé d'avance entre les différentes provinces de la
» France, afin d'éviter aux justiciables les frais d'un trop long
» séjour à Paris (3). » Dans le royaume de Sicile, la *Magna regia
Curia* judiciaire se compose, sous Charles I⁰ʳ et sous son fils, d'un
nombre de juges déterminé (4), de divers officiers et notaires ;
mais elle diffère du Parlement du roi de France en ce qu'elle
n'est qu'une sorte de commission présidée par le Maître justicier,
qui a reçu délégation des pouvoirs du roi en matière de justice.
En second lieu, la Cour n'a pas de résidence fixe ; au contraire,
un des articles des constitutions réformatrices de 1289 prescrit
que le Maître justicier et les Juges de la Grande Cour résideront,
chaque année, pendant six semaines, dans les provinces suivantes:
Abruzzes, Terre de Labour et Principat, Capitanate et Basilicate,
Terre de Bari et Terre d'Otrante, pour parcourir ces provinces
en rendant la justice et en réformant les abus commis par les
justiciers et autres officiers (5). Plus tard, les pouvoirs judiciaires donnés aux *Enquêteurs royaux* dans les provinces enle-
vèrent au Maître justicier et à la Grande Cour une partie des

(1) Ch.-V. Langlois, *Le règne de Philippe III le Hardi* (Paris, 1887, in-8°),
p. 309.
(2) *Ibid.*, p. 310.
(3) *Ibid.*, p. 314.
(4) Voir Minieri-Riccio, *De' grandi uffiziali del Regno di Sicilia* (Napoli,
1872, in-8°), p. 79, et, plus loin, l'organisation de la cour de justice.
(5) *Capitula regni utriusque Siciliae*, t. II, p. 73.

causes qui leur revenaient en qualité de Tribunal administratif.

L'importance du Maître justicier dans la Grande Cour royale de justice est un des caractères qui la distingnent du Parlement. Le rôle et les attributions des grands officiers de la Couronne établissent, en effet, une différence profonde entre la Grande Cour du roi de Sicile et la *Curia regis* de France. Cette distinction est d'autant plus curieuse à noter, que la plupart des offices de la Cour ont été importés de France par les princes de la maison d'Anjou. La composition de la Cour n'avait, avons-nous dit, rien de fixe et de déterminé ; c'était l'ensemble des *consiliarii regii* ; mais, à l'époque où Charles I<sup>er</sup> reçut du pape l'investiture du royaume de Sicile, une distinction s'était déjà établie à la Cour du roi entre les fonctions domestiques et les charges politiques des palatins, conseillers et familiers du roi. On distinguait des officiers domestiques de l'Hôtel (tels que les chambellans, les chefs des six *métiers* de l'Hôtel, etc.), les conseillers, clercs et chevaliers devenus des officiers politiques (1). Les grandes dignités du palais, fonctions domestiques sous les premiers Capétiens, étaient devenues politiques, puis féodales. Les sept grands officiers de la Couronne faisaient partie de droit du conseil du roi ; mais, au treizième siècle, leur influence réelle avait beaucoup diminué, et l'on a pu dire que les grands officiers de Philippe le Hardi n'étaient en réalité que les premiers de ses courtisans, n'exerçant aucune action politique sur la conduite du gouvernement (2).

Les grands offices existaient aussi dans le royaume de Sicile dès l'époque des rois Normands ; mais, sous Frédéric II, trois d'entre eux seulement avaient conservé une influence politique ; c'étaient le chancelier, le grand justicier et le protonotaire ou logothète ; les autres n'avaient à la cour impériale que des fonctions purement domestiques ou honorifiques, et quelques-unes des charges, celle du connétable par exemple, restaient souvent vacantes (3). Charles I<sup>er</sup>, arrivant au trône de Sicile avec une clientèle de chevaliers français, et désirant, dans l'intérêt de sa dynastie, les garder auprès de lui, ne se contenta pas, après la conquête, de les établir dans le royaume en leur distribuant les grands fiefs confisqués sur les partisans de Manfred et plus tard de Conradin. Il organisa sa Cour royale, et s'entoura de conseillers en rétablissant au profit de ses plus fidèles chevaliers les grands offices de la

---

(1) Ch.-V. Langlois, ouv. cité, p. 306.
(2) *Ibid.*, p. 305.
(3) Huillard-Bréholles, ouv. cité, introduction, p. CXXXVI et suiv.

Couronne. Il garda de l'ancienne cour des rois de Sicile l'amiral, le chancelier, le protonotaire et le maître justicier, et nomma un chambrier, un connétable, un sénéchal et deux maréchaux, à l'imitation de la Cour de France (*ad modum regni Francie*) (1). Toutes ces charges n'eurent pas la même importance. Dès le règne de Charles Ier, plusieurs restèrent sans titulaire ; c'est ainsi que la charge de protonotaire reste vacante dès les premiers mois de 1269, celle de connétable, en 1278, après la mort de Jean Britaud de Nangis ; celle de chancelier est exercée après Simon de Paris par un vice-chancelier, Guillaume de Faronville, qui reste en fonctions jusqu'à la fin du règne (2). Mais de même que la nouvelle féodalité, créée pour ainsi dire de toutes pièces dans le royaume de Sicile, comportait des règles précises sur les devoirs des vassaux et sur leurs relations avec la royauté, de même la création nouvelle d'officiers de la couronne fut accompagnée d'un ensemble de mesures définissant et précisant leurs attributions. Sans doute, la plupart de ces charges furent honorifiques et servirent simplement de prétexte pour donner de plus grosses pensions ou *provisions* à certains fidèles du roi. Il est certain, par exemple, que la charge de connétable n'eut sous Charles Ier et sous Charles II aucune importance politique, et qu'au point de vue militaire, ses fonctions paraissent avoir été attribuées aux maréchaux du royaume. Le chambrier semble n'avoir aucune influence sur l'administration financière des deux règnes. Mais souvent aussi la valeur du personnage a donné une importance exceptionnelle aux fonctions qu'il occupait. La charge de chancelier a brillé d'une façon toute particulière pendant l'administration de Geoffroy de Beaumont ; puis, après la mort de Simon de Paris, la charge a été laissée vacante par Charles Ier d'Anjou. Tandis que le protonotaire ne joue qu'un rôle très secondaire sous le fondateur de la dynastie angevine, et que la charge reste vacante de 1269 à 1283, Bartolomeo di Capua, revêtu de cette dignité, sous Charles II, exerce une influence prépondérante dans le gouvernement. C'est d'ailleurs un fait curieux à noter dans l'histoire du gouvernement de la maison d'Anjou, que l'importance nouvelle des grands officiers de la couronne pendant le règne de Charles II. Quand le roi réorganise la Cour et établit un conseil de régence ou cour de la

(1) Bibl. nat., latin 4625, fol. 98 v°. Arch. du Vatican, arm. xxxv, n. 137, fol. 82.

(2) Voir le *Tableau chronologique des grands officiers du royaume de Sicile*, publié par M. Paul Durrieu, ouv. cité, t. II, p. 196 et 197.

vicairie, c'est à ses grands officiers qu'il confie surtout le soin d'administrer le royaume en son absence, et c'est eux qui sont placés à titre de conseillers auprès des fils du roi, lieutenants généraux du royaume. Ce réveil de l'ancienne institution féodale des grands officiers est marqué par une législation nouvelle, une série de *Capitula secundum novum modum* définissant et précisant les attributions et le rôle des divers offices.

Ces instructions ou *Capitoli* des grands officiers méritent à eux seuls une étude spéciale, car ils apparaissent à une époque intérressante de l'évolution du pouvoir royal au moyen âge. En outre, nous ne possédons rien de semblable sur les grands offices de la couronne de France, et nous savons que Charles I⁰ʳ et Charles II ont fixé les attributions de certains de leurs officiers d'après la coutume du royaume de France. Ce qui distingue l'administration des premiers rois de Sicile de la maison d'Anjou, c'est leur besoin de légiférer, leur manie de tout réglementer jusque dans les plus petits détails, manie qui rendit leur gouvernement insupportable aux populations insouciantes du midi de l'Italie et de la Sicile. Ces *Capitoli* sont donc une source d'information très précieuse pour l'histoire du moyen âge; et, si la plupart d'entre eux ont été publiés (1), il semble que l'on n'en ait pas tiré encore tout le parti et le profit qu'ils peuvent apporter à l'étude des institutions. Les auteurs qui se sont occupés des grands officiers du royaume de Sicile ont étudié moins les offices eux-mêmes que les personnages qui les ont occupés (2). Si quelques-uns, comme

(1) Minieri-Riccio a fait précéder les notices consacrées aux grands officiers de la Couronne de 1265 à 1285, des *Capitoli* des divers offices, mais la plupart de ces documents sont d'une époque postérieure à celle qu'il étudie. Quelques-unes de ces instructions, en particulier celles relatives au Chancelier, ont été publiées par Ed. Winckelmann, *Acta imperii inedita seculi XIII et XIV* (Innsbruck, 1880, 2 vol. gr. in-8°), t. I, p. 731 et suiv., d'après le *Cartularium Neapolitanum* de Marseille (Arch. des Bouches-du-Rhône, B, 269), sous le titre de *Statuta officiorum*, et rééditées à part sous le titre de *Sicilische und paepstliche Kanzleiordnungen und Kanzleigebraeuche* (Innsbruck, 1880, in-8°). Les archives du Vatican possèdent un *Formularium Curiae regni Siciliae*, qui doit être un manuscrit original écrit de 1307 à 1309, sous la direction de Bartolomeo di Capua (Arch. Vatic., arm. xxxv, n. 137). C'est de ce manuscrit, qui est à notre avis la source des mss. de Marseille, B, 260, et B, 269, et des formulaires analogues, que nous tirerons les principaux éléments de cette étude.

(2) Voici quels sont les ouvrages qui traitent des grands officiers du royaume de Sicile :

Don Camillo Tutini, *Discorsi di sette officii overo di sette grandi del*

Tutini et Minieri-Riccio, ont publié les instructions relatives à
certains offices, ils l'ont fait sans se préoccuper de l'époque des
documents qu'ils publiaient, et surtout sans établir de comparaison entre les institutions qu'ils étudiaient et les charges de même
nature existant dans d'autres pays. Cette étude sur la grande cour
royale de Sicile comprendra deux parties : la première sera consacrée aux grands offices de la couronne, sous les règnes de Charles I<sup>er</sup> et de Charles II, la seconde aura pour objet l'étude de
l'organisation de la Cour suivant ses diverses attributions, que
Humbert de Romans définissait ainsi en France : « expédier les
affaires après mûre délibération, recevoir les comptes des officiers
royaux et régler la marche générale du gouvernement (1). » C'est-
à-dire qu'après avoir défini les attributions du conseil du roi ou
commun conseil, nous étudierons la cour de haute justice du
maître justicier (2), et les attributions des maîtres rationaux, qui
correspondent à la cour des comptes.

Tutini a traité des sept grands offices du royaume de Sicile, et
il ne classe pas parmi les grands dignitaires de la couronne les
deux maréchaux ; de plus il les présente dans un ordre arbitraire,
ne reposant sur aucune donnée scientifique. Ce classement n'a pas
la moindre importance, les grands officiers ayant exercé plus ou
moins d'influence selon leur valeur personnelle. Aussi, à l'exception du maître justicier, suivrons-nous l'ordre adopté jusqu'ici
par tous les historiens, et traiterons-nous du connétable, de l'a-
miral, du protonotaire, du chambrier, du chancelier, du sénéchal
et des Maréchaux.

regno di Napoli (la première partie, traitant du connétable, du maître jus-
ticier et de l'amiral, a seule paru). Roma, 1666, in-4°.
Marinus Freccia, De subfeudis baronum et investituris baronum. Venezia,
1569, t. I, p. 27 à 55.
Minieri-Riccio, De' Grandi Uffiziali del regno di Sicilia dal 1265 al 1285.
Napoli, 1872, in-8°.
En outre, Huillard-Bréholles a publié la liste des grands officiers de Frédéric II dans son Historia diplomatica, introd., p. cxv et cxxxvi, et Paul
Durrieu a publié le tableau chronologique des grands officiers de Charles I<sup>er</sup>,
dans Les archives angevines de Naples, t. II, p. 196-197.
(1) Max. Bibl. Patrum, XXV, 559, cité par L. de la Marche, La chaire
française au moyen âge, p. 350, et ch. V. Langlois, ouv. cité, p. 307.
(2) L'importance prise par la cour du maître justicier nous autorise à
séparer l'étude sur ce grand dignitaire des autres grandes charges de la
couronne.

## II

LES GRANDS OFFICIERS DE LA COURONNE.

### I. — Le Connétable.

D'après Tutini (1), la dignité de connétable était la première
du royaume, et, dans les cérémonies publiques, cet officier précédait tous les barons et dignitaires ; dans les parlements, il sié-
geait à la droite du roi, et, quand celui-ci chevauchait, le connétable le précédait tenant à la main une épée nue. Ce glaive était
le symbole de sa dignité, et il le recevait des mains du roi, après
lui avoir prêté serment de fidélité, avec la formule : « *Accipe
sanctum Gladium, in quo deiicies adversarios meos.* » Le connétable était le chef suprême de l'armée, et il avait en cette qualité
le titre de capitaine général ; mais quand le roi était absent et
créait un lieutenant général, vicaire ou vice-roi, celui-ci exerçait
en réalité les fonctions du connétable. L'institution du connétable apparaît dès l'époque des rois normands et semble avoir été
importée par eux dans le midi de l'Italie et en Sicile. Parmi les
grands connétables de cette époque, on cite : Robert de Basseville,
au temps du roi Roger ; Simon, comte de Policastro, et Richard
de Mandra, comte de Molise, connétables de Guillaume Ier ;
Berardo Gentile, comte de Lesina, Tancrède, comte de Lecce,
Roger, comte d'Andria, connétables de Guillaume II (2). Sous le
règne de Frédéric II, on ne trouve qu'un seul personnage qui ait
porté le titre de connétable, c'est Gualterio Gentile, qui figure
avec ce titre dans des actes de 1212 à 1216 (3). Enfin Manfred,
fils naturel de Frédéric II et prince de Tarente, aurait été créé
en 1252 connétable par Conrad, roi des Romains, lors de sa pre-

(1) Tutini, *Discorsi de sette officii*, etc., p. 11.
(2) Tutini, ouv. cité, p. 15, 17, 19, 25, 33, 46.
(3) Huillard-Bréholles, *Hist. diplomatica*, introd., p. cxxxvii.

mière expédition dans le royaume de Sicile (1). Cette charge ne
paraît cependant pas avoir eu une grande importance dans le
royaume de Sicile au XIII° siècle.

Le roi Charles Ier, après sa victoire sur Manfred, pourvut à
chacun des sept grands offices du royaume, et il releva en particulier la charge de connétable. Dans les statuts faits à Trani ou à
Capoue, en avril-mai 1265, ou, s'il faut en croire Winckelmann,
en novembre 1268 seulement (2), il était établi que le « connétable aurait l'office de la connétablie, selon l'usage du royaume
de France, et qu'il l'exercerait fidèlement selon cet usage (3). »
Cette ordonnance avait été faite en présence de Guillaume de
Beaumont, amiral du royaume, de Geoffroy de Sargines, grand
sénéchal, et de Robert de Bari, protonotaire, ce dernier mort
dans les premiers mois de 1269. Bien que l'office de connétable
existât dans le royaume de Sicile, dès le XI° siècle, Charles Ier le
rétablissait avec les mêmes attributions, droits et prérogatives
que le connétable du royaume de France. Nous croyons d'autant
plus que c'est au lendemain même de sa victoire que Charles Ier
créa les grands officiers de la couronne, que certains historiens
nous apprennent que le titre de connétable avait été promis avant
la conquête à René de Beauvau, qui fut mortellement frappé à
la bataille de Bénévent (4). C'est Jean Britaud de Nangis, pane-

(1) Tutini, ouv. cité, p. 55 et 56.

(2) Les statuts auxquels nous nous référons se trouvent dans le ms. de la
Bibl. nat. de Paris, Latin. 4625, fol. 98 v°, et dans le *Cartularium Neapolitanum* des Archives des Bouches-du-Rhône, B. 269, fol. 71, avec la formule :
« *Infrascripta capitula facta sunt apud Tranum per dominum Carolum
» regem Sicilie-, in ejus presentia, presente quoque domino Guillelmo de
» Bellomonte, amirato, domino Goffrido de Sardinis, senescallo, domino
» Roberto de Baro, prothonotario regni Sicilie,* etc. » Le ms. des Archives
du Vatican. arm. XXXV, n. 137, qui est le meilleur des mss., remplace Trani
par « *apud Turrim Sancti Herasmi* » de Capoue. Winckelmann (*Acta imperii*, p. 741), qui publie seulement les *Capitoli* de l'office de protonotaire et
de chancelier (qui ne semblent pas d'ailleurs de la même époque que les
autres), veut que Charles ait édicté ces ordonnances en 1268 seulement,
parce qu'à cette époque eut lieu une cour générale ou parlement à Trani,
où furent promulgués divers règlements (*Del Judice Codice diplomatico*, t. I,
p. 268). Nous ne croyons pas que Charles ait attendu trois ans pour créer
les nouveaux officiers, et le connétable Jean Britaud de Nangis, comme le
protonotaire Robert de Bari, étaient en charge dès 1265.

(3) « *Officium comestabuli. — Comestabulus habet officium Comestabulie
ad modum regni Francie, illudque ad dictum modum fideliter exercebit.* »
(Arch. Vatic., arm. XXXV, n. 137, fol. 82.)

(4) Saint-Priest (de), *Histoire de la conquête de Naples par Charles
d'Anjou*, t. II, p. 197.

Charles, reconnaissant en effet les inconvénients de ces grands offices de la couronne, les laissa au fur et à mesure des extinctions sans titulaires, ou bien fit gérer la fonction par de simples suppléants. A la mort de Jean Britaud de Nangis, survenue au mois d'août 1278, il ne lui donna pas de successeur, et la charge de connétable resta vacante jusqu'à la fin du règne (2). La plupart des grands offices de la couronne furent dépourvus de titulaires pendant la captivité de Charles II et la régence de Gérard de Parme, légat du Saint-Siège et de Robert d'Artois. Le besoin d'avoir un connétable se faisait d'autant moins sentir que ses fonctions militaires étaient en réalité exercées par le capitaine général du royaume, qui était Jean de Monfort, comte de Squillace, grand Chambrier. Cependant Charles II, après son couronnement, releva la plupart des grandes charges, et il donna le titre de connétable de Sicile à Florent de Hainaut, comte de Hollande, fils de Jean d'Avesnes, comte de Hainaut, qui venait d'épouser Isabelle de Villehardouin, princesse d'Achaïe, veuve de Philippe d'Anjou, frère du roi Charles II (3). Entre les mains du prince d'Achaïe la dignité de grand connétable semble n'avoir été qu'honorifique, et lorsque Florent de Hainaut eut été tué, en 1297, par Gérard de Welsen, le roi laissa vacante la charge de connétable. En 1301, voulant récompenser les fidèles services et la bravoure d'un de ses meilleurs capitaines, Guillaume l'Etendard (4), maréchal du royaume depuis 1295, et qui avait été en 1298 le capitaine général de l'armée expédiée en Sicile, il lui conféra la charge et dignité de connétable, et fixa, dans une ordonnance du 13 mai 1302, les fonctions et attributions de ce grand officier (5).

(1) Sur Jean Britaud de Nangis, voir le P. Anselme, *Histoire généalogique de la maison de France*, t. VIII, p. 605, et Minieri-Riccio, *De' Grandi Uffiziali*, p. 6-8.

(2) P. Durrieu, *Archives angevines de Naples*, t. II, p. 190.

(3) Camera (Matteo), *Annali delle due Sicilie* (Napoli, 1860, 2 vol. in-8°), t. II, p. 19 et 20.

(4) Sur Guillaume l'Etendard, voir la notice publiée par Minieri-Riccio, *De' Grandi Uffiziali*, p. 242 et suiv. Tutini confond Guillaume l'Etendard avec son père, maréchal sous Charles I°°, mais il publie la commission de Charles II, du 4 octobre 1301 (*op. cit.*, p. 12).

(5) Les *Capitoli* de l'office de connétable ont été publiés par Tutini (*ibid.*, p. 13), et par Minieri-Riccio, *De' Grandi Uffiziali*, p. 4-5, d'après le Reg. ang. 1301 G, n. 112, fol. 219 v°, 220.

Ces *Capitoli* montrent bien qu'à la fin du treizième siècle l'office de connétable était purement honorifique, et que les fonctions · exercées jadis par ce grand dignitaire étaient entre les mains des Maréchaux et des capitaines généraux, commandant en chef les troupes royales._En restaurant cette dignité au profit d'un de ses plus fidèles serviteurs, Charles II place le connétable au-déssus des Maréchaux; mais la plupart des attributions données au connétable dans l'ordonnance de 1302 sont celles que l'on retrouve dans les *Capitoli* relatifs aux Maréchaux donnés l'année précédente au même Guillaume l'Etendard (1). Comme le maréchal, le connétable doit prendre toutes les mesures pour le campement, le logement et la protection de l'armée en campagne; c'est lui en particulier qui fixe le lieu où doit être plantée la tente royale et où doivent être logés les grands officiers et les principaux personnages. Dans le combat, c'est lui qui est chargé de disposer les troupes et de les diviser en un certain nombre de corps ou bataillons, et il peut se mettre à la tête de la division qu'il choisira. Enfin il doit veiller à l'approvisionnement de l'armée, fonction qui est proprement celle des maréchaux, et qu'il ne fait que diriger, laissant aux maréchaux ou au maréchal le soin des détails. Comme il partage les attributions, il a aussi une part des droits et profits des maréchaux. Ainsi les maréchaux perçoivent, quand ils sont à l'armée, un droit pour le soin et la garde du marché aux vivres, appelé *Jus Mercati* ; le Connétable, quand il commande l'armée, prend la moitié de ces droits. Cependant il n'a pas un droit absolu sur ces revenus et profits, puisque le roi peut toujours, dans l'intérêt de l'armée, décider qu'ils ne seront pas perçus, et que, dans certains cas, notamment dans les principales cités du royaume, la perception en est confiée aux *Secreti* au profit du trésor royal. Le connétable, comme les maréchaux, ne prélèvent ces droits que quand l'armée est en campagne; en temps de paix, les revenus sont perçus par la Cour suivant la forme accoutumée. Il en est de même pour la solde, salaire ou provision du connétable : en temps de guerre, il a droit, tous les trois mois, à un jour de paye de chacun des cavaliers ou gens de pied aux gages de la cour : c'est-à-dire quatre

(1) Ces *Capitoli*, qui se trouvent dans le *Formularium Curie Caroli II* (Vatic., XXXV, n. 137), fol. 96, et dans le *Cartularium Neapolitanum* (Arch. de Marseille, B, 269), fol. 84 v°, ont été publiés d'après le Reg. ang. 1301 F. n. 111, fol. 68, par Minieri-Riccio, *De' Grandi Uffiziali*, p. 213-216. Voir plus loin.

outre, il touche deux onces d'or par jour pour ses gages. Mais, la guerre terminée, il ne reçoit plus qu'une once d'or par jour. Si la charge de connétable était de peu d'utilité pour la couronne et faisait double emploi avec les grands commandements, on voit qu'elle était assez lucrative et qu'elle obérait fortement le trésor.

Au point de vue du commandement de l'armée, l'importance du connétable dépendait naturellement de la valeur de l'homme de guerre qui était chargé de cet office. Il se distingue cependant des autres officiers militaires par ses fonctions de grand justicier de l'armée, qui le placent au-dessus des maréchaux. Cette juridiction s'exerce d'abord au premier degré, dans le cas où le maréchal ou les maréchaux seraient négligents à rendre la justice ; le devoir du connétable est d'accueillir toutes les plaintes et de faire droit et justice dans les causes civiles et criminelles. Sont exceptés de la juridiction du connétable les gens de l'hôtel du roi ou de l'hôtel du vicaire général du royaume, qui relèvent du grand sénéchal, et les marins, officiers ou employés aux choses maritimes qui dépendent du grand amiral. Enfin le connétable est juge suprême d'appel de l'armée, et il a la connaissance des causes civiles et criminelles déjà jugées par le maréchal ou les maréchaux, et pour lesquelles on a recours à sa juridiction. Ce droit lui donne une supériorité incontestable sur les maréchaux, placés déjà sous ses ordres immédiats pour les affaires militaires.

Guillaume l'Etendard exerça la charge de connétable jusqu'à sa mort, survenue au mois de juin 1308. Le roi Charles II nomma à sa place un de ses plus braves capitaines, Jean de Joinville, auquel il conféra les mêmes droits, fonctions et attributions qu'à son prédécesseur, par une ordonnance datée du 23 juin 1308 (1). Il n'y a dans ces nouveaux *Capitoli* qu'une addition à signaler : le roi donne au grand connétable le droit de confirmer les *connétables* ou capitaines élus par certaines communautés dans les Pouilles et dans les autres cités du royaume; il doit approuver ces élections et en donner lettres patentes sous son sceau, avant que ces officiers reçoivent la confirmation royale.

(1) Ces *Capitula pertinentia ad officium Comestabulie* ont été publiés par Tutini, *Discorsi de' sette officii*, p. 13-14.

## II. — L'Amiral.

L'office de grand amiral est un des plus anciens du royaume de Sicile et date des premiers temps de la monarchie normande. Les premiers rois de Sicile furent en effet obligés, par l'étendue des côtes de leur royaume et par la situation de leurs domaines séparés en deux parties par le détroit de Messine, de se créer de bonne heure une puissance maritime, qui leur permît de se défendre contre leurs ennemis les Sarrasins, et contre les navires de l'empire grec d'Orient. Aussi, tandis que le roi de France ne possède pas de marine avant le treizième siècle et que la charge de grand amiral de France est de création relativement moderne, trouve-t-on dès l'année 1140 auprès du roi Roger de Sicile un grand amiral, Georges Rozio de la ville d'Antioche, qui, en 1449, délivra le roi de France Louis VII, que des vaisseaux grecs avaient fait prisonnier à son retour de la croisade (1). L'amiral de Sicile prit une grande importance et devint un des principaux officiers de la couronne ; la nature de ses fonctions ne permettait pas en effet de laisser longtemps la charge vacante, comme cela se pratiquait pour les autres offices. Dès le règne de Frédéric II, le grand amiral de Sicile est nommé à vie, et ses attributions sont définies et précisées dans des instructions ou ordonnances de l'année 1239, lors de la nomination au titre d'amiral du gênois Nicolino Spinola (2). L'influence politique du grand amiral de Sicile ressort de ce fait qu'après la mort de Conrad, fils de Frédéric II, l'amiral Ansaldo de Mari, à l'exemple de quelques autres grands dignitaires, fit un accord particulier avec le pape Innocent IV et obtint de lui une nouvelle investiture de son office (3).

Les fonctions et attributions du grand amiral sont bien fixées dès le règne de Frédéric II, et elles sont intéressantes à étudier. L'office d'amiral est en effet un des plus importants de la monarchie angevine, le seul, avec celui du maître justicier qui n'ait pas souffert de vacance pendant les règnes de Charles I⁰ʳ et de Charles II, et il a donné lieu à bien des règlements et instructions. En

(1) Tutini, *Degli Ammiranti*, p. 31.

(2) Ces *Capitula pertinentia ad officium Ammiratiae* de Frédéric II, d'octobre ou novembre 1239, ont été publiés par Tutini, *Degli ammiranti*, p. 4-11, et reproduits par Huillard-Bréholles, *Hist. diplomatica*, t. V, p. 577.

(3) Acte daté de Naples 3 novembre 1254, publié par Tutini, *Degli ammiranti*, p. 58, cité par Huillard-Bréholles, *Hist. diplomatica*, introd., p. CXLVI.

outre, lorsque Charles II, ayant conclu un traité avec Jaime II, roi d'Aragon, pour recouvrer l'île de Sicile, confia la charge de grand amiral à son ancien ennemi, Roger de Lauria (1), il lui donna comme instructions de son office les *Capitula Frederici II*, avec leurs droits et privilèges tels que le roi d'Aragon les avait restaurés en faveur du grand homme de mer (2). Les droits et privilèges conférés au grand amiral de Sicile sont si considérables que l'on comprend que Charles I*er* n'ait pas songé à les rétablir au profit de ce grand officier, quand il réorganisa la cour royale.

L'amiral n'a pas seulement le commandement supérieur des forces navales du royaume, il a la haute direction de tout ce qui concerne les affaires maritimes, la défense des côtes, la construction et réparation des galères, l'administration des arsenaux, etc. C'est lui en effet qui nomme dans chaque arsenal un ou plusieurs commissaires chargés de la direction des travaux et qui surveille leurs comptes (3). Il nomme au commandement des navires les *comiti* ou capitaines de la flotte ; il a le droit de révoquer ceux qui lui paraissent incapables et inutiles et d'en nommer d'autres experts et suffisants (4). Sont exceptés cependant les *comiti* qui ont reçu leurs charges en fiefs héréditaires, concédés par les anciens rois normands. L'amiral a le droit seulement, quand l'un de de ces feudataires meurt sans héritier légitime, de conférer dans le courant de l'année à des gens experts et méritants une inféodation nouvelle de l'office de *comitus* à charge de service envers la Cour (5).

L'amiral a la surveillance et la police des mers ; il doit poursuivre les pirates et protéger les navires de commerce contre la course des populations maritimes. Nul ne peut faire la course sans son autorisation, et ceux à qui il permet d'armer pour la course doivent déposer entre ses mains une caution, et s'engager à ne faire aucun dommage aux amis et fidèles du roi, sous peine d'amende et de restitution des marchandises et objets volés. Si la

---

(1) M. Amari, *La guerra del Vespro Siciliano*, t. II, p. 284, n. 3 et 320.

(2) « *Forma commissionis Amiratie facta domino Rogerio de Lauria per regem Aragonum, quando tenebat insulam Sicilie occupatam, que forma dicitur esse astracta de antiqua concessione Imperatoris,* » *Formularium Curie*, Arch. du Vatican, XXXV, n. 137, fol. 93.

(3) « *Capitula pertinentia ad officium Ammiratiae,* » art. I*er*, dans Tutini, *Degli ammiranti*, p. 4.

(4) *Ibid.*, art. VI, p. 7.

(5) *Ibid.*, art. VII, p. 7.

caution est insuffisante pour réparer les dommages, l'amiral lui-
même est tenu de payer le surplus (1). Pour pouvoir exercer uti-
lement cette surveillance et maintenir la paix et la tranquillité sur
les mers, l'amiral possédait des droits de juridiction très étendus.
Il n'a pas seulement le droit de juger au civil et au criminel tous
les officiers et employés aux arsenaux royaux (2), tous les officiers
et marins des flottes de l'état, quand elles sont armées pour la
guerre et quinze jours avant et quinze jours après l'armement des
vaisseaux (3) ; c'est encore lui qui reçoit les plaintes des communautés ou des personnes victimes d'un acte de piraterie (4). L'a-
miral enjoint par lettre aux communautés ou aux particuliers qui
se sont rendus coupables de pillage ou de vol en mer, de réparer
les dommages causés et de restituer ce qu'ils ont pris. Dans le cas
où la communauté ou les individus refuseraient de faire justice,
l'amiral a droit de se saisir de leurs biens jusqu'à complète réparation des dommages causés.

Les droits que percevait l'amiral de Sicile et les profits de sa
charge étaient très considérables. Il avait d'abord le droit, en temps
de paix comme en temps de guerre, d'armer toujours jusqu'à quatre galères pour le service du roi et le droit de requérir les officiers
de finances, sans autre mandement du roi, d'avoir à lui fournir
les sommes nécessaires à l'armement de ces quatre galères (5).
S'il devait donner quittance à ces officiers des sommes qui lui
étaient ainsi payées, il pouvait, pour rendre les comptes des payements effectués pour ses dépenses, ne présenter que ses livres de
comptes sans autre garantie, apodixes ou quittances (6). L'empereur Frédéric II confirmait à l'amiral tous les droits que ses prédécesseurs avaient coutume de recevoir de la cour, des marins et
d'autres gens naviguant sur mer (7). Il lui permettait entre autres·
choses d'extraire de tous les ports du royaume, sans payer de
droits, toutes les marchandises et objets achetés par lui et chargés
sur ses navires (8). Il recevait comme gages une once d'or par
jour de la cour et recevait chaque année à Messine, Naples et
Brindisi cent charges de blé et cent charges de vin de l'État dans

(1) *Capitula pertinentia ad officium Ammiratiae*, art. II, p. 5.
(2) *Ibid.*, art. V, p. 7.
(3) *Ibid.*, art. IV, p. 6.
(4) *Ibid.*, art. III, p. 6. .
(5) *Ibid.*, art. VIII, p. 7, et art. XX, p. 10.
(6) *Ibid.*, art. IX, p. 8.
(7) *Ibid.*, art. XVIII, p. 10.
(8) *Ibid.*, art. XIX, p. 10.

chaque ville et, à défaut de denrées, leur valeur prise sur les revenus des amendes (1) : il prélevait, en outre, un droit sur les vivres de chacun des navires de la flotte (2). Tous les vieux navires, les agrès, cordages et instruments divers devenus inutiles et laissés dans les arsenaux, devenaient sa propriété après la campagne (3). Enfin, sa part dans les prises était réglée avec le plus grand soin : s'il parvenait à faire prisonnier l'amiral de la flotte ennemie, celui-ci lui appartenait avec tous les objets pris avec lui (4). Les armes, vêtements, pièces de drap, sacs et autres choses prises sur les navires ennemis étaient laissés à l'amiral (5) : s'il prenait des Sarrasins, la vingtième partie d'entre eux lui revenait de droit (6) ; s'il parvenait à conclure avec les Sarrasins des traités leur imposant de payer tribut au roi ou s'il percevait ce tribut de Barbaresques qui avaient coutume de le payer, il en retenait la dixième partie (7). Enfin le roi lui abandonnait le droit perçu par la cour sur les navires et vaisseaux étrangers faisant naufrage sur les côtes du royaume de Sicile (8).

Les droits et privilèges du grand amiral de Sicile étaient, on le voit, très considérables dès le règne de l'empereur Frédéric II, et ils s'expliquent par le rôle important de ce grand officier dans les affaires du royaume. Charles Iᵉʳ d'Anjou comprit que le royaume de Sicile devait être une puissance maritime et étendre son influence dans la Méditerranée. Aussi fit-il de grands efforts pour développer la marine de son royaume et laissa-t-il au grand amiral une part très importante dans les conseils de la couronne. Il maintint la plus grande partie de ses privilèges, tout en supprimant ceux qui n'avaient plus de raison d'être à cette époque ; mais il rendit au roi la direction suprême des opérations maritimes, et l'amiral dut, dans la plupart de ses attributions, avoir recours au roi et obtenir son consentement préalable.

Le premier grand amiral de Sicile sous Charles Iᵉʳ fut Guillaume de Beaumont, qui exerça cette charge de 1265 à 1269 ; le 26 mars 1269, le roi lui avait envoyé les instructions ou *Capitoli* relatif à son office, où l'on retrouve quelques-unes des disposi-

(1) *Capitula pertinentia ad officium Ammiratiae*, art. XIV, p. 9.
(2) *Ibid.*, art. XII, p. 9.
(3) *Ibid.*, art. XIV, p. 9.
(4) *Ibid.*, art. X, p. 8.
(5) *Ibid.*, art. XI, p. 8.
(6) *Ibid.*, art. XV, p. 9.
(7) *Ibid.*, art. XVI, p. 9.
(8) *Ibid.*, art. XVII, p. 9 et 10.

tions de l'ordonnance de Frédéric II (1). Toutes les flottes armées
ou expéditions maritimes doivent être faites par ordonnance de
l'amiral, avec le consentement du roi (2); il a la direction de tout
ce qui concerne l'armement et l'approvisionnement des navires.
C'est lui qui, du consentement du roi et à son su, nomme les di-
recteurs des arsenaux, les *prothontini* ou capitaines de port et les
*comiti* ou capitaines de navires (3). En campagne, quand la flotte
est réunie, et même pendant l'armement des vaisseaux, l'amiral
a droit de juridiction sur ses marins, même au criminel (*jus san-
guinis*) (4). Quant à ses revenus et privilèges, quelques-uns des
anciens ont été conservés; d'autres ont disparu pour faire place à
de nouveaux droits. Ainsi l'amiral touche toujours comme gages
une once d'or par jour (5). Il a le droit d'emmener avec lui dix
serviteurs touchant les mêmes gages que les marins servant sur
la flotte (6), et, en campagne, il reçoit sur la paye de chaque galère un tarin gros (7), que l'ordonnance de 1307 estime à une
once (8). Il reçoit de la cour, quand il va en voyage, les vivres
nécessaires, pain, vin, huile, viandes salées, fromage, etc., pour
lui et sa suite (9). Il a conservé le droit de prise sur les navires
ennemis, et tous les vêtements et draps coupés lui reviennent (10).
Enfin, s'il n'a plus un droit absolu, comme auparavant, sur les
vaisseaux et agrès hors de service, il doit signaler au roi les navires qui ne peuvent plus être réparés, et celui-ci, après enquête,
peut en disposer en sa faveur (11). Plusieurs droits pécuniaires
nouveaux ont été assignés par Charles Iᵉʳ au grand amiral sur les
revenus du port de Messine; ainsi, il a l'entrée du port de Messine, qui lui rapporte deux mille tarins d'or. C'est ce que l'on

---

(1) Ces *Capitula officii Amiratiæ* se trouvent dans le Reg. ang. 1269 B,
nᵒ 4, fol. 27 vᵉ et 28, et dans le Reg. 1269 D, n. 6, fol. 22 et 22 vᵉ. Ils ont été
publiés par Minieri-Riccio, *De' Grandi Uffiziali*, p. 17-19.

(2) Instructions de Charles Iᵉʳ d'Anjou à Guillaume de Beaumont, art. Iᵉʳ,
dans Minieri-Riccio, ouv. cité, p. 18.

(3) *Ibid.*, art. x, p. 19.

(4) *Ibid.*, art. II, p. 18.

(5) *Ibid.*, art. VIII.

(6) *Ibid.*, art. IX.

(7) *Ibid.*, art. XI.

(8) *Officium Ammirati secundum novum modum*, Arch. du Vatican,
XXXV, n. 137, fol. 92 à 93, art. XIII, dans Tutini, ouv. cité, p. 13.

(9) Instructions à Guillaume de Beaumont, art. VII, dans Minieri-Riccio,
ouv. cité, p. 18.

(10) *Ibid.*, art. VI, p. 18.

(11) *Ibid.*, art. V.

appelait un fief à charge de *cens ondré*, car l'amiral doit sur ce revenu faire peindre à ses frais la galère royale en rouge et la dorer aux armes royales (1). Il possède en outre à Messine les maisons de l'amirauté, un moulin, un jardin, l'ancien droit de cent charges de blé et cent charges de vin, et le droit sur le vin entrant par mer dans le port de Messine (2).

Les privilèges du grand amiral avaient été diminués par Charles I<sup>er</sup> au point de vue du commandement; il était placé plus directement sous les ordres du roi et ne pouvait rien faire ni rien entreprendre sans son consentement. En revanche, ses droits pécuniaires ont augmenté et sont assignés sur des revenus fixes de la couronne. La charge d'amiral ne resta pas vacante pendant tout le règne de Charles I<sup>er</sup>. A la mort de Guillaume de Beaumont, en juin 1269, le roi confia l'intérim de l'amirauté à Guillaume l'Etendard, maréchal du royaume, le 29 septembre 1269 (3). Celui-ci exerça les fonctions d'amiral jusqu'au 9 juin 1271, date à laquelle le roi créa grand amiral Philippe de Toucy (4). Deux ans plus tard, Narjaud de Toucy, fils de Philippe, lui fut adjoint comme suppléant avec le titre d'amiral, le 11 avril 1273 (5), et à la mort de son père, il se trouva désigné pour lui succéder, le 12 janvier 1277 (6). Narjaud de Toucy resta amiral de Sicile jusqu'à sa mort, survenue en août 1293; il exerça donc ces fonctions pendant la captivité du prince de Salerne et fut le premier grand amiral du roi Charles II.

Charles I<sup>er</sup> d'Anjou n'apporta, pendant son règne, aucune modification aux fonctions et attributions du grand amiral, telles qu'elles étaient réglées par l'ordonnance du 26 mars 1269. En fait, cependant, l'exercice de cette charge se trouva modifié par la création, à titre permanent, d'officiers qui n'apparaissent, avant les princes de la maison d'Anjou, que dans des circonstances exceptionnelles et avec une mission temporaire. Au-dessous de l'ami-

(1) Instructions de Charles I<sup>er</sup> à Guillaume de Beaumont, art. III, dans Minieri-Riccio, p. 18.

(2) *Ibid.*, art. IV, p. 18.

(3) Le texte de cette délégation, qui se trouve dans le Reg. ang. VI, fol. 117, a été publié par Tutini, ouv. cité, 3<sup>e</sup> part. *Degli Ammiranti*, p. 62. — Sur les amiraux de Charles I<sup>er</sup>, voir P. Durrieu, *Les Archives angevines de Naples*, t. II, p. 190-191, et Minieri-Riccio, *De' Grandi Uffiziali*, p. 19 à 76.

(4) La commission de grand amiral, donnée à Philippe de Toucy, a été publiée par Minieri-Riccio, ouv. cité, p. 36.

(5) Reg. ang. III, fol. 58 v°. Voir Minieri-Riccio, ouv. cité, p. 27. P. Durrieu, t. II, p. 191.

(6) Minieri-Riccio, *ibid.*, p. 26.

ral furent créés des vice-amiraux, d'abord à titre provisoire, dans les premières années du règne ; puis cette institution est régularisée ; les vice-amiraux ont une circonscription particulière où s'exerce leur action, et des attributions réglées aussi par des instructions et ordonnances. Ainsi on trouve, en 1269, Niccolo Galiani di Barletta, vice-amiral pour la Terre de Bari ; en 1271, Adam Morier, maréchal du royaume, est créé vice-amiral de l'île de Sicile (1). C'est en 1278, au moment des réformes administratives de Charles Ier, que l'institution des vice-amiraux semble avoir été régularisée. Le royaume est alors divisé en quatre vice-amirautés : 1° la première a pour région le Principat et la Terre de Labour et a à sa tête Matteo di Ruggiero de Salerne ; 2° la seconde comprend la Pouille et les Abruzzes, et est occupée par Henri de Girard ; 3° la troisième, qui s'étend du fleuve Tronto à Cotrone, c'est-à-dire sur les côtes du golfe de Tarente, a à sa tête Simon de Beauvoir, remplacé le 2 janvier 1281 par Girard de Marseille ; 4° la quatrième comprend l'île de Sicile et la Calabre sous la juridiction de Gui d'Allemagne (2). Les instructions envoyées à ce dernier le 18 décembre 1280 permettent de se rendre compte de l'étendue des pouvoirs et des attributions de ces vice-amiraux (3). Ils sont chargés principalement de la garde des navires, térides, galères et galions appartenant à l'Etat et de tous les agrès, voiles, mâts, ancres, cordages, tentes, etc, qui se trouvent dans les arsenaux ou magasins de la cour, ainsi que des armes, balistes, lances, armes de jet destinés à l'armement des vaisseaux et de leurs équipages, de manière à ce que tout soit tenu en bon état et prêt à être embarqué. Si quelque navire a besoin de réparation, ils nomment des commissaires pour surveiller le travail après estimation préalable de la dépense (4). Ils rendent leurs comptes devant les maîtres rationaux et ont la surveillance de tous les *comiti*, *prothontini*, et autres officiers de leur région. Ils ont sous leurs ordres immédiats un notaire payé à raison de douze onces par an, et trois écuyers avec quatre chevaux, pour lesquels ils reçoivent un tarin par jour et par homme (5). Cette organisation ne dura que quelques années et ne subsista pas après la révolution de Sicile.

(1) Minieri-Riccio, ouv. cité, p. 41.
(2) Paul Durrieu, ouv. cité, t. II, p. 191.
(3) Ces instructions ont été publiées, d'après le Reg. ang., 1281 A, n. 41, fol. 69 et suiv., par Minieri-Riccio, *De' Grandi Uffiziali*, p. 58-65.
(4) *Ibid.*, p. 59.
(5) *Ibid.*, p. 63.

Le 20 novembre 1283, Charles, prince de Salerne, créa vice-amiral Jacques de Burson, et les quatre vice-amirautés du royaume furent supprimées (1). Ce vice-amiral des dernières années du règne de Charles I<sup>er</sup> est bien un des grands officiers de la Couronne, car ses attributions sont à peu près les mêmes que celles du grand amiral. Le roi, ou plutôt son lieutenant, ayant besoin d'un grand officier pour diriger la flotte contre les rebelles de Sicile, nomme Jacques de Burson et lui dit en propres termes que, bien qu'il n'ait que le titre de vice-amiral, il veut qu'il observe les *capitoli* du grand amiral de Sicile et qu'il perçoive les mêmes droits et émoluments. Il lui envoie en effet des instructions semblables à celles que le roi envoyait, en 1269, à l'amiral Guillaume de Beaumont, lui donnant le droit d'armer une flotte avec le consentement du roi ou de son vicaire, et si le roi est absent, pour éviter tout retard, en consultant le lieutenant général et le capitaine de la région où il se trouve (2). Le vice-amiral jouit des mêmes droits de juridiction que l'amiral, a les mêmes avantages pécuniaires, les mêmes gages de deux cents onces par an, plus une once à chaque paye, les mêmes parts de prise, les droits sur les vieux vaisseaux, les provisions, etc (3). Mais le vice-amiral ne nomme pas directement à tous les emplois; ainsi il doit avertir le roi ou le vicaire général quand une place de maître des arsenaux (*magister tarsionatuum*) est vacante, afin que le roi ou son lieutenant y pourvoient par lettres patentes (4). Quant aux *prothontini* et aux *comiti*, il doit mander de la part du roi à la communauté où s'est produite la vacance, d'élire quatre hommes des meilleurs, des plus fidèles, des plus experts, des plus dignes, après avoir prêté serment de fidélité au roi; les noms de ces quatre élus sont transmis au roi et à la cour qui confirme et nomme celui qu'il juge le plus capable. En campagne seulement, s'il vient à manquer un *prothontinus* ou *comitus*, le vice-amiral a alors le droit de le remplacer et de nommer directement le titulaire de cette charge; mais une fois de retour, il doit notifier au roi les nominations ainsi faites et les motifs qui ont déterminé les changements et mutations, afin que le roi donne son appro-

(1) Cette nomination et les *Capitoli* de l'office de vice-amiral, qui se trouvent dans le *Formularum Curiæ* du Vatican, fol. 38 v°, et dans le *Cartularium Neapolitanum* de Marseille, fol. 29 v°, ont été publiés d'après le Reg. ang. 1284 C, n. 49, fol. 285 et v°, par Minieri-Riccio, ouv. cité, p. 72-76.

(2) Minieri-Riccio, *De' Grandi Uffiziali*, p. 73.

(3) *Ibid.*, p. 74.

(4) *Ibid.*, p. 74-75.

bation (1). Enfin, en cas de maladie ou d'empêchement, le vice-amiral peut se choisir un lieutenant, mais il doit demander préalablement pour cela l'autorisation royale (2). Jacques de Burson n'exerça pas longtemps les nouvelles fonctions qu'on venait de lui conférer, car il fut fait prisonnier dans la bataille navale du 5 juin 1284 dans le golfe de Naples, où l'amiral Roger de Lauria s'empara du prince de Salerne (3).

Les fonctions d'amiral de Sicile étaient occupées à cette époque par Narjaud de Toucy, qui ne paraît pas avoir eu une grande valeur militaire, car il se fit battre, le 16 juin 1287, par Roger de Lauria entre Castellamare et Naples. Il resta en charge jusqu'à sa mort, survenue au commencement de septembre 1293 (4). Charles II nomma à sa place Rinaldo de Avella, qui s'était distingué dans la seule tentative de débarquement qui eût réussi dans l'île de Sicile et s'était emparé de la ville d'Agosta près de Catane (5). Rinaldo avait été chargé, dès le règne de Charles Ier, de plusieurs missions importantes et, en particulier, d'une ambassade à Rome. Il avait été fait chevalier, en 1272, en même temps que le prince de Salerne, et avait exercé les fonctions d'enquêteur royal dans les Pouilles et de maître rational; le 26 septembre 1290, il faisait partie du conseil de la vicairie, et était chargé, avec Thomas de San Severino et Jacques de Burson, des provinces du Principat, Terre de Labour et comté de Molise, et des Abruzzes (6). Comme grand amiral, il resta dans ce conseil, lors de sa réorganisation en 1295 (7), et, le 20 avril 1295, le roi l'établissait avec Guillaume l'Etendard, maréchal du royaume, auprès de Charles, roi de Hongrie, pour veiller à la défense des côtes et des provinces du Principat et de Terre de Labour (8).

Les premières années du règne de Charles II sont remplies par les préparatifs d'expéditions contre les rebelles de Sicile, expéditions dans lesquelles la flotte était appelée à jouer un grand rôle. Le roi eut donc à faire construire un assez grand nombre de vais-

---

(1) Minieri-Riccio, *Dé Grandi Uffiziali*, p. 75.

(2) *Ibid.*, p. 75-76.

(3) *Ibid.*, p. 53.

(4) *Ibid.*, p. 28.

(5) *Syllabus membranarum*, t. II, p. 19. Amari, *Guerra del Vespro Siciliano*, t. II, p. 180 et suiv. Sur Rinaldo de Avella, voir Tutini, III* partie, *Degli Ammiranti*, p. 75 à 77.

(6) Reg. ang. LIV, fol. 141 v°.

(7) Voir Tutini, II* partie, *De' Maestri Giustizieri*, p. 4 et suiv.

(8) Reg. ang. LXXIX, fol. 54, n. 2.

seaux, galères ou térides; la surveillance de ces travaux de construction revenait de droit à l'amiral; mais, pour alléger un peu les fonctions multiples de ce grand officier et faciliter l'achèvement rapide des galères, le roi confia souvent des missions particulières à de grands personnages, chargés exclusivement de mener à bonne fin la construction des galères. Ainsi, le 7 novembre 1292, le roi donne commission à Fr. Matteo Ruggiero di Salerno et à Jacques de Burson, tous deux vice-amiraux au temps de Charles I<sup>er</sup>, pour la construction et l'équipement de quarante galères dans le port de Naples (1). Ces commissaires reçoivent directement des maîtres rationaux, ou des justiciers, l'argent nécessaire à leurs dépenses (2). Quand, au commencement de l'année 1293, le roi demande une aide féodale aux barons et feudataires du royaume pour « l'œuvre des térides, » les receveurs particuliers de cette aide payent directement l'argent reçu à Jacques de Burson et Fr. Matteo Ruggiero (3). Le 30 avril 1294, le roi charge les mêmes commissaires de la construction de trente-six térides à Naples (4); il leur donne aussi pour mission de préparer le biscuit pour la flotte (5) et la construction de machines de guerre, balistes, etc. Le 26 septembre 1296, le roi mande aux prélats, comtes, barons, justiciers, capitaines et autres officiers des Abruzzes, de la Basilicate, de la Capitanate et de la Terre de Bari d'obéir à l'évêque de Rapolla et à Pietro de Marra di Barletta,

---

(1) Reg. ang. LXI, fol. 55 v° et 147 v°.

(2) Ordre à Pierre Bodin, d'Angers, maître rational, de payer à Jacques de Burson et à Fr. Matteo Ruggiero 360 onces d'or, pour la construction de trois nouvelles térides. Aix, 16 nov. 1292 (Reg. ang. LXI, fol. 157, n. 1). — Ordre au justicier de la Terre de Labour d'envoyer 400 onces auxdits commissaires pour l'armement des vaisseaux, Naples, 16 décembre 1292; 2° même ordre au justicier des Abruzzes; 3° ordre au justicier du Principat d'envoyer 200 onces (Reg. ang. LXII, fol. 17).

(3) Mandement à Gualtiero de Melfi et à Sergio Pinto di Napoli, receveurs de l'aide des barons pour la fabrication des térides, le premier en Pouille, le second dans le Principat et les Abruzzes, de payer directement l'argent reçu à Jacques de Burson et Fr. Matteo Ruggiero, de Salerne. Bari, 17 février 1293 (Reg. ang. LX, fol. 87 v° et 98).

(4) Lettre du roi à Rinaldo de Avella, amiral, lui faisant part de la commission donnée à Jacques de Burson et à Fr. Matteo Ruggiero de Salerno, pour la construction de 36 térides. Naples, 30 avril 1294 (Reg. ang. LXIII, fol. 75, n. 2).

(5) Enquête prescrite à Ildebrandino di Firenze, sur la construction des térides et la fabrication du biscuit dont ont été chargés Jacques de Burson et Fr. Matteo Ruggiero de Salerno. Nice, 10 décembre 1292 (Reg. ang. LXI, fol. 169, n. 2).

chargés de la fabrication du biscuit pour la flotte (1). Le 31 octobre de la même année, ces commissaires doivent lever l'aide générale des principales villes des côtes des Abruzzes et des Capitanate et la remettre au notaire Vinciguerra de Guardia, pour servir à l'armement de la flotte (2). Enfin, le 19 décembre, le roi envoie à Rinaldo de Avella, amiral du royaume, les ordres et instructions qu'il a remis à l'évêque de Rapolla et à Pietro de Marra, pour la construction de quarante galères à Brindisi (3); le 2 janvier, il dispose que vingt de ces galères seront construites à Barletta et envoie à ses commissaires les noms des habitant de cette ville qui devront être employés à ce travail (4).

Ces commissions particulières ne portaient pas atteinte aux droits de l'amirauté, qui conservait la haute direction de tout ce qui concernait la flotte et les constructions maritimes. L'amiral continue aussi à recevoir directement, soit des justiciers, soit des receveurs de l'aide pour la flotte, l'argent destiné à l'armement et à l'équipement des galères (5). Les commissaires n'ont pas la même autorité que lui et ne sont nommés que pour un temps limité et un nombre de constructions déterminé. Ainsi le 13 mai 1294, le roi mande à Rinaldo de Avella, à la requête de Fr. Matteo Ruggiero di Salerno et de Jacques de Burson, de recevoir ou faire recevoir les bois que le roi a fait couper dans les forêts royales pour la construction des térides (6). Le 24 avril 1296, Ponce de Monteils, capitaine de Gaëte, reçoit l'ordre de vendre les biens saisis à Gaëte sur des Siciliens et d'en envoyer l'argent à Rinaldo de Avella, amiral pour l'armement des galères (7). Ces exemples, que l'on pourrait multiplier, prouvent que le but de ces

(1) Reg. ang. LXXX, fol. 212, n. 1.
(2) Reg. ang. LXXXVIII, fol. 139 et 139 v°.
(3) Reg. ang. LXXX. fol. 163 v° et 164.
(4) Reg. ang. LXXXVIII, fol. 106 v°, n. 2.
(5) Le 15 mars 1296, le roi écrit à l'amiral Rinaldo de Avella qu'il a donné ordre à Raymond de Bourbon, capitaine de Naples, de recueillir l'aide féodale des barons et feudataires, pour la IX° indiction, et de la lui faire remettre pour l'armement des vaisseaux (Reg. ang. LXXXVII, fol. 122 v°, 123). Le 4 septembre 1296, commission est donnée à l'amiral pour lever l'aide générale destinée à la construction de nouvelles galères en Pouille, à Bari, à Naples, à Manfredonia, à Aquila et dans un certain nombre de villes des Abruzzes (Reg. ang. LXXXVIII, fol. 207 v°). Le 31 octobre 1296, Romano de Urbe, capitaine d'Aquila, reçoit l'ordre de payer à l'amiral 400 onces pour l'aide pour la flotte (Reg. ang. LXXXVIII, fol. 139, n. 2).
(6) Reg. ang. LXIII, fol. 105, n. 1.
(7) Reg. ang. LXXVI, fol. 148 v°, n. 2.

184 ESSAI SUR L'ADMINISTRATION DU ROYAUME DE SICILE.

missions temporaires est simplement d'alléger la charge de l'ami-
ràl, souvent trop lourde à cause des vastes préparatifs poursuivis
pendant tant d'années pour la conquête de l'île rebelle.

C'est pour les mêmes raisons et dans le même but sans doute
que l'on voit réapparaître, en 1295 et 1296, des vice-amiraux particuliers placés sous les ordres immédiats du grand amiral. Ces
officiers semblent avoir eu, comme ceux de 1278, une région particulière à administrer ; le 7 septembre 1295, la reine Marie de
Sicile, régente du royaume, nomme Nicolas de Loparia, chevalier, vice-amiral dans le Principat et la Terre de Labour (1). Le
2 août 1296, ordre est donné aux collecteurs de la dîme, dans le
Principat et la Terre de Labour d'envoyer à Nicolas de Loparia,
vice-amiral, tout l'argent qu'ils ont dans les mains, pour la construction des galères (2) ; le même jour, le roi autorise le même
vice-amiral à couper du bois dans les forêts royales pour achever
la construction des galères et térides commencées dans le port de
Naples (3). Le même jour, 2 août 1296, Nicolas de Loparia est
nommé capitaine de Naples en remplacement de Raymond de
Bourbon (4); il conserve néanmoins ses fonctions de vice-amiral
sous les ordres de Rinaldo de Avella, car le 4 août, le roi écrit
aux *prothontini, comiti, nauclerii* et *marenarii* du royaume de lui
obéir (5). A la même époque, on trouve en Pouille et dans les
Abruzzes un autre vice-amiral, Riccardo de Agello, qui a les mêmes attributions que Nicolas de Loparia (6). Enfin, l'amiral de
Sicile a auprès de lui, pour l'aider dans ses comptes, pendant les
préparatifs d'expéditions et les armements, un trésorier nommé
par le roi, qui, en 1296, est Nicolas Regis de Naples (7).

Une création plus importante de Charles II, qui enleva à
l'amiral de Sicile une partie de son autorité, fut la nomination

(1) Reg. ang. LXXV, fol. 164, n. 2.
(2) Reg. ang. LXXVI, fol. 288, n. 4.
(3) Reg. ang. LXXVI, fol. 288, n. 2, fol. 288 v°, n. 1.
(4) Reg. ang. LXXXVII, fol. 298, n. 1, 2.
(5) Reg. ang. LXXVI, fol. 288, n. 3.
(6) Le 26 septembre 1296, le roi écrit à Riccardo de Agello, vice-amiral,
de recevoir des commissaires de Landolfo Caracciolo, cardinal de Sant'
Angelo, légat du Saint-Siège, chargé de lever les dîmes en Achaïe, 500 onces
pour la construction des nouveaux vaisseaux (Reg. ang. LXXXVI, f. 16, n. 6).
Le 29 septembre, le même vice-amiral reçoit l'ordre de payer 30 onces à
Nicolas Sannuti, de Venise, pour l'armement d'une galère au service de la
cour, et 30 onces à Ermonino Vendelino, Vénitien, pour une autre galère
(Reg. ang. LXXXVI, fol. 20 v°, n. 5).
(7) Reg. ang. LXXVI, fol. 153 v° n. 3, fol. 154, n. 1.

d'un amiral de Provence. La flotte de Provence avait été toujours
formée indépendamment de l'amirauté de Sicile et placée sous le
commandement d'officiers particuliers, de Génois ou de Provên-
çaux, qui avaient porté quelquefois le titre d'amiral. Deux marins provençaux célèbres portèrent ce titre sous Charles I<sup>er</sup>; l'un
est Barthélemy Bonvin, l'autre Guillaume Cornu, qui fut tué
dans la bataille navale de Malte, le 9 juillet 1283 (1). Barthélemy
Bonvin servit encore sous Charles II; le 24 mai 1291, le roi écrit
à Simon Brisetête, sénéchal de Carcassonne, de remettre à Barthélemy Bonvin de Marseille les galères armées promises par le
roi de France au roi de Sicile (2). Le 18 novembre, il écrit au sénéchal de Beaucaire de remettre au même procureur les galères
et vaisseaux et les cinqnante mille quarreaux que Philippe le Bel
lui a donnés (3). Mais Charles II régularisa cette situation en
créant une amirauté particulière pour la Provence; le 23 octobre
1296, il nomma Richaud de Lamagnon, qui, dès le 12 novembre
1293, avait été chargé de la garde des galères et de l'arsenal de
Marseille (4), amiral des comtés de Provence et de Forcalquier (5).
Le 4 octobre 1297, il lui envoie les *capitoli* ou instructions relatives à son office, en lui expliquant qu'il ne les avait pas reçus,
l'année précédente, en même temps que sa commission, parce
que la Cour n'était pas bien sûre de ce qui avait été accoutumé
jusque là dans les comtés de Provence et de Forcalquier (6).
L'amiral de Provence a dans la région placée sous ses ordres à
peu près les mêmes droits, les mêmes fonctions et la même juridiction que le grand amiral de Sicile; il est seulement placé davantage dans la dépendance de la cour royale. Ainsi il doit faire
construire les nouveaux vaisseaux et faire réparer les vieilles galères, sur l'ordre de la cour; il a le droit de nommer des personnes capables pour diriger et surveiller les travaux, mais avec
l'obligation de conserver la haute direction et de surveiller aussi
en personne. La grande différence qui existe entre lui et l'amiral
de Sicile, c'est que la cour se réserve le droit de payer les dépenses par le moyen de gens qu'elle députera à cet effet, et que le directeur de tous les travaux de construction (*prepositus tocius ope-*

(1) Amari, ouv. cité, t. II, p. 15 à 17.
(2) Reg. ang. XVI, fol. 92, n. 1.
(3) Reg. ang. LVII, fol. 8, n. 2; fol. 23 v°, n. 1.
(4) Reg. ang. LXIII, fol. 16, n. 1; fol. 17, n. 4.
(5) Reg. ang. LXXXVIII, fol. 126 v°, n. 2, 3, 4.
(6) Reg. ang. XCI, fol. 7 v°, n. 2. — Voir Pièces justificatives, n° I.

*ris*) sera nommé directement par la cour (1). Personne, sauf le roi, n'a le droit d'armer un vaisseau quelconque en Provence, sans l'autorisation de l'amiral; et celui-ci doit recevoir caution que les navires armés n'attaqueront pas les amis et alliés du roi et ne commettront aucun dommage ou dégât. Il est permis cependant aux marchands d'armer librement des navires en temps de paix (2). L'amiral a le droit d'avoir à sa disposition, en paix comme en guerre, deux galères, aux frais du roi, si c'est par ordre de la cour, sinon, à ses propres dépens (3). L'amiral peut nommer un vice-amiral ou un lieutenant, un ou plusieurs secrétaires et les capitaines des galères, pourvu qu'ils soient honnêtes, capables et fidèles (4). Il a droit de juridiction sur tous les hommes faisant partie de la flotte, dans les procès civils et criminels; il doit faire justice, lui ou son lieutenant, à tous ceux qui porteront plainte devant lui. Les marins sont placés sous sa juridiction quinze jours avant l'armement et quinze jours après le désarmement des vaisseaux (5). Ses gages sont moins considérables que ceux du grand amiral (6), mais il a les mêmes droits de prise sur l'amiral ennemi fait prisonnier (7), sur les Sarrasins, dont il a la vingtième partie (8), sur les vaisseaux, leurs armements, agrès et ornements, les draps coupés etc., à l'exception des prisonniers (9), etc. Enfin le roi ne lui accorde, comme émoluments, que les galères, agrès, armes, etc., jugées inutiles pour la présente flotte, en réservant ses droits pour l'avenir (10). La Provence était donc soustraite à la juridiction et à l'administration du grand amiral de Sicile, et elle le restera jusqu'à la fin du règne de Charles II d'Anjou.

L'amiral Rinaldo de Avella étant mort dans le courant du mois de septembre 1297, le roi confia la défense du royaume de Sicile et la direction de ses flottes à celui qui, pendant plus de quinze années, avait été son plus mortel ennemi et, le 20 novembre 1297, une commission du roi Charles II nomma grand amiral de Si-

---

(1) Ordonnance relative à l'office d'amiral de Provence, art. I, (*Ibid.*).
(2) *Ibid.*, art. II.
(3) *Ibid.*, art. V.
(4) *Ibid.*, art. IV.
(5) *Ibid.*, art. III.
(6) *Ibid.*, art. X.
(7) *Ibid.*, art. VI.
(8) *Ibid.*, art. VIII.
(9) *Ibid.*, art. IX.
(10) *Ibid.*, art. VII.

cile, le célèbre Roger de Lauria « *commemoratione nimis utilium servitiorum suorum* (1). » Depuis quelque temps déjà le grand capitaine était gagné à la cause des princes angevins, par attachement pour Jaime d'Aragon et à cause de ses dissentiments avec Frédéric, roi de Sicile. Après le premier accord secret conclu par Charles II et Jaime d'Aragon, sur les frontières de Catalogne et de Roussillon, entre Paniças et Jonquières, le 7 décembre 1293 (2), ratifié par le pape Célestin V le 1er d'octobre 1294 (3), les négociations pour la paix et l'alliance entre le roi d'Aragon et le roi de Sicile avaient été activement poussées par le pape Boniface VIII, dès les premiers mois de son pontificat. Le 27 février 1295, il avait invité Frédéric d'Aragon à se rendre à la cour pontificale avec Jean de Procida et Roger de Lauria et leur avait envoyé des sauf-conduits (4); une entrevue avait eu lieu avec le pape dans les environs de Velletri à la fin du mois de mai 1295, et le pape avait commencé l'œuvre qui devait détacher de la cause des Siciliens leurs deux principaux défenseurs (5). A la suite de cette visite au pape, Roger de Lauria avait en effet reçu en fief de l'Eglise les îles de Gerbe et de Chercheni, avec un cens annuel de cinquante onces d'or (6). Le 21 juin 1295, le pape avait approuvé solennellement le traité conclu entre le roi Charles II et Jaime II, roi d'Aragon, qui mettait fin à la guerre entre les deux pays et faisait de Jaime d'Aragon le mari de Blanche de Sicile et le gendre de Charles II (7). Jaime s'engageait à restituer la Sicile à l'Eglise romaine ; mais le mode de restitution et l'aide qu'il devait fournir à l'Eglise était laissé à l'arbitre du pape, qui ordonna la restitution immédiate après le payement de la dot de Blanche et le rappel de ses officiers et des troupes aragonaises de l'île de Sicile (8). Cependant Roger de Lauria travaillait à faire

---

(1) Reg. ang. xci, fol. 25, n. 1. — Voir Pièces justificatives, n° II.

(2) Zurita, *Anales de Aragon*, l. V, cap. viii. Amari, ouv. cité, t. II, p. 248.

(3) Raynaldi, *Ann. eccles.*, année 1294, § 15.

(4) Le bref de Boniface VIII a été publié dans la *Chronique anonyme de Sicile*, Gregorio, *Bibl. Aragonese*, t. II, p. 164. — Voir Amari, ouv. cité, t. II, p. 263.

(5) Amari, ouv. cité, t. II, p. 264 à 268.

(6) Raynaldi, *Ann. eccles.*, 1295, § 27. *Registre de Boniface VIII*, n. 810, 811, fasc. I, col. 272.

(7) Raynaldi, *ibid.*, § 21, 22, 23. Lünig, *Cod. Ital. diplom.*, t. IV, p. 447. *Registre de Boniface VIII*, n. 163, 164, 184, t. I, col. 68.

(8) *Registre de Boniface VIII*, n. 209 *bis*, t. I, col. 79. Amari, ouv. cité, t. III, doc. 64. Minieri-Riccio, *Saggio di codice diplom.*, t. II. p. 9, 11, n. x.

élire Frédéric d'Aragon, roi de Sicile, et poussait à la résistance (1); plus tard, au mois de mai 1296, il combattait en Calabre aux côtés de Frédéric; mais là des dissentiments éclatèrent entre le roi et son conseiller, pour l'observation du traité conclu avec le comte de Catanzaro; l'amiral dut céder et alla ravager la terre d'Otrante. C'est à la même époque que le pape, à force de faveurs, obtenait de Jaime d'Aragon la promesse d'une aide efficace pour reconquérir la Sicile. Après l'avoir nommé gonfalonier, amiral et capitaine général de la sainte Eglise, il lui donnait l'investiture des royaumes de Corse et de Sardaigne et l'invitait à venir s'entendre avec lui à Rome (2). De fait, Jaime d'Aragon se trouvait à Rome au mois de mars 1297; il donnait sa fille Yolande à Robert, fils de Charles II, recevait dix mille onces d'or et s'engageait à passer en Sicile avec une armée (3). C'était le roi d'Aragon qui devait enlever Roger de Lauria à la cause des Siciliens; il fit demander à l'amiral une entrevue à Rome. Roger de Lauria obtint de Frédéric deux galères pour aller renforcer les garnisons de Calabre, mais quand il fut de retour à Messine et parla de se rendre à Rome, pour s'y rencontrer avec le roi d'Aragon, Frédéric, excité par ses courtisans hostiles à Lauria, lui reprocha publiquement sa trahison. L'amiral, courroucé de tant d'ingratitude, offrit une forte caution comme gage de sa fidélité et se retira dans sa terre de Castiglione. Menacé par le roi Frédéric, il fortifia ses châteaux, rassembla ses partisans, mais la guerre n'éclata pas. Roger paya l'énorme somme qu'il avait offerte comme caution, et se considérant comme affranchi de tout lien de fidélité, il se rendit à Rome le 21 février 1297 (4). Le 2 avril, Jaime d'Aragon le nommait grand amiral d'Aragon sa vie durant (5), et le 6 avril, le pape Boniface VIII lui concédait en fief la terre d'Aci du domaine de l'Eglise à Catane (6), puis le nomma vice-amiral de la sainte Eglise romaine.

Tandis qu'il était roi de Sicile, de 1285 à 1291, Jaime d'Aragon avait déjà nommé Roger de Lauria grand amiral de Sicile à vie et il avait rétabli en sa faveur l'amirauté telle qu'elle avait été constituée par les ordonnances de l'empereur Frédéric II. Les

---

(1) Amari, ouv. cité, t. II, p. 282, 283, 287 et suiv.

(2) Raynaldi, *Ann. eccles.*, 1297, § 19 à 24. Amari, t. II, p. 305-306.

(3) Amari, ouv. cité, t. II, p. 316.

(4) *Ibid.*, t. II, p. 317-318.

(5) Quintana, *Vidas*, t. II, p. 178 et 180, publie l'acte de nomination de Roger de Lauria.

(6) Reg. ang. 1299 C, fol. 14, publié par Testa, *Vita di Federigo II*, doc. X.

*capitoli* de l'office d'amiral avaient été confirmés et publiés dans la même forme que ceux donnés, en 1239, par Frédéric II à Nicolas Spinola (1). Cette ordonnance rétablissait donc en sa faveur tous les droits et privilèges de l'amiral de Sicile, supprimés par Charles I^er d'Anjou, en 1265. Charles II, quand il nomma, le 20 décembre 1297, Roger de Lauria grand amiral de Sicile (terre ferme), lui conféra les mêmes attributions et prérogatives et ces *capitoli* furent insérés dans le *Formularium Curie regie Sicilie* sous la rubrique : « *Forma commissionis Amiratie facta domino* » *Rogerio de Lauria per regem Aragonum, quando tenebat insulam* » *Sicilie occupatam ; que forma dicitur esse astracta de antiqua con-* » *cessione imperatoris* « [*Frederici secundi*] (2). Ces fonctions, droits et privilèges, que nous avons énumérés d'après l'ordonnance de 1239 (3), Roger de Lauria les conserva jusqu'à sa mort survenue le 1^er février 1304 (4). On sait de quel puissant secours le grand amiral fut à la dynastie angevine pendant les derniers efforts tentés pour reconquérir l'île de Sicile. Les Siciliens, battus dans plusieurs rencontres, perdirent leur flotte et un blocus sévère amena bientôt dans l'île une famine terrible, qui détermina, plus encore que les armées angevines, Frédéric d'Aragon à faire sa soumission.

A la mort de Roger de Lauria, la paix était conclue; les flottes de Charles II étaient rentrées dans les ports de Naples, de Gaëte et de Brindisi, la plupart des galères étaient désarmées; la charge de grand amiral avait perdu de son importance, aussi l'office semble-t-il être resté vacant pendant plusieurs mois. Ce n'est en effet que le 2 mai 1305 que le roi Charles II donne l'investiture « *per vexillum* » de la charge d'amiral de Sicile à Sergio Siginulfo, chevalier, son chambellan et maître de la maréchalerie royale (5). Il ne s'agissait plus, comme en 1297, de gagner par des concessions un puissant auxiliaire : aussi Charles II rétablit-il l'amirauté dans les limites que lui avait fixées le roi Charles I^er

(1) Ces *Capitoli* ont été publiés par Tutini, 3^e partie, *Degli Ammiranti*, p. 4 à 11, et par Huillard-Bréhollos, *Historia diplomat. Frederici II*, t. V, p. 577. Voir plus haut, p. 173.

(2) Archives du Vatican, arm. XXXV, n. 137, fol. 93 à 94 v°, n. CVII.

(3) Voir plus haut, p. 173 et suiv.

(4) Le 20 novembre 1297, le roi, étant à Aix en Provence, donne procuration à sa fille Blanche, reine d'Aragon, pour donner à Roger de Lauria l'investiture de la charge d'amiral de Sicile « *per vexillum nostrum* » (Reg. ang. XCI, fol. 50 v°, n. 3).

(5) Reg. ang. CXXXIX, fol. 269 v°, n. 1.

modifications à l'ordonnance du 26 mars 1269 pour l'amiral Guillaume de Beaumont.

L'amiral doit recevoir sous sa garde tous les navires de la cour avec leurs agrès, cordages, voiles, armes, etc., et en faire à son entrée en charge un inventaire qui sera conservé en quatre exemplaires (2). Comme du temps de Charles I<sup>er</sup>, l'amiral arme les flottes, mais avec le consentement du roi ou de son vicaire (3); il peut armer trois ou quatre galères ou davantage pour poursuivre les pirates et les ennemis du roi (4). Il a droit de juridiction sur les marins de la flotte dès que l'armement a été ordonné; il peut juger au criminel, mais il n'a aucun droit sur les biens meubles ou immeubles des condamnés, qui reviennent au fisc (5). Une nouvelle prérogative, dont il est déjà question dans l'ordonnance relative à l'amirauté de Provence (6), est attribuée à l'amiral de Sicile par les *capitoli* de 1305 (7). Toutes les fois que l'amiral va en campagne ou envoie une flotte sous le commandement d'un de ses lieutenants, l'un et l'autre peuvent, tant que dure l'expédition, établir des règlements et ordonnances pour les marins servant sur leurs navires et leur infliger des châtiments corporels ou des amendes pécuniaires, s'ils le jugent nécessaire. La nomination des lieutenants ou vice-amiraux est soumise à quelque restriction dans la nouvelle ordonnance. Quand l'amiral ne peut commander en personne, il a le droit de se choisir un lieutenant qui soit capable, honnête et suffisant, avec le consentement du roi et de son vicaire. Si le roi ou le lieutenant général sont absents, il peut au besoin faire lui-même cette nomination, mais jamais quand il s'agit d'une grande flotte ou d'une expédition importante, sauf le cas de force majeure (8). L'amiral conserve le droit de nommer les *comiti* et *magistri tarsionatuum* du royaume, mais ceux-ci doivent recevoir du roi leurs

(1) Ces *capitoli*, qui se trouvent dans le *Formularium Curie* du Vatican, fol. 92, n° cvi, ont été publiés d'après le Reg. ang. 1304-1305 A, n° cxxxix, fol. 268, par Camera, *Annali delle due Sicilie*, t. II, p. 122-124.
(2) *Officium Ammiratie secundum novum modum*, art. i.
(3) *Ibid.*, art. ii et xxiv.
(4) *Ibid.*, art. iii.
(5) *Ibid.*, art. iv.
(6) Ordonnance du 4 octobre 1297, art. iii. *Pièces justificatives*, n. i.
(7) *Officium Ammiratie secundum novum modum*, art. xvii.
(8) *Ibid.*, art. xiv.

lettres de confirmation (1). Les *Prothontini* ou capitaines de port sont élus par les communautés qui présentent quatre candidats; si la communauté ne fait pas cette élection dans les délais voulus, l'amiral nomme directement ; il peut aussi nommer en dehors des candidats présentés, s'ils ne lui paraissent pas, capables, et doit alors en écrire au roi, qui approuve et confirme l'élection (2) : en campagne, il nomme directement, mais à son retour il doit faire approuver et confirmer ses nominations (3).

L'amiral est investi de ses fonctions par le *vexillum* ou bannière, qui était l'attribut caractéristique de ses fonctions. Quand il va en campagne, il doit porter une robe de rouge écarlate, qui lui appartient en propre, mais dont la première doit être fournie par la cour (4). Il a les mêmes gages que le grand amiral de Charles Ier, c'est-à-dire une once d'or par jour (5), avec un droit sur la paye des marins (6), les vivres pour lui et dix serviteurs (7), etc. Les revenus de l'amirauté sont à peu près les mêmes qu'en 1269, bien que, en 1305, l'amiral du roi Charles II dut toucher bien peu de choses sur les droits d'entrée du port de Messine (8), les jardins, moulins et maisons du roi situés dans l'île de Sicile ; il a en outre les maisons de l'amirauté à Naples et à Brindisi qui lui rapportent quarante onces (9). Enfin la nouvelle ordonnance attribue aussi à l'amiral les vaisseaux hors de service et les agrès, cordages , etc. inutiles, mais tout en réservant les droits du roi et en spécifiant que l'amiral ne peut les prendre sans un ordre exprès de la cour (10). Les vaisseaux pris sur les ennemis lui reviennent aussi de droit , ainsi que les vêtements et les draps coupés par la moitié, le reste du butin revient à la cour qui doit envoyer un trésorier auprès de l'amiral pour régler la part revenant au fisc (11). L'amiral ennemi , son lieutenant ou les capitaines de navires faits prisonniers appartiennent à l'amiral, qui décide de leur mise en liberté ou de leur condam-

(1) *Officium Ammiratie secundum novum modum*, art. x.
(2) *Ibid.*, art. xi.
(3) *Ibid.*, art. xiii.
(4) *Ibid.*, art. xxv.
(5) *Ibid.*, art. ix.
(6) *Ibid.*, art. xiii.
(7) *Ibid.*, art. viii.
(8) *Ibid.*, art. xvii, xviii à xxi.
(9) *Ibid.*, art. xxii et xxiii.
(10) *Ibid.*, art. v.
(11) *Ibid.*, art. vi et vii.

mettre entre les mains de l'amiral. Cependant si le roi veut garder ces prisonniers, il le peut en payant leur rançon à l'amiral (1). Ces instructions apportaient, on le voit, très peu de modifications à l'ordonnance de Charles I<sup>er</sup> en faveur de Guillaume de Beaumont, et elles furent appliquées dans la suite à la cour de Sicile, sans qu'il fût question des antiques privilèges rétablis, en 1297, pour Roger de Lauria.

L'amiral Sergio Siginulfo resta peu de temps en charge, car il mourut au mois de juin 1306. La paix et la sécurité régnaient dans le royaume de Sicile, aussi Charles II ne se pressa-t-il pas de lui choisir un successeur. Par lettres patentes du 16 juin, il confia la charge laissée vacante par Sergio Siginulfo à son frère Bartolomeo Siginulfo, comte de Telese, qui, après avoir été maître chambellan du roi, remplissait, depuis la mort de Jean de Montfort, les fonctions de grand chambrier du royaume (2). Il ne semble pas cependant, quoi qu'on pense Tutini, que Bartolomeo Siginulfo ait exercé effectivement l'office de grand amiral conjointement avec celui de chambrier. L'ordonnance du 16 juin 1306 lui confie le soin de la charge et le droit de nommer un vice-amiral aux gages de 40 onces, qui fut Jean Siginulfo, dit Passarello, parent des deux précédents. Il ne faut pas oublier, en effet, que les grands offices de la couronne, en France comme en Sicile, étaient héréditaires; si Bartolomeo Siginulfo avait été créé réellement amiral du royaume par Charles II, il serait le premier exemple d'un amiral de Sicile relevé de ses fonctions avant sa mort. Cependant le même fait se produisit pour le successeur immédiat de Bartolomeo Siginulfo dans cette charge si importante. Par lettres du 26 septembre 1307, le roi confia la *charge laissée vacante par la mort de Sergio Siginulfo* à son quatrième fils Philippe, prince de Tarente. Il n'est pas question de remplacer Bartolomeo, ce qui prouve bien qu'il n'avait pas été nommé grand amiral (3). Philippe de Tarente n'exerça pas la charge de grand amiral bien qu'il eût reçu de son père, non seulement le titre d'amiral, mais les *capitoli* relatifs à son office, exactement dans la même forme et les mêmes termes que Sergio Siginulfo, son prédéces-

(1) *Officium Ammiralie secundum novum modum*, art. **XV**.

(2) Reg. ang. CLIV, fol. 230, n. 2. Ces lettres ont été publiées par Tutini, ouv. cité, *Degli Ammiranti*, p. 96.

(3) Reg. ang. 1307 B, CLIV, fol. 124, publié par Tutini, *ibid.*, p. 101.

seur (1). Il renonça en effet à cette charge avant la mort de son
père, afin de pouvoir mieux se consacrer aux affaires d'Orient,
où il rêvait de restaurer à son profit l'empire latin de Constantinople.

Charles II confia la charge d'amiral à un Gênois, Odoardo
Spinola di Luculo, qui, en 1301, avait été l'un des négociateurs
du traité de paix entre le roi de Sicile et la commune de Gênes (2). Certains auteurs, entre autres Camera (3), ont prétendu qu'Odoardo Spinola de Luculo avait été amiral du royaume
de Sicile depuis l'année 1306, après la mort de Sergio Siginulfo. Cette erreur est le résultat d'une confusion : en 1306,
Odoardo Spinola était amiral, non du royaume de Sicile, mais
de la commune de Gênes. En 1307, il négocie avec Bartolomeo Siginulfo, grand chambrier, Giovanni Pipino di Barletta,
maître rational de la vicairie, et Fr. Giacomo di Fusiniano di
Roma, de l'ordre des prêcheurs, procureurs de Charles II, un accord entre le roi de Sicile et la commune de Gênes (4). Ce n'est
que vers la fin de l'année 1308 ou au commencement de 1309
qu'Odoardo Spinola apparaît revêtu du titre d'amiral de Sicile, et
qu'il touche 100 onces pour ses gages (5). Son fils, Corrado Spinola di Luculo, remplit auprès de lui les fonctions de vice-amiral (5). On voit que Charles II est revenu à l'ancien système
adopté par l'empereur Frédéric II, qui consistait à se fournir d'amiraux et de vaisseaux en concluant des traités avec les cités maritimes de l'Italie. Odoardo Spinola di Luculo resta grand amiral
jusqu'à sa mort, survenue en 1313; son fils, Corrado Spinola, lui
succéda dans cet office, dont il fut investi par le roi Robert par
lettres patentes du 26 décembre 1313 (6).

(1) Ces *Capitula officii Ammirati secundum novum modum*, datés de
Marseille, le 28 décembre 1307, ont été publiés par Tutini, *ibid.*, p. 11.

(2) Voir Tutini, *ibid.*, p. 108 et 110.

(3) Reg. ang. 1307 B, fol. 6 v°.

(4) Le 2 janvier 1309, Odoardo Spinola a reçu 100 onces pour ses gages
sur un emprunt fait à la société des Bardi (Reg. ang. CLXXVIII, fol. 230 v°).
— Son fils Corrado Spinola, vice-amiral, touche 100 autres onces d'or pour
les gages de son père, cette même année 1309 (Reg. ang. 1309 H, fol. 219, cité
par Tutini, *ibid.*, p. 110). — Le 8 mars 1309, le roi approuve la nomination
faite par Odoardo Spinola, amiral de Sicile, de Razoppo di Napoli, comme
*aguzerius* ou garde-chiourme (*aguzzino*), « *in executione officii Ammiratie
regni Sicilie* » (Reg. ang. CLXXXIV, fol. 3 v°, n. 1).

(5) Voir Reg. ang. CLXXVIII, fol. 216 v°, et Tutini, *ibid.*, p. 110.

(6) Ces lettres ont été publiées par Tutini, *Degli Ammiranti*, p. 111 et 112.

## 1. — *Le logothète*

Bien que ces deux offices soient parfaitement distincts, les historiens ont l'habitude de les réunir et de les étudier dans un même chapitre. Le *logothète* n'a eu en effet à la cour de Sicile du treizième siècle qu'un rôle assez effacé, et cet office n'a pris de l'importance que lorsqu'il a été réuni au protonotariat. Deux personnages célèbres ont porté à la fois le titre de protonotaire et logothète du royaume de Sicile, Pietro della Vigna sous l'empereur Frédéric II, Bartolomeo di Capua sous le roi Charles II. L'influencè de ces deux hommes a été si grande dans le gouvernement qu'elle suffirait à justifier l'union des deux titres sous la même rubrique. On serait tenté d'ailleurs de confondre les deux charges, si elles n'avaient été exercées à la même époque, notamment au début du règne de Charles II, par deux personnages différents. Malgré les erreurs nombreuses qui ont été commises par les historiens, il est facile d'établir une distinction entre les trois offices de logothète, de protonotaire et de chancelier. Il est bon cependant d'ajouter que les attributions de ces grands officiers offrent une telle analogie qu'il est bien rare de rencontrer les trois charges pourvues simultanément de titulaires.

Les offices de logothète et de protonotaire ne sont pas d'origine française, mais ont été empruntés aux Grecs byzantins par les princes normands et souabes. Du Cange, adoptant l'opinion d'Ammirato (1), pense que, dans l'ordre hiérarchique, le logothète-protonotaire était au-dessus du chancelier, sans que le second de ces fonctionnaires dépendît directement du premier. Mais c'est une assertion que rien ne vient confirmer ; il est d'ailleurs dangereux de vouloir établir un ordre hiérarchique entre les divers offices de la couronne, car rien de semblable n'apparaît dans les textes. Le protonotaire lui-même, qui, logiquement, devrait se trouver dans une certaine dépendance vis-à-vis du chancelier, semble avoir eu dans le royaume de Sicile un rôle beaucoup plus important que ce grand officier (2). Il ne faut pas oublier, en effet, que l'importance de la fonction varie suivant la valeur du person-

---

(1) Ammirato, *Delle famiglie nobili napoletane*, Firenze, 1580 et 1651, 2 vol. in-fol.

(2) Cf. Huillard-Bréholles, *Hist. diplom.*, Introd., p. cxxiv et cxxxii.

nage et suivant le bon plaisir du souverain qui étend à son gré les attributions primitives attachées à la fonction.

Les fonctions du logothète et celles du protonotaire ont beaucoup de rapport entre elles, car ces dignitaires étaient l'un et l'autre les représentants directs du souverain. Comme l'a très bien dit M. Paul Durrieu (1), ce que le protonotaire faisait par écrit en rédigeant les lettres royales, le logothète le faisait de vive voix, en prenant la parole au nom du souverain dans les circonstances solennelles. Le logothète joue à la cour de Sicile le rôle extérieur et représentatif, que remplira à la cour de France le grand chancelier quand il aura acquis toute son importance politique. C'est le grand dignitaire siégeant dans les parlements à la droite du roi, prenant la parole en son nom, répondant aux adresses et pétitions et promulguant les édits du souverain (2). C'est le ministre qui rédige les lois, les édits et qui est chargé de se prononcer sur toutes les requêtes, concessions de privilèges, de fiefs, d'emplois, au nom du souverain dont il est en quelque sorte l'oracle (3). Il est, en outre, chargé par le roi de recevoir à sa place les personnages venant à la cour, comme les fonctionnaires provinciaux et les ambassadeurs étrangers.

Nous ne possédons pas comme pour les autres grands officiers les *Capitula officii logothete regni Sicilie*, mais il est fait allusion à ses attributions dans les instructions relatives aux offices de chancelier et de protonaire. Frédéric II eut un logothète du nom d'André qui paraît avoir exercé cette charge de 1212 à 1238, alors que Philippe de Matera occupait la charge de protonotaire. Mais il est bon de noter que Philippe, étant devenu évêque de Martorano en 1220, renonça à sa charge, et que le logothète paraît avoir rempli les fonctions de protonotaire jusqu'en 1238 (4). Pour le règne de Frédéric II, on ne trouve qu'un texte relatif au logothète dans les constitutions relatives au maître justicier, où le prince ordonne à cet officier de ne se réserver que les requêtes qui sont de justice ordinaire. Celles qui sont de la connaissance du roi doivent être envoyées au *libellensis* (5), qui paraît désigner le logothète, d'après le commentateur Pecchia et M. Huillard-Bré-

---

(1) P. Durrieu, *Les Archives angevines*, t. I, p. 237, note 1.

(2) Minieri-Riccio, *De' Grandi Uffiziali*, p. 121.

(3) Huillard-Bréholles, *Historia diplomat.*, Introduction, p. CXXXII.

(4) Huillard-Bréholles, *ibid.*, p. CXXXI et suiv.

(5) « *Alias autem que conscientiam nostram requirunt, remittet ad Libellensem nostrum sub sigillo suo per nuntium suum vel per aliquem ex supplicantibus.* » — *Constitutiones regni Sicilie*, lib. I, tit. 39, § II.

holles (1). Il convient cependant de noter que le jurisconsulte Matheo de Afflicto, commentant cette constitution, ajoute : « *Qui hodie dicitur secretarius regis, qui debet esse notarius* (2). » Cette réserve faite, le *libellensis* peut très bien avoir été le logothète, car les textes de l'époque angevine qui nous ont été conservés, confirment l'opinion de Pecchia, adoptée par M. Huillard-Bréholles. Le logothète serait donc un maître des requêtes, chargé de répondre de vive voix aux pétitions adressées au roi qui ne sont pas de la justice ordinaire. Mais le logothète est aussi maître rational de la cour et on peut supposer avec juste raison qu'il avait conservé dans le royaume de Sicile, sous les princes normands et souabes, les fonctions fiscales qu'il avait dans l'administration byzantine (3). On trouve en effet, sous le règne de Frédéric II, le logothète chargé des affaires ecclésiastiques en matière de finances ; il a dans ses attributions le réglement des successions des prêtres concubinaires, la fixation du cens annuel dû par les enfants illégitimes des clercs, pour devenir aptes à succéder (4); et probablement aussi l'administration des biens ecclésiastiques séquestrés. L'office de logothète prit une grande importance à partir de 1247, date à laquelle Frédéric II confia cette charge à Pietro della Vigna, protonotaire de l'empire, qui réunit les deux fonctions. « L'homme qui en était revêtu se trouvait officiellement rappro-
» ché de la personne du prince, » dit M. Huillard-Bréholles (5),
« puisqu'il présidait à l'expédition et au contrôle de tous les actes
» impériaux en qualité de protonotaire, et que, comme grand
» logothète de Sicile, il était chargé de toutes les requêtes sur les-
» quelles le monarque s'était réservé le droit de prononcer. Pierre
» était donc devenu, pour me servir d'une vieille expression,

---

(1) Huillard-Bréholles, ouv. cité, Introduction, p. cxxxii.

(2) *Constitutionum regni Siciliae libri III cum Commentariis*, etc., edid. Domenico Alfeni, Napoli, 1773, in-fol., t. I, p. 91.

(3) Huillard-Bréholles, ouv. cité, Introduction, p. cxxxiii.

(4) *Constitutiones reg. Sic.*, lib. III, tit. 28. *Historia diplom. Frederici II*, t. IV, p. 225.

(5) Huillard-Bréholles, ouv. cité, Introd., p. cxxix. J'ai tenu à exposer en détail le résultat des recherches de M. Huillard-Bréholles, non seulement parce qu'il est à peu près le seul qui se soit occupé des attributions du logothète, mais aussi à cause de la grande analogie qu'offre le règne de Charles II avec celui de Frédéric II pour l'histoire de cette institution. Au début, un logothète, qui est en même temps maître rational et n'a presque aucune influence ; puis la charge de logothète unie à celle de protonotaire dans les mains d'un personnage qui joue le principal rôle dans l'administration du royaume.

» le canal de toutes les grâces. » Il est peu question du logothète après la mort dramatique de Pietro della Vigna. Gautier
d'Ocra, archevêque élu de Capoue, remplaça le logothète dans la
faveur de l'empereur, et, comme on le trouve sous Conrad avec
le double titre de protonotaire et de logothète (1), il est probable
qu'il hérita aussi de la double charge exercée par Pietro della
Vigna.

Charles d'Anjou ne songea pas à relever l'office de logothète ;
sous son règne, le chancelier, selon l'ancien usage de la cour de
France, joue le principal rôle dans l'expédition des actes, des privilèges et des grâces, et s'il institua au début un protonotaire, selon l'usage de la cour de Sicile, il laissa, à la mort du premier
titulaire, la charge vacante jusqu'à la fin de son règne. Il n'est
donc fait aucune allusion à ce grand officier dans le règlement du
conseil du roi qui examinait les pétitions ou requêtes, en présence
du chancelier, du protonotaire et du maître justicier (2). C'est
bien le chancelier qui, d'après ce règlement, aurait hérité de la
partie la plus importante des attributions du logothète. Il est dit,
en effet, que le vendredi, le roi tiendra un conseil secret, où il
n'appellera que ceux qu'il voudra convoquer, et qu'il examinera
les requêtes « *que sunt de gratia*, » d'après un résumé écrit en
français qui lui sera lu par le chancelier (3).

(1) Huillard-Bréholles, *ibid.*, p. cxxxi.
(2) *Capitula officii prothonotarii*, art. i, publiés par Minieri-Riccio, *De'
Grandi Uffiziali*, p. 122, et par Winckelmann, *Acta imperii inedita*, t. II,
p. 740, n. 990, d'après le *Cartul. Neapolitanum*, B 269, fol. 70 v°.
(3) *Capitula officii protonotarii*, art. i, ibid. : « *Illas vero petitiones que
» sunt de gratia, Magister Landulfus de Pontisera, qui intererit, recipiat
» per manus Cancellarii et in gallico summatim scribat in uno rotulo, quem
» assignet in manu regis; quas quidem petitiones de gratia dominus rex
» audiet quolibet die veneris secrete, presentibus illis quos voluerit inter-
» esse.* » — Ce fragment est bien du temps de Charles I<sup>er</sup> ; mais M. Winckelmann se trompe (*ibid.*, t. II, p. 741) quand il date ces *Capitula protonotarii secundum eundem novum modum*, de Trani, 1268, en novembre. La
rubrique à laquelle il fait allusion, dans le *Cart. Neapolit.*, fol. 71 v° : « *Infrascripta Capitula facta sunt apud Tranum...* » s'applique non à l'*Officium
prothonotarii*, mais aux offices du sénéchal, du chambrier, du connétable
et des maréchaux, dont il a été question plus haut (p. 169, n. 2). On en a la
preuve certaine quand on examine les mss. Latin 4625, fol. 82 de la Bibliothèque nationale, et Vatican, arm. xxxv, n. 137, fol. 100, n. 92, où les
actes ne sont pas copiés dans le même ordre que le manuscrit de Marseille.
Ces *Capitula officii protonotarii* doivent être reculés jusqu'à l'époque de
Charles II, d'abord à cause de la formule « *secundum novum modum*, »
que l'on retrouve dans toutes les ordonnances du même genre de ce prince ;
puis parce que dans les articles iv et vi il est fait allusion au logothète, qui

sa cour et de lui rendre la forme qu'elle avait du temps des princes normands et souabes, rétablit, dès le début de son règne, l'office de logothète. Il nomma, pour remplir cette charge, Sparano
da Barí, maître rational, qui avait figuré avec Bartolomeo di Capua dans les conseils du prince de Salerne, pendant qu'il était vicaire général du royaume, et qui était par conséquent intervenu
dans la préparation des actes de la fin du règne de Charles I<sup>er</sup> (1).
Sparano da Bari avait fait ses études à l'Université de Naples, et
le roi Charles I<sup>er</sup> l'avait exempté en qualité d'étudiant de toute
taxe et imposition dans sa ville natale, par lettres du 3 juillet
1271 (2). Juge et assesseur auprès du vicaire de Sicile, il fut appelé en 1277 à l'Université de Naples pour y enseigner le droit
civil, et exempté en cette qualité des impôts (3). En 1278, Charles I<sup>er</sup> le nomma juge mage de Provence, et en 1281, il lui donna
le titre de conseiller du roi (4). Le 25 avril 1283, il fut envoyé par
le prince de Salerne à la cour de Rome avec Rainier, évêque de
Troia, et Jean de Barre, pour rendre compte au pape du Parlement de la plaine de San Martino (5), et le 1<sup>er</sup> juin, il fut chargé
de faire un emprunt au pape Martin IV (6). C'est par erreur que
Minieri Riccio attribue à Charles I<sup>er</sup> le rétablissement des charges
de logothète et protonotaire, sous prétexte que Sparano da Bari
signe les lettres royales dès le mois de septembre 1283 (7). Ce
n'est que le 11 septembre 1289, après le couronnement de Charles II, que Sparano apparaît avec le titre de logothète du royaume
de Sicile (8). En 1283, Charles I<sup>er</sup> l'avait créé chevalier, et lui avait
fait un présent de 80 onces d'or; il était à cette époque maître rational de la grande cour (9).

Le 15 septembre 1289, le roi Charles II donne ordre aux justi-

---

n'existait pas sous Charles I<sup>er</sup>. L'article 1 ne peut infirmer cette opinion ;
on sait, en effet, que les *Capitoli* de Charles II reproduisent textuellement
les articles des ordonnances antérieures, sans même changer les noms propres, quand ils n'apportent aucune modification à ces articles.

(1) Durrieu, *Les Archives angevines*, t. I, p. 237.
(2) Reg. ang. IV, fol. 186 v°. Sur Sparano da Bari, voir la notice de Minieri-Riccio, ouv. cité, p. 129.
(3) Reg. ang. XXXI, fol. 47 v°.
(4) *Id.*, fol. 85 et 47 v°.
(5) Reg. 1283 X, fol. 63, d'après Minieri-Riccio, ouv. cité, p. 130.
(6) Reg. ang. XLVI, fol. 94 v°.
(7) Minieri-Riccio, *ibid.*, p. 130-131.
(8) Reg. ang. L, fol. 210 v°.
(9) Reg. ang. XLV, fol. 62 v° et 67.

ciers de la terre de Bari, de la terre d'Otrante et du Principat de
mettre Sparano da Bari, logothète du royaume de Sicile, en possession des fiefs qu'il possède dans leurs provinces et pour lesquels il a prêté au roi l'hommage et le serment de fidélité (1).
Le 26 septembre 1289, le roi le charge de lever sur six des officiers
du royaume, ou plus, 600 onces d'or pour rembourser un emprunt
fait par le comte d'Artois (2). Quand le 11 septembre 1289, Charles II dut retourner en France et nomma son fils Charles Martel
vicaire général du royaume avec Robert d'Artois pour lieutenant,
il créa un conseil de régence, composé de Gobert, évêque de Capaccio, trésorier du royaume, Anselme de Chevreuse, maréchal,
Sparano da Bari, logothète et maître rational, et Pierre de Bra-
hier, chevalier; et le 14 septembre il nomma Sparano da Bari
conseiller de son fils Charles Martel, vicaire général (3). Le 2 oc-
bre 1291, le roi Charles II, étant à Forcalquier, écrit au prince
de Salerne de demander à Sparano da Bari le livre des donations
de Charles I<sup>er</sup> et de celles de Robert, comte d'Artois, et d'en faire
exécuter plusieurs exemplaires, dont l'un doit être conservé dans
les archives, et les originaux doivent être envoyés au roi (4). Le
10 octobre, cet ordre est renouvelé avec recommandation de n'accepter que les privilèges munis de la bulle d'or ou du grand sceau
royal (5). Minieri-Riccio, qui se sert surtout des travaux de Lellis, semble avoir commis une erreur en disant que le 23 mai 1275,
le roi Charles I<sup>er</sup> chargea Sparano da Bari de faire une enquête
sur les donations et concessions de fiefs faites par lui et par Robert d'Artois (6) : bien que le comte d'Artois ait été vicaire général de Charles I<sup>er</sup>, ce n'est que lorsqu'il fut régent du royaume
et par une disposition testamentaire du roi, c'est-à-dire posté-
rieurement à 1285, qu'il fit des concessions de fiefs et des donations. L'acte rapporté par Minieri doit être du roi Charles II et la
date me paraît être fausse. Sparano da Bari mourut dans les
derniers jours de l'année 1295, ou au commencement de 1296;
dans son testament, il exprimait le désir d'être enseveli dans
l'église San Niccolà da Bari, et Charles II, en considération de
ses services, donna ordre à M<sup>e</sup> Pierre d'Angilly, trésorier de la
basilique, de lui faire construire un tombeau dans la dite église,

(1) Reg. ang. xix, fol. 115, n. 1.
(2) Reg. ang. clxiii, fol. 193, n. 4.
(3) Minieri-Riccio, ouv. cité, p. 131-132.
(4) Reg. ang. lviii, fol. 283, n. 3.
(5) Ibid., fol. 283, n. 4.
(6) Minieri-Riccio, ouv. cité, p. 129.

par lettres du 12 février 1296 (1). Il fut seigneur de Montorone et
de Magliano dans la terre de Bari (2), de Martina, de Vico
Equense et de Valenzano ; le 28 février 1292, le roi lui avait
donné la terre d'Altamura dans le justicerat de Bari et d'autres terres dans le Principat et la terre d'Otrante (3). Outre ses gages et
livrées, il touchait pour sa provision à l'hôtel 16 onces d'or, que
le roi ordonne de lui payer sur l'aide générale levée à Altamura
pour la cinquième indiction, le 20 avril 1292 (4).

L'administration de Sparano da Bari a laissé peu de traces
dans l'histoire du royaume de Sicile. Il ne fit pas partie, quoique
maître rational, de la Cour des comptes, établie à Naples en 1289,
et le roi ayant été absent du royaume pendant la plus grande partie des années 1289 à 1293, le logothète ou porte-parole du roi ne
dut pas, en cette qualité, jouer un très grand rôle. Ce n'est que
comme conseiller du prince de Salerne, vicaire général, que son
influence put s'exercer dans le gouvernement. En 1295, il ne fait
plus partie de la cour du vicaire, peut-être parce qu'il avait accompagné le roi à Rome pour l'aider dans ses négociations.

Les attributions du logothète paraissent avoir été sous Charles II les mêmes que du temps de Frédéric II. Le logothète est
en même temps revêtu du titre de maître rational, et il est chargé
d'examiner les requêtes dont le roi se réserve la connaissance. En
cette qualité, il a le droit de faire expédier des lettres royaux (5),
au même titre que le maître justicier ou les maîtres rationaux.
Quand le roi reçoit des lettres avec des messagers chargés de faire
la commission de vive voix, les lettres sont adressées au logothète, qui répond directement aux envoyés et fait rédiger les lettres de réponse ; les autres lettres sont du ressort du protonotaire (6). Dans le conseil du roi, tenu le vendredi, le logothète

(1) Reg. ang. LXXXIV, fol. 111.
(2) Reg. ang. XLVII, fol. 49.
(3) Reg. ang. LVII, fol. 73.
(4) Reg. ang. LVIII, fol. 208 v°. — Sparano da Bari touchait, en outre,
quand il était maître rational, 6 livres 5 sous tournois petits pour les robes
d'été et la même somme pour les robes d'hiver (Reg. ang. XLVI, fol. 11).
Quand il fut logothète, il toucha un droit de 2 tarins par jour sur les revenus du sceau de la vicairie du royaume, pour ses livrées (Mandement du
8 avril 1293 à M° Jean de Cambrona, archidiacre de Biccaro, dans le Reg.
ang. LX, fol. 108, n. 2).
(5) Capitula officii prothonotarii, art. III : « Item fieri faciat omnia privilegia et litteras regias omnes que ad officium suum spectant, exceptis illis
que determinate et ordinate sunt fieri per logothetam, magistros rationales,
magistros rationales, » etc. (Winckelmann, ouv. cité, t. II, p. 741).
(6) Ibid., art. V : « Item cum mittentur domino regi littere, servetur hic

devait remplir le rôle que jouait le chancelier sous Charles Iᵉʳ, c'est-à-dire rapporter au roi les pétitions qui lui sont adressées, recevoir la réponse et les transmettre aux intéressés; il faut ajouter que le chancelier devait être présent à ce rapport (1). C'est ce qui ressort d'un texte inséré dans le *Formularium Curie* de Charles II sous le titre : *Officium Cancellarie sicut obtinuit per aliqua tempora*, que M. Winckelmann suppose avec raison être antérieur au règne de Charles Iᵉʳ, quoique postérieur à celui de Frédéric II, c'est-à-dire de l'époque de Conrad ou de Manfred (2). Enfin nous savons que pour l'expédition des lettres données par le logothète, on procédait comme pour les lettres données au nom du maître justicier, c'est-à-dire que les lettres devaient porter la mention : *Data per logothetam*, écrite de la main du notaire ou des greffiers de l'office du logothète (3).

Tels sont les seuls arguments que l'on trouve dans les textes relatifs à l'office de logothète sous le règne de Charles II (4). Après la mort de Sparano da Bari la charge de logothète du royaume fut unie à celle de protonotaire que Bartolomeo di Capua exerçait depuis 1290. Celui-ci cessa, à partir de cette date, d'être maître rational de la grande cour et à partir du mois de février 1296, il prend le double titre de logothète et pronotaire du

modus, videlicet : si sunt littere cum nuntiis, qui loqui habeant super eis ex parte mittentium, littere ipse assignentur logothete, qui nunciis respondebit oretenus, et faciet litteras responsales, eas mittentibus hujusmodi responsioni concordes... »

(1) *Officium Cancellarie sicut obtinuit per aliqua tempora*, dans le *Formularium Curie*, n° XC, fol. 81, publié par Winckelmann, ouv. cité, t. II, p. 739, et par Minieri-Riccio, *De' Grandi Uffiziali*, p. 182 : « *Petitiones autem debent expediri de mera conscientia regis et debent referri, domino cancellario presente, per logothetam, et responsio sermonis Domini debet fieri per logothetam. Idem de omnibus, que domino referuntur.* »

(2) Winckelmann, *ibid.*, t. II, p. 739 et 740.

(3) *Officium Cancellarii secundum eundem novum modum*, art. ɪᴠ, dans le *Formularium Curie*, n° CIII, fol. 89, publié par Winckelmann, *ibid.*, t. II, p. 742, n. 991, et par Minieri-Riccio, ouv. cité, p. 124. Cette ordonnance est postérieure à celle du 6 août 1294, relative à l'office du protonotaire (Reg. ang. ʟxvɪ, fol. 31, n. 1. Voir plus loin).

(4) Il faut ajouter que Sparano da Bari touchait comme·gages 12 onces d'or par mois, et que Mᵉ Pietro Grasso di Napoli, notaire royal attaché à l'office de logothète avec un secrétaire, touchait 2 onces 11 tarins et 5 grains (Mandements du 26 mars 1293, Reg. ang. ʟxɪɪ, fol. 38 vᵒ, n. 1, et du 12 juin 1293, Reg. ang. ʟx, fol. 143 vᵒ, n. 1). En 1294, ces gages furent diminués de moitié par une mesure générale qui atteint tous les officiers de la Grande Cour (Minieri-Riccio, *Studii storici sopra 84 Registri Angioini*, p. 31, Napoli, 1876, in-8ᵒ).

royaume. Bartolomeo di Capua fut le principal ministre de Charles II et de son fils Robert et il rendit à la charge de logothète, titre qu'il porta de préférence à partir de 1302, l'éclat que lui avait donné Pietro della Vigna.

## 2. — *Le protonotaire.*

On a des renseignements plus précis sur l'office du protonotaire du royaume de Sicile. Cette charge différait peu de celle du logothète, et l'on comprend très bien que les deux offices aient été confiés à un seul et même personnage. Comme le logothète, le protonotaire était un officier de la cour byzantine, et c'est à Constantinople que les empereurs d'Allemagne et les princes normands de Sicile empruntèrent cette institution. Le protonotaire est le secrétaire d'Etat dans toute la force du terme; il est le premier des notaires ou secrétaires du souverain et, confident de ses volontés, il dirige la rédaction des actes royaux qu'il est censé écrire lui-même. M. Huillard-Bréholles montre la supériorité du protonotaire sur les simples notaires dans l'empire d'Allemagne par l'usage que ce grand officier faisait d'un sceau en rapport avec l'importance de ses fonctions, où il était représenté en pied, comme les hauts dignitaires de l'empire, et tenant à la main un *libellus* ou registre, emblème de sa charge (1). Mais l'usage d'un sceau particulier pour l'office du protonotaire ne paraît pas avoir existé en Sicile, où ce dignitaire se sert simplement d'un seing manuel. Nous avons vu que Frédéric II, continuant les usages de la cour normande de Sicile, eut un protonotaire du royaume de Sicile qui fut, de 1194 à 1221, Philippe de Matera. A partir de son couronnement, en 1220, Frédéric II n'eut pas de protonotaire particulier pour le royaume de Sicile, mais un protonotaire de l'empire; les fonctions de protonotaire en Sicile furent dévolues au logothète, jusqu'au moment où les deux charges furent réunies dans les mains de Pietro della Vigna (2). Enfin Gautier d'Ocra, archevêque élu de Capoue, fut protonotaire impérial et logothète de Sicile sous Conrad.

Les princes de la maison d'Anjou conservèrent le protonotaire de la cour de Sicile et l'histoire de cette charge, à la fin du treizième siècle, donne lieu à deux observations importantes. En premier lieu, tandis que, conformément aux usages de la cour im-

_____

(1) Huillard-Bréholles, *Hist. diplom.*, Introd., p. cxxiv et cxxv.
(2) *Ibid.*, Introd., p. cxxxi et cxxxii.

périale et de la cour de France, les chanceliers sont toujours des clercs pourvus de bénéfices ecclésiastiques importants, les protonotaires sont des laïques et des chevaliers. En second lieu, alors que les grandes charges de la couronne, surtout sous Charles I<sup>er</sup>, sont presque toutes attribuées à des Français, l'office de protono- taire fut toujours donné à des Italiens sous la dynastie ange- vine (1), comme pour témoigner que cette grande charge n'est pas d'origine française.

Dans le règlement de chancellerie de Frédéric II qui se trouve dans le *Cartularium Neapolitanum* de Marseille (2), et que M. Winckelmann date après le mois d'août 1242 et avant le mois de novembre 1246 (3), on trouve plusieurs dispositions qui prou- vent bien que Charles I<sup>er</sup>, pour l'organisation de la chancellerie, de l'office de protonotaire et de son conseil en général, n'a fait que suivre les usages existant précédemment à la cour de Sicile. Un personnage est chargé de recevoir matin et soir, devant la maison du chancelier, les pétitions adressées au roi; celles-ci sont lues trois fois par semaine, le lundi, le mercredi et le vendredi, en conseil, et la réponse mise au dos par les notaires. M<sup>e</sup> Guillel- mus de Tocco est établi par l'empereur pour recevoir et lire ces requêtes, excepté celles qui concernent les affaires secrètes du souverain ou qui le touchent particulièrement. Les lettres concer- nant les affaires des particuliers sont lues publiquement à la chancellerie l'après-midi des mardi, jeudi et samedi (4). Dans les *Capitula officii prothonotarii secundum novum modum*, donnés par Charles II à Bartolomeo di Capua, et que l'on pourrait peut- être dater de 1290 ou plutôt de 1294 (5), on trouve pour l'examen

(1) Voir Paul Durrieu, *les Archives angevines*, t. I, p. 236.

(2) Archives départementales des Bouches-du-Rhône, B 269, fol. 58, n. XXVII. Cet acte se trouve dans le *Formularium Curie* des Archives du Vatican, arm. XXXV, n. 137, fol. 67 v°, n. LXI. Le manuscrit du Vatican contient une addition importante pour la date : « *Datum Neapoli per ma- gistrum Petrum de Vineis, regni Sicilie prothonotarium, anno Domini, etc., die, etc.* »

(3) Winckelmann, *Acta imperii ined.*, t. II, p. 734. Cf. *Sicilische und Paepstliche Kanzleiordnungen*, p. 12.

(4) *Ibid.*, t. II, p. 736.

(5) La commission du roi nommant Bartolomeo di Capua est datée du 7 juin 1290 (Reg. ang. L, fol. 385). Voir Pièces justificatives, n° III. Cette ordonnance pourrait bien être aussi celle à laquelle il est fait allusion dans la lettre-circulaire adressée par le roi à tous les justiciers, le 6 août 1294 (Reg. ang. LXVI, fol. 31, n. 1). Charles II dit qu'il a mis en lumière certaines obscurités et confusions qui troublaient parfois les officiers dans l'exercice de leurs fonctions, par des mesures édictées à Naples au mois d'avril pré-

des requêtes un règlement, qui se rapproche sensiblement de celui de Frédéric II et que M. Paul Durrieu croit avec raison avoir été en usage dès le règne de Charles I<sup>er</sup> (1). Sous les princes angevins, c'est le protonotaire lui-même qui reçoit toutes les requêtes ; quand elles concernent son office ou peuvent être expédiées sans attendre l'audience, il y répond et fait rédiger des lettres conformes. Celles qui sont du ressort des autres offices, logothète, maître justicier, maîtres des comptes, etc. sont remises par lui à qui de droit. Les autres pétitions sont lues le dimanche dans la maison du chancelier, le lundi et le mercredi à l'hôtel du roi, dans la salle du *tinel* où mangent les officiers, en présence du chancelier, du protonotaire, du maître justicier ou de son lieutenant avec les juges, procureurs, patrons du fisc et notaires de la grande cour, et des maîtres rationaux, avec les notaires de la chancellerie et de l'office des raisons et les conseillers du roi qui pourront y assister. Là se fait la distribution des requêtes entre les divers offices, qui sont chargés d'y répondre par lettres royaux qu'ils envoient à la chancellerie pour être enregistrées et scellées. Si dans ces séances du conseil l'avis du roi est nécessaire, le chancelier et le protonotaire doivent le consulter de la part des autres membres du conseil et prendre ses ordres. Les requêtes « *que sunt de gratia* » sont, nous l'avons vu, examinées à part, le vendredi, dans un conseil secret où le roi assiste en personne. Ces requêtes font l'objet d'un rapport sommaire rédigé en français, qui est lu au roi par le chancelier et plus tard par le logothète. Enfin, pour éviter les confusions, on écrit au dos des requêtes l'office qui doit l'examiner et, si quelqu'un des officiers ne peut assister au conseil où se fait le dépouillement, le protonotaire est chargé de lui transmettre les pétitions auxquelles il doit répondre (2).

cédent : « *Inter cetera que circa perplexitatem officiorum regni nostri Sicilie, que nonnunquam inter exercentes illa obscuritatem et confusionem non modicam inducebat, pridem infra nuper preteritum mensem Aprilis Neapoli, consulta nostra provisio deduxit in lucem...* » Voir Pièces justificatives, n° IV. Je serais porté à croire que le roi promulgua, à cette date, les *Capitula officiorum secundum novum modum*, qui datent certainement de son règne, et en particulier les *Capitula officii prothonotarii*.

(1) P. Durrieu, ouv. cité, t. I, p. 40 et 41. J'ai déjà fait remarquer, p. 197, n. 3. que ce texte a été l'objet de plusieurs rédactions ; on en a la preuve certaine en comparant entre eux les divers articles. L'article III, par exemple, où il est question du logothète, n'est que la répétition amplifiée de l'art. II.

(2) *Officium prothonotarii secundum eundem novum modum*, art. I, dans le *Formularium Curie*, fol. 88, n. CII, publié d'après le *Cartulaire de*

Le protonotaire fait rédiger tous les privilèges et actes gracieux et les pièces purement administratives. Dans les lettres qui sont de son ressort, il met : « *Data per prothonotarium* » et est tenu d'écrire son nom de sa propre main (1). Mais pour les privilèges et concessions de terres, l'acte doit porter aussi la mention du chancelier : « *Data per manus cancellarii et prothonotarii* (2). » Le logothète répond aux lettres apportées par des envoyés chargés de faire la commission de vive voix ; les autres lettres sont du ressort du protonotaire (3). Le protonotaire a sous ses ordres directs deux secrétaires pour noter et grossoyer les lettres qui sont rédigées dans son hôtel (4). Il a un registre particulier à la chancellerie, pour être informé des affaires et des lettres qui sont expédiées et éviter les confusions et contradictions (5). La division des notaires entre les divers offices est faite en présence du roi (6). Le protonotaire a droit de correction sur les notaires, qui sont tenus de lui obéir et, comme les maîtres rationaux pour l'office des raisons, il peut leur infliger des peines légères et des amendes, pour fautes d'orthographe, erreurs d'écriture ou retard dans leur service (*ex falsa grammatica, falsa scriptura vel defectu veniendi in tempore coram eis*) (7). Le protonotaire n'a aucune juridiction sur les officiers qui sont sous ses ordres ; pour les clercs, c'est le chancelier qui les juge, et quant aux laïques, ils sont comme les autres *curiales* ou *familiares* de l'hôtel de la juridiction du sénéchal (8). Mais, chose assez curieuse, il avait probablement, avant l'avènement de Charles d'Anjou, la charge de recevoir le serment de fidélité des juges et notai-

*Marseille*, B, 269, fol. 70 v°, n. 82, par Winckelmann, *Acta imp. ined.*, t. II, p. 740-741, n° 990, et assez incorrectement par Minieri-Riccio, *De' Grandi Uffiziali*, p. 122, d'après un manuscrit lui appartenant.

(1) M. Durrieu a déjà fait remarquer (t. I, p. 214) que l'on constate l'application de cette règle sur les lettres patentes originales de Charles II conservées aux Archives nationales de Paris, J, 511, n°° 13, 14, 16 et 16 *bis*, où le nom du protonotaire Bartolomeo di Capua est d'une toute autre écriture que le corps de la pièce ; j'ai pu faire la même vérification sur les pièces originales de Charles II conservées en très grand nombre dans les archives de la Couronne d'Aragon et dans les archives du Saint-Siège.

(2) *Officium prothonotarii*, art. II et III, dans Winckelmann, ouv. cité, t. II, p. 741.

(3) *Ibid.*, art. V.

(4) *Ibid.*, art. VIII.

(5) *Ibid.*, art. IV.

(6) *Ibid.*, art. VI.

(7) *Ibid.*, art. VII.

(8) *Officium Cancellarii secundum eundem novum modum*, art. VI, dans Winckelmann, t. II, p. 743.

cevoir les serments des juges, maîtres jurés et notaires est attribué aux justiciers des provinces.

Les rapports du protonotaire et du chancelier sont réglés par les ordonnances relatives à la chancellerie, qui ont toutes été publiées avec grand soin par M. Winckelmann (2). Dans l'*Officium Cancellarie* que Winckelmann date de l'époque de Manfred (3), ce n'est pas le protonotaire qui reçoit les requêtes, mais un *peticionarius*, qui doit les porter à la chancellerie où elles sont examinées trois fois par semaine (4) par les conseillers ordinaires et les maîtres rationaux (5) ; une fois lues et approuvées, elles sont remises au protonotaire qui les distribue aux notaires et fait rédiger les réponses. Les lettres une fois écrites par les notaires sont portées à la chancellerie par le protonotaire, où elles doivent être lues devant le chancelier, les maîtres rationaux et les autres officiers de la cour ; cette formalité remplie, elles sont scellées et rendues aux pétitionnaires par le chancelier (6).

Sous Charles Iᵉʳ d'Anjou, le chancelier ne doit sceller aucun privilège et aucune lettre, qui n'ait été écrite par les notaires établis à la cour et qui n'ait la souscription et l'impression de l'anneau du protonotaire : il est fait exception cependant pour les lettres que le roi veut tenir secrètes au protonotaire et aux notaires et à celles qui sont si pressées que l'on ne puisse observer les formalités requises (7). Aucune restitution de terre ou de droits, aucune commission d'office, aucune lettre de grâce, ou lettre importante, ne doit être scellée à l'insu du roi, même quand elle porte la souscription et l'impression du sceau du protonotaire (8). Les autres dispositions de l'ordonnance sont conformes aux usages

---

(1) *Officium Cancellarie, sicut obtinuit per aliqua tempora*, art. VIII, *ibid.*, t. II, p. 740.

(2) *Acta imperii inedita*, t. II, p. 733 et suiv., et dans le tirage à part *Sicilische und Paepstliche Kanzleiordnungen*, Innsbrück, 1880, in-8°.

(3) *Officium Cancellarie sicut obtinuit per aliqua tempora*, dans Winckelmann, t. II, p. 739.

(4) *Ibid.*, art. VIII, p. 740.

(5) *Ibid.*, art. IV, p. 739.

(6) *Ibid.*, art. VII.

(7) *Officium Cancellarie sicut obtinuit alío tempore*, art. IV, *ibid.*, t. II, p. 744. Ces *Capitoli* sont suivis du serment prêté au roi par le chancelier Simon de Paris ; ce qui permet de les dater de l'année 1272.

(8) *Ibid.*, art. VI, p. 745.

suivis du temps de Manfred et que nous avons retrouvés dans les *Capitoli* de l'office du protonotaire.

Charles I<sup>er</sup> et Charles II d'Anjou n'ont eu chacun qu'un seul protonotaire. Le premier fut Roberto da Bari, qui, exilé sans doute par Frédéric II ou par ses fils Conrad et Manfred, s'était réfugié à Rome, où il exerçait l'office de protonotaire de Charles I<sup>er</sup> dès l'été de l'année 1265 (1). En 1266, il fut chargé par le roi de lever l'aide générale de la Terre de Bari, et fut revêtu par le roi du titre de conseiller *a latere* (2). Il accompagna le roi dans tous ses voyages et fut l'objet de ses libéralités; il reçut notamment une part des biens saisis sur les traîtres de Trani et de Brindisi (3). On a depuis longtemps fait justice de la légende qui le faisait mourir de la main du comte Robert de Flandres, incapable de contenir son indignation à la lecture de la sentence de mort prononcée contre Conradin (4). Roberto da Bari vivait encore le 24 décembre 1268, mais il mourut dans les premiers mois de 1269, et son décès est certainement antérieur au 17 janvier 1270 (5). M. Durrieu dit que Roberto da Bari exerçait les fonctions de logothète en même temps que celles de protonotaire; c'est une simple supposition, car Roberto porta seulement le titre de protonotaire et rien n'autorise à croire que le titre de l'ancienne cour sicilienne ait été relevé du vivant de Charles I<sup>er</sup>. Celui-ci d'ailleurs ne donna pas de successeur à Roberto da Bari, et l'office du protonotaire fut exercé par de simples notaires sous la direction des chanceliers et vice-chanceliers.

Charles II avait rétabli la charge de logothète du royaume, il releva aussi celle du prothonotaire et la confia à un célèbre jurisconsulte, Bartolomeo di Capua, qui exerça une influence prépondérante sous les règnes de Charles II et de son fils Robert (6). Bartolomeo di Capua était né le 24 août 1248 à Capoue; son père, M<sup>e</sup> Andrea de Episcopo, fut avocat fiscal sous Frédéric II et

(1) Il signe, en cette qualité, l'acte des privilèges concédés par Charles I<sup>er</sup> d'Anjou à la cité de Bénévent, le 8 des ides de juillet 1265. Minieri-Riccio, ouv. cité, p. 125 et 152.

(2) Reg. ang. xxix, fol. 7.

(3) Reg. ang. iii, fol. 3-4.

(4) Voir Minieri-Riccio, *De' Grandi Uffiziali*, p. 126, et P. Durrieu, ouv. cité, t. I, p. 237.

(5) P. Durrieu, *ibid.*

(6) La notice que Minieri-Riccio a consacrée à Bartolomeo di Capua étant une des meilleures de son ouvrage (*De' Grandi Uffiziali*, p. 135 et suiv.), je me contente d'y renvoyer et de n'indiquer que les faits les plus importants de la vie du célèbre jurisconsulte.

conseiller de Charles I⁰ʳ. Il fit ses études à l'université de Naples, où il obtint, le 12 septembre 1278, le titre de professeur régent de droit civil (1). Il devint conseiller du roi et attaché en qualité de secrétaire auprès du prince de Salerne, alors vicaire général du royaume; il ne porta jamais le titre de protonotaire du vivant de Charles I⁰ʳ, quoi qu'en dise Minieri-Riccio (2). Il fut, comme Sparano da Bari, nommé maître rational de la grande Cour, et accompagna, en 1289 et 1290, le roi Charles II, dans ses voyages en France (3). Le 7 juin 1290, le roi Charles II, en récompense de ses services, l'investit de la charge de protonotaire du royaume de Sicile, qui n'avait pas été exercée depuis la mort de Roberto da Bari (4). Bartolomeo di Capua jouit de la faveur du roi qui lui confia les affaires les plus importantes; le 20 juin 1290, il est envoyé à la Cour de Rome avec Jean, abbé de Saint-Germain des Prés (5); il accompagne le roi dans ses voyages et joue un grand rôle dans les négociations avec l'Aragon, notamment au traité de Brignoles, le 19 février 1291. Le 31 août 1293, il est envoyé par le roi à la Cour de Rome avec Rinaldo d'Avella et chargé d'acheter les voix des cardinaux en leur distribuant des fiefs et des pensions dans le royaume de Sicile (6); et, le 14 novembre de la même année, il assiste à l'entrevue entre le roi Charles II et Jayme II d'Aragon, sur la frontière du Roussillon entre Paniças et Jonquières. En récompense de ses services, le roi lui fit de nombreux dons de terres et de fiefs, et, le 23 janvier 1290, le gratifia d'une rente de 60 onces d'or en sus de ses gages et de sa provision à l'hôtel (7). Pendant le court séjour qu'il fit dans le royaume de Naples, en 1294, le pape Célestin V lui donna le titre de notaire apostolique (8). Enfin le roi, pour rendre sa charge moins lourde, créa la charge de vice-protonotaire ou lieutenant du protonotaire, en nommant Bartolomeo protonotaire à vie (9). Le 8 septembre 1294, il donna au protonotaire le droit de se choisir deux lieutenants qui furent Andrea di Isernia, célèbre jurisconsulte,

---

(1) Reg. ang. 1278 C, fol. 143, aujourd'hui perdu, cité par de Lellis dans ses *Notamenta*.

(2) Minieri-Riccio, ouv. cité, p. 136.

(3) Reg. ang. L, fol. 246.

(4) Reg. ang. L, fol. 385 v⁰. Voir Pièces justificatives.

(5) Reg. ang. LII, fol. 194, n. 3, 4.

(6) Reg. ang. LXI, fol. 190 v⁰.

(7) Reg. ang. L, fol. 377 v⁰, n. 3 ; fol. 382 v⁰, n. 2. Reg. ang. LII, fol. 156, n. 1.

(8) Reg. ang. LXI, fol. 190 v⁰.

(9) Reg. ang. LXIII, fol. 243 v⁰.

maître rational de la grande Cour et Andrea Acconzaioci di Ravello, professeur de droit civil, aux gages de 100 onces d'or par an et de 8 onces pour leurs robes (1). Bartolomeo di Capua put ainsi continuer à suivre le roi dans ses nombreuses pérégrinations et dans les longs séjours à la cour de Rome, qui précédèrent la conclusion de la paix avec l'Aragon. Aussi tous les actes donnés directement par le roi pendant ses absences du royaume, sont-ils revêtus de la souscription du protonotaire.

Le 13 janvier 1295, Bartolomeo di Capua se prépare à partir pour Anagni auprès du pape Boniface VIII, et le roi l'exempte de tont service féodal pour les biens qu'il tient dans le royaume (2). Le 2 novembre de la même année, il était auprès du roi en Catalogne, lors de la conclusion du traité de paix entre Charles II et le roi d'Aragon (3). A la mort de Sparano da Bari, en février 1296, le roi réunit dans la personne de Bartolomeo di Capua les deux charges de logothète et de protonotaire (4). Le 2 août 1296, le roi lui donna commission pour être régent et capitaine général de la Terre de Labour, du comté de Molise et du Principat, avec résidence à Naples, pendant le voyage qu'il ferait dans les Pouilles (5) : il lui conférait le pouvoir de nommer des capitaines pour la défense du royaume, en suivant les conseils du pape Boniface VIII. Mais le roi, ayant besoin de ses services, l'appela auprès de lui à Brindisi, le 3 septembre 1296, et le remplaça par Raynaud Galard, grand panetier du royaume (6). Le 16 octobre 1296, Bartolomeo di Capua est à Rome avec le roi. Il resta en Sicile pendant le voyage que Charles II fit en France et il fut chargé, à la fin de 1297, avec Henri de Guérard, maître rational, de la recette des aides, dîmes, etc., levées pour l'expédition de Sicile, entreprise avec le concours de Jaime d'Aragon (7). André Acconzaioci di Ravello ayant été chargé du sceau de la vicairie et des fonctions do vice-chancelier avec Guillaume de Poncy, maître rational, le roi nomma, par commission du 11 février 1297, Niccolà

(1) Reg. ang. LXV, fol. 7 v°, n. 1.
(2) Reg. ang. LXVI, fol. 193 v°, n. 2, 3.
(3) Reg. ang. LXXXVII, fol. 8 v°.
(4) Reg. ang. LXIV, fol. 118 et LXXXIV, fol. 111.
(5) Reg. ang. LXXVI, fol. 285 v°, n. 1, 2, 3.
(6) Reg. ang. LXXXVI, fol. 1.
(7) Reg. ang. XCI, fol. 18 et 25 v°. — Lo 10 février 1297, le roi écrit de Rome à Robert, duc de Calabre, qu'il lui envoie Bartolomeo di Capua, chargé de la dépense de l'argent fiscal perçu par la Chambre (Reg. ang. LXXXVIII, fol. 244, n. 3).

14

colà Freccia lui avait été présenté par Bartolomeo, suivant la charte instituant les lieutenants du protonotaire, et il est dit qu'il doit exercer sa charge, en l'absence ou en la présence du protonotaire. Ce Niccolà Freccia resta en fonctions auprès de Bartolomeo di Capua jusqu'en 1307.

Bartolomeo di Capua, débarrassé ainsi de la partie matérielle de sa charge, ne s'occupe que des affaires générales du royaume, et il est chargé par Charles II de toutes les missions importantes. On le voit négocier à Rome, le 3 octobre 1298, un emprunt de 100,000 onces pour la guerre de Sicile (2); le 13 avril 1299, il est de nouveau à Rome, d'où il passe en Toscane (3). Entre ces deux missions, il s'était rendu en Sicile le 30 novembre 1298 (4); plus tard, en 1300, il est chargé dans les Abruzzes des préparatifs de la dernière expédition de Sicile sous les ordres de Charles de Valois, comte d'Alençon (5). Pendant toute la fin du règne de Charles II, il joue le rôle de premier ministre, et son influence se fait sentir dans les ordonnances publiées par le roi, en 1305, comme dans les *Capitoli* relatifs aux grands offices, notamment ceux du maître justicier, qui réorganisaient la haute cour de justice. Bartolomeo di Capua survécut à Charles II, car il mourut dans les premiers mois de l'année 1328, et il jouit auprès du roi Robert de la même confiance que lui avait témoignée Charles II. Il avait rendu un grand service au roi Robert, lorsque, en 1296, il avait obtenu du pape Boniface VIII la reconnaissance du droit de succession de Robert, troisième fils de Charles II, au trône de Sicile, au détriment de Carobert, fils de Charles Martel, le fils aîné, qui devait être plus tard roi de Hongrie. A la mort de Charles II, des doutes s'étant élevés au sujet de ce droit de succession, Bartolomeo di Capua présenta la défense des droits de Robert au trône de Sicile au pape Clément V à Avignon, et celui-ci reçut le serment du nouveau roi de Sicile. Nous ne suivrons pas Bartolomeo di Capua dans le rôle important qu'il a joué pendant la première partie du règne de Robert; mais il importe d'examiner

(1) Reg. ang. LXXX, fol. 198 v°, publié par Minieri-Riccio, *Saggio di codice diplomatico*, Supplemento, part. I, p. 108.
(2) Reg. ang. XCVIII, fol. 52.
(3) Reg. ang. XC, fol. 149 et CIV, fol. 140.
(4) Reg. ang. XC, fol. 101 v°.
(5) *Syllabus membranarum*, t. II, part. II, p. 73.

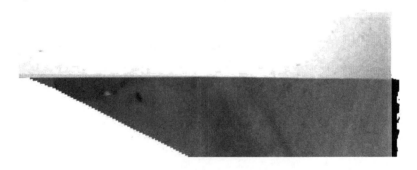

quelles sont les réformes apportées dans l'office de protonotaire pendant qu'il a exercé cette charge.

Les modifications introduites par Charles II aux attributions du protonotaire ne sont pas très nombreuses ; mais elles témoignent de la confiance absolue que le roi avait en Bartolomeo di Capua et de la tendance à se reposer entièrement sur lui du soin du gouvernement. Nous avons signalé la création des vice-protonotaires avec les mêmes attributions que le protonotaire, de manière à permettre à celui-ci de se consacrer entièrement à l'office de logothète en dirigeant les négociations extérieures, tout en conservant la haute direction de l'administration. Le 6 août 1294, le roi étant à Aquila donna ordre à tous les justiciers de publier dans leur province la nouvelle ordonnance portant que dans les privilèges, les souscriptions autographes du chancelier, Adam de Doussy, et du protonotaire seraient désormais un signe d'authenticité indiscutable et exigible dans tous les actes. Pour les pièces émanées du protonotaire, sa souscription seule suffirait, et pour les actes donnés au nom des maîtres rationaux, la formule : « *per magistros rationales*, » devrait être écrite de la main de celui des maîtres au nom de qui le document serait rédigé (1). Ce mandement était destiné à fournir des éclaircissements au sujet des ordonnances nouvelles relatives aux offices du royaume, promulguées à Naples au mois d'avril précédent, et qui paraissent bien être celles insérées dans le *Formularium Curie* sous la rubrique : « *secundum novum modum.* »

Le 2 mai 1304, le roi apporta une légère modification à cette ordonnance : les privilèges devaient être faits par le protonotaire et les mandements exécutoires de mise en possession des terres ou fiefs concédés par les maîtres rationaux. Cette division ne parut pas raisonnable au roi, parce qu'un des officiers pouvait être pleinement informé de ses intentions et de ses ordres, alors que les autres les ignoraient ; il décida donc qu'à l'avenir les privilèges et les lettres exécutoires seraient les uns et les autres rédigés et expédiés par le protonotaire (2). En 1308, le roi renouvelle ses re-

_____

(1) Reg. ang. LXVI, fol. 31, n. 1. Pièces justificatives, n. IV. Ce mandement est adressé au justicier de la Terre de Labour. Minieri-Riccio en a publié deux autres, l'un daté du 7 août 1294, adressé au justicier de la terre de Bari, d'après le Reg. ang. CLXXXV, fol. 85 vᵉ (ouv. cité, p. 148) ; l'autre, une circulaire à tous les justiciers, d'après le Reg. ang. LXX, fol. 238 vᵉ et 306 (*ibid.*, p. 149).

(2) Reg. ang. 1303 A, n. CXXX, fol. 134, et Reg. 1304 C, n. 135, fol. 215,

commandations au sujet des souscriptions du chancelier et du
protonotaire dans les privilèges (1). Un mandement du roi Robert,
daté de Naples le 2 juin 1309, nous donne la raison de ces précautions, en expliquant l'origine des confusions qui étaient commises à ce sujet. Les prescriptions relatives aux souscriptions du
chancelier et du protonotaire se trouvaient en effet à la fois dans
les *Capitula officii Cancellarii* et dans les *Capitula officii Protonotarii*, mais rédigés en des termes différents, ce qui donnait lieu à
des erreurs de la part des officiers (2). Robert confirme l'ordonnance du 6 août 1294, en déclarant que tel avait été l'usage ob-
servé depuis la promulgation desdites ordonnances jusqu'à la
circulaire explicative du roi Charles II aux justiciers (3).

Enfin, en 1307, le roi nomma Giacomo di Capua, fils de Bartolomeo, protonotaire du royaume, en raison de sa science dans
le droit et des services rendus par son père, dont il ne peut manquer de suivre les traces. Le roi déclare qu'il n'entend pas par
cette nomination dépouiller le logothète de son office de protonotaire, pour y substituer son fils, mais de même que le père et le
fils sont réputés une seule et même personne, de même l'office do
protonotaire doit rester entre leurs mains un et indivisible, de
telle sorte que l'on ne puisse dire qu'il y a deux protonotaires, ce
qui serait contraire aux anciens usages du royaume de Sicile. Il
est établi en outre que ledit Giacomo n'abandonnera pas pour
cela ses études et ses leçons à l'Université, et qu'il sera dirigé par
son père le logothète dans l'exercice de l'office de protono-

publié par Minieri-Riccio, *Grandi Uffiziali*, p. 150. Cf. le même, *Studii
storici sopra 84 Registri angioini*, p. 44.

(1) Reg. ang. 1308 B, n. cxxi, fol. 265. Minieri-Riccio, *Studii Storici*, etc.,
p. 108.

(2) « *Tenore presentium notum facimus tam presentibus quam futuris
» quod, cum in distinctione capitulorum spectantium ad officium protho-
» notarii regni nostri Sicilie, unum inter alia contineatur capitulum, quod
» tale est : In privilegiis donorum terre omnibus ponetur : Data per
» manus cancellarii et prothonotarii, etc.; in declaratione quoque capitu-
» lorum pertinentium ad officium cancellarii dicti regni denotetur capitu-
» lum in hunc modum : Videlicet in privilegiis omnibus ponetur : Date
» per manus cancellarii et prothonotarii, etc. Et ex diversitate verborum
» hujusmodi in ipsis capitulis contentorum, eo quod in capitulis officii
» cancellarii indefinite dicitur : Privilegiis omnibus, circa subscriptionem
» eorumdem cancellarii et prothonotarii in data hujusmodi dubium resul-
» taret, etc... »* (Reg. ang. 1308-1309, n. clxxix, fol. 212, publié par Minieri-
Riccio, *De' Grandi Uffiziali*, p. 151).

(3) *Ibid.*, p. 152 : « *Maxime cum a tempore distinctionis dictorum officiorum usque ad tempus declarationis predicte sic extiterit observatum... »*

taire (1). Giacomo di Capua prêta serment, en 1309, au roi Robert do bien exercer l'office de protonotaire sous la direction de son père. Il touchait en cette qualité 100 onces d'or de gages par an et 8 onces pour ses robes (2). Mais il mourut en 1312 et fut enseveli le 18 avril à San Lorenzo de Naples (3).

Telles sont les mesures prises par Charles II d'Anjou au sujet de l'office du protonotaire et du logothète. On voit, d'après la commission de Giacomo di Capua, que l'office de logothète a pris, à la fin du règne de Charles II, une singulière importance, grâce à l'éclat que lui a donné Bartolomeo di Capua. Le protonotaire touchait pour ses gages 300 onces d'or par an, et les deux *registrateurs* particuliers attachés à sa personne recevaient de la cour une once et demie par mois (4). Mais Bartolomeo di Capua fut l'objet des faveurs spéciales de Charles II et de Robert ; on peut lire dans Minieri-Riccio (5) la liste interminable des donations qui lui furent faites durant son administration. Robert d'Anjou après son couronnement, lui donna une rente annuelle de 400 onces sur des biens domaniaux (6). A la mort de Bartolomeo, le roi laissa vacants les offices de logothète et de protonotaire qu'il fit exercer par un vice-protonotaire. La reine Jeanne les rétablit, après la mort de Robert, au profit de Roger, archevêque de Bari (7).

## IV. — LE CHAMBRIER.

L'origine de l'office du chambrier est essentiellement française, et bien que cette institution ait été introduite par les Normands dans le royaume de Sicile, c'est à l'époque des princes de la maison d'Anjou qu'elle a atteint son complet développement et reçu

---

(1) « *Commissio prothonotarii in nova forma,* » dans le *Formularium Curie* des Archives du Vatican, fol. 2 v°. Une commission qui diffère quelque pou de la précédente, a été publiée par Camera, *Annali delle due Sicilie*, t. II, p. 150, d'après le Reg. ang. 1306-1307 B, fol. 46 v°.

(2) Reg. ang. 1309 A, n. CLXXXIV, fol. 305 v°. Cf. Minieri-Riccio, *Studii storici sopra 84 Registri*, p. 66.

(3) Camera, *Annali delle due Sicilie*, t. II, p. 151, publie l'épitaphe de Giacomo di Capua.

(4) Reg. ang. 1294 M, fol. 406 v° et 223 v°. Cf. Minieri-Riccio, *Studii storici*, etc., p. 49.

(5) Minieri-Riccio, *De' Grandi Uffiziali*, p. 143 à 147.

(6) Reg. ang. CCII, fol. 18. Reg. CCIV, fol. 15-16. Reg. CCLV, fol. 6 et 34. *Ibid.*, p. 146.

(7) Reg. ang. 1343-1344 C, fol. 42 v°.

charge existait dans le royaume de France dès l'époque mérovingienne (1); c'est surtout au onzième et au douzième siècle que le
chambrier acquiert de l'importance comme garde de la chambre
où se trouvait le trésor du roi et les archives. Comme le sénéchal,
il est, à cette époque, qualifié de « maître de la maison du
roi, » et s'occupe de tout ce qui concerne le logement du roi,
l'ameublement et l'entretien des palais (2). Sous Henri I<sup>er</sup>, le
chambrier paraît investi à la Cour de France d'une grande autorité, car on trouve le chambrier Raoul à la tête de l'armée royale,
rôle qui, à la fin du onzième siècle, appartiendra au sénéchal (3).
C'est à cette époque que l'office fut importé dans le royaume de
Sicile. Sous les rois normands, la distinction entre le chambrier
et le chambellan n'est pas bien établie, et les instructions relatives à cet office, que l'on trouve dans le *Ritus Curie rationum* (4),
semblent se rapporter aux origines de cette charge dans le royaume
de Sicile. Le chambrier est souvent de race sarrasine, même sous
Frédéric II où le chambrier a perdu de son importance. On trouve,
de 1215 à 1234, un chambrier du nom de Richard et, en 1240,
ces fonctions sont exercées par Jean le More (5).

Charles I<sup>er</sup> d'Anjou rendit au chambrier l'importance que ce
grand officier avait à la cour de France du douzième siècle. En
1265, il est établi que le chambrier exercera son office suivant
l'usage du royaume de France (6), et la charge est confiée à Pierre
de Beaumont, comte de Montescaglioso et d'Alba, qui, en septembre 1267, est en même temps capitaine général du royaume de la
Porta di Roseto jusqu'aux frontières des Etats de l'Eglise (7).
Cette fonction de capitaine général du royaume confiée au chambrier est importante à noter, et il est curieux de la rapprocher de
la situation analogue occupée à la cour de France du onzième

(1) Tardif (J.), *Etudes sur les institutions politiques et administratives
de la France*, t. I, p. 61.
(2) A. Luchaire, *Histoire des institutions monarchiques de la France
sous les premiers Capétiens*, t. I, p. 168.
(3) *Ibid.*, t. I, p. 169.
(4) Bibl. nat., ms. latin 4625, fol. 800 v°. Archives du Vatican, arm. XXXV,
n. 137, fol. 88.
(5) Huillard-Bréholles, *Historia diplom.*, Introd., p. cxlvii et suiv.
(6) Bibl. nat., ms. latin 4625, fol. 98 v°. Archives du Vatican, *ibid.*, fol. 82,
n. xcii : « *Officium Camerarii. — Camerarius habet officium ad modum
regni Francie; illudque ad dictum modum fideliter exercebit et nichil
aliud sibi vendicabit.* »
(7) Minieri-Riccio, *De' Grandi Uffiziali*, p. 162.

siècle par ce grand personnage. On voit, en effet, pendant tout le règne de Charles II, le comte Jean de Montfort, successeur de Pierre de Beaumont, exercer d'importants commandements militaires et occuper pendant plusieurs années le poste de capitaine général du royaume.

Le *Formularium curie regis Caroli* II renferme plusieurs ordonnances relatives à l'office de chambrier, dont les plus anciennes, qui ne sont pas datées, doivent remonter aux premières années du règne de Charles Iᵉʳ d'Anjou (1); ces *capitula de officio camerarii* pourraient bien être antérieurs au chef de la dynastie angevine et n'être que le développement de la formule « *ad modum regni Francie,* » que l'on trouve dans l'ordonnance de 1265. Le service de la personne du roi joue encore dans les attributions du chambrier un grand rôle, et il semble que ces instructions remontent à une époque où la distinction entre le service du palais et l'administration centrale du royaume n'est pas encore aussi bien établie que dans le dernier tiers du treizième siècle. L'ordonnance de Charles II, du 4 juillet 1295, réorganisant l'office de grand chambrier (2) et adressée à Jean de Montfort, comte de Squillace, qui exerçait cette charge depuis l'année 1273 (3), donne au contraire à ce grand dignitaire des attributions presque exclusivement administratives. L'office de chambrier du royaume de Sicile mérite donc une étude spéciale, car il est d'un intérêt particulier pour l'histoire des institutions de la France à la même époque. On possède en effet fort peu de renseignements sur les attributions et l'étendue des pouvoirs de ce grand officier à la cour de de France, au douzième et au treizième siècles. Les règlements des princes angevins peuvent servir à éclairer d'une lumière nouvelle le développement de cette institution d'origine française.

La première charge de l'office de chambrier est la garde de la chambre royale proprement dite, le soin du lit et des vêtements royaux, la surveillance et le choix des gardes qui veillent la nuit autour de la personne royale (4). C'est lui qui commande l'huis-

---

(1) Archives du Vatican, arm. XXXV, n. 137, fol. 100 vᵒ. Pièces justificatives, n. VI.

(2) Ces *Capitula officii comitis camerarii*, qui se trouvent dans le même registre, fol. 91, n. 105, ont été publiés par Minieri-Riccio, ouv. cité, p. 159, d'après le Reg. ang. 1294-1295 A, nᵒ LXXIII, fol. 257.

(3) Voir Paul Durrieu, ouv. cité, p. 193, et Minieri-Riccio, *De' Grandi Uffiziali*, p. 165 et suiv.

(4) « *De officio camerarii,* » dans le *Formularium curie*, fol. 100 vᵒ, art. I.

sier de la chambre à coucher et distribue des vêtements aux serviteurs (1) ; mais les *Hospitiarii camere lecti* sont nommés par le
maréchal de l'hôtel du roi (2). A ces fonctions purement domestiques, qui remontent aux origines mêmes de l'office et qui à la fin
du treizième siècle sont exercées par des chambellans, se joi-
gnent les charges qui relèvent de l'hôtel du roi. Le chambrier a la
garde et le soin de tous les draps d'or ou de soie, de laine ou de
lin, des tapis, des armes de tout genre, des livres, des joyaux,
bijoux, vases d'or et d'argent de l'hôtel, il a même le soin des
sirops, parfums, eau de rose, épices, fruits et comestibles pour
la *bouche* du roi (3). Enfin, et cette condition suffirait à dater ces
*capitula* d'une époque antérieure à Charles I$^{er}$ d'Anjou, il a la
garde des esclaves du roi, hommes et femmes (4). Cet article permet de croire que ces *Capitula*, qui dans le *Cartularium Neapolitanum* de Marseille (5) ont pour rubrique : « *secundum tempora
obtentum*, » sont ceux de l'office du chambrier des rois normands
de Sicile au treizième siècle.

Le chambrier a encore la garde de tous les *gîtes* du roi, soit
dans le domaine royal, soit hors du domaine (6) ; les biens de la
reine et des fils et filles du roi, la surveillance de leur hôtel lui
sont confiés, comme les biens et l'hôtel du roi (7). Enfin le chambrier doit recevoir l'argent qui est envoyé à la chambre ou au
trésor royal, quelle qu'en soit la provenance, et c'est lui qui établit des trésoriers (8). Telle est l'origine des fonctions administratives du chambrier, qui, dès la fin du treizième siècle, à la suite
de l'extension des pouvoirs des maîtres rationaux, étaient devenues purement honorifiques. Le chambrier a encore la présidence
de la cour des maîtres des comptes ; mais la distinction est bien
établie entre l'*hôtel du roi* et la *Curia regis ;* les chambellans et
les officiers des six *métiers* de l'hôtel exercent la plupart des anciennes attributions du chambrier. Celui-ci est devenu un grand
dignitaire n'exerçant que nominalement ses fonctions financières
et investi généralement de grands commandements militaires.

(1) « *De officio camerarii*, » dans le *Formularium curie*, fol. 100 v°, art. II.
(2) *Ibid.*, art. VI.
(3) *Ibid.*, art. IV.
(4) *Ibid.*, art. VII.
(5) Archives départementales des Bouches-du-Rhône, B, 269, fol. 71 v°,
n. LXXIII.
(6) « *De officio camerarii*, » dans le *Formularium curie*, fol. 100 v°, art. V.
(7) *Ibid.*, art. VIII.
(8) *Ibid.*, art. III.

Pierre de Beaumont fut le premier comte chambrier du roi Charles I<sup>er</sup> et il apparaît investi de ses importantes fonctions dès le début du règne, en 1265. Cet officier étant mort entre le 26 mars et le 23 mai 1273, sa charge fut donnée à son gendre Jean de Montfort, qui avait épousé, en 1270, sa fille aînée Marguerite (1). Jean de Montfort survécut au fondateur de la dynastie angevine et joua un grand rôle sous son successeur Charles II, d'abord pendant la régence de Gérard de Parme et de Robert d'Artois, puis après le retour de Charles II dans le royaume. Il était capitaine général à la mort de Charles I<sup>er</sup> d'Anjou et c'est lui qui fit part de cet événement à tous les justiciers du royaume(2). Quand Robert d'Artois fut rappelé en France, en avril 1291, Jean de Montfort le remplaça auprès de Charles Martel, vicaire général du royaume (3) et eut avec Guillaume l'étendard, maréchal du royaume, la direction des opérations militaires en Calabre. Le 30 octobre 1293, Charles II retournant dans son royaume écrivit à Charles Martel de venir à sa rencontre en Toscane et nomma Jean de Montfort vicaire général pendant l'absence du roi de Hongrie (4). Il exerça successivement les fonctions de capitaine général des armées de Basilicate et de Calabre, en 1296 (5), de toute la Calabre, puis du Principat, de la Terre de Labour et des Abruzzes, en 1299 (6). Le 20 avril 1295, Charles II, ayant organisé pendant son absence une sorte de conseil de défense du royaume, avait établi Jean de Montfort auprès de son fils Philippe, prince de Tarente, pour la garde et défense des Pouilles et de la terre d'Otrante (7). Enfin, en 1300, Charles II s'étant rendu à deux reprises, en janvier et en octobre, à Rome, créa Jean de Montfort vicaire général du royaume en son absence (8). Il mourut le jeudi 1<sup>er</sup> décembre de cette même année 1300 (9), après avoir joué un rôle considérable dans l'administration du royaume de Sicile.

Pendant que Jean de Montfort exerçait les fonctions de cham-

---

(1) Minieri-Riccio. *De' Grandi Uffiziali*, p. 163 et 165, et P. Durrieu, ouv. cité, t. II, p. 193.

(2) *Syllabus membranarum*, t. II, part. I, p. 1.

(3) Reg. ang. 1270 C, n. IX, fol. 142, publié par Minieri-Riccio, *Saggio di codice diplomatico*, Supplem., part. I, p. 53.

(4) Reg. ang. LXIII, fol. 7, n. 4. Pièces justificatives, n° VIII.

(5) Reg. ang. LXXXIII, fol. 81 v°.

(6) Reg. ang. XCVI, fol. 117. Voir Minieri-Riccio, *De' Grandi Uffiziali*, p. 169.

(7) Reg. ang. LXXIX, fol. 54, n. 2.

(8) Reg. ang. XCVII, fol. 150 v°. Reg. ang. CIV, fol. 64.

(9) Reg. ang. CXIX, fol. 116 v°, 117. Voir Minieri-Riccio, *ibid.*, p. 169-170.

brier du royaume de Sicile, le roi Charles II réorganisa cette grande charge et étant à Anagni, au mois de juin 1295, avec son conseil, il envoya au grand chambrier des instructions nouvelles pour exercer ses importantes fonctions. Ces *Capitula officii comitis camerarii regni Siciliæ* ne conservent que très peu de traces des anciennes fonctions du chambrier de France et de celui de Sicile; le service personnel a disparu presque complètement et, tandis que la chambre était autrefois une simple dépendance de l'hôtel du roi, on voit au contraire le chambrier avoir la haute direction des divers services de l'hôtel et ses attributions s'exercer en outre sur l'ensemble de l'administration financière du royaume. Le rôle joué par le grand chambrier dans cette administration financière fut-il aussi considérable que semblent l'indiquer l'ordonnance de 1295? Il est permis d'en douter, quand on voit l'importance des fonctions militaires exercées à la même époque par ce grand officier et quand on songe que le comte Jean de Montfort passa la plus grande partie du règne de Charles II aux frontières du royaume à combattre les ennemis. On ne peut nier cependant l'importance du comte chambrier à la fin du treizième siècle, et il sera bon d'examiner, en étudiant la chambre des comptes du royaume de Sicile, la question de savoir si les fonctions de ce grand officier étaient purement nominales et honorifiques.

Le grand chambrier, ou, comme on le nommait sous le règne de Charles II, le comte chambrier (*cômes camerarius*) a dans le principe la haute direction de la chambre royale. Le mot *camera* a dans les registres angevins la même acception vague et indéterminée dans certains cas, que nous avons signalée à propos du mot *curia*. Il n'a plus déjà le sens particulier de chambre du roi, qui est bien l'origine du mot, puisque dans les plus anciens *capitoli* le chambrier est chargé du soin de la *camera lecti domini regis* (1). Sous Charles I<sup>er</sup>, tout l'argent fiscal ou de l'État (*curie*), tous les revenus des domaines, les impositions, aides, etc. sont centralisés dans la chambre. Le roi mande aux justiciers, aux agents de finances et autres d'envoyer telle somme *ad cameram nostram*. Pendant les premières années du règne de Charles I<sup>er</sup>, on ne distingue pas le *trésor* de la *chambre*. Ce n'est qu'en 1277 qu'une ordonnance royale, datée du 27 octobre (2), installa le

(1) Voir plus haut, p. 215, et Pièces justificatives, n° VI.
(2) Cette ordonnance rédigée en français, qui se trouve dans le Reg. ang. XXXIV, fol. 98, a été publiée par M. Paul Durrieu, dans sa *Notice sur*

*trésor royal* au château de San Salvatore a Mare ou château de
l'Œuf à Naples, et rendit cette institution indépendante de la
chambre, en en confiant la direction du trésor à trois trésoriers,
deux français et un italien, soumis au contrôle des maîtres rationaux (1). A partir de cette date, on peut entendre le mot *camera*
dans le sens particulier qu'il a pris en France à la même époque (2), et le traduire par *chambre des comptes*, où siègent les
maîtres rationaux. Le chambrier a la présidence de cette chambre
et, s'il ne siège pas effectivement, nous verrons, en étudiant l'organisation de la chambre des comptes, que les apodixes ou quittances délivrées aux officiers par les maîtres rationaux portent
la formule « avec le pouvoir à eux conféré par le comte chambrier. »

Mais le chambrier a conservé en outre de ses anciennes fonctions un droit de surveillance sur l'hôtel du roi : il faut donc distinguer dans ses attributions celles qui concernent l'hôtel et celles
qui s'appliquent plus particulièrement à la chambre. Les joyaux
de la couronne ne sont pas conservés dans le trésor du château
de l'Œuf, ou du moins ne sont pas confiés aux trésoriers, mais
aux greffiers de l'hôtel. Le comte chambrier doit savoir quels sont
les joyaux, pierres précieuses et en général tous les objets qui
sont de la chambre du roi, tant ceux qui sont portés avec le roi
que ceux qui sont laissés en dépôt, en quelque lieu que ce soit,
et chaque année il doit en faire dresser l'inventaire (3). C'est lui
qui doit ordonner et fournir à la maison du roi les objets nécessaires à l'ameublement et à l'ornement (4). Il doit avoir enfin
pleine connaissance de toutes les dépenses qui se font journelle-
ment dans l'hôtel du roi (5). C'est de concert avec les maîtres rationaux qu'il règle l'ordonnance générale de l'hôtel du roi, de la

---

*les registres angevins en langue française conservés dans les archives de
Naples*, publiée dans les *Mélanges de l'Ecole française de Rome*, t. III, 1883,
p. 1-34.

(1) Pour l'organisation du Trésor du Château de l'Œuf, je ne puis que
renvoyer à l'excellent chapitre de M. Durrieu, dans les *Archives angevines
de Naples*, t. I, chap. v, p. 97 à 118, auquel on ne peut rien ajouter pour
le règne de Charles II, les documents faisant totalement défaut pour cette
période.

(2) Cf. Charles-Victor Langlois, *Le règne de Philippe le Hardi*, p. 312.

(3) *Capitula officii comitis camerarii*, art. i, dans Minieri-Riccio, ouv.
cité, p. 159.

(4) *Ibid.*, art. ii, p. 160.

(5) *Ibid.*, art. iii.

reine et des princes (1). Enfin il reçoit les comptes de recettes et dépenses de tous les deniers, joyaux et objets, de quelque provenance qu'ils soient, qui sont reçus par les trésoriers ou par les greffiers de l'hôtel, et des payements faits par eux, tant pour les dépenses ordinaires de l'hôtel que pour les gages des familiers de l'hôtel et des stipendiés (2). Tous les ans, au mois de septembre, le chambrier reçoit les inventaires de tous les animaux et choses conservés dans les *masseries* ou fermes royales et dans les haras de l'Etat (3). Tels sont les principales fonctions du comte chambrier pour ce qui concerne l'hôtel du roi.

Dans les grandes cérémonies, c'est lui qui fournit les draps d'or, de soie ou de laine qui ornent la salle royale, le trône et les sièges de la grande cour; il percevait pour cela un droit assez élevé, car le roi Charles II fit un accord avec le comte Jean de Montfort stipulant qu'il lui serait payé 100 onces d'or à chaque fête solennelle, c'est-à-dire quand le roi porterait la couronne, ou se marierait, ou couronnerait la reine sa femme (4). C'est aussi en vertu de la charge qu'il remplit à l'hôtel que le chambrier perçoit ce que l'on appelle le *droit de chambellage*. Ce droit est fixé par l'ordonnance de 1295 à une once d'or, et est perçu sur toutes les personnes faisant hommage au roi pour un fief à charge de service militaire et rapportant 20 onces d'or (5). Le droit de chambellage était perçu dès le règne de Charles Ier d'Anjou, car dans une circulaire adressée à tous les justiciers du royaume et datée de Rieti, le 27 septembre 1289, le roi Charles II leur recommande de faire payer à Jean de Montfort par tous les feudataires qui feront hommage de nouveau au roi une once d'or par fief rapportant vingt onces de rente annuelle. Sont exceptés les feudataires qui ont rendu hommage au roi Charles Ier pour les mêmes biens; mais ceux dont la provision a été augmentée doivent être tenus de payer cette somme (6).

Pour ce qui concerne la *chambre*, le comte chambrier préside la commission financière de la *curia regis*, composée des maîtres rationaux, des clercs et des notaires de la chambre. C'est dans son hôtel que se tiennent les séances de la chambre des comptes, et les maîtres rationaux doivent expédier en sa présence les affai-

(1) *Capitula officii Comitis Camerarii*, art. XIV, p. 161.
(2) *Ibid.*, art. VII, p. 160.
(3) *Ibid.*, art. IX, p. 161.
(4) *Ibid.*, art. XII.
(5) *Ibid.*, art. XIII.
(6) Reg. ang. XIX, fol. 34 v°. Voir Pièces justificatives, n° VII.

res de leur office, savoir, comme nous l'avons déjà vu, l'ordon-
donnance de l'hôtel du roi, le règlement des comptes des officiers,
la mise en ferme des *Secretie* du royaume et la création des autres
officiers qui doivent veiller à l'entretien des terres, biens et revenus de l'Etat. C'est le chambrier qui, avec l'avis des maîtres
rationaux, nomme ou destitue les *Secreti* et autres officiers du
même genre (1). Pour surveiller l'administration financière du
royaume, le comte chambrier doit avoir pleine et entière connaissance de l'état et condition des droits du fisc, revenus et profits royaux, soit vendus comme gabelles, soit mis en ferme. Il
donne en adjudication aux *Secreti*, *Magistri portulani* et *Magistri
salis* les domaines, biens et revenus de l'Etat, et son devoir est
de les défendre contre les barons, bourgeois et autres qui mettraient obstacle à leur administration, ou usurperaient les droits
du domaine : aussi doit-il être informé par les officiers de tous
les empiètements de ce genre qui sont commis dans le royaume (2).
Il a, en outre, connaissance de toutes les nominations d'officiers,
créations d'offices, faites par le roi ou ses vicaires, tant à l'hôtel
du roi et de la reine, que dans les provinces, et de tous ceux qui
doivent rendre des comptes à la Cour (3). Tous les six mois, il
reçoit des justiciers, *secreti* et autres officiers, administrant les
terres et biens de l'Etat, les comptes de recettes et de dépenses de
leur gestion, que ces officiers sont tenus de lui adresser (4). Le
chambrier doit tenir registre des restes, défauts, doutes, etc.,
trouvés dans les comptes des officiers, et des articles des enquêtes
faites contre eux, des condamnations, compositions et quittances,
etc. Pour cela, il peut nommer des notaires spéciaux, à la condition de payer leurs gages (5). Il a à la chancellerie un registre
spécial où sont notés toutes les lettres et privilèges revêtus du
sceau royal ou du sceau de la vicairie et le compte des recettes et dépenses de chacun des deux sceaux (6). Enfin il reçoit aussi le compte des recettes et dépenses des profits de l'Hôtel du maître justicier, quelle qu'en soit la provenance; il peut
pour cela entretenir à ses frais un notaire particulier, sinon il
doit se contenter de recevoir tous les trois mois le compte

(1) *Capitula officii comitis camerarii*, art. XIV, p. 161.
(2) *Ibid.*, art. IV, p. 160.
(3) *Ibid.*, art. V.
(4) *Ibid.*, art. X, p. 161.
(5) *Ibid.*, art. X.
(6) *Ibid.*, art. VI, p. 160.

fait par le notaire des actes du maître justicier (1). Jean de Montfort obtint cependant que les notaires de la chambre seraient payés par le roi, car le 6 novembre 1293, ordre est donné à Guy d'Allemagne, payeur général des finances, de payer à M⁰ Niccolà di Pastasio di Capua, notaire chargé de rédiger et de conserver les registres du comte chambrier, ses gages des mois d'août, septembre et octobre, à raison de 2 onces 11 tarins 5 grains pour lui et 1 once 15 tarins pour son secrétaire, pour chaque mois (2).

Enfin l'ordonnance de 1295 établissait, spécialement pour le comte Jean de Montfort, que le comte chambrier aurait à veiller à la conservation et à l'approvisionnement des châteaux royaux et les ferait séparer et fortifier, suivant les besoins, par les communautés, localités ou personnes qui sont tenues ou ont coutume de le faire. Quand les dépenses ne peuvent être supportées par des communautés ou des individus, il doit faire faire les réparations aux frais de l'Etat et demander les fonds nécessaires aux *Secreti*.

Le chambrier peut nommer et destituer les châtelains et sergents tenant garnison dans les châteaux royaux et a droit de juridiction sur eux, sauf dans les châteaux qui relèvent du maître des arbalétriers. Celui-ci cependant doit lui obéir et le consulter pour tout ce qui concerne les châteaux dans tous les cas où l'avis du roi était jusque-là nécessaire. Ne sont pas compris dans les châteaux royaux, les maisons et palais royaux qui sont dans les forêts et domaines de la couronne, car leur garde et approvisionnement appartient au sénéchal (3). Cette dernière restriction s'explique par le fait que le roi Charles II, par lettres datées de Naples, le 27 mai 1294, avait confié à Jean de Montfort la garde des forêts royales et des palais royaux du royaume de Sicile (4).

Le comte chambrier percevait quatre onces d'or par jour pour ses gages (5) : cette somme lui était généralement payée par les justiciers sur l'argent des aides générales (6). Cependant lorsque

(1) *Capitula officii comitis camerarii*, art. VIII, p. 160.
(2) Reg. ang. LXXII, fol. 92 v°, n. 2.
(3) *Capitula officii comitis camerarii*, art. XV, p. 161-162.
(4) Reg. ang LXIII, fol. 130 v°, n. 1.
(5) Mandement du roi à Charles Martel et à Robert d'Artois, ses lieutenants, de payer à Jean de Montfort, comte de Squillace, 4 onces d'or par jour pour sa provision de l'office de chambrier. Crépy, 8 août 1291 (Reg. ang. IX, fol. 149, n. 2).
(6) Le roi de Hongrie mande, le 22 octobre 1291, au justicier de la Terre de Labour, de payer à Jean de Montfort 200 onces pour ses gages fixés à raison de 4 onces par jour. — Le justicier de la Basilicate, celui de la Ca-

Robert d'Artois dut quitter le royaume de Sicile pour rentrer en France, le roi décida que la provision qui lui était fournie pour son hôtel servirait à payer les gages de Jean de Montfort, son remplaçant, et de ses officiers. Cette provision était, en 1291, assignée sur les revenus de la *Secretia* de Pouille qui avait été vendue pour 9,500 onces (1). Cependant, le 3 décembre 1291, le roi Charles II, pressé par le besoin d'argent, mande au prince de Salerne, au comte de Montfort et à Pierre Bodin d'Angers, maître rational, de lui envoyer cet argent pour la provision de son hôtel et de payer Jean de Montfort avec l'argent des aides générales (2). Le 22 juillet 1294, le roi établit que les gages du comte chambrier seront perçus sur les droits et revenus de la capitainerie de Lucera dei Sarraceni, une fois les gages du capitaine et de la garnison soldés. Quant aux gages de ses troupes, ils seront payés sur les collectes du justicerat de la Basilicate (3).

La haute direction de l'administration financière du royaume n'empêchait pas le comte chambrier de remplir quelquefois des fonctions de moindre importance, même dans l'ordre financier. Ainsi, le 18 septembre 1294, le roi donne commission à Jean de Montfort de recueillir l'aide féodale due par les barons et feudataires du royaume, pour les fiefs tenus de la Cour *a capite* à raison de 10 onces et demie et pour les feudataires recevant une provision en argent à raison de 5 onces et demie. Il doit, sur les deniers qu'il percevra ainsi, payer au prince de Tarente, vicaire général du royaume, 1000 onces d'or pour sa provision et solder les gages des châtelains, concierges, chapelains et sergents des châtelains et palais royaux (4).

Jean de Montfort mourut le 1er décembre 1300, après avoir occupé la charge de comte chambrier pendant vingt-sept ans. Après sa mort, le roi Charles II, trouvant l'office de grand chambrier inutile et dispendieux, surtout après la réorganisation de la chambre des comptes et l'extension des pouvoirs des maîtres rationaux, abolit la charge de comte chambrier, et revenant à l'origine de cette institution, décida qu'à l'avenir ces fonctions seraient exercées

pitanate, les receveurs du Principat doivent payer chacun 100 onces (Reg. ang. LVII, fol. 97, n. 1 et fol. 123 v°, n. 2).

(1) Mandement du 18 décembre 1291, daté d'Aix (Reg. ang. LVIII, fol. 290, n. 4).

(2) Reg. ang. LVIII, fol. 289 v°, n. 4 et 290, n. 1, 2.

(3) Reg. ang. LXIII, fol. 206 v°, n. 3.

(4) Reg. ang. LXV, fol. 34, n. 2.

par le maître chambellan (1). Celui-ci était alors Bartolomeo Siginulfo di Napoli, frère de Sergio Siginulfo, maître de la maréchalerie royale et plus tard grand amiral de Sicile. Bartolomeo
Siginulfo était d'abord entré dans les ordres et avait obtenu un
canonicat à la cathédrale de Naples, puis avait été nommé abbé
de S. Andrea di Capua. Ayant quitté l'état ecclésiastique, il fut
nommé valet de la chambre du roi Charles II (2). Il avait été élevé
par le roi comme son propre fils et avait été l'objet de ses faveurs
spéciales, et le prince Philippe avait servi de parrain à ses enfants. Accusé d'adultère avec Thamar, première femme du prince
de Tarente, il avait réussi à se disculper (3). Mais, après la mort
du roi Charles II, il fut convaincu d'avoir tenté de faire assassiner le prince de Tarente, capitaine général du royaume, et, cité à
comparaître devant la Cour, il se réfugia dans son château de
Saint-Angelo près de Pouzzoles, fut déclaré contumace, et condamné au bannissement et à 2000 onces d'amende (30 décembre 1310) (4). Ses biens furent confisqués et la charge de grand
chambrier donnée au Catalan Drego de la Rath. Bartolomeo Siginulfo se réfugia en Sicile auprès du roi Frédéric et mourut vers
1316 (5). En 1302, Bartolomeo Siginulfo jouissait de toute la faveur de Charles II, qui, après lui avoir donné les terres d'Atino,
de Teverole et de Montuori, venait de le nommer comte de Telese (6), et devait plus tard, à la mort de Pierre Caetani, lui donner encore le comté de Caserta (7).

En 1302, le roi Charles II, revenant sur sa décision, rétablit
l'office de grand chambrier en faveur de Bartolomeo Siginulfo di
Napoli, comte de Telese, et le 26 novembre, il lui envoya les *Capitoli* de son office (8). Ces instructions diffèrent très peu de l'or-

(1) Reg. ang. CXVII, fol. 4 v°, publié par Minieri-Riccio, *Saggio di codice
diplomatico*, Supplem., part. II, p. 10, n. XI. Voir Pièces justificatives, n. IX.

(2) Tutini, ouv. cité, *Degli Ammiranti*, p. 95.

(3) Camera, *Annali delle due Sicilie*, t. II, p. 189.

(4) Minieri-Riccio, *Genealogia di Carlo II*, anno 1311, dans l'*Archivio
storico per le Provincie Napoletane*, t. VII, 1882, p. 222 à 224.

(5) Camera, *Annali delle due Sicilie*, t. II, p. 190-191.

(6) Reg. ang. CXXII, fol. 178 v°.

(7) Confirmation, par le roi, de la vente du comté de Caserta, faite à Bartolomeo Siginulfo, grand chambrier, par feu Pierre Caetani. 30 septembre 1308 (Reg. ang. CLXXVIII, fol. 31 v°).

(8) « *Suggerente culmini nostro tue probate fidei puritate, quam evidenter
nos longeva experiencia docuit et vigilantis tue digilentie studio quam nobis
diuturna conversatio clarius patefecit, pridem personam tuam, ne merita
sequestrarentur a premiis, non indigne magni camerarii titulo nostra excel-*

donnance de 1295 : Minieri a déjà relevé cette particularité qu'elles sont adressées à la seconde personne, tandis que les *Capitoli* sont d'ordinaire rédigés à la troisième personne (1). Mais l'ordonnance de 1302 contient une addition importante, qui marque une fois de plus la tendance, que nous avons signalée, du roi Charles II à restaurer les grandes charges de la couronne et à revenir au ser- vice personnel des origines des offices. Charles II aimait le luxe et il gaspilla souvent le trésor royal en largesses et dépenses inu- tiles. En 1300, il avait voulu, par économie, supprimer l'office inutile de chambrier. En rétablissant, en 1302, cette charge en faveur de son maître chambellan, il lui envoie les an- ciennes instructions de l'office chambrier pour le service qu'il a à remplir à l'hôtel : le soin de la chambre à coucher et des vête- ments du roi, le choix des gardes, des huissiers et portiers, la no- mination des greffiers et autres officiers de l'hôtel (2), la réception de l'argent destiné à la chambre, la garde des bijoux, draps, ar- mes, vases d'or, etc., la garde des *gîtes* du roi, celle des esclaves, le soin des biens de la reine et des princes, etc. (3). Suivent les ar- ticles de l'ordonnance de 1295 adressée à Jean de Montfort, qui sont reproduits textuellement, sauf le dernier concernant la sur- veillance et l'approvisionnement des châteaux royaux, qui est sup- primé et qui, nous l'avons vu, était personnel au comte Jean de Montfort (4). Il est remplacé par des instructions, que l'on trouve généralement dans les *Capitula officii magistri justiciarii*, confiant au grand chambrier le soin de protéger les églises, les personnes ecclésiastiques, les veuves, les orphelins, les faibles, et de les dé- fendre contre toute injure et oppression. Il est chargé, en outre, de percevoir les amendes encourues par les comtes, barons et feudataires pour violences contre les personnes ou les choses (5). — Le 2 janvier 1303, le roi écrit aux maîtres des masseries roya- les et aux maîtres des haras de la Capitanate, de la Terre de Bari

---

*lentia insignivit...* » — Reg. ang. cxxii, fol. 70. Une partie de ces *Capitoli* ont été publiés par Minieri-Riccio, *De' Grandi Uffiziali*, p. 172 à 174.

(1) *Ibid.*, p. 174.

(2) C'est une addition aux anciens *Capitoli* « *De officio camerarii*, » in- tercalée entre les articles ii et iii : « *Item ad officium tuum spectat corri- gere, amovere et alios substituere tam grafferios quam magistros arresto- rum et alios officiales Hospitii regii recipientes pecuniam pro expensis dicti Hospitii a grafferiis supradictis.* »

(3) Voir plus haut, p. 215, et *De officio camerarii*, Pièces justificatives, n° VI. Ces additions ont été publiées par Minieri-Riccio, ouv. cité, p. 173.

(4) Ordonnance de 1295, art. xv. Voir Minieri-Riccio, ouv. cité, p. 161-162.

(5) *Capitoli* de 1302, dans Minieri-Riccio, ouv. cité, p. 173-174.

et de la Basilicate, leur ordonnant d'obéir au grand chambrier,
pour tout ce qui concerne leur office, et leur adressant un extrait
des ordonnances, relatif aux inventaires et aux comptes que le
chambrier doit recevoir : cet extrait comprend les articles IV, X
et IX des *Capitoli* de 1295.

En 1300, le roi déclarait l'office de grand chambrier « *regno
ipsi et nobis inutile, nec publico statui fructuosum, vacum pro quiete
communi, laboribus et sumptibus in nostrum et nostrorum detrimentum fidelium onerosum, exercitii fere nullius* (1). » Le rétablissement de cette charge en faveur de Bartolomeo Siginulfo fut une
faveur accordée à ce personnage, qui jouissait de la confiance et
de l'amitié du roi, mais il ne rendit pas au chambrier son importance politique et administrative absorbée par les maîtres rationaux. En 1306, en effet, le roi, reconnaissant que les services
personnels de cette charge empêchaient le chambrier de remplir
tous les devoirs de son office et engageaient sa responsabilité en
l'obligeant à rendre des comptes, lui enleva une des attributions
les plus importantes du grand chambrier. Il décida que la recette
et la distribution de l'argent fiscal seraient confiées aux trésoriers
royaux, qui auraient seuls la charge du trésor et devraient en
rendre compte (2). Cette ordonnance ne faisait que consacrer un
état de choses existant en fait depuis la séparation de la chambre
et du trésor.

Cette mesure, datée du 18 juin 1306, correspond aux lettres du
16 juin qui confiait à Bartolomeo Siginulfo la charge de l'amirauté de Sicile, vacante par la mort de son frère Sergio Siginulfo (3). Le roi la compléta par la création d'un office nouveau (il
ne songeait plus alors aux économies dont parle l'édit du 15 décembre 1300); et le 15 juin 1306, il nomma Bernardo Caracciolo da Napoli (4), lieutenant (*vicem gerens*) du grand cham-

---

(1) Reg. ang. CXVII. fol. 4 v°. Pièces justificatives, n° IX.

(2) Reg. ang. CLIV, fol. 245, n. 1. Voir les lettres du roi, datées de Naples,
le 18 juin 1306, dans les Pièces justificatives, n° XII.

(3) Reg. ang. CLIV, fol. 230, n. 2, et Tutini, ouv. cité, *Degli Ammiranti*,
p. 96.

(4) Reg. ang. CLIV, fol. 205 v° et 206. — Le 23 avril 1307, le roi Charles II,
étant à Marseille, écrit à Bernard Caracciolo di Napoli, lieutenant du grand
chambrier, après la mort de Marguerite de Beaumont, veuve du comte Jean
de Montfort, pour qu'il cherche, parmi les livres de la chapelle de ladite
comtesse, ceux qui ont été composés « *juxta usum capelle Parisiensis*, » et
de les acheter de la part du roi, pour les remettre à M° Raynald Expaillait,
chantre de S. Niccolà de Bari, et à M° Pierre d'Angery, trésorier de ladite

brier (1). Ce Bernardo Caracciolo, chevalier, avait été jadis justicier
de la Capitanate et il remplissait les fonctions de sénéchal de l'hôtel, charge bien distincte de l'office de grand sénéchal (2). Le roi,
dans la commission qu'il envoie à Bernardo Caracciolo, reproduit
les considérants de l'ordonnance qui enlevait au chambrier la recette et distribution de l'argent du trésor, et laissant à Bartolomeo Siginulfo le soin et la garde de sa personne, il charge son
lieutenant de toutes les attributions administratives de l'office. Le
même jour, en effet, il adresse à Bernardo Caracciolo, lieutenant
du grand chambrier, les instructions de l'office de chambrier du
26 novembre 1302, et ajoute à la suite les *capitoli* qui rentreront
dans les attributions du lieutenant (3). Chose curieuse, il charge
le lieutenant de la distribution de l'argent fiscal et du soin de réclamer par lettres aux officiers, justiciers, *secreti* et autres, l'envoi
à la chambre des deniers des aides et impositions (4). Il faut
ajouter que les lettres, retirant cette charge au chambrier, sont datées du 18 juin, c'est-à-dire postérieures de trois jours aux instructions envoyées au lieutenant. Ces instructions reproduisent
toutes les dispositions de l'ordonnance de 1295 concernant l'administration financière. Le lieutenant du chambrier a la présidence de la cour des comptes, et les maîtres rationaux doivent se
réunir dans son hôtel (5). Sont supprimés seulement les articles de
l'ordonnance de 1302 concernant le service personnel du prince et
les charges concernant l'hôtel sauf le soin de l'ameublement et de
l'ornement de la demeure royale et aux dépenses de l'hôtel (6); en-

église, pour être conservés dans le Trésor de S. Niccolà de Bari (Reg.
ang. XVI, fol. 125 v°. Cf. Minieri-Riccio, ouv. cité, p. 172).

(1) Reg. ang. CXLVII, fol. 85 v°. Pièces justificatives, n° X.

(2) Reg. ang. 1304-1305 F, n. CXLIII, fol. 223.

(3) Reg. ang. CXLVII, fol. 102 v° et 103. Pièces justificatives, n° XI.

(4) « *Ad officium tuum spectat mandare et facere distribui omnem fiscalem pecuniam, cujuscumque generis sit, et fieri exinde ad thesaurarios
nostros, justiciarios, secretos et officiales alios, litteras curie oportunas,
in quarum cujuslibet data scribatur manu tua propria : Camera nostra.* »
« *Item habes sollicitare per litteras curie et tuas justiciarios, secretos et
officiales alios, qui recolligere et tractare et solvere habent fiscalem pecuniam ad celerem recollectionem et missionem ad cameram ac solutionem
in eadem camera pecunie supradicte.* » (Lettres du 15 juin 1306, art. I et II;
Reg. aug. CXLVII, fol. 102 et 103).

(5) *Ibid.*, art. XIV.

(6) *Ibid.*, art. III : « *Item debes ordinare et providere de rebus necessariis
pro apparatu et ornatu domus regie.* » — IV : « *Item habebis plenam conscientiam et noticiam omnium expensarum que quolibet die fiunt in Hospitio regis.* »

fin il n'est pas question des droits et émoluments de la charge de chambrier.

Cette création du lieutenant du chambrier, présidant la Cour des comptes, correspond à celle du régent de la grande cour de justice, remplaçant à la même époque le maître justicier. Bartolomeo Siginulfo resta grand chambrier du royaume jusqu'en 1310, date à laquelle il fut, comme nous l'avons vu, condamné pour tentative d'assassinat sur le prince de Tarente et banni du royaume. Son lieutenant, Bernardo Caracciolo, semble avoir exercé la charge de lieutenant jusqu'à la fin du règne de Charles II. En tout cas, l'office de grand chambrier n'offre plus rien de remarquable à noter de 1306 à 1309.

### V. — LE CHANCELIER.

La chancellerie du royaume de Sicile a été pendant ces dernières années l'objet de travaux excellents qu'il importe de rappeler au début de cet essai sur le chancelier des princes de la maison d'Anjou. Les savantes recherches de M. Huillard-Bréholles sur l'histoire diplomatique de Frédéric II (1) ont été complétées par les publications de Böhmer (2), par les travaux de Ficker sur les origines du droit en Italie (3) et par ceux de Eduard Winckelmann (4). La chancellerie angevine a été étudiée pour la première fois par mon prédécesseur et ami, M. Paul Durrieu, dans sa remarquable étude sur les registres de Charles Ier d'Anjou (5). En découvrant les règles qui ont présidé à la rédaction et à la composition des registres des archives angevines de Naples, M. Durrieu a facilité singulièrement la tâche de ceux qui voudront étudier après lui cette admirable source d'information. Sa publication a permis à la direction des archives d'Etat de Naples de pousser activement la rédaction d'un inventaire sommaire des trois cent soixante et dix huit *Registri Angioni*, dont l'impression

---

(1) *Historia diplomatica Friderici secundi*, Paris, 1852-1859, 6 vol. in-4°.

(2) Böhmer, *Acta imperii selecta*, Innsbruck, 1870, in-4°; nouv. édit. par Ficker (1198-1273), Innsbrück, 1870.

(3) Ficker, *Forschungen zur Reichs-und Rechtsgeschichte Italiens*, Innsbruck, 1868, 4 vol.

(4) Ed. Winckelmann, *Acta imperii inedita seculi XIII et XIV*, Innsbruck, 1880, 2 vol. in-8°. — *Sicilische und Paepstliche Kanzleiordnungen*, Innsbruck, 1877, in-8°.

(5) P. Durrieu, *Les Archives angevines de Naples*, fasc. XLVI et LI de la Bibliothèque des écoles françaises de Rome et d'Athènes.

est très avancée. Enfin il serait injuste de ne pas citer les excellentes publications de textes du commandeur Capasso, surintendant des archives de Naples, qui poursuit avec un zèle infatigable la publication des *Monumenta regii Neapolitani Archivi* (1), et celles de Giuseppe del Giudice, qui ne sont malheureusement pas encore achevées (2).

Pour la période angevine, la chancellerie, son organisation, ses règlements, ont été étudiés par M. Durrieu avec tant de soin, que son travail me dispense de revenir longuement sur ce sujet. Charles II s'est en effet très peu écarté des modes et usages adoptés par la chancellerie sous le règne de son père, et l'étude diplomatique de ses actes et des registres correspondant à son règne n'apportera que très peu d'éléments nouveaux au travail de M. Durrieu sur les registres de Charles Iᵉʳ. Il importe cependant que le chancelier trouve place dans cette étude à côté des autres grands officiers de la couronne. Tandis que, sous Charles Iᵉʳ, la charge de chancelier reste vacante après la mort de Simon de Paris, en 1273, le roi Charles II eut, pendant tout son règne, un chancelier en titre et, jusqu'à présent, il n'a pas été écrit une ligne sur les chanceliers de Charles II. Aussi, tout en profitant des savantes recherches de notre confrère sur l'organisation de la chancellerie, étudierons-nous l'office de chancelier du royaume de Sicile en suivant la même méthode que pour les autres grands officiers.

Le chancelier du royaume de Sicile remonte aux origines de la monarchie. Sous les princes normands, cette charge présente les mêmes caractères que dans les autres pays, en France et dans l'empire d'Allemagne par exemple. On sait en effet que l'histoire de la chancellerie est intimement liée à celle de la chapelle royale. Le chef de la chapelle royale en France se trouvait au onzième siècle le chef de la chancellerie et les simples chapelains étaient employés comme notaires à la rédaction des diplômes royaux (3). Seulement il faut distinguer en France la chancellerie honorifique qui fut conférée jusqu'au règne de Louis le Gros à l'archevêque de Reims, de la chancellerie réelle, qui était exercée à la même époque par des chapelains ou notaires de moindre importance : c'était ce dernier personnage qui souscrivait et expédiait les

(1) Capasso (B.), *Historia diplomatica regni Siciliae*, 1250-1256, Napoli, 1874, in-4°. — *Regii Neapolitani Archivi monumenta edita et illustrata*, Napoli, 1845-1861, 6 vol. in-4°. Le 7ᵉ volume est achevé d'imprimer.

(2) Del Giudice (G.), *Codice diplomatico del regno di Carlo I e II d'Angiò*, Napoli, 1863-1869, 2 vol. gr. in-4°.

(3) Luchaire, *Histoire des institutions monarchiques*, t. I, p. 181, 184.

diplômes. La plus importante des attributions du chancelier était la garde du sceau royal et la souscription des diplômes. L'acte était rédigé par un notaire ; le roi y apposait sa croix ou son monogramme et le chancelier, après l'avoir relu tout haut et publiquement, y mettait sa signature et y apposait le sceau royal. Le chancelier était à la cour capétienne le principal personnage avec le sénéchal ; comme lui il était investi d'attributions judiciaires lui donnant un pouvoir considérable. Il tenait les plaids du roi dans le palais, dirigeait les affaires ecclésiastiques et entretenait les relations diplomatiques avec la cour de Rome et les souverains étrangers (1). Le chancelier de l'empire d'Allemagne avait un pouvoir encore plus étendu et exerçait une influence considérable. Depuis le règne d'Othon le Grand, le titre d'archichancelier de l'empire était porté par l'archevêque de Mayence et depuis le règne d'Henri V, l'archevêque de Cologne était archichancelier d'Italie. C'était pour l'expédition des diplômes des titres honorifiques, et peu importait que l'archichancelier fût présent ou non lors de la rédaction de l'acte (2).

Pendant le règne de Frédéric II, il y eut un chancelier particulier pour le royaume de Sicile, indépendant du chancelier de l'empire. Dans les premières années du règne, ce chancelier est Gautier de Palearia, évêque de Troia, qui se fit élire, en 1201, archevêque de Palerme, mais qui ne fut pas confirmé par Innocent III (3). Il devint alors évêque de Catane et exerça les fonctions de chancelier jusqu'en 1221. Frédéric II ne paraît pas lui avoir donné de successeur et la charge resta vacante (4). Vers la fin du règne, un règlement de chancellerie, dont M. Huillard-Bréholles ne s'est pas servi dans son introduction, montre que les fonctions de chancelier de Sicile sont remplies, vers 1242 ou 1245, par le chapelain du roi Philippe, intitulé aussi chantre de la reine (5). Ce document tendrait à prouver que les liens étroits qui unissaient à l'origine la chapelle royale et le cancellariat s'étaient conservés assez tard dans le royaume de Sicile.

Il a été déjà question de cette ordonnance à propos du protono-

(1) Luchaire, *ibid.*, t. I, p. 187 et 188.
(2) Huillard-Bréholles, *Hist. diplom.*, Introd., p. cxvi et cxvii.
(3) *Ibid.*, fol. cxviii.
(4) *Ibid.*, p. cxix.
(5) « *Forma data et inventa per imperatorem ante depositionem super expeditione petitionum [et] litterarum ac super ordinatione cancellarie,* » publié d'après le *Cartularium Neapolitanum*, de Marseille, fol. 58, n. lvii, par Winckelmann, *Acta imperii ined.*, p. 735.

taire de Sicile. Les requêtes étaient reçues le matin et le soir devant la chancellerie par un personnage délégué à cet effet et étaient lues trois fois par semaine, le lundi, le mercredi et le vendredi, et triées pour être expédiées par M° Philippe et les notaires, suivant les réponses mises au dos des actes. Celles qui demandent l'avis de l'empereur lui sont portées en conseil et examinées ; celles qui concernent particulièrement l'empereur ne sont remises qu'à lui seul (1). Le chapelain impérial lit les requêtes devant M° Pietro della Vigna et M° Tadeo dans une chambre particulière de la chancellerie (2), ou par M° Guglielmo de Tocco, établi pour recevoir les lettres destinées à l'empereur, à l'exception des lettres secrètes et de celles qui concernent la cour qui sont lues devant l'empereur. Les réponses sont inscrites sur les actes et distribuées aux notaires qui rédigent les diplômes ; ceux-ci sont relus devant les mêmes personnages et portés, sous le sceau de l'un d'entre eux, au sceau impérial (3). Les mardis, jeudis et samedis sont examinées les lettres concernant les affaires des particuliers ; cette lecture est faite publiquement, en présence de deux juges, de manière à permettre aux contradicteurs de se présenter et d'exposer leurs raisons (4). Une fois scellées, les lettres sont remises à M° Philippe Chapelain, qui doit y mettre son signet et les expédier en recevant le serment de ceux à qui la lettre a été octroyée, qu'ils n'ont usé d'aucune fraude pour l'obtenir (5). Les lettres expédiées par les juges de la cour, les apodixes, privilèges et lettres patentes doivent de même être remises au chapelain (6).

Ces formes se conservèrent longtemps dans la chancellerie du royaume de Sicile, on voit qu'elles se rapprochent sur bien des points des usages de la cour de France aux onzième et douzième siècles et il est permis de supposer qu'elles avaient été mises en pratique dès cette époque à la cour des rois normands de Sicile. Sous le règne de Conrad, en 1252, on trouve de nouveau un grand dignitaire ecclésiastique à la tête de la chancellerie du royaume de Sicile, c'est Gautier d'Ocra, promu par l'autorité laïque à l'archevêché de Capoue, qui avait succédé d'abord à Pietro

(1) *Ibid.*, p. 736, art. I.
(2) *Ibid.*, art. IV.
(3) *Ibid.*, art. V.
(4) *Ibid.*, art. VI.
(5) *Ibid.*, art. VII.
(6) *Ibid.*, art. VIII, p. 737.

della Vigna comme logothète et protonotaire (1). Au rétablissement de la charge de chancelier de Sicile dut correspondre une réorganisation de la chancellerie : aussi peut-on adopter l'opinion de Winckelmann attribuant au règne de Conrad IV ou à celui de Manfred l'*Officium cancellarie, sicut obtinuit per aliqua tempora* (2), qui paraît bien être antérieur au règne de Charles Ier d'Anjou.

Tandis qu'en 1245 Frédéric II possède un *sigillator* spécial, logeant dans les environs de la chancellerie (3), sous ses successeurs la garde du sceau royal est restituée au chancelier, qui doit sceller tous les actes, tant les privilèges que les lettres patentes. Cependant, pour les actes de justice, le maître justicier peut avoir, si le roi l'ordonne, un sceau spécial ; sinon, le chancelier a la garde des deux sceaux et scelle les actes de justice aussi bien que les autres, une fois que les lettres ont été approuvées par le maître justicier et les juges de la grande cour. Néanmoins le chancelier a droit de correction et de rature sur les lettres de justice, même quand elles lui viennent avec l'approbation de la grande cour (4). C'est le chancelier qui rend les lettres aux pétitionnaires et qui perçoit les droits de sceau : il doit fournir la cire et le parchemin pour les privilèges et lettres de grâce et le droit de sceau lui revient, tandis que c'est au roi que reviennent les droits perçus pour toutes les autres lettres ; le tarif est de 4 tarins pour les privilèges et de 2 tarins pour les autres lettres (5). Les privilèges doivent tous être revêtus de la souscription du chancelier (6). Suivent les règlements relatifs aux usages de la chancellerie ; à la lecture et au triage des requêtes trois fois par semaine, au rôle du protonotaire, etc. (7). Les lettres une fois rédigées sont portées à la chancellerie par le protonotaire et relues en présence du chancelier, des maîtres rationaux et autres officiers.

---

(1) Huillard-Bréholles, *Historia diplomat.*, Introd., p. cxx.

(2) *Formularium Curie* du Vatican, fol. 81, n. xc. *Cartularium Neapolit.*, fol. 70, n. lxvii, publié par Winckelmann, ouv. cité, t. II, p. 739, n° 989. Ils ont été publiés aussi d'une manière incomplète par Minieri-Riccio, *De' Grandi Uffiziali*, p. 182-183.

(3) « *Circa cancellariam erunt hospitia pro consiliariis*, sigillatore, *notariis, judicibus, advocatis et notariis Curie justicie.* » Winckelmann, t. II, p. 537.

(4) *Officium Cancellarie sicut*, etc., art. i. *Ibid.*, p. 739.

(5) *Ibid.*, art. ii.

(6) *Ibid.*, art. iii.

(7) Voir *ibid.*, art. iv à vii et ix, p. 739.

Cette formalité remplie, elles sont scellées et remises aux demandeurs par les soins du chancelier (1).

Telles étaient les règles usitées pour la chancellerie dans le royaume de Sicile au moment de l'avènement de Charles Iᵉʳ d'Anjou. Le nouveau roi de Sicile réorganisa complètement le service de la chancellerie et, surtout pendant l'administration de Geoffroy de Beaumont, chancelier de Bayeux, introduisit bien des réformes empruntées pour la plupart à la chancellerie du royaume de France. Ces réformes et cette organisation ont été étudiées très complètement par M. Paul Durrieu (2) ; parmi les plus importantes, il faut citer la régularisation du service de l'enregistrement, qui existait du temps de l'empereur Frédéric II (3), mais qui ne fut organisé définitivement que sous le cancellariat de Geoffroy de Beaumont (4). Charles Iᵉʳ d'Anjou reçut l'investiture du trône de Sicile, le 28 juin 1265, et son premier registre de chancellerie débute par un acte daté de Rome le 15 juillet. Il est bien probable qu'en faisant ainsi enregistrer les actes expédiés par sa chancellerie, le nouveau roi de Sicile se conformait aux usages suivis par ses frères saint Louis et Alphonse de Poitiers (5).

Conformément aux usages des autres chancelleries, la charge de chancelier ne fut confiée, sous les princes de la maison d'Anjou, qu'à des ecclésiastiques : on retrouve encore à cette époque des traces de l'origine du cancellariat et de ses rapports avec la chapelle royale. Quand le chancelier Jean d'Acy se rend en France, en 1266, l'intérim de sa charge est confié à Geoffroy de Beaumont, chapelain du pape; mais celui-ci, étant devenu à son tour chancelier du royaume, est suppléé à son tour, en 1271, par Jean de Mesnil, chapelain et conseiller du roi. Enfin on a fait remarquer déjà, à propos du logothète et du protonotaire, que, tandis que ces deux grands offices d'origine byzantine et italienne ne sont occupés sous Charles Iᵉʳ et son fils que par des Italiens laïques, le chancelier est toujours un dignitaire ecclésiastique d'ori

(1) *Officium Cancellarie sicut*, etc., art. VIII, p. 740.

(2) Voir surtout le chap. XII de M. Durrieu, ouv. cité, t. I, p. 213 ; ce chapitre a pour titre : *La Chancellerie et les Archives sous le règne de Charles Iᵉʳ*.

(3) Voir Del Giudice, *Codice diplomatico*, t. I, p. V et VI, et P. Durrieu, t. I, p. 32 et 33.

(4) Voir le chap. IX de M. Durrieu, t. I, p. 155 : *Origine des règles de classement appliquées aux registres*.

(5) P. Durrieu, ouv. cité, t. I, p. 33.

gine française. Charles II, malgré sa tendance à italianiser l'administration sous l'influence de Bartolomeo di Capua, ne dérogea pas aux usages suivis par son père, et les trois personnages qui ont administré la chancellerie sous son règne, Adam de Doussy, Pierre de Ferrières et Jacques, évêque de Fréjus, sont tous trois des français.

Charles I<sup>er</sup> conserva la plupart des usages usités dans la chancellerie des rois de Sicile ; comme sous ses prédécesseurs, les requêtes furent dépouillées dans un conseil en présence des principaux officiers. Il est bon cependant de noter que la charge de protonotaire étant restée vacante à partir de 1270, et celle de chancelier, à partir de 1273, bien des modifications furent apportées dans le cours du règne aux règles précédemment établies. Les trois offices de la chancellerie fonctionnèrent sous la direction du vice-chancelier Guillaume de Faronville : ce n'est que pendant le règne de Charles II que l'ordre régulier se rétablit définitivement et que les divers offices étant pourvus de titulaires, on revint aux anciens usages de la cour de Sicile.

Mais pendant quelques années le chancelier fut appelé à jouer un rôle des plus actifs. On peut donc diviser l'histoire de la chancellerie sous les deux premiers princes angevins de la manière suivante : De 1265 à 1269, application des anciens principes de la chancellerie sicilienne ; de 1269 à 1273, réformes de Geoffroy de Beaumont et rôle actif du chancelier ; de 1273 à 1289, administration de la chancellerie par de simples officiers sous la direction d'un vice-chancelier ou de simples conseillers. En 1289, restauration du chancelier et du protonotaire ; réformes des deux offices en 1295, et jusqu'à la fin du règne de Charles II, en 1309, rôle prépondérant du logothète et protonotaire. Les périodes où le chancelier joue un rôle actif sont les seules qui nous intéressent, car, pour l'organisation de la chancellerie, nous nous contenterons de renvoyer à l'ouvrage de M. Durrieu (1).

Nous possédons une ordonnance de Charles I<sup>er</sup> relative à l'organisation de la chancellerie au commencement de son règne, car elle est antérieure à 1272, date à laquelle Simon de Paris prêta serment au roi comme chancelier du royaume (2). M. Winckelmann publie une seconde ordonnance qu'il date de 1268, en com-

---

(1) *Les Archives angevines de Naples*, t. I, p. 214.
(2) *Officium Cancellarie sicut obtinuit alio tempore*, suivi du serment de Simon de Paris, le 19 mars 1272, publié par Winckelmann, *Acta imperii*, t. II, p. 744 à 746, d'après le *Cartulaire de Marseille*, fol. 70 v°, n° LXVIII.

mettant l'erreur que nous avons déjà signalée à propos des instructions relatives à l'office du protonotaire (1). D'une part, en effet, la rubrique dont se sert M. Winckelmann pour dater ces deux documents (2) ne s'applique pas à eux, puisque le manuscrit du Vatican et celui de la Bibliothèque nationale, qui n'offrent pas le même ordre que le cartulaire de Marseille, l'attribuent à un tout autre document (3). En second lieu la circulaire aux justiciers du 6 août 1294 (4) et surtout le commentaire qu'en donne le roi Robert, dans ses lettres du 2 juin 1309 (5) ne laissent aucun doute sur la véritable date de ces documents, qui doit être reportée au mois d'avril 1294 (6).

L'ordonnance en question est donc la seule que nous utiliserons pour étudier l'office du chancelier pendant les premières années du règne de Charles II d'Anjou. Une partie de cette ordonnance a déjà été étudiée (7) pour ce qui concerne les rapports du chancelier et du protonotaire, et nous ne reviendrons sur ce sujet que pour signaler : 1º le droit du chancelier à sceller les actes que le roi veut garder secrets ou ne pas montrer au protonotaire et aux autres officiers, et les actes qui ont besoin d'être expédiés rapidement sans passer par les formalités ordinaires (8). C'était ou-

(1) Voir plus haut, p. 197, note 3 et p. 203, note 5.

(2) « *Infrascripta capitula facta sunt apud Tranum*, » etc. Cf. Winckelmann, t. II, p. 741.

(3) Le *Formularium Curie* du Vatican présente les documents dans l'ordre suivant :

92, fol. 82 : « *Infrascripta capitula facta sunt apud*, » etc. : — « *Officium senescalli, camerarii, comestabuli*, » etc.

93, fol. 82 vº : « *Officium camerarii secundum tempora obtentum.* »

94, fol. 83 : « *Forma data procuratoribus fisci.* » — 95 : « *Capitula vero hujusmodi sunt hec.* »

96, fol. 83 vº : « *Assecuratio vassalorum facienda baronibus*, » etc.

.  .  .  .  .  .  .  .  .  .  .  .  .  .  .  .  .  .  .  .  .  .  .  .  .  .  .  .  .

102, fol. 88 : « *Officium prothonotarii secundum novum modum.* »

103, fol. 89 : « *Officium cancellarii secundum eundem novum modum.* »

104, fol. 90 : « *Officium magistrorum rationalium secundum eundem novum modum.* »

Le manuscrit de la Bibliothèque nationale de Paris, latin 4625, ne contient pas ces *capitula secundum novum modum*.

(4) Reg. ang. LXVI, fol. 31, Pièces justificatives, nº IV. Voir plus haut, p. 203, note 5.

(5) Reg. ang. CLXXIX, fol. 212. Voir plus haut, p. 212.

(6) Reg. ang. LXVI, fol. 31 : « *Pridem infra nuper preteritum mensem aprilis Neapoli, consulta nostra provisio deduxit in lucem...* »

(7) Voir plus haut, p. 206. Ce sont les art. VI, VII et VIII.

(8) *Officium Cancellarie sicut obtinuit alio tempore*, art. IV. Winckelmann, t. II, p. 744.

vrir une large porte aux exceptions. 2° Tandis qu'antérieurement
à Charles I$^{er}$, le chancelier a le droit de corriger et raturer les actes, même quand ils ont été approuvés par les offices dont ils
émanent, l'ordonnance de 1272 reconnaît au chancelier le droit
de correction, mais il doit pour cela appeler le protonotaire et
collationner les actes avec lui ; si quelque doute ou contestation
surgit, l'affaire doit être soumise à l'avis du roi (1). Les *Capitoli*
de 1272 confirment d'ailleurs la plupart des articles des règlements antérieurs.

Le chancelier a la garde du sceau et ne doit sceller que les actes rédigés par les notaires de la cour et portant la souscription
du protonotaire, sauf dans les cas cités plus haut (2). Aucune
concession de terre, privilège, lettre de grâce ne doit être scellée
à l'insu du roi (3), le nom du chancelier doit figurer sur tous les privilèges, etc. (4). Par contre, Charles I$^{er}$ modifiait sur bien des points
les règles antérieures de la chancellerie. Tandis que sous ses prédécesseurs le roi se réservait le droit d'avoir un sceau pour la
haute cour de justice, indépendamment du sceau de la chancellerie, l'ordonnance de 1272 établissait qu'il n'y aurait qu'un sceau,
tant pour les privilèges et lettres de grâce que pour les lettres de
justice (5). Tous les revenus du sceau royal devaient être versés
par le chancelier à la chambre les samedis ; le chancelier ne devait rien retenir des droits du sceau pour lui ou ses subordonnés,
mais se contenter des gages fournis par la cour et des émoluments
et profits autorisés (6). Il devait, à son entrée en charge, prêter serment de verser fidèlement l'argent qu'il recevrait à la chambre
et de ne faire grâce du droit de sceau à personne sans ordre exprès du roi (7). Les règles de chancellerie de l'époque antérieure
autorisaient au contraire le chancelier à garder pour lui les droits
de sceau perçus pour les privilèges et lettres de grâce, à raison
de 4 tarins d'or ; les revenus du sceau, pour les autres lettres, ap-
partenaient au roi (8). Le roi maintient d'ailleurs le tarif anté-

(1) *Officium Cancellarie sicut*, etc., art. IX, p. 745. Cf. Durrieu, ouv. cit.,
t. I, p. 212.

(2) *Ibid.*, art. IV, p. 744.

(3) *Ibid.*, art. VI, p. 745.

(4) *Ibid.*, art. XIII.

(5) *Ibid.*, art. II, p. 744.

(6) *Ibid.*, art. III.

(7) *Ibid.*, art. I. La formule du serment de Simon de Paris a été publiée
par Winckelmann, t. II, p. 746.

(8) *Officium Cancellarie, obtentum per aliqua tempora*, art. II. Winckelmann, t. II, p. 739.

rieur, à raison de 4 tarins pour les lettres de grâce et 2 tarins
pour les lettres de justice, en laissant le soin au chancelier de
taxer les privilèges suivant leur importance (1); ce qui tendrait à
prouver que le tarif publié par M. Durrieu (2) est d'une époque
postérieure à cette première période. Enfin Charles I<sup>er</sup> ajoutait
quelques règles nouvelles relatives à l'enregistrement des actes,
qui doivent être inscrits simultanément dans trois registres, conservés l'un par le chancelier, l'autre par les maîtres rationaux,
le troisième par le protonotaire (3). Les secrétaires chargés de
l'enregistrement recevaient un demi-tarin par lettre; il y en avait
un pour chaque registre (4). Le roi se réservait, en outre, en l'absence du chancelier, de confier le sceau jusqu'à son retour, à qui
il lui plairait (5).

Le premier chancelier de Charles d'Anjou, après son avènement au trône de Sicile, fut Jean d'Acy, doyen de Meaux, qui
figure comme témoin avec le titre de chancelier dans le testament
de la reine Béatrix de Provence, le 30 juin 1266. Il fut envoyé
vers le mois d'octobre en France pour recueillir les décimes concédés à Charles d'Anjou par le pape Clément IV et ne revint à
son poste qu'en février 1268; il mourut vers le milieu d'octobre
de la même année (6). Pendant l'absence de Jean d'Acy, la direction de la chancellerie avait été confiée par intérim à Geoffroy de
Beaumont, chancelier de Bayeux et chapelain du pape; ce fut lui
qui, à la mort de Jean d'Acy, fut nommé chancelier du royaume,
le 30 novembre 1268 (7). L'intérim de la chancellerie, pendant les
mois d'octobre et de novembre, avait été rempli par Jean de Mesnil, chapelain du roi (8). Geoffroy de Beaumont était d'une famille normande qui a fourni à Charles I<sup>er</sup> d'Anjou plusieurs
grands officiers : Pierre de Beaumont, grand chambrier; Guillaume, amiral; Dreux, maréchal, tous trois frères de Geoffroy. Il
avait été mêlé aux négociations relatives à l'investiture du trône
de Sicile en faveur de Charles d'Anjou et, en 1265, il était légat
du pape en Lombardie; Charles I<sup>er</sup> ayant désiré l'avoir auprès de
lui, le pape le rappela le 11 janvier 1276. Geoffroy de Beaumont

(1) *Officium Cancellarie sicut obtinuit alio tempore*, art. xi. *Ibid.*, p. 745.
(2) Durrieu, ouv. cité, t. I, p. 221 à 223.
(3) *Officium Cancellarie sicut*, etc., art. x, p. 745.
(4) *Ibid.*, art. xii.
(5) *Ibid.*, art. v.
(6) Paul Durrieu, ouv. cité, t. I, p. 232.
(7) P. Durrieu, ouv. cité, t. II, p. 29.
(8) Reg. ang. iv, fol. 19.

fut un des plus fidèles serviteurs de Charles I<sup>er</sup> et un de ses meilleurs collaborateurs (1). Ce fut lui qui organisa la chancellerie du roi de Sicile d'une manière complète et à qui l'on doit l'adoption d'un plan général pour l'enregistrement des actes et les règles de classement des registres, qui continueront d'être appliquées dans la chancellerie angevine pendant tout le quatorzième siècle (2). Il fut chargé de plusieurs missions par le roi Charles I<sup>er</sup>, notamment en 1269, où il négocia avec le sénéchal, Geoffroy de Sargines, l'accord conclu entre le roi de Sicile et le comte de Vendôme (3), et, en 1271, où il fut arbitre dans l'accord conclu entre le roi de France, Philippe le Hardi, et Charles d'Anjou, au sujet de la gabelle du Rhône (4). Il fut nommé à cette époque évêque de Laon, et assista, dit-on, en cette qualité, au sacre du roi Philippe le Hardi à Reims (5); il mourut à la fin de janvier 1272.

Pendant les absences de Geoffroy de Beaumont, le sceau royal avait été confié au protochapelain du roi, Jean de Mesnil (6). Le successeur de Geoffroy de Beaumont fut Simon de Paris, doyen de Saint-Quentin, puis archidiacre de Vendôme, que l'on trouve en fonctions dès le 29 février 1272, bien qu'il n'ait prêté serment que le 19 ou 20 mars (7). Il accompagna le roi Charles I<sup>er</sup> à Rome, mais il tomba malade dès le mois d'octobre suivant et dut remettre la direction de la chancellerie à Jean de Mesnil. Ayant pu reprendre son poste, il tomba de nouveau malade et dut se rendre en Pouille, le 14 mars 1273; il y mourut dans les premiers jours d'avril (8).

Au lieu de lui donner un successeur, Charles I<sup>er</sup>, suivant la même ligne de conduite que pour d'autres grands offices, laissa la charge de chancelier vacante et conserva simplement, à la tête de la chancellerie, Jean de Mesnil, avec le titre de vice-chancelier. Jean de Mesnil, originaire de l'Anjou, chapelain du roi et maître rational, était archidiacre de Palerme et fut élu archevêque de cette ville entre le 8 mai et le 5 juin 1273. Obligé de pas-

---

(1) P. Durrieu, t. I, p. 232.

(2) *Ibid.*, t. I, p. 159.

(3) Reg. ang. IV, fol. 49, n. 2. Minieri-Riccio, *Grandi Uffiziali*, p. 186.

(4) Reg. ang. X, fol. 147, 164 v°. *Ibid.*

(5) P. Durrieu, ouv. cité, t. I, p. 233. Minieri-Riccio, ouv. cité, p. 187. *Gallia Christiana*, t. IX, col. 542.

(6) Minieri-Riccio, ouv. cité, p. 189.

(7) Le procès-verbal de ce serment a été publié par Winckelmann, ouv. cité, t. II, p. 746, et par Minieri-Riccio, *Grandi Uffiziali*, p. 185.

(8) P. Durrieu, ouv. cité, t. I, p. 234.

ser en Sicile, il abandonna, vers le milieu de novembre, la charge
de vice-chancelier, qui fut donnée à Guillaume de Faronville; il
mourut à peu près à cette époque (1).

Guillaume de Faronville était prévôt de Douai et doyen de
Saint-Pierre-aux-Hommes d'Orléans, conseiller du roi; il avait
été déjà chargé par le roi de plusieurs missions de confiance et
envoyé entre autres, en mai 1269, comme ambassadeur auprès du
sultan de Babylone (2). Minieri-Riccio place à tort sa mort en
1278 (3); car il vivait encore à la fin du règne de Charles I⁰ʳ et
même au commencement du règne de Charles II. Le 4 mars 1284, il
se trouvait en France avec le roi Charles I⁰ʳ, qui le nomma son procureur pour terminer les formalités de l'accord conclu avec sa belle-
sœur Marguerite de Provence, veuve de saint Louis (4). Mais il resta
éloigné du royaume de Sicile à partir de l'année 1278; son nom
disparaît des actes d'une manière complète et les privilèges des
années 1279 et 1280 ont été expédiés par la chancellerie de Charles I⁰ʳ, sans la souscription du chancelier ou du vice-chancelier,
malgré les règles établies (5). Pendant son absence, le roi Charles I⁰ʳ confia à de simples conseillers, Adam de Doussy, trésorier,
Sparano da Bari et Bartolomeo di Capua, la rédaction des actes
administratifs et la garde du sceau royal (6). Mais ces trois personnages ne furent revêtus des titres officiels de chancelier, logothète et protonotaire que sous le règne de Charles II et ne font
suivre leur nom d'aucune mention de ce genre dans les actes de
la fin du règne de Charles I⁰ʳ. Ainsi la chancellerie qui avait jeté
un si vif éclat pendant les huit premières années de Charles I⁰ʳ
fut réduite, pendant toute la fin du règne et durant la captivité du
prince de Salerne en Catalogne, au rôle d'un simple bureau d'expédition, ayant un personnel très complet de notaires, secrétaires, interprètes, gardes des registres, registrateurs, rubriqueurs,
clercs, messagers, etc. (7).

Le vice-chancelier Guillaume de Faronville vivait encore le

---

(1) Minieri-Riccio, *Grandi Uffiziali*, p. 189. P. Durrieu, ouv. cité, t. I,
p. 234-235.

(2) Reg. ang. xviii, fol. 59. Minieri-Riccio, ouv. cité, p. 189.

(3) *Ibid.*, p. 191.

(4) Archives nationales de Paris, J, 511, n. 3 *bis*.

(5) Tous ces détails sont empruntés à l'ouvrage de M. P. Durrieu, t. I,
p. 236.

(6) Durrieu, ouv. cité, t. I, p. 213.

(7) Voir, pour tout ce qui concerne l'organisation intérieure de la chancellerie et les archives, l'ouvrage de M. Durrieu, t. I, p. 214 à 226.

13 mars 1290 et jouissait de la confiance du roi Charles II, puisqu'il sert de caution d'un emprunt fait au nom du roi par Maurice, sire de Créon et de Sablé, vicaire du roi en Anjou, à Marguerite, reine mère de France, de 25,000 livres pour la rançon du roi Charles II (1). Il ne porte plus dans cet acte le titre de vice-chancelier, et de fait, on nomme, le 27 août 1290, un vice-chancelier du royaume de Sicile qui est M⁹ Guillaume de Ferrières, prévôt de Marseille. Ce personnage est chargé par le roi Charles II de faire une enquête avec Jean de Trois-Châteaux, chambellan du roi, et Jean de Vemars, trésorier de Provence, sur les biens de la cour en Provence qui ont été aliénés ou occupés illégalement (2). Voici d'ailleurs les quelques mentions que nous avons pu trouver de ce personnage. Le 27 août 1290, le roi étant à Paris mande à son sénéchal de Provence qu'il a chargé M⁹ Guillaume de Ferrières, prévôt de Marseille, vice-chancelier du royaume, de s'informer de toutes les causes, procès et discussions pour le recouvrement des biens et terres de la cour, contre toutes personnes ecclésiastiques ou séculières et contre toute communauté (3). Le même jour, ordre est donné à Jean de Vemars, trésorier de Provence, de payer les gages du vice-chancelier du 6 mai au 10 septembre, à raison de 70 livres coronats (4). Enfin, à la même date, le roi étant toujours à Paris donne commission à Guillaume de Ferrières, vice-chancelier du royaume, pour faire une enquête avec un représentant du roi de France au sujet de la possession d'un droit de cinq sous par mesure de sel, perçu à Albaron sur le Rhône et d'un bois appartenant à feu Bertrand Aubery de Tarascon, afin de savoir s'il est dans le royaume de France (5).

Ce n'est qu'au mois de septembre 1291 que le roi Charles II releva officiellement le titre de chancelier du royaume de Sicile en faveur d'Adam de Doussy, archevêque élu de Cosenza (6). Ce

---

(1) Cet acte, rédigé en français, qui se trouve dans le Reg. ang. LII, fol. 219 v°, a été publié par M. Durrieu, t. I, p. 209, note 3.

(2) Reg. ang. L, fol. 394. Pièces justificatives, n° XIII.

(3) Reg. ang. L, fol. 409, n. 1.

(4) *Ibid.*, fol. 409, n. 3.

(5) Reg. ang. L, fol. 394, n. 1. — Le 24 avril 1292, Guillaume de Ferrières, prévôt de Marseille, examine les comptes de Matteo de Adria et de Jean de Vemars, trésoriers royaux, avec Jean de Scot, Hugues des Voisins et Louis de Royers; il n'est plus qualifié vice-chancelier (Reg. LIX, fol. 156, 157, 157 v°).

(6) Le 26 septembre 1291, le roi Charles II, nonobstant les ordonnances révoquant les donations faites par lui des gabelles et douanes du domaine, mande au prince de Salerne de faire payer à Adam de Doussy, chancelier

personnage, qui avait été chanoine de Chartres, qui avait succédé
à Pierre, archevêque de Cosenza, le 16 novembre 1290 (1), avait
été employé à la chancellerie dès les dernières années du règne
de Charles I<sup>er</sup> d'Anjou, mais avec le titre de trésorier et conseiller
du roi (2). Mais sans en avoir le titre, Adam de Doussy exerçait
en réalité les fonctions de chancelier du royaume, sinon sous
l'administration du prince de Salerne, du moins depuis le couronnement du roi Charles II. On en a la preuve certaine dans un
mandement du roi, du 17 septembre 1289, ordonnant à Pierre
Boudin d'Angers et à Albéric de Verberie de lever et de verser à
Adam de Doussy, trésorier, les droits de *chambellage* et de *sceau*
pour le serment de fidélité prêté au roi par les feudataires à l'occasion de son avènement (3). Sparano da Bari reçoit ordre de
prêter son concours à ces deux officiers de l'office des comptes (4).
Pendant les années 1289 et 1290, Adam de Doussy ne porte pas
seulement le titre de trésorier, il en exerce aussi les fonctions
réellement. C'est à lui que les justiciers, les *secreti*, les *magistri
portulani*, etc., versent l'argent de leurs recettes et c'est lui qui
délivre les apodixes (5). Il rend, en qualité de trésorier, ses comp

du royaume, les 46 onces d'or qu'il lui avait assignées sur les salines de
Lesina (Reg. ang. LVIII, fol. 280 v°, n. 4). Cette donation avait été faite par
le roi, à Naples, le 7 août 1289, alors qu'Adam de Doussy était encore intitulé trésorier et conseiller du roi (Reg. ang. L, fol. 130, n. 2). La première
donation de 30 onces d'or avait été complétée par une donation de 16 onces
sur les mêmes salines, le 16 septembre et le 3 novembre 1289 (Reg. ang. LIV,
fol. 11).
Le 2 octobre 1291, le roi mande au prince de Salerne qu'ayant confirmé à
Adam de Doussy, élu de Cosenza, l'office de chancelier du royaume, avec
les terres, châteaux, villes, possessions, honneurs, droits et appartenances
de ladite chancellerie, il fasse une enquête sur les biens qui sont en ce moment entre les mains de la cour et les assigne audit chancelier (Reg. LVIII,
fol. 281 v°, n. 1). Cet ordre est renouvelé le 8 octobre 1291 (*Ibid.*, fol. 282,
n. 1) et le 18 novembre 1291 (*Ibid.*, fol. 227). — Le même jour, Adam de
Doussy donne procuration au notaire Vinciguerra di Guardia pour demander au prince de Salerne la mise en possession des terres et droits appartenant à l'office de la chancellerie (Reg. ang. LVII, fol. 13, n. 1).
(1) *Registre de Nicolas IV*, 3ᵉ année, p. 553. Voir Ughelli, *Italia sacra*,
t. IX, p. 220.
(2) Paul Durrieu, ouv. cité, t. I, p. 235, note 4.
(3) Reg. ang. CXLIII, fol. 197, n. 1.
(4) *Ibid.*, fol. 196 v°, n. 4.
(5) Des ordres dans ce sens sont envoyés, le 8 juillet 1289, au justicier de
la Terre de Labour (Reg. L, fol. 67 v°, n. 5) ; le 13 juillet 1289, apodixe délivrée par Adam de Doussy au justicier du Principat, *circa serras Montorii*,
pour 120 onces d'or provenant de l'aide générale (Reg. L, fol. 31 v°, n. 3) ;

tes devant Bartolomeo di Capua et Matteo di Adria, maîtres rationaux de la grande cour, le 16 juin 1290, à Avignon, pour son administration du 1er mai au 15 juin (1) ; le 27 juillet 1290 à Paris, pour son administration du 1er juin au 15 juillet.

Bien qu'il eût été élu archevêque [de Cosenza, en 1290, Adam de Doussy ne fut jamais consacré, et, jusqu'à sa mort, les documents le désignent par la qualification d' « electus Cusentinus. » Il continua à accompagner le roi dans ses voyages avec Bartolomeo di Capua, aussi ne fit-il jamais partie du conseil de la vicairie institué, le 11 septembre 1289, à Naples, par le roi Charles II, pendant ses absences du royaume. Le roi créa à cette occasion un sceau spécial pour la vicairie et le confia à Gobert, évêque de Capaccio, qui, pendant la régence de Gérard de Parme et de Robert d'Artois, avait exercé les fonctions de trésorier du royaume (2). Adam de Doussy fut chargé de quelques missions importantes par le roi ; ainsi, le 1er décembre 1291, il reçoit procuration pour emprunter aux Baccosi, marchands de Lucques, une somme de 15.000 livres tournois (3). Le 24 janvier 1294, il lui est remboursé 500 livres qu'il avait prêtées au roi pour la chevalerie de Philippe, prince de Tarente, son quatrième fils (4).

Au mois d'avril 1294 (5), le roi lui envoya des instructions pour l'exercice de sa charge, reproduisant l'ordonnance de Charles Ier d'Anjou de 1272 pour les attributions du chancelier (6), en ajoutant quelques réformes nouvelles. Le chancelier doit sceller les lettres et les privilèges aussi secrètement qu'il lui plaira ; il a

le 23 juillet, apodixe de 40 onces donnée par le même à Ugo Minutolo di Napoli, « secretus Principatus et Terre Laboris » (Reg. L, fol. 146) ; le 29 juillet, apodixe de 100 onces d'or à Stefano di Capua, « secretus Aprucii » (Reg. L, ibid.) ; le 8 août, apodixe de 140 onces, provenant de l'aide générale, à Jacques de Campagnole, justicier des Abruzzes (Reg. ang. L, fol. 146 v°, n. 4), etc.

(1) Reg. ang. L, fol. 390, 391, et 392-392 v°.

(2) Minieri-Riccio, ouv. cité, p. 131. Reg. ang. LXIII, fol. 4 v° : « Custo- » diam sigilli vicarie regni predicti, quo utitur Karolus, primogenitus » noster, etc... Goberto, Capudaquensis episcopo commisimus, ut per » ipsum sigillarentur dicto sigillo vicarie omnes litteras que fierent per » dictum primogenitum nostrum... »

(3) Reg. ang. LVII, fol. 24 v°, n. 3.

(4) Reg. ang. LXXI, fol. 342, n. 3.

(5) Reg. ang. LXVI, fol. 31, n. 1. Pièces justificatives, n. IV. Voir plus haut, p. 203, n. 5.

(6) Formularium Curiae, fol. 89, n. CIII, publié par Winckelmann, Acta imperii inedita, t. II, p. 742, n. 991, d'après le Cartul. Neapolitanum, B, 269, fol. 78, et par Minieri-Riccio, ouv. cité, p. 124.

le droit de corriger les actes que les autres officiers lui adressent
pour être scellés, mais en conférant, non plus seulement avec le
protonotaire, comme dans l'ordonnance de 1272, mais avec les officiers qui ont signé les actes ; les différends sont portés devant le
roi en cas de discussion (1). L'ordonnance reproduit les dispositions antérieures relatives à la réception et à l'examen des requêtes, au rôle du protonotaire, etc. (2). Elle établit que les notaires
qui rédigeront les actes mettront, pour plus de sûreté, leur souscription de leur propre main (3). Le chancelier a droit de juridiction sur les clercs de l'hôtel, comme le sénéchal sur les laïques (4).
Il envoie les lettres hors du royaume et dans le royaume par des
messagers à ses dépens, et il doit fournir la cire, l'encre, le parchemin et les livres pour les lettres et les registres ; les coureurs
mangent à son hôtel et il peut les nommer et révoquer à son
choix (5). Les Capitoli de 1294 reproduisent un tarif des droits de
sceau et de chancellerie pour les actes expédiés par le chancelier (6), d'après les règlements antérieurs et la grande ordonnance de la plaine Saint-Martin de mars 1289, pour la réforme
du royaume (7). Enfin elle règle le mode de souscription des actes suivant les règles tracées antérieurement et dont il a été question à propos de l'office du protonotaire (8). Le chancelier devait
ajouter de sa propre main sa souscription à celle du protonotaire
pour tous les privilèges et concessions de terres (9). Cette mesure
fut commentée et confirmée par la circulaire du 6 août 1294 (10) et
par un mandement du roi Robert du mois de juin 1309 (11).

Adam de Doussy ne survécut guère aux ordonnances du mois
d'avril 1294, car le 20 août 1294, les greffiers de l'hôtel du roi em-
pruntent 200 onces d'or à Matteo de Adria, maître rational, Pierre

---

(1) *Officium Cancellarii secundum eundem novum modum*, art. I,
Winckelmann, t. II, p. 742.

(2) *Ibid.*, art. II, p. 742.

(3) *Ibid.*, art. V, p. 743.

(4) *Ibid.*, art. VI.

(5) *Ibid.*, art. VIII, p. 744.

(6) *Ibid.*, art. VII. Ce tarif a été publié par M. Durrieu, ouv. cité, t. I,
p. 221-222.

(7) *Capitula regni utriusque Siciliae*, Napoli, 1773, 2 vol. in-fol., t. II,
p. 51-52.

(8) Voir plus haut, p. 202 et suiv.

(9) *Officium Cancellarii secundum novum modum*, art. IV, p. 743.

(10) Reg. ang. LXVI, fol. 31, n. 1. Pièces justificatives, n. IV.

(11) Reg. ang. CLXXIX, fol. 212, publié par Minieri-Riccio, ouv. cité, p. 151.
Voir plus haut, p. 212.

royaume (1). Il était donc mort avant le 20 août 1294. Charles II ne lui donna pas immédiatement de successeur. Le sceau de la Vicairie était en effet celui qui servait le plus pour l'administration du royaume et la garde en avait été confiée, depuis la mort de l'évêque de Capaccio, le 4 septembre 1293, à Guillaume de Poncy, chevalier (2), qui avait pris, à partir du 1er novembre 1293, le titre de vice-chancelier du royaume (3). Guillaume de Poncy ayant été nommé maître rational, le roi chargea, le 14 janvier 1295, André Acconzaioco di Ravello, lieutenant du protonotaire auprès de Philippe, prince de Tarente, vicaire général du royaume, de procéder au scellement de toutes les lettres de la Vicairie avec le juge Giovanni di Porta et Raoul, clerc, chapelain dudit prince (4). Le 16 janvier suivant, il donnait commission à ces trois personnages pour la garde du sceau de la Vicairie et leur envoyait des instructions sur le mode de sceller les actes (5). Le sceau de la Vicairie doit être conservé dans une bourse de cuir, scellée des cachets des trois gardes et placée dans un coffre dans la chambre du prince. Les lettres expédiées au nom du vicaire doivent porter le nom de celui des trois personnages qui les auront fait rédiger et scellées dans l'hôtel du prince de Tarente, en présence des trois gardes ou de deux d'entre eux, puis enregistrées par un secrétaire spécial sur un seul registre. Les revenus du sceau doivent être perçus, au nom de la cour, par un officier qui sera désigné par le prince et qui sera chargé des dépenses de parchemin et de papier, de cire et du salaire des messagers ; le reste des profits du sceau sera versé à la chambre.

Cet office de receveur et payeur des revenus du sceau royal

(1) Reg. ang. LXIII, fol. 230 v°, n. 4.
(2) Reg. ang. LXIII, fol. 4 v°. Voir Pièces justificatives, n° XIV.
(3) Reg. ang. LIII, fol. 170 : *Subscripte littere facte sunt a primo die mensis novembris predicte septime Indictionis quo nobilis vir, Guillelmus de Ponciaco, miles, cepit vicecancellarii officium exercere.*
(4) *Commission donnée à André Acconzaioco di Ravello pour sceller les lettres de la Vicairie*, Capoue, 14 janvier 1295. — Reg. ang. LXXIII, fol. 139 v°, publié par Minieri-Riccio, *Saggio di codice diplomatico*, Suppl., part. I, p. 86.
(5) *Commission et instructions relatives au sceau de la Vicairie, données par le roi à Raoul, clerc, André Acconzaioco di Ravello, professeur de droit civil, et Giovanni di Porta di Salerno, juge*, San Germano, 16 janvier 1295. — Reg. ang. LXXV, fol. 276 v°. *Ibid.*, Suppl., p. 86-87.

était nouveau, et sa création correspond à la réforme de la chancellerie et du protonotariat accomplie par Charles II, en 1294, et en même temps, à la mort du chancelier Adam de Doussy. Le 18 août 1294, le roi donne en effet commission à Jean de Cambronne, archidiacre de Vicari, diocèse de Palerme, pour faire enregistrer et expédier par les messagers de la cour les lettres concernant l'administration une fois qu'elles auront été scellées à la chancellerie (1). Quant aux lettres relatives à des affaires privées, patentes ou closes, il doit les remettre à qui de droit en recevant d'abord les droits de chancellerie d'après le tarif établi dans les ordonnances de la plaine de San Martino en 1283 et de Naples en 1289 (2). Il doit veiller avec le plus grand soin à ce qu'aucune lettre ne soit expédiée de la chancellerie avant d'avoir été enregistrée dans les quatre registres du chancelier, du protonotaire, du chambrier et des maîtres rationaux (3). Sur les revenus du sceau, il doit acheter le parchemin et le papier, l'encre, les registres et la cire rouge pour sceller les actes, et payer en outre les messagers de la cour à raison de 10 grains d'or par jour dans l'intérieur du royaume, et 12 grains par jour hors du royaume, avec des gages fixes de trois tarins par mois. Les messagers à cheval seront payés à raison d'un tarin dans le royaume et d'un tarin et 5 grains hors du royaume. Le receveur des droits de sceau touche lui-même 50 onces d'or par an, sur lesquelles il doit fournir les gages du secrétaire attaché à son office. Tout le surplus des droits de sceau doit être versé entre les mains des greffiers de l'Hôtel, et le receveur doit tenir un livre des recettes et dépenses qu'il présentera

(1) Reg. ang. LXIII, fol. 202. Ce Jean de Cambronne, archidiacre de Vicari, avait été chargé accidentellement, avant cette commission, de percevoir les revenus du sceau de la Vicairie; le 2 octobre 1292, ordre est donné au justicier de la Terre de Bari, sur la plainte de Jean de Cambronne, d'obliger certains personnages à payer les droits de sceau qu'ils doivent à la cour (Reg. ang. LXII, fol. 105, n. 1 et 106 n. 2). Le 17 juin 1293, le roi de Hongrie mande à Gobert, évêque de Capaccio, de remettre à Albéric de Verberic et à Jean de Cambronne les sceaux du roi de Hongrie, pendant le voyage que celui-ci doit faire dans les Abruzzes (Reg. LX, fol. 148 v°).

(2) *Capitula regni utriusque Siciliae*. édit. 1773, t. II, p. 51, 52 et 69. L'ordonnance pour la réforme du royaume, publiée à Naples en septembre 1289, ne faisait que confirmer le tarif de 1283 (p. 69) : « DE SOLUTIONE SIGILLI. — *Solutionem sigilli reducimus ad moderamen quod continetur in capitulis nostris editis in planitie Sancti Martini.* »

(3) Ce document, que n'a pas connu M. Durrieu, confirme ce qu'il dit (t. I, p. 44) au sujet du dédoublement des registres de la Chambre en registres du chambrier et registres des maîtres rationaux. Il y a, pendant cette période, de 1294 à 1256, quatre séries de registres de chancellerie.

tous les trois mois aux maîtres rationaux en rendant ses comptes (1).

Un receveur spécial fut établi, le 16 avril 1295, auprès du sceau de la vicairie, conformément aux instructions envoyées le 16 janvier aux gardes du sceau. Ce fut Mᵉ Guillaume Septays ou Sectays, clerc et médecin, qui fut chargé de cet office auprès de Charles Martel, roi de Hongrie, vicaire général du royaume (2). Ce Guillaume Septays était français et avait été chargó, le 25 mai 1292, de rédiger un registre de compte en français pour Gobert, évêque de Capaccio, et Gui d'Allemagne, receveurs généraux des finances (3) : ce cahier en français était destiné au roi. Il recevait pour ce travail des gages s'élevant à deux tarins par jour, plus un tarin par jour pour un scribe (4). Le 14 avril 1293, il est chargé de faire transporter de Melfi à Naples des documents destinés aux archives de la cour et ordre est donné à Alberic de Villa, chatelain de Melfi, de lui prêter son concours. En 1295, il reçoit les mêmes instructions que Jean de Cambronne pour la recette des droits de sceau de la chancellerie, avec cette différence qu'il n'y a pour la vicairie qu'un seul registre, où l'on distingue suivant l'ancien système les lettres de la Cour des lettres des particuliers. Il doit remettre une partie des revenus du sceau de la vicairie à l'hôtel du roi de Hongrie et à l'hôtel de la reine ; enfin il reçoit pour ses gages deux onces d'or par mois (5).

L'ordonnance du 15 avril 1295, réglant la composition de la cour de la Vicairie instituée par le roi auprès de Charles Martel, roi de Hongrie, vicaire général du royaume, régla d'une manière définitive l'organisation de la chancellerie auprès de cette cour, qui continua, on le sait, à fonctionner auprès de la grande cour même quand le roi était dans le royaume (6). André Acconzaioco

(1) Reg. ang. LXIII, fol. 202. Pièces justificatives, nᵒ XV.

(2) *Commission de receveur et payeur des revenus du sceau de la Vicairie, donnée par le roi à Guillaume Septays, clerc,* Rome, 16 avril 1295 (Reg. ang. LXXIII, fol. 196 vᵒ, n. 3). Pièces justificatives, n. XVI.

(3) Reg. ang. LIX, fol. 149 vᵒ, n. 2 : *De introytu quidem et exitu dicte pecunie fieri providemus ac volumus tres quaternos consimiles, continentes introytum et exitum hujusmodi particulariter et distincte ; quorum unus scribatur in vulgari gallico per Guillelmum de Sectays, clericum et familiarem nostrum, quem moraturum apud vos propterea duximus statuendum, ut quaternum ipsum clariorem possimus habere notitiam.*

(4) Reg. ang. LIX, fol. 151, n. 1.

(5) Reg. ang. LXXIII, fol. 196 vᵒ, n. 3. Pièces justificatives, nᵒ XVI.

(6) Reg. ang. LXXIII, fol. 174, et LXXIX, fol, 53 vᵒ, publiée par Tutini. *Discorsi de' sette Uffizi,* De' maestri Giustizieri, p. 4 à 6

di Ravello et Thomas Stillato di Salerno, maître rational, sont chargés de faire rédiger toutes les lettres, tant celles qui concernent l'administration que celles des particuliers ; André Acconzaioco est chargé de la direction de l'office du protonotariat, Thomas Stillato de celle de l'office des Raisons. Guillaume de Poncy, maître rational, a cependant le droit d'expédier des lettres avec la mention : « Per magistros rationales. » La garde du sceau de la vicairie est confiée de nouveau à Guillaume de Poncy, qui doit observer les règles précédemment établies à ce sujet. André Acconzaioco a l'administration de la chancellerie, qui comprend quatre notaires, Filippo Macza di Salerno, Ratier de Borye, Pietro di San Severo et Pietro Grasso di Napoli, chacun avec un scribe. Le registre de la vicairie est confié à Luca de Pesole, notaire (1).

Le 15 juin 1295, la garde du sceau de la vicairie est retirée de nouveau à Guillaume de Poncy, sans doute trop absorbé par ses fonctions de maître rational, et confiées à Ernoul de Bonignes, clerc, professeur de droit civil, qui reçoit comme gages 5 tarins d'or par jour (2). Mais le 1er juillet, le roi écrit au roi de Hongrie qu'Ernoul de Bonignes, étant occupé et obligé d'aller en France, ne peut remplir les fonctions de garde du sceau de la vicairie qui reste confié à Guillaume de Poncy et à André Acconzaioco di Ravello (3). Le 8 janvier 1296, c'est Albéric de Verberie, chanoine de Troie, qui a la garde du sceau de la vicairie et qui touche du capitaine de Naples, Roustan Cantelme, 5 onces d'or pour ses gages (4).

L'organisation de la chancellerie royale n'a guère subi, à part la création de la cour de la vicairie, de modification importante. La division en trois bureaux ou offices persiste telle qu'elle était sous le règne de Charles Ier (5) ; la chancellerie de la cour du vicaire vient seulement s'ajouter aux trois offices existants. Le règne de Charles II est marqué par une multiplication exa-

---

(1) *Ibid.*, p. 5 et 6.

(2) *Lettre du roi au roi de Hongrie, vicaire général, lui faisant part de la nomination d'Ernoul de Bonignes comme garde du sceau de la vicairie.* Anagni, 15 juin 1295 (Reg. ang. LXXIX, fol. 58, n. 3. Pièces justific., n° XVII). La commission d'Ernoul de Bonignes, donnée le même jour, a été publiée, d'après le Reg. ang. LXXIII, fol. 240, par Minieri-Riccio, *Saggio di codice diplomatico*, Supplem., p. 92.

(3) Reg. ang. LXXIX, fol. 60 v°, n. 2.

(4) Reg. ang. LXIV, fol. 235, n. 4.

(5) Voir P. Durrieu, ouv. cité, t. I, p. 215 et suiv.

gérée des officiers royaux. C'est ainsi qu'en 1291, il y avait
six notaires de la chancellerie qui exerçaient leur office à tour
de rôle, trois par trois, tous les trois mois, et qui recevaient
comme gages 2 onces, 11 tarins et 5 grains par mois. Il y avait
en outre, quatre registrateurs ou registreours de la chancellerie
recevant une once 15 tarins par mois, sans compter les scribes,
gardes des registres, etc., (1). En 1278, Charles I<sup>er</sup> n'avait que deux
notaires de la chancellerie et deux registreours, qui touchaient les
mêmes gages (2). Le 4 septembre 1293, le roi fut obligé de diminuer les gages des officiers et de réduire le nombre des offices ;
les officiers et conseillers du roi ne touchèrent plus que la moitié
de leurs gages. L'office de la chancellerie fut réduit à quatre
notaires en chef (*in capite*) et quatre scribes, recevant les premiers
24 onces d'or par an, les seconds 12 onces d'or (3).

La composition de l'office *des raisons* avait été aussi modifiée ;
nous reviendrons sur ce sujet à propos de la cour des comptes,
qu'il nous suffise de dire que d'après une ordonnance du 16 avril
1295 (4), l'office des raisons comprenait :

4 maîtres des comptes attachés à la cour du roi (5),

2 maîtres des comptes attachés à la cour de la vicairie (6) ;

4 auditeurs des comptes (7) ;

4 secrétaires auprès des auditeurs (8) ;

1 registrateur (9) auprès des auditeurs ;

2 gardes des archives (10) ;

1 sergent des raisons et un messager.

Les autres officiers, dit l'ordonnance, sont et demeurent licen-
ciés dudit office. Les gages des secrétaires des maîtres des comptes étaient à leurs dépens, parce que, dit une ordonnance du 16

(1) Reg. ang. LIV, fol. 194, n. 2-3.

(2) Durrieu, ouv. cité, t. I, p. 215 et 216.

(3) Reg. ang. LXXII, fol. 92 v°, n. 3.

(4) Reg. ang. LXXIX, fol. 53, n. 4.

(5) Bartolomeo di Capua, Giovanni Pipino di Barletta, chevaliers, Tommaso Stillato di Salerno, André de Isernia, professeurs de droit civil, Henri
de Gérard et Guillaume de Poncy, maîtres rationaux récemment nommés.

(6) Tomaso Stillato et Guillaume de Poncy sont délégués à la cour de la
vicairie.

(7) Pierre de Toulouse, Goffrido di Eboli, Tommaso di Juvenacio et Pietro
di Palermo, auditeurs des comptes.

(8) Errico di Girgenti, Bartolomeo di Alaveno, Giacomo di Sirmo et
Agusano di Juvenacio, « *scriptores*. »

(9) Boccio de Adria, registrateur.

(10) Gilles de Meaux et **Gualterio di** Salvio, gardes des archives.

avril 1296, les maîtres n'ont pas tant d'affaires à expédier qu'un
secrétaire leur soit nécessaire (1); mais l'office des raisons comprenait en outre :

5 notaires attachés aux maîtres rationaux (2);

2 registrateurs attachés aux maîtres rationaux (3). ·

D'après l'ordonnance du 9 novembre 1293, réduisant les gages
des officiers, les auditeurs des comptes ne recevaient plus que
24 onces d'or par an, et les secrétaires des comptes 12 onces par
an (4). Mais le 16 avril 1296, dans une autre ordonnance diminuant également les gages des officiers, les auditeurs des comptes
reçoivent 36 onces d'or; les secrétaires, gardes des archives, notaires, registrateurs, sergent des raisons conservent les mêmes
gages qu'auparavant, parce qu'ils ont été réduits une première
fois (5).

Le tribunal de la grande cour a conservé aussi la même
composition, et un *notaire des actes de la grande cour* a la direction de l'office pour l'expédition des lettres de justice. Il touche le
même salaire que les juges de la grande cour, le procureur du
fisc et le juge des appels, savoir cinq onces d'or par mois (6). Il a
sous ses ordres :

1 notaire de la cour, député auprès du maître justicier, touchant 2 onces, 11 tarins, 5 grains;

1 notaire, député auprès du procureur du fisc, touchant 1 once,
15 tarins, par mois;

1 notaire, député auprès du juge d'appel;

1 notaire chargé du registre, avec les mêmes gages (7).

Charles II n'a apporté, on le voit, aucune modification à l'office
de la cour de justice, qui a, en 1295, la même composition qu'en
1282 (8).

(1) Reg. ang. LXXXVII, fol. 194, n. 3.
(2) Jean de Termoli, Martino de Agellulo, Guiglielmo di Pella, Matteo di
Civita Penna, Niccola di Valle Sorana, notaires attachés à l'office de raison,
le 28 juin 1295 (Reg. ang. LXXIX, fol. 60, n. 2).
(3) Gentile di Barletta et Albanicco di Monteleone, registrateurs auprés
des maîtres rationaux (Reg. LXXVIII, fol. 11, n. 1, et *ibidem*).
(4) Reg. LXXII, fol. 92 v°, n. 3.
(5) Reg. LXXXVII, fol. 194, n. 3.
(6) Ordonnance du 18 mars 1294 concernant les gages des officiers de la
cour de justice. Reg. ang. LXVI, fol. 6.
(7) Voir Reg. L, fol. 95 v°, n. 1; Reg. LXVI, fol. 179 v°, n. 2; Reg. LXXIX,
fol. 58 v°, n. 2; Reg. LXXVIII, fol. 15 et 237 v°, les ordonnances pour le
payement des gages des officiers de la grande cour.
(8) P. Durrieu, ouv. cité, t. I, p. 218-219.

A partir de la réorganisation de la chancellerie en 1294 et 1295, aucune modification importante ne fut opérée dans cette administration ; les seules réformes qui furent effectuées par Charles II ont fait l'objet d'une étude spéciale dans notre chapitre relatif au protonotaire (1). Après la mort d'Adam de Doussy, la chancellerie reste vacante pendant quelque temps; ce n'est en effet que le 15 avril 1296 qu'apparaît pour la première fois le nom du nouveau chancelier du royaume de Sicile, Pierre de Ferrières, doyen d'Auch et plus tard doyen du Puy (2). Ce Pierre de Ferrières joua un rôle assez actif auprès du roi Charles II, en 1296, 1297 et 1298, car il souscrit un grand nombre d'actes pendant les absences de Bartolomeo di Capua, logothète et protonotaire, chargé à cette époque de plusieurs missions importantes. Il fut évêque élu de Letterre dans le royaume de Naples, en 1299 et 1300, puis fut transféré au siège de Noyon (3). Le 23 août 1303, il fut nommé archevêque d'Arles et fut mis en possession de ce siège qu'il occupa jusqu'à sa mort survenue en octobre 1307 (4). C'était un habile jurisconsulte et on lui doit plusieurs règlements d'administration concernant le comté de Provence, notamment les statuts du 12 novembre 1304 sur les juridictions, les chevauchées et autres droits féodaux (5). La même année, il reçut commission du roi pour réorganiser l'administration des comtés de Provence et de Forcalquier, et rendit des ordonnances qui ont été publiées par Guiraud (6). Le 26 mars 1305, le roi Charles II étant à Pérouse créa Pierre de Ferrières, archevêque d'Arles, chancelier du royaume de Sicile, son vicaire général, pendant son absence et celle de Robert, son fils, duc de Calabre (7). Pierre de Ferrières eut pendant son administration plusieurs lieutenants ou vice-chanceliers. Dès la fin du mois d'août 1296, les actes donnés au nom du roi Charles II, qui se trouvait à Brindisi, sont souscrits par Guillaume de Godo-

---

(1) Voir plus haut, p. 211 et suiv.

(2) Commission donnée à Pierre de Ferrières, doyen du Puy, chancelier du royaume, pour décider des querelles entre Lorenzo Caputo di Napoli et Giacomo di Rocca romana, chevalier, pour la possession de la moitié du château de Pietra de Baronia romana (Reg. ang. LXXXVII, fol. 276 v°, n. 5).

(3) Reg. ang. CXXVII, fol. 32.

(4) Papon, *Histoire de Provence*, t. I, p. 311 et 312.

(5) Archives départementales des Bouches-du-Rhône, B, 426.

(6) Archives départementales des Bouches-du-Rhône, B, 147, fol. 59 à 61, 81 v°, 106 à 111. Voir Giraud, *Essai sur l'histoire du droit français au moyen âge* (Paris, 1846, 2 vol. in-8°), t. II, p. 59 et 60.

(7) Reg. ang. CXLIX, fol. 32 v°, n. 1. Pièces justificatives, n° XVIII.

rio, *Cancellarii nostri Sicilie locumtenens* (1). L'année de la
XV<sup>e</sup> indiction (1301-1302), Pierre, évêque de Noyon, chancelier
du royaume, a pour lieutenant M<sup>e</sup> Guillaume Ebrard, sacristain
de Rodez, juge des appels de la Grande Cour, qui reçoit
10 onces d'or de gages par mois (2). Ce Guillaume Ebrard avait été
chargé, dès le 23 décembre 1297, d'une mission importante avec
Giovanni Pipino di Barletta, maître rational : il avait été envoyé auprès de Jaime, roi d'Aragon, pour les affaires de la flotte qui
devait opérer contre la Sicile et recommandé en cette qualité à
l'amiral Roger de Lauria (3). Il paraît être resté en fonctions jusqu'à la mort de l'archevêque d'Arles, car, en 1305, M<sup>e</sup> Guillaume
Ebrard, sacristain de Rodez, *vice-chancelier* du royaume de Sicile
est chargé avec Matteo Filimarino, juge d'appel de la grande cour,
et Thibaut de Maubusson, chevalier, maître-portier de l'Hôtel,
de se rendre à Bordeaux auprès de Bertrand de Goth, élu pape,
avec une mission de la part du roi (4).

La charge de chancelier sous l'administration de Pierre de
Ferrières paraît avoir été plus honorifique que réelle, à cause de
la grande influence qu'a prise à cette époque le logothète et protonotaire, Bartolomeo di Capua. Il jouit cependant de la confiance entière du roi, qui le nomma non seulement son vicaire
général, mais lui confia parfois des missions politiques importantes. Le 15 septembre 1305, Pierre, archevêque d'Arles, reçoit
procuration de la part du roi et de Raymond Bérenger, comte de
Piémont, son fils, grand sénéchal du royaume, pour conclure un
traité de paix avec le marquis de Saluces et prendre des arrange-
ments avec lui concernant les affaires du Piémont (5).

Les gages du chancelier étaient alors fixés à 50 onces d'or par
mois (6). Outre l'administration de la chancellerie, il exerçait les
fonctions de recteur de l'université de Naples, et c'est à Pierre
de Ferrières que l'on doit les réformes accomplies en 1299, 1300
et 1302 par Charles II (6) ; c'était lui qui nommait les *stantio-*

(1) Reg. ang. LXXXVI, fol. 1 v°; LXXXVIII, fol. 79 et suiv.

(2) Reg. ang. 1302 G, fol. 37 v°. Voir Minieri-Riccio, *Studii Storici sopra
84 registri*, p. 53.

(3) Reg. ang. XCI, fol. 26, n. 2; 26 v°, n. 4, et 27 v°, n. 1.

(4) Reg. ang. CXLIII, fol. 172. Cf. Minieri-Riccio, *Studii Storici sopra
84 registri*, p. 108.

(5) Reg. ang. CLIV, fol. 8 v°. Minieri-Riccio, *ibid.*, p. 107.

(6) Nous reviendrons sur le rôle du chancelier dans les affaires de l'Université dans un chapitre spécial. [L'auteur n'a pas pu écrire ce chapitre
(*Note de l'éditeur*).]

*narii*, *bidelli* et autres officiers de l'Université (1). Pierre de Ferrières eut pour successeur Jacques d'Eause, évêque de Fréjus, qui conserva cette charge pendant le règne du roi Robert, et qui fut chancelier de 1307 à 1309 (2).

## VI. — LE GRAND SÉNÉCHAL.

Il ne faut pas confondre la charge de grand sénéchal du royaume de Sicile avec celle de sénéchal de l'hôtel du roi, officier inférieur qui apparaît fréquemment dans les textes relatifs à l'histoire des princes de la maison d'Anjou jusqu'à l'époque de Ladislas (3). Le grand sénéchal existait déjà à l'époque mérovingienne, et était chargé de surveiller les officiers attachés au service personnel du roi (4). Au douzième siècle, il avait acquis en France une très grande importance et le *dapifer* ou sénéchal était le premier des grands officiers. Il avait remplacé en effet : 1° l'ancien maire du palais, comme directeur général de la maison du roi et des jeunes nobles qui y étaient élevés ; 2° le comte du palais dont il paraît avoir recueilli les attributions judiciaires ; 3° l'*infertor* du palais mérovingien comme chef du service de la table. Il exerçait même certains droits pécuniaires, par exemple sur le marché des grandes villes, et prenait part à la dépouille des palais épiscopaux à la mort de l'évêque. Il surveillait aussi l'administration des prévôts et autres agents de l'autorité royale dans les domaines. Enfin il était le chef supérieur de l'armée royale ; il convoquait à ce titre les vassaux pour les expéditions militaires et dirigeait les opérations (5). On sait que l'étendue des pouvoirs du grand sénéchal ne tarda pas à le rendre suspect à la royauté qui fit tous ses efforts pour empêcher l'hérédité de cette grande charge dans une même famille. Dès que la royauté fut assez forte pour le faire, elle supprima le grand sénéchal, qui disparaît en France, à la

---

(1) *Officium Cancellarie secundum novum modum*, art. III : *Item Cancellarius assignabit ex parte regis librum licentie recipientibus conventum in curia regis et disponet de stationariis, bidellis et aliis omnibus qui ad ordinationem et curiam studii pertinere noscuntur.*

(2) Le 12 février 1309, le roi, étant à Naples, donne ordre au sénéchal de Provence de garder étroitement les complices de Bertrand de Aguliers, qui avaient tenté d'assassiner Jacques d'Eauze, évêque de Fréjus, chancelier du royaume de Sicile (Reg. ang. LXXVII, fol. 197 v°, publié par Minieri-Riccio, *Saggio di codice diplomatico*, Supplem., part. II, p. 50, n. XLII).

(3) Tutini, ouv. cité, *De' connestabili*, p. 7.

(4) Tardif, *Etudes sur les institutions politiques et administratives*, t. I, p. 60.

(5) A. Luchaire, *Histoire des institutions monarchiques de la France*, t. I, p. 174 et 175.

fin du douzième siècle. A la mort de Thibaut V, comte de Blois, en 1191, Philippe-Auguste ne lui donna pas de successeur, et jusqu'au quatorzième siècle les diplômes royaux portèrent l'indication de la vacance de l'office, que l'on n'avait pas osé supprimer (1).

C'est à la fin du onzième siècle que la charge de sénéchal fut introduite dans le royaume de Sicile par les princes normands; mais bien qu'il soit d'origine française, cet office ne paraît avoir jamais acquis en Sicile l'importance qu'il avait en France à la même époque. Le rôle des sénéchaux au début du treizième siècle est bien effacé. On ne trouve pas en effet de sénéchal de l'empereur Frédéric II avant le mois de juillet 1232, époque à laquelle Henri de Revello ou Rivelle apparaît avec le titre de *senescalcus imperialis* (2). En 1240 le titre de sénéchal est donné à Giacomo Capece, qui est chargé en cette qualité de pourvoir à l'entretien de l'impératrice et de sa maison (3). En tout cas le sénéchal du royaume de Sicile ne paraît pas avoir exercé la moindre influence pendant le règne de Frédéric II et de ses successeurs.

Charles Iᵉʳ d'Anjou, à son avènement, rendit au sénéchal une partie de son importance en relevant l'office et en organisant son hôtel sur un mode identique à celui de la cour de France (4); il rendit au sénéchal la direction supérieure de l'hôtel. C'est surtout à ce titre que le sénéchal a de l'importance pendant le règne de Charles Iᵉʳ, mais il faut remarquer que la charge de sénéchal est un des grands offices du royaume et ne fait pas partie de l'hôtel proprement dit. On a fait observer en effet que les familiers de l'hôtel ne touchent aucune indemnité quand ils sont investis de fonctions administratives ou qu'ils exercent une charge particulière même dans l'entourage du souverain. Aussi, dans les listes de payements faits à l'hôtel ne rencontre-t-on aucun des grands officiers de la couronne, pas même le sénéchal, bien qu'il soit le chef de l'hôtel (5). Dans l'ordonnance de Trani, en 1265, le roi Charles Iᵉʳ fixe les principales attributions du grand sénéchal (6). Il a la direction de l'hôtel du roi et la juridiction des

----

(1) A. Luchaire, *Histoire des institutions monarchiques de la France*, t. I, p. 176.

(2) Huillard-Bréholles, *Hist. dipl.*, Introd., p. CXLIX.

(3) Huillard-Bréholles, *ibid.*, p. CXLIX et CL.

(4) P. Durrieu, ouv. cité, t. I, p. 120.

(5) P. Durrieu, *ibid.*, t. I, p. 123.

(6) *Formularium Curie*, fol. 82, nᵒ XCII; *Cartularium Neapolitanum*, fol. 68; Bibl. nat., Latin 4625, fol. 98 vᵒ, et 100.

gens qui appartiennent à l'hôtel (1). C'est à lui qu'est confiée l'administration générale des masseries royales (2), la garde des étangs (3) et des forêts royales. Il nomme les maîtres des masseries et peut les destituer sur l'ordre du roi (4); il reçoit les comptes des gardes des forêts royales, fait les enquêtes sur leur administration et les punit avec le consentement du roi (5). A l'hôtel, il avait une autorité absolue sur les clercs et les valets ordinaires et pouvait, de sa propre autorité, les expulser en cas de faute ou de négligence grave. Tous les soirs il devait faire le compte des dépenses journalières de l'hôtel et tous les douze jours faire le compte avec le greffier ou *stilus* chargé des dépenses. Ces comptes étaient rendus tous les mois devant les maîtres rationaux (6).

Une autre ordonnance, qui doit être attribuée également au règne de Charles I<sup>er</sup> d'Anjou, règle en détail la surveillance qui doit être exercée par le sénéchal sur les dépenses de l'hôtel, les divers métiers, les masseries royales, etc., en même temps que les droits de juridiction qu'il exerce en pareille matière (7). Sans entrer dans les détails de cette ordonnance qui concernent trop spécialement l'administration de l'hôtel, on y voit confirmées les prescriptions de l'ordonnance de 1265, relatives à la reddition des comptes de l'hôtel. Le sénéchal ou le vice-sénéchal, assisté d'un des maîtres rationaux de la cour, entend tous les soirs le rapport des acheteurs de l'hôtel et des autres officiers de la cour; le vendredi de chaque semaine, on doit lui rendre des comptes et, à la fin du mois, les comptes des acheteurs et officiers sont examinés

(1) *Ibid.*, art. I<sup>er</sup> : « *Senescallus habet se intromittere de Hospitio domini regis et justicia illorum qui sunt de Hospitio ipso pertineat ad eum.* »

(2) *Ibid.*, art. II.

(3) *Ibid.*, art. III.

(4) *Ibid.*, art. II.

(5) *Ibid.*, art. IV : « *Item recipiat computum pro domino rege a forestariis et inquiratur contra eos et puniat illos cum conscientia domini regis.* »

(6) *Ibid.*, art. XI : « *Item quolibet sero fiat resta per Senescallum de expensis cujuslibet diei, et singulis duodecim diebus Senescallus computet cum stilo; et singulis mensibus fiat computum cum consilio domini regis et magistris rationalibus.* »

(7) Cette ordonnance, qui a pour titre : « *Hec sunt que spectant ad officium Senescallie, secundum certa tempore obtenta,* » se trouve dans le *Formularium Curie*, fol. 78 v°, n. LXXXVI, et dans le *Cartularium Neapolitanum*, fol. 68 v°, n. LXIII. Elle a été publiée par Winckelmann, *Acta imperii inedita*, t. II, p. 760-761. Elle est aussi dans le ms. de la Bibl. nat. de Paris, Latin 4625, fol. 101.

par lui et les maîtres rationaux (1). Le sénéchal doit assister à la paye des chevaliers, familiers et valets de l'hôtel, qui ne dépendent pas des maréchaux; ceux-ci servent sous la bannière du sénéchal (2). Quand l'un des chevaliers ou valets de l'hôtel s'absente de la cour avec le consentement du roi, il doit le signifier au sénéchal ou au vice-sénéchal, et les prévenir également de son retour, afin que le sénéchal soit toujours informé du nombre des personnes présentes à la cour (3). C'est au sénéchal qu'il appartient de donner des ordres relatifs aux dépenses de la cuisine, et il ne le fait qu'avec l'avis du roi; il doit communiquer les ordres qu'il a donnés au chambrier pour faciliter l'examen des comptes (4). Enfin c'est lui qui reçoit les appels interjetés en dernier ressort auprès de la Majesté royale; un juge spécial et un notaire sont institués pour cela auprès de lui par la cour (5).

Le premier grand sénéchal du royaume de Sicile fut Geoffroy de Sargines le jeune, conseiller du roi et terrier de l'hôtel, qui paraît avoir exercé son office dès le commencement du règne, d'après l'ordonnance de Trani (6). Le 7 août 1269, il fut chargé, avec le chancelier Geoffroy de Beaumont, de traiter d'un accord avec le comte de Vendôme (7); il fut baile et vicaire du royaume de Jérusalem, et mourut au commencement de l'année 1271 (8). Il fut remplacé dans l'office de sénéchal par Galeran d'Ivry, conseiller du roi, qui reçoit, le 3 juin 1271, du roi Charles I<sup>er</sup>, les terres de Lavello dans la Basilicate et de Sarno dans le Principat (9). Le 21 avril 1274, il est chargé par le roi de se rendre en France avec Jean Britauld de Nangis, connétable du royaume, pour prendre possession de l'héritage d'Alphonse de Poitiers (10). Le 26 août, le roi le nomma vicaire général de la principauté d'Achaïe, fonctions qu'il exerçait encore le 18 mai 1279 (11). Rappelé par le roi, le 2 août 1280, il mourut à la fin de

(1) *Ibid.*, art. III, p. 760.
(2) *Ibid.*, art. XIII, p. 761.
(3) *Ibid.*, art. XIV.
(4) *Ibid.*, art. XV.
(5) *Ibid.*, art. I<sup>er</sup> et II, p. 760.
(6) D'après Minieri-Riccio, *Grandi Uffiziali*, p. 203, son nom n'apparaît dans les documents qu'en 1268.
(7) Reg. ang. IV, fol. 49, n. 2.
(8) Minieri-Riccio, ouv. cité, p. 203 et 204.
(9) Reg. ang. X, fol. 51. Voir Minieri-Riccio, ouv. cité, p. 205.
(10) Reg. ang. XVII, fol. 68 v°. *Ibid.*
(11) Reg. ang. XXXI, fol. 59. Reg. XXVIII, fol. 264. Reg. XXXIII, fol. 207 v°. *Ibid.*

Pendant le règne de Charles d'Anjou, les fonctions de vice-sénéchal furent successivement exercées par : 1° Gilles de l'Epine, en fonctions le 6 juin 1271, envoyé par Charles I^er, avec Henri de S. Mesmin (2), chanoine de Champagne et M^e Raoul de Vermandois, chanoine de Saint-Cloud, pour recueillir l'héritage de Jean, comte de Nevers et pour prêter hommage et serment de fidélité à Philippe le Hardi, roi de France, le 24 avril 1272 (3). Il mourut dans les premiers jours de mars 1274, sans laisser d'héritiers (4). 2° Jean de Saint-Rémy, qui succéda à Gilles de l'Epine et fut vice-sénéchal jusqu'en 1281. En 1276, il fut lieutenant du capitaine de Gaëte, et le 8 février 1281 nommé justicier de l'île de Sicile (5). 3° Robert de Cartigny, qui était vice-sénéchal en 1284 (6).

Jean de Eppe réapparaît avec le titre de sénéchal du royaume dès les premiers temps qui suivirent le couronnement du roi Charles II. Le 27 août 1289, le roi, étant au camp devant Gaëte, le charge avec Anselme de Chevreuse, maréchal du royaume, de divers achats pour la chevalerie de Charles Martel, son fils aîné, fixée à Notre-Dame de septembre (7). Le 26 septembre 1290, il est nommé, avec Hugues de Brienne et Raynaud Galard de Pyes, grand panetier du royaume, receveur de l'aide féodale dans les Pouilles, et chargé de faire avec eux une enquête générale sur les actes des officiers et des réformes à opérer dans l'administration. Une commission du même genre avait été instituée par le roi pour les provinces du Principat, Terre de Labour et Abruzzes et était composée de Thomas de San Severino, comte de Marsico, Rinaldo de Avella et Jacques de Burson (8). Il est chargé, en qualité de receveur, le 27 septembre 1290, de payer les gages d'Eudes de Toucy, maître justicier, fixées à 500 onces par le parlement général d'Eboli (9). Le 16 avril 1291, il reçoit commission du roi

(1) Minieri-Riccio, ouv. cité, p. 206.
(2) Voir la notice sur cet officier dans Minieri-Riccio, *ibid.*, p. 206 et 207.
(3) Reg. ang. XVII, fol. 68 v°.
(4) Minieri-Riccio, ouv. cité, p. 208.
(5) Reg. ang. XLIV, fol. 82. *Ibid.*
(6) Minieri-Riccio, ouv. cité, p. 209, d'après le Reg. ang. XLV, fol. 51.
(7) Reg. ang. L, fol. 140, n. 2. La notice de Minieri-Riccio (ouv. cité, p. 206-7) sur Jean de Eppe est très incomplète.
(8) Reg. ang. LIV, fol. 141 v°.
(9) *Ibid.*, fol. 146, n. 2.

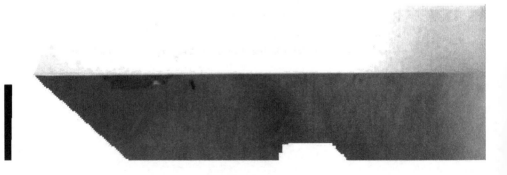

de la charge de capitaine général de la Terre de Labour, du duché d'Amalfi et de la principauté de Salerno (1). Louis de Mons,
justicier de la terre de Labour, reçoit ordre, le 25 juillet 1292, de lui
payer 120 onces d'or pour la solde des hommes d'armes servant sous
ses ordres (2). Mais étant déjà avancé en âge, il demanda au roi et
obtint la permission de rentrer en France pour y finir ses jours
et de céder à son fils, Jean de Eppe, tous ses fiefs du royaume de
Sicile, savoir Sarni, San Giovanni Incarico, Campagna, Rocca di
Sant' Antimo, Ambrisi, Castrocelle, Poscosolido, Forca, Ciris-
chiaria, Corropoli, Roseto, Cidogna et Casalduni (3). Il mourut
en France à la fin de l'année 1292 ou au commencement de
1293, car son fils reçut l'investiture des biens de son père défunt
le 19 juillet 1293 (4).

Après la mort de Jean de Eppe, la charge de grand sénéchal
de Sicile fut donnée par le roi à Jean Scot, chevalier, par commission datée de Pampelune le 24 août 1293 (5). Il avait été sénéchal
de Provence de 1288 à 1292 et avait publié en cette qualité des
statuts pour l'administration de ce comté (6). Le 1er août 1289, le
roi Charles II l'avait nommé avec Hugues des Voisins, chevalier,
son successeur comme sénéchal de Provence, maître de la maréchalerie royale, une des fonctions les plus importantes de l'hôtel (7). Le 24 septembre 1289, le roi donnait ordre aux justiciers
de ne pas l'inquiéter au sujet du service féodal auquel il est tenu
dans le royaume, pendant le séjour qu'il va faire en France (8).
Le 19 juillet 1293, le roi étant à Pampelune avait renouvelé les
ordonnances relatives à l'office de grand sénéchal et envoyé à
Jean Scot de longues instructions sur l'exercice de sa charge (9).

(1) Reg. ang., LIV, fol. 231 v°, n. 3.
(2) Reg. ang. LVII, fol. 34 v°, n. 4.
(3) Reg. ang. L, fol. 228 v°; CCIII, fol. 87; CCIV, fol. 30; LX, fol. 163 v°.
Fasc. X, fol. 94. Fasc. ang. XXVIII, fol. 33. Reg. LXII, fol. 51. Voir Minieri-
Riccio, ibid., p. 207.
(4) Reg. ang. LX, fol. 163 v°, et LXII, fol. 51. Ibid.
(5) Reg. ang. LXI, fol. 104 v°, n. 1; fol. 204 v°, n. 6; 205 v°, n. 5.
(6) Archives départementales des Bouches-du-Rhône, B, 147, fol. 126 v°,
206, publié par Guiraud, Essai sur l'histoire du droit, t. II, p. 15 et p. 39
et suiv.
(7) Reg. ang. CXLIII, fol. 191 v°, n. 2. Le 18 novembre 1292, Jean Scot est
chargé, en cette qualité, de faire la provision de l'hôtel du roi à l'occasion
de la venue du comte Robert d'Artois en Provence (Reg. ang. LXI, fol. 149).
(8) Reg. ang. XIX, fol. 115, n. 2; fol. 117, n. 1.
(9) Reg. ang. LXI, fol. 207 v° et 208 : « Hec sunt capitula ordinationis
officii Senescallie facte per dominum nostrum Karolum secundum, Jeru-

17

les attributions du grand sénéchal pendant le règne de son successeur. Le sénéchal du royaume de Sicile n'a d'autres attributions que la direction de l'hôtel du roi et l'administration des domaines de la couronne.

Comme chef de l'hôtel, il doit, dans les grandes fêtes, savoir la Toussaint, Noël, l'Annonciation, Pâques, la Pentecôte, l'Assomption, et quand le roi portera la couronne ou fera quelque grande cérémonie, servir le roi en personne, *de scutella* (1). Il est chargé en temps ordinaire de pouvoir l'hôtel du roi de vivres, de vin, de viandes fraîches et salées, d'épices, de cire et autres choses nécessaires à l'entretien du personnel et des chevaux (2). Pour cela il doit connaître à l'avance le lieu où le roi doit séjourner et y faire envoyer les provisions nécessaires à l'hôtel, soit des masseries et magasins de la cour, soit en les commandant dans les foires et marchés des environs, avec le consentement du comte chambrier, des trésoriers et maîtres rationaux, qui auront à lui fournir les fonds nécessaires aux dépenses (3). C'est lui qui est chargé d'assigner ou de faire assigner par les fourriers de l'hôtel les logements du personnel de l'hôtel et des grands personnages qui seront en la compagnie du roi, selon l'état et la condition de chacun (4). Quand le roi sera à l'armée, il doit, en l'absence du connétable, fixer l'endroit où est plantée la tente royale et désigner les lieux où doivent camper les autres personnages de l'armée. Quand le connétable sera présent, c'est lui qui assignera au sénéchal le lieu où il doit loger (5). Comme chef de l'hôtel, il doit être informé exactement des noms de tous les familiers de l'hôtel du roi, du nom et du nombre des chevaux et des garçons d'hôtel : il doit pour cela tenir un registre où seront inscrites toutes les réceptions à l'hôtel (6). Tous les douze jours il doit assister aux comptes des dépenses de l'hôtel, lui ou son lieutenant,

*salem et Sicilie regem illustrem*, *die XVIIII Julii VI\* indictionis* **apud Pampilonam in Navarra. Quo die idem dominus rex ordinavit dominum Johannem Scotum dicti regni Sicilie Senescallum,** » publié par Minieri-Riccio, *Grandi Uffiziali*, p. 195 à 203.

(1) *Ibid.*, art. xxiv, p. 202.
(2) *Ibid.*, art. i, p. 195.
(3) *Ibid.*, art. iii, p. 197.
(4) *Ibid.*, art. vi, p. 198.
(5) *Ibid.*, art. vii, p. 198.
(6) *Ibid.*, art. ix.

avec les trésoriers, les maîtres rationaux et les greffiers de l'hôtel ou le maître des arrêts, pour conférer avec eux sur les dépenses faites et réformer s'il y a lieu. Pour les comptes relatifs à
l'écurie royale, les maîtres écuyers ou maîtres de la maréchalerie
doivent être présents avec le sénéchal. S'il le peut, il doit assister au règlement des comptes journaliers, afin de rendre les officiers plus attentifs à leurs devoirs (1). Si les officiers, chevaliers,
écuyers et gens des six métiers de l'hôtel sont négligents dans
leurs fonctions, le sénéchal a le devoir d'en informer le roi qui
décide s'ils doivent être punis. Pour les simples valets et clercs, le
sénéchal peut les expulser en cas de faute grave, ou les punir s'il
y a lieu : la juridiction des clercs de l'hôtel appartient d'ailleurs
au chancelier (2). Pour la juridiction du personnel de l'hôtel, le
roi établit auprès du sénéchal un juge, ayant les mêmes gages
que les juges en fonctions auprès des justiciers des provinces, qui
connaît de toutes les causes des familiers de l'hôtel pour les contrats et délits passés et commis à l'hôtel. Pour les contrats et délits passés et commis hors de la cour, il sera fait selon ce qui sera
conseillé par la justice. Quant aux parents du roi ou aux personnages du conseil secret, il n'a autorité sur eux que du consentement du roi (3). S'il veut ordonner un vice-sénéchal à l'hôtel, il
doit le faire avec le consentement du roi et exécuter ses ordres :
ce vice-sénéchal de l'hôtel doit être un chevalier (4).

Les instructions relatives à l'administration des domaines de
la couronne sont encore plus détaillées, mais n'apportent guère
de modifications importantes à l'ordonnance précédente. Le grand
sénéchal a la direction des masseries ou métairies royales et la
surveillance des champs, des cultures et des animaux, sauf de
ceux des haras et des écuries royales. Il doit être exactement
informé des animaux gardés dans les masseries, de leurs produits, des récoltes et des semences faites chaque année, de ce qui
doit être laissé dans les masseries pour l'entretien du personnel
et des animaux et de ce dont on peut disposer pour la provision
de l'hôtel du roi : il doit faire vendre le surplus des récoltes et
produits et faire transporter le reste dans les ports pour y attendre
les ordres du roi; il doit faire vendre aussi les animaux inutiles
à la cour. Il rend compte de ces ventes au comte chambrier e

(1) *Ibid.*, art. IV, p. 197.
(2) *Ibid.*, art. V, p. 197-198.
(3) *Ibid.*, art. VIII, p. 198.
(4) *Ibid.*, art. X, p. 198.

l'exécution des ordres du sénéchal en pareille matière doit être faite par ordre des maîtres rationaux (1). Il doit inspecter souvent les masseries royales et remédier aux défauts qu'il y pourra trouver, se tenir bien informé de tous les actes des maîtres des masseries et de leurs subordonnés et les révoquer, s'il les trouve en faute, en ayant soin d'exiger d'eux une caution qu'ils rendront leurs comptes à la cour. Pour les révocations de maîtres des masseries, il doit en informer le roi, afin qu'il confirme les mesures prises par le sénéchal et qu'il nomme d'autres officiers à leur place (2). Il veillera à ce que les maîtres des masseries marquent en temps opportun les animaux appartenant à l'État, d'une marque spéciale qu'il leur désignera; il fera vendre aussi les cuirs et peaux, sauf ceux qui servent aux haras et écuries royales, etc. (3). Au mois de septembre de chaque année, le sénéchal devra recevoir l'inventaire de chaque masserie, l'état et condition de chacune des personnes qui y travaillent, des animaux, objets, récoltes qui y sont conservés. Les maîtres rationaux doivent recevoir des inventaires semblables pour procéder à l'examen des comptes des maîtres des masseries (4). Le sénéchal doit veiller à ce que les maîtres des masseries choisissent bien leurs subordonnés et lui envoient leurs noms, afin qu'il les remette aux maîtres rationaux. C'est lui qui doit faire faire les réparations des maisons des masseries royales, soit aux frais des localités quand ce sera l'usage, soit aux dépens de la cour (5). Au commencement de l'année, c'est-à-dire au 1er septembre, le sénéchal doit pourvoir, avec le chambrier et les maîtres rationaux, aux dépenses des masseries royales (6).

Le sénéchal a, en outre, la surveillance générale des forêts et des défenses ou enclos royaux et de leurs gardes; il doit les inspecter et désigner les pâturages où pourront paître les animaux des masseries et des haras de l'État (7). Pour la garde des forêts, enclos et droits de chasse, il se conformera aux prescriptions de l'ordonnance de 1289 et des ordonnances antérieures du roi Charles Ier (8). Le sénéchal fera chasser à certaines époques dans

---

(1) *Ibid.*, art. II, p. 195-196.
(2) *Ibid.*, art. XI, p. 198-199.
(3) *Ibid.*, art. XII, p. 199.
(4) *Ibid.*, art. XIII.
(5) *Ibid.*, art. XV, p. 200.
(6) *Ibid.*, art. XVI.
(7) *Ibid.*, art. XVII.
(8) *Ibid.*, art. XVIII. Cf. *Capit. regni utriusque Siciliæ*, t. II, p. 38, 39 et 76.

les forêts de l'Etat pour l'usage de l'hôtel (1). Il a droit de révoquer, en cas de négligence ou de mauvaise gestion, les gardes des
forêts (2); pour cela, il est chargé de faire des enquêtes sur l'administration de tous les officiers des domaines royaux (3). Il
peut, pour l'inspection des forêts et domaines de la couronne,
choisir un vice-sénéchal, chargé de recevoir en son nom les
comptes des gardes des forêts et de remettre à la Chambre tous
les revenus et profits, dont il a la perception sous la responsabilité du sénéchal. Celui-ci doit remettre de même à la Chambre
tout l'argent qu'il aura perçu à la cour ou hors de la cour, pour
les amendes infligées par lui, etc. (4).

Les gages du grand sénéchal sont fixés par l'ordonnance du
19 juillet 1293 à 400 onces d'or, qu'il soit dans le royaume ou
hors du royaume, y compris tous les droits qu'il touchait autrefois pour les profits de l'office, les fêtes, livrées, etc. Il ne doit
recevoir en sus aucune provision de l'hôtel, ni rien toucher des
revenus des masseries. Mais il est nourri à l'hôtel avec ses compagnons, deux écuyers attachés à sa personne et un écuyer pour
chacun de ses compagnons. Il reçoit, en outre, le manteau de
pourpre de sa charge, les chandelles, le vin, etc. (5). Le chevalier
qui remplit l'office de vice-sénéchal de l'hôtel reçoit, en sus de
ses gages à l'hôtel, un manteau, le vin et les chandelles, plus la
moitié des cuirs et intestins des animaux servant à la cuisine du
roi; l'autre moitié appartient aux cuisiniers (6). Quand le sénéchal voyagera hors du royaume pour les affaires du roi, ou sera
à la guerre dans l'intérieur du royaume, il ne le fera pas à ses
dépens, car les gages de 400 onces ont été établis par la cour seulement pour les droits qui relèvent de l'office de sénéchal.

Telles étaient les attributions du grand sénéchal du royaume
de Sicile, telles qu'elles avaient été fixées *secundum novum modum* par le roi Charles II; elles furent observées jusqu'à la fin de
son règne. On voit que le sénéchal de la fin du treizième siècle
n'a plus rien conservé des attributions politiques, judiciaires et
militaires du dapiférat des onzième et douzième siècles. Cependant tous les sénéchaux de Charles II d'Anjou furent des hommes
de guerre et rendirent de grands services au roi comme chefs

(1) *Ibid.*, art. xix.
(2) *Ibid.*, art. xx, p. 201.
(3) *Ibid.*, art. xxi.
(4) *Ibid.*, art. xxii.
(5) *Ibid.*, art. xxiii, p. 202.
(6) *Ibid.*, art. xxv, p. 202-203.

militaires et administrateurs de l'armée. Le successeur de Jean
Scot fut Geoffroy de Milly, chevalier, conseiller et familier du roi,
qui reçut commission de la charge de grand sénéchal, le 26 mai
1294 (1), et les instructions relatives à son office qui lui furent
données dans les mêmes termes que celles de Jean Scot, le 10 juillet
de la même année (2). Suivant les nouvelles ordonnances, le roi
institua auprès de lui, comme juge et assesseur, le 8 juin 1294,
le juge Matteo di Palmiero da Barletta (3), qui obtient du roi, le
26 septembre de la même année, l'immunité pour toute imposition et exemption (4), et qui touchait, le 28 août 1295, 3 onces
10 tarins pour ses gages ; le notaire Ruggiero di Mayda recevait
2 onces d'or par mois (5).

Geoffroy de Milly combattit constamment contre les ennemis,
soit en Calabre, soit en Sicile, où il exerça des fonctions militaires importantes. Le 12 février 1295, il fut appelé à faire partie
de la cour de la vicairie instituée auprès de Charles Martel, roi
de Hongrie (6), et le 20 avril de la même année, le roi ayant
institué des capitaines dans toutes les parties du royaume, chargea
Geoffroy de Milly, sénéchal du royaume, de la garde et défense
de la côte de Guastaymone à Manfredonia (7). Le 24 février 1296,
il fut nommé capitaine général de la Basilicate, Val de Crati;
Terra Jordana et de toute la Calabre, depuis la Porta di Roseto
jusqu'au Phare, pour défendre ces provinces pendant la guerre
de Sicile (8). Le 28 février 1298, le roi ayant décidé d'attribuer
pour le payement des troupes de Calabre, l'aide pour la chevalerie du roi de Hongrie dans les provinces de la Terre de Bari et
de la Capitanate, mande à Geoffroy de Milly d'envoyer deux trésoriers auprès des justiciers de ces provinces pour recueillir cet
argent et le lui faire parvenir (9). Le 4 mars, Guillaume l'Etendard, maréchal du royaume, étant occupé à combattre en Calabre
avec Jean de Montfort, Geoffroy de Milly est chargé de faire la
montre des barons et feudataires convoqués à Matera pour le
10 mars (10). C'est lui qui avait été chargé, par le comte de Mont-

(1) Reg. ang. LXIII, fol. 171, n. 3; fol. 176 v°, n. 3.
(2) Ibid., fol. 200 et 201.
(3) Ibid., fol. 212 v°, n. 4.
(4) Reg. ang. LXV, fol. 30, n. 1.
(5) Reg. ang. LXXVIII, fol. 149 v°, n. 1.
(6) Reg. ang. LXXVII, fol. 180 v°. Voir Minieri-Riccio, ouv. cité, p. 219.
(7) Reg. ang. LXXIX, fol. 54, n. 1.
(8) Reg. ang. LXXVI, fol. 106, n. 4.
(9) Reg. ang. LXXIII, fol. 103, n. 3.
(10) Reg. ang. LXXVI, fol. 111, n. 3.

fort, de faire le siège de Roccà Impériale, et il rend ses comptes des dépenses de cette expédition le 17 octobre 1296 (1). Accusé néanmoins de trahison, il fut cité à comparaître devant la cour et, déclaré contumace, fut jugé, condamné au bannissement perpétuel et privé de toutes ses charges ; ses biens furent confisqués, le 2 octobre 1297 (2). Mais, le 28 août 1298, sur les instances de Robert, duc de Calabre, le roi Charles II lui fit grâce et le rétablit dans la charge de grand sénéchal en lui restituant tous ses fiefs (3). Geoffroy de Milly accompagna Robert, duc de Calabre, en Sicile, et le 28 juillet 1299 prit part aux négociations entre Robert et Manfredi Maletta, autrefois grand chambrier (4). Il mourut en Sicile un peu avant le 15 avril 1300.

Le successeur de Geoffroy de Milly fut Charles de Lagonesse, qui paraît être le fils de Jean de Lagonesse, maréchal du royaume de Sicile sous Charles I⁹ d'Anjou. Il fut nommé, vers la fin de l'année 1300, grand sénéchal, et le roi lui envoya les mêmes instructions que celles de Jean Scot et de Geoffroy de Milly ses prédécesseurs (5). Ses gages cependant paraissent avoir été diminués, car, en 1301, il ne touche comme sénéchal que 300 onces d'or par an pour ses gages (6). En 1304, à la mort de Gui de La Roche, duc d'Athènes, il réclama sa succession, et le roi fit tenir le duché sous séquestre jusqu'à la fin du procès relatif à ces prétentions (7). Charles de Lagonesse mourut au mois de juin ou de juillet 1304.

Le roi donna alors la charge de grand sénéchal du royaume à son cinquième fils, Raymond Bérenger, comte de Piémont et seigneur de l'honneur de Monte S. Angelo, par commission datée d'Aversa le 2 août 1304 (8). Raymond Bérenger avait été, comme ses frères Robert et Louis, otage du roi son père en Catalogne jusqu'en 1295. Il avait épousé Marguerite, fille de Robert, comte de Clermont (9), et son père l'avait gratifié d'un grand nombre de

---

(1) Reg. ang. LXXXVIII, fol. 133 v°, n. 2.

(2) Fasc. ang. LXVII, fol. 61 ; fasc. I, fol. 102. Voir Minieri-Riccio, ouv. cité, p. 219.

(3) Reg. ang. XCVIII, fol. 23. Fasc. ang. LII, fol. 18, et LXVII, fol. 61.

(4) Reg. ang. CV, fol. 35 v° et 36 v°. Minieri-Riccio, ouv. cité, p. 220.

(5) Reg. ang. CVII, fol. 84, et CIX. fol. 27.

(6) Reg. ang. CVII, fol. 137. Cf. Minieri-Riccio, *Studii storici sopra 84 registri, etc.*, p. 54.

(7) Reg. ang. CXXXV, fol. 101 v°. *Ibid.*

(8) Reg. ang. CXXXIX, fol. 130.

(9) Reg. ang. CXXXIII, fol. 46. Le 3 janvier 1305, Raymond Bérenger reçoit

fiefs dans le royaume, entre autres de l'honneur du **Monte S. Angelo**, après la mort de Charles Martel, roi de Hongrie, son frère aîné, et des terres de Montescaglioso et de Gravina, après la mort du comte Jean de Montfort, le 1ᵉʳ décembre 1300 (1). En 1304, il avait été pendant quelque temps vicaire général du royaume (2).

Le roi, en lui confiant la charge de grand sénéchal, lui envoya les Capitoli de 1293 relatifs à cet office, mais il y ajouta des instructions nouvelles, des droits et des privilèges relevant la charge de sénéchal en faveur du jeune prince royal (3). Ainsi, dans les grandes fêtes où le sénéchal devait servir en personne à la table du roi, il fut établi que Raymond Bérenger recevrait pour le faire un ordre spécial du roi et toucherait chaque fois 100 onces d'or (4). Les jours où le roi portera la couronne et où le prince royal servira en sa présence, il recevra le double de cette somme, c'est-à-dire 200 onces (5). Dans le cas où il ne servirait pas en personne, pour un empêchement quelconque ou par la volonté du roi, il touchera néanmoins le droit précité : en cas d'absence ou de maladie, ou d'empêchement reconnu valable, il a encore droit aux 100 onces. Le grand maître panetier le remplace alors dans le service de la table du roi (6).

Les attributions ordinaires du grand sénéchal lui sont conservées; quelques charges nouvelles sont seulement ajoutées à l'office. Il peut nommer un vice-sénéchal à l'hôtel, mais avec le consentement du roi (7). Comme le chambrier et le maître justicier, le grand sénéchal a sous sa protection les églises, les personnes ecclésiastiques, les veuves, les orphelins, les faibles et les misérables : il peut enquérir au sujet des oppressions qui ne rentrent pas dans les causes criminelles et juger sommairement

des marchands de la société des Bardi de Florence 20,000 livres sur la dot de sa femme.

(1) Reg. ang. 1303, D, fol. 79.
(2) Reg. ang. 1303-1304, A, fol. 24.
(3) « *Hec sunt Capitula per dominum nostrum regem Sicilie de novo concessa et addita officio Senescallie in persona spectantibus juvenis domini Raymundi Berengarii, nati sui, comitis Pedimontis et honoris Montis Sancti Angeli domini, in ejus persona personaliter et specialiter quamdiu vixerit valitura tantummodo et non ad alium porrigenda.* » Reg. ang. CXXXIX, fol. 129 et 130, 139 et 140. Pièces justificatives, n° XIX.
(4) *Ibid.*, art. i.
(5) *Ibid.*, art. ii.
(6) *Ibid.*, art. iii.
(7) *Ibid.*, art. iv.

et sans forme de jugement les dommages et oppressions causées
dans l'ordre civil. Au criminel, les formes de la justice doivent
être observées (1). A l'hôtel, il a la surveillance et la direction de
tout le personnel qu'il peut révoquer à son gré, sauf les chevaliers pour lesquels le consentement du roi est nécessaire. Il a le
soin de la provision et de l'ordonnance de l'hôtel avec le concours
du grand chambrier et des maîtres rationaux (2). Les droits de
juridiction du grand sénéchal sont étendus et augmentés : il a
droit de justice sur toutes les personnes faisant partie de l'hôtel,
maîtres portiers, valets et sergents d'armes, et toutes celles de la
suite du duc de Calabre et des autres fils du roi, quand elles sont
à la cour, excepté sur le chancelier, le chambrier, le logothète et
protonotaire, le maître justicier, le connétable, l'amiral, le maréchal, le vice-chancelier, les maîtres rationaux, le lieutenant du
protonotaire, les gens du conseil secret du roi et le personnel de
la Chambre placé sous la juridiction du chambrier et sauf les
droits de juridiction du connétable, de l'amiral et du maréchal,
en temps de paix comme en temps de guerre (3). Il connaît
comme justicier de toutes les violences, injures, oppressions et
de toutes les causes civiles du personnel de l'hôtel, des réclamations et amendes imposées illégalement au nom du roi par ses
particuliers, des violences et dommages faits par les comtes,
barons et feudataires ou par les officiers du roi à leurs vassaux
ou aux sujets du roi (4). Enfin, le prince Raymond Bérenger
reçoit les appels adressés en dernier ressort à l'autorité royale; il
peut, en cette qualité, ordonner au nom de la cour un procureur
ou des procureurs pour examiner les causes et procès concernant
le domaine de l'Etat et le fisc, excepté des causes qui concernent
les officiers royaux, les fiefs, les propriétés immobilières qui
appartiennent à la connaissance du maître justicier et des juges
de la grande cour (5).

Le sénéchal conserve l'administration générale des domaines
de la couronne, le soin des masseries royales, la garde des forêts,
des palais et demeures royales; le roi lui attribue, sa vie durant,
tous les revenus et profits des forêts royales (6). Enfin, l'ordonnance de 1304 ajoute à ses attributions la garde de tous les pas-

(1) *Ibid.*, art. x.
(2) *Ibid.*, art. v.
(3) *Ibid.*, art. vii.
(4) *Ibid.*, art. viii.
(5) *Ibid.*, art. ix.
(6) *Ibid.*, art. vi.

sages des frontières du royaume, tant dans la Terre de Labour que dans les Abruzzes, avec le droit d'y établir des maîtres des passages et des sergents fidèles et capables, de les changer et de les révoquer à son gré, et de donner des lettres de passage au même titre que le roi. Cette fonction nouvelle lui donne la moitié des profits de la cour sur les biens et animaux saisis auxdits passages. Mais le roi se réserve le droit de faire grâce et d'ordonner la restitution des objets saisis, même s'ils ont été attribués au prince Raymond Bérenger, un mois après que la saisie aura été prononcée (1).

Ces droits, privilèges et attributions nouvelles du grand sénéchal sont établis spécialement pour Raymond Bérenger et valables seulement sa vie durant ; il est stipulé que ces faveurs ne seront pas transportées à son successeur. A cette ordonnance, du 2 août 1304, publiée seulement le 18 octobre à Naples, étaient jointes les instructions de 1293 (2), qui continuèrent à être en vigueur sous les successeurs de Raymond Bérenger. En 1305, le prince se rendit en Piémont pour administrer le comté que son père lui avait donné; il vivait encore le 18 septembre 1305, mais il était mort dès le 12 octobre de la même année (3), âgé de vingt-trois ans à peine.

Après sa mort, la charge de grand sénéchal paraît être restée quelque temps vacante et elle perd en tout cas beaucoup de son importance. Il m'a été impossible, jusqu'à présent, de retrouver les commissions de grand sénéchal données aux successeurs de Raymond Bérenger. L'office paraît avoir été occupé de 1306 à 1308 par Jean de Lagonesse, fils de Philippe de Lagonesse, maréchal de Charles Ier et cousin germain de Charles de Lagonesse, qui exerça la charge de sénéchal de 1301 à 1304 (4). A la fin de l'année 1308, le grand sénéchal du royaume est Hugues de Baux, frère de Bertrand de Baux, comte d'Avellino. Le 5 juillet 1308, il est chargé de recueillir les restes des aides générales et le roi écrit dans ce sens à Nicolas de Roquefort, justicier des Abruzzes ultra (5). Le 1er décembre 1308, il donne à Amico de Guastaymone, notaire, la terre de Spralangana *in castro Soleti* (6). Dans ces deux documents il porte le titre de grand sénéchal du royaume

(1) *Ibid,*, art. XI.
(2) Reg. ang. CXXXIII, fol. 139 v° et 140.
(3) Reg. ang. CLVII, fol. 11 et 21 v°.
(4) Reg. ang. 1306, F, fol. 93 et Reg. 1308, G, fol. 36.
(5) Reg. ang. CLXXIII, fol. 35.
(6) Reg. ang. CLXXVIII, fol. 38 v°.

et il continua d'exercer ces fonctions pendant les premières
années du règne du roi Robert.

En résumé, le grand sénéchal n'a pas dans le royaume de
Sicile d'attributions politiques proprement dites : c'est le chef de
l'hôtel du roi et le directeur de ses domaines. Il peut être appelé,
comme grand officier de la couronne, à faire partie des conseils
du roi, à être placé à la tête des armées ou à recevoir des missions importantes, mais ces fonctions sont indépendantes de la
charge de sénéchal. Il faut remarquer que l'office de sénéchal,
qui est d'origine française, fut occupé pendant les deux règnes
de Charles Iᵉʳ et de Charles II exclusivement par des grands seigneurs français. Un moment, en 1304, la charge de sénéchal
parut devoir jeter un certain éclat à cause des privilèges et prérogatives nouvelles attribuées par le roi à son fils Raymond
Bérenger ; la mort prématurée du jeune prince entraîna avec elle
la disparition de ces droits et attributions nouvelles, qui ne
furent plus rétablies depuis.

## VII. — Les maréchaux.

Bien que Tutini et les historiens napolitains des dix-septième
et dix-huitième siècles ne rangent pas le maréchal parmi les
grands officiers de la couronne, il est certain que, au moins aux
treizième et quatorzième siècles, le maréchal ou les maréchaux
du royaume de Sicile ont été considérés comme de grands officiers, et qu'ils doivent être compris dans cette étude. Les fonctions de maréchal du royaume donnent lieu à l'observation que
nous avons eu à faire à propos du connétable et du sénéchal. Il
faut distinguer avec soin la dignité de grand maréchal de charges
différentes d'ordre inférieur. Ainsi, tandis que le maréchal du
royaume est un chef militaire, les maîtres de la maréchalerie
royale, appelés souvent maîtres maréchaux, sont chargés du soin
des écuries royales et sont deux officiers importants de l'hôtel
du roi.

L'origine de l'office de *maréchal,* comme celle de connétable,
doit être cherchée dans les fonctions de garde des écuries royales
qu'il exerçait à l'époque Capétienne (1). Au onzième siècle, à la
cour de France, les maréchaux étaient placés sous les ordres du
connétable et on en compte jusqu'à trois exerçant en même temps

(1) Sur les origines et les attributions des maréchaux, voir P. Anselme,
*Grands officiers de la couronne,* t. VI, p. 616-618.

et l'on a conservé les noms de plusieurs maréchaux du roi Louis VII, mais ils ne souscrivent plus à partir de cette époque les diplômes royaux. Il est probable que les princes normands de Sicile introduisirent le maréchal à leur nouvelle cour, comme la plupart des officiers de la couronne de France. On trouve, en tout cas, des maréchaux du royaume de Sicile sous le règne de l'empereur Frédéric II. Le maréchal est un des chefs de l'armée et on voit, d'après les actes de cette époque, qu'il a dans ses attributions la garde des prisonniers arrêtés pour cause de trahison (2). Le premier maréchal de Frédéric II dont le nom nous soit parvenu, est Richard Filangieri ou du Principat, qualifié de maréchal dans un diplôme du mois de mars 1225 (3). En 1228, il fut envoyé par Frédéric II en Syrie, avec l'avant-garde des troupes que ce prince devait conduire à la croisade; en 1231, il est à Naples, chargé de l'arrestation des Paterins, puis repart pour la terre sainte avec le titre de légat de l'empire dans le royaume de Jérusalem; il y resta jusqu'en 1242 et fut remplacé par Thomas d'Aquino, comte d'Acerra (4). Son frère, Giordano Filangieri, porte le titre de maréchal dans un diplôme du mois de mars 1232 (5), et en 1243, on trouve un autre maréchal du royaume, Tebaldo Francesco, seigneur d'origine française (6). On trouve aussi, sous le règne de Frédéric II, dans le royaume de Sicile, des maîtres de la maréchalerie royale. L'un de ces officiers, Pietro Rufo di Calabria, fut élevé, dans les derniers temps du règne de Frédéric II, à la dignité de grand maréchal de Sicile (7), qu'il conserva sous Conrad, mais dont il fut dépouillé, en février 1256, pour avoir voulu se rendre indépendant de Manfred (8). M. Huillard-Bréholles conclut de l'élévation de Pietro Rufo, comte de Catanzaro, au grand maréchalat, que le maître

(1) Luchaire, *Histoire des institutions monarchiques*, t. I, p. 167.

(2) Lettres de Pietro della Vigna, l. V, c. 58 et 59, cité par Huillard-Bréholles, *Hist. diplom.*, Introd., p. CLI.

(3) *Hist. diplom.*, t. II, p. 475.

(4) Huillard-Bréholles, ouv. cité, Introd., p. CLI et CLII.

(5) *Hist. diplom.*, t. IV, p. 312.

(6) Huillard-Bréholles, Introd., p. CLII.

(7) Nicolas de Jamsilla, ap. Muratori, *Scriptores*, t. VIII, p. 547. *Ibid.* p. CLIII.

(8) *Ibid.*, t. VIII, p. 578.

de la maréchalerie royale était le grand officier de la couronne et que les maréchaux proprement dits n'étaient que des chefs d'armées, chargés du commandement et de la police des troupes (1). Cette idée est contraire à l'institution des maréchaux, telle que nous la connaissons en France au onzième et au douzième siècle, telle qu'elle fut instituée de nouveau par les princes angevins à la fin du treizième siècle. La distinction si bien établie à la cour de Charles Ier et de Charles II entre le maréchal, grand officier, et le maître de la maréchalerie, officier de l'hôtel, permet de douter qu'au milieu du treizième siècle les rôles fussent ainsi intervertis.

Dès son avènement au trône, Charles Ier d'Anjou institua deux maréchaux du royaume qui devaient exercer leur office fidèlement, selon l'usage de la cour de France et qui, d'après l'ordonnance de Trani de 1265 ou 1268, ne devaient recevoir, en raison de leur charge, que les droits que les maréchaux de France ont coutume de recevoir dans ledit royaume (2). Le roi Charles Ier publia plus tard des instructions détaillées réglant les attributions des maréchaux et reproduisant, d'après M. Winckelmann, en partie du moins, des ordonnances antérieures relatives à cet office (3). Cette ordonnance a été reproduite dans les instructions envoyées par Charles II à son maréchal Guillaume l'Etendard, le 27 mars 1301, et elle est formellement attribuée par Charles II à son père Charles Ier (4). Les fonctions du maréchal, ainsi que nous l'avons déjà remarqué (5), se rapprochent beaucoup de celles du connétable, à cause de leur origine commune. Le maréchal était placé sous les ordres immédiats du connétable et le remplaçait en cas d'absence ou de vacance de l'office, fait qui se reproduisit assez fréquemment sous les deux premiers princes de la maison

(1) *Constitutiones regni Siciliae*, lib. II, t. xx, édit. de 1773; t. i, p. 233.
(2) *Formularium Curiae*, n° xcii, fol. 82-82 v°. Bibl. nat., ms. latin, 4625, fol. 98 v° : « Officium Merescallie. — *Creabuntur duo Merescalli, qui ad » modum regni Francie eorum officium fideliter exercebunt, et nichil aliud » recipient et exigent ratione officii, nisi illa tantum jura que Merescalli » Francie in regno Francie recipere consueverunt.* »
(3) « *Hec sunt que spectant ad officium Marescalli*, » dans le *Formularium Curiae*, fol. 79 v°, n. lxxxvii, et *Cartularium Neapolitanum*, fol. 68 v°, n. 64 et 65, publié par Winckelmann, ouv. cité, t. II, p. 762.
(4) « *Ecce distinctionem ejus [Marescallie officii] per capitula seriatim, juxta formam tempore bone memorie domini patris nostri regis Jerusalem et Sicilie institutam, presentibus subinseri jussimus...* » (Reg. ang. cxi, fol. 68, publié par Minieri-Riccio, *Grandi Uffiziali*, p. 213.
(5) Voir plus haut, p. 171.

surveillance de l'armée ; c'était lui qui établissait les camps, désignait les logements dans les villes à tous ceux qui allaient à l'armée ou faisaient partie de l'armée, préparait les approvisionnements, faisait construire ou réparer les routes et les ponts, établissait des gardes pour veiller sur la personne du roi et des avantpostes pour garder l'armée de toute surprise (1). Etant chargé de l'approvisionnement de l'armée, il a le soin et la police du marché où l'on vend les vivres, quand le roi est à l'armée ; les revenus de ce marché appartiennent au fisc, une fois les dépenses de la garde détruites (2), mais le maréchal perçoit des droits sur les loges ou magasins, les animaux tués, les charges de vin et de victuailles, les amendes frappées pour faux poids ou fausses mesures, les jeux et les courtisanes, etc. (3). Pour le garde du marché, le maréchal ordonne des *magistri mercati* chargés de la police et pouvant punir jusqu'à la fustigation (4). Quand le roi est dans des villes, les revenus du marché sont perçus par les *secreti* des provinces (5). Enfin on sait que quand le connétable est à l'armée, il prélève une partie des droits et profits perçus par les maréchaux (6).

Le maréchal a la police de l'armée et exerce des droits de juridiction assez étendus, mais sur lesquels le connétable a droit de revision en cas d'appel. Il doit empêcher toutes les rixes et disputes qui peuvent survenir à l'armée et, pour exercer la surveillance, il a sous ses ordres une suite convenable de gens d'armes chargés de faire des patrouilles et des rondes (7). Le maréchal punit tous les méfaits, vols, injures, dommages qui sont commis à l'armée (8). C'est lui qui a la garde de la prison (9). Il doit veiller à la solde des troupes et doit assister en personne, lui ou son lieutenant, à la paye ; tous les officiers payeurs sont sous

(1) « *Hec sunt que spectant ad officium Marescalli*, » art. I, dans Winckelmann, ouv. cité, t. II, p. 762.

(2) *Ibid.*, art. VII.

(3) « *Jura autem que debet habete Marescallus sunt hec videlicet*, » dans Winckelmann, *ibid.*

(4) *Ibid.*, p. 763.

(5) *Officium Marescalli*, art. VII, p. 762.

(6) Voir plus haut, p. 17.

(7) *Officium Marescalli*, art. II, p. 762.

(8) *Ibid.*, art. III.

(9) *Ibid.*, art. VI.

ses ordres immédiats. C'est lui qui nomme aussi les connétables, capitaines et autres officiers inférieurs de l'armée, à condition que le roi confirme ces nominations. Il tient pour cela registre des noms des officiers et le communique aux maîtres rationaux, pour la solde des troupes ; on fait trois registres, l'un pour la la Chambre, l'autre pour les maréchaux, le troisième pour le maréchal (1). Enfin l'ordonnance de Charles I<sup>er</sup> attribuait au maréchal le choix des huissiers de la chambre du roi, mais ces fonctions furent dévolues plus tard au chambrier (2). A l'hôtel, il a le soin de l'écurie, de la chambre d'écurie ou salle des harnais, brides, mors, etc.; il a l'administration des haras du royaume et le soin de tous les chevaux de la cour ; les mulets et autres bêtes de somme rentrent dans l'administration du chambrier (3).

Le roi Charles II publia de nouveau cette ordonnance dans les instructions qu'il envoya à Guillaume l'Etendart, le 27 mars 1301, et il n'apporta aucune modification importante à l'office de maréchal du royaume de Sicile (4). On voit seulement que le maréchal n'a la garde de la prison qu'en ce qui concerne son office et réserve faite des droits de police du maître chambellan, du sénéchal, du maître de la maréchalerie et du maître des arbalétriers (5). Le roi se réserve le droit de modifier les attributions du maréchal dans le cas où il voudra établir un connétable (6). Il ajoute que bien que les revenus du marché doivent appartenir au fisc, attendu que Guillaume l'Etendart combat pour le moment en Sicile avec Robert, duc de Calabre, il lui abandonne, pour la durée de la guerre, les droits et profits du marché, avec cette condition que le duc de Calabre pourra, s'il le juge nécessaire, en disposer autrement (7).

Le premier maréchal de Charles I<sup>er</sup> d'Anjou fut Jean de Brayselve, un des capitaines qui avait suivi le nouveau roi en Sicile, et il fut investi de l'office de maréchal dès le mois de juin 1265. Après la bataille de Bénévent, au mois de mars 1266, il reçut commission du roi pour lever dans toutes les provinces, cités, villes et lieux du royaume, un destrier, selon l'antique usage du

(1) *Officium Marescalli*, art. IV, p. 762.
(2) *Ibid.*, art. VIII.
(3) *Ibid.*, art. VII.
(4) Reg. ang. CXI, fol. 68, publié par Minieri-Riccio, *Grandi Uffiziali*, 213 à 216.
(5) *Capituli officii Marescalli* de 1301, art. V, *ibid.*, p. 214.
(6) Minieri-Riccio, *ibid.*, p. 215.
(7) *Ibid.*, p. 215-216.

Ponte a Valle sur l'Arno (2). Le 23 août 1268, Conradin, au moment de livrer bataille à Charles I<sup>er</sup> d'Anjou, fit décapiter Jean de Brayselve (3).

Guillaume de Milly, père de Geoffroy de Milly, qui fut sénéchal de Charles II, exerça les fonctions de maréchal du royaume de l'année 1268 à 1276 ; il assista en cette qualité au siège de Lucera, en 1269, et, en 1276, il se trouvait à Rome auprès du roi Charles I<sup>er</sup> : on ne trouve plus de mention de lui après cette date, ce qui fait supposer qu'il mourut dans le courant de l'année (4).

Guillaume l'Etendart le vieux, qui fut sénéchal de Provence et de Lombardie en 1267, fut nommé maréchal du royaume par le roi, après sa victoire sur Conradin, à la fin de l'année 1268 ou au commencement de 1269. Le 21 août 1269, il fut envoyé en Sicile comme vicaire-général, avec le pouvoir de recevoir la soumission des traitres et rebelles et leur donner assurement : il fut créé, le 29 août, vice-amiral du royaume et reçut le commandement de la flotte qui assiégeait Agosta en Sicile. Rappelé de Sicile le 18 août 1270, il mourut avant le 24 février 1271 (5).

Dreux de Beaumont était maréchal du royaume dès le 9 juillet 1269 ; il accompagna, en 1270, en Hongrie, Isabelle, fille de Charles I<sup>er</sup>, fiancée à Ladislas, fils aîné d'Etienne, roi de Hongrie, et fut fait prisonnier à son retour par des pirates dalmates. En 1271, il était vicaire général de la Principauté de Morée. Il était mort le 30 mars 1277 (6).

Adam Morier était maréchal du royaume et conseiller du roi, le 26 janvier 1271, quand le roi Charles I<sup>er</sup> le nomma son vicaire général en Sicile, avec le titre de vice-amiral de Sicile. Il resta en Sicile jusqu'au 10 avril 1280, bien qu'il eût demandé plusieurs fois à être relevé de ses fonctions ; remplacé à cette date par Herbert d'Orléans, il mourut avant d'avoir mis son successeur en possession de son office (7).

(1) Reg. ang. xxxii, fol. 296 v°. Voir, sur cet officier, Minieri-Riccio, *ibid.*, p. 216.

(2) Giovanni Villani, *Chronique*, l. VII, c. xxiii et xxiv.

(3) Minieri-Riccio, ouv. cité, p. 217.

(4) Reg. ang. xiv, fol. 22, et xxii, fol. 15 v°. Voir Minieri-Riccio, ouv. cité, p. 218.

(5) Minieri-Riccio, ouv. cité, p. 223-225.

(6) *Ibid.*, p. 226.

(7) *Ibid.*, p. 227-229.

Anselme de Chevreuse était venu en Sicile avec Charles Ier
d'Anjou et on le voit chargé de diverses missions dès le mois de
juillet 1274. Il avait accompagné le prince de Salerne en France.
A la mort d'Adam Morier, en 1280, il fut nommé maréchal du
royaume et conseiller du roi (1). En 1288, il était maître de l'hôtel de Charles Martel, fils aîné du roi Charles Ier, et il exerçait
encore ces fonctions le 4 octobre 1289 (2). Il remplit en cette
qualité les fonctions de maître de l'hôtel du roi et du prince de
Salerne, au moins jusqu'au 26 avril 1290 (3), et c'est à lui
et à M. Alberic de Verberie, chanoine de Troyes, que les officiers doivent verser les sommes nécessaires aux dépenses de l'hôtel par commission du 26 novembre 1289 (4). Le 2 mai 1290, il
accompagne en Provence avec Louis de Rohiers, conseiller du
roi, les princesses Marguerite et Blanche, filles de Charles II (5).

Le 12 septembre 1289, il avait été appelé comme maréchal du
royaume à faire partie du Conseil de la Vicairie, institué auprès
de Charles Martel, prince de Salerne. Il obtint du roi la permission de se rendre en France, puis, le 3 février 1294, une proroga-
tion illimitée pour y séjourner (6). Le 4 mai 1297, à la requête
du roi de France, Charles autorisa Anselme de Chevreuse, maréchal du royaume de Sicile, à rester en France au service dudit
roi et de ses fils. Le roi Charles II se réservait de disposer de l'office de maréchal de Sicile si ledit Anselme n'était pas rentré dans
son royaume à la fête de Pâques suivante (7). Cependant ce ne
fut que le 11 décembre 1301 que le roi lui donna un remplaçant,
Guillaume Bolard ou Balard (8). Anselme de Chevreuse mourut
en France en 1302 (9).

Philippe de Lagonesse, fils de Guillaume, sénéchal de Provence,
fut reçu chevalier de l'hôtel de Charles Ier en février 1267. En 1273,
il fut nommé sénéchal du roi en Lombardie, puis au mois de septembre, sénéchal de Provence. A la fin de l'année 1276, il fut créé

(1) Minieri-Riccio, ouv. cité, p. 229-230.
(2) Apodixe donnée par Pierre Pillet, stratigote de Salerne, à Anselme
de Chevreuse, maréchal du royaume, maître de l'hôtel de Charles, prince
de Salerne (Reg. ang. L, fol. 424, n. 1.)
(3) Reg. ang. XVI, fol. 168 v°, n. 3 ; Reg. LIV, fol. 11 v° ; Reg. LII, fol. 15,
n. 6.
(4) Reg. ang. XVI, fol. 166 v°, n. 5.
(5) Reg. ang. LII, fol. 148, n. 1.
(6) Reg. ang. LXIII, fol. 63.
(7) Reg. ang. LXXXVI, fol. 128 v°, n. 2.
(8) Reg. ang. CVII, fol. 142 v°, et CXII, fol. 96 v°, 100 v°.
(9) Minieri-Riccio, ouv. cité, p. 230.

18

bre 1282, il fut nommé maréchal du royaume et envoyé en Sicile avec le commandement en chef de l'armée. Il était mort avant le mois de mars 1284 (1).

Jean de Lagonesse, frère du précédent, avait été, en 1274, châtelain de Durazzo et, en 1283, bouteiller du royaume de Sicile, conseiller et familier de Charles, prince de Salerne. Il fut nommé maréchal du royaume à la mort de son frère. On ignore l'époque de sa mort qui survint avant le 16 août 1289 (2).

Sous Charles Iᵉʳ d'Anjou, il y eût en outre plusieurs vice-maréchaux, parmi lesquels il faut citer Guillaume de Lardery, vice-maréchal de 1271 à 1275; Jean Taforet, en 1272; Guillaume Brunel, en 1273, envoyé en Hongrie en 1277, mort en 1280 (3); Adam Fourrier, vice-maréchal du royaume de 1275 à 1278, et vice-maître justicier de 1279 à 1281 (4); Pierre de Sommereuse, justicier de la terre d'Otrante de 1268 à 1269 ; maréchal à Rome en 1270, vice-maréchal en 1273, mort en 1277 (5); Pierre de Hugot, maître de la maréchalerie du roi, vice-maréchal dès le 10 mars 1274, mort le 22 ou 23 juillet 1280 (6); Philippe de Lagonesse, Guillaume de Fosses, vice-maréchal en 1281, mort au commencement de 1298, etc., (7).

Guillaume l'Etendart le jeune fut l'un des plus brillants capitaines de Charles II. Dès le 21 août 1278, il est à la tête de trois cents hommes d'armes et envoyé au pape Nicolas III qui voulait faire valoir ses droits en Romagne (8). En 1280, il est chargé de porter à la cour de Rome le cens dû pour le royaume de Sicile (9). Le 16 mai 1281, il fut créé vicaire à Rome (10), puis envoyé en Sicile pour commander une partie de l'armée, qu'il commande en 1284 en qualité de maréchal (11). Le 15 avril 1291, le roi, étant à Nimes, confie une importante mission dans son royaume à Jean

(1) Minieri-Riccio , ouv. cité, p. 231-233.
(2) Ibid., p. 233.
(3) Ibid., p. 237-238.
(4) Paul Durrieu, ouv. cité, t. II, p. 322.
(5) Ibid., t. II, p. 382 ; Minieri-Riccio, p. 238.
(6) Ibid., p. 239.
(7) Ibid., p. 241.
(8) Reg. ang. xxxi, fol. 57 ; Reg. ang. xxviii, fol. 115. Voir la notice de Minieri-Riccio, ouv. cité, p. 242 à 250.
(9) Reg. ang. xxxix, fol. 75.
(10) Reg. ang. xli, fol. 143 v°.
(11) Reg. ang. lxxxiii, fol. 81 v° ; cxii, fol. 219 v°.

de Montfort et à Guillaume l'Etendart. Le 27 avril 1292, il est nommé capitaine pour la guerre en Calabre, et le 8 mai 1294 passa en revue les nobles et feudataires du royaume (1). Il fit partie du conseil de la vicairie institué par le roi, le 12 février 1295, auprès du roi de Hongrie (2); puis nommé capitaine du Principat, de la Terre de Labour et des Abruzzes, le 20 avril 1295, auprès du roi de Hongrie (3). Le 6 octobre 1296, il est nommé par le roi capitaine général du royaume, pendant le séjour qu'il va faire à la cour de Rome (4). Guillaume l'Etendart fut nommé, le 22 novembre 1298, commandant en chef de l'armée expédiée en Sicile. Enfin le 4 octobre 1301, il fut nommé connétable du royaume (5). Il mourut en mai ou juin de l'année 1308.

Son successeur fut Guillaume Palotta, qui ne resta pas longtemps en charge, car il était mort dès le 25 mai 1302, date à laquelle le roi Charles II nomma à sa place Jean de Joinville, chevalier (6). Jean de Joinville exerça les fonctions de maréchal du royaume jusqu'au 23 juin 1308, date à laquelle il remplaça Guillaume l'Etendart décédé dans l'office de connétable du royaume (7). A Anselme de Chevreuse avait succédé, le 11 décembre 1301 (8), Guillaume Boland ou Balard, qui se distingua pendant la dernière guerre de Sicile. Il avait épousé Cécile de Sabran, fille d'Ermengaud, comte de Sabran, maître justicier du royaume (9). Il resta en charge jusqu'à la fin du règne de Charles II; le 9 novembre 1308, il est accusé d'avoir troublé Romoald, archevêque de Bari, dans la possession des châteaux de Bitritti et Cassano (10). Je n'ai pas trouvé jusqu'à présent de mention de vice-maréchaux du royaume pendant le règne de Charles II. Comme les connétables et les sénéchaux, tous les maréchaux de Sicile furent français pendant les règnes de Charles Ier et de Charles II d'Anjou.

(1) Minieri-Riccio, ouv. cité, p. 243.
(2) Reg. ang. LXXIX, fol. 53 v°.
(3) Ibid., fol. 54, n. 2.
(4) Reg. ang. LXXXVIII, fol. 123, n. 5.
(5) Reg. ang. CXII, fol. 219 v°-220. Voir Minieri-Riccio, ouv. cité, p. 4-5, et plus haut, p. 170.
(6) Reg. ang. CXXII, fol. 192 v°, n. 3. Pièces justificatives, n° XX.
(7) Tutini, De' Condestabili, p. 13-14. Voir plus haut, p. 172.
(8) Minieri-Riccio, ouv. cité, p. 230.
(9) Reg. ang. 1306 I, fol. 4.
(10) Reg. ang. CLXXVIII, fol. 39.

# TABLEAU CHRONOLOGIQUE

DES

# GRANDS OFFICIERS DU ROI CHARLES II

---

N. B. Comme l'auteur l'avait fait observer plus haut, p. 160, ce tableau aurait eu besoin d'être revu par lui-même : la mort a empêché le complément de son travail, qui offre toutefois beaucoup d'indications utiles.

| INDICTIONS. | DATES de l'entrée en charge ou de l'apparition des noms nouveaux. | 1 CONNÉTABLE. | 2 AMIRAL. | VICE-AMIRAUX. | 3 MAITRE JUSTICIER |
|---|---|---|---|---|---|
| — | Titulaires créés par Charles I<sup>er</sup> et restés en fonctions pendant la captivité de Charles II. | Charge vacante. | Narjaud de Toucy créé amiral le 11 avril 1273, en charge depuis le 12 janvier 1277. | | Louis de Mons, février 1281, vice-m. just. |
| XIII<sup>e</sup> Indiction. III<sup>e</sup> — | 20 août 1285. 11 septembre 1289. | — — | Le même. | | Maitre justicier. Le même. |
| III<sup>e</sup> — | 12 septembre 1289. | — | Le même. | | Eudes de Toucy, maitre justicier. |
| III<sup>e</sup> — | Fin de l'année 1289. | Florent de Hainaut, prince d'Achaïe. | Le même. | | Le même. |
| III<sup>e</sup> — III<sup>e</sup> — | 15 mai 1290. 7 juin 1290 (commission). | Le même. Le même. | Le même. Le même. | | Le même. Le même. |
| III<sup>e</sup> — | 27 août 1290. | Le même. | Le même. | | Le même. |
| V<sup>e</sup> — | 26 septembre 1291. | Le même. | Le même. | | Le même. |
| VI<sup>e</sup> — | 19 juillet 1293 (commission). | Le même. | Le même. | | Le même. |
| VII<sup>e</sup> — | Création, août-septembre 1293, 30 avril 1294 (documents). | Le même. | Rinaldo de Avella, amiral. | | Le même. |
| VII<sup>e</sup> — | 1<sup>er</sup> novembre 1293 (commission). | Le même. | Le même. | | Le même. |
| VII<sup>e</sup> — | 15 mars 1294. | Le même. | Le même. | | Philippe de Herville, lieutenant ou vice-m. j. pendant le séjour en France d'Eudes de Toucy. |
| VII<sup>e</sup> — | 26 mai 1294 et 10 juillet (commission). | Le même. | Le même. | | Les mêmes. |
| VII<sup>e</sup> — | 8 septembre 1294 (commission). | Le même. | Le même. | | Les mêmes. |

| 4<br>PROTONOTAIRE<br>et<br>LOGOTHÈTE. | 5<br>CHAMBRIER. | 6<br>CHANCELIER. | VICE-CHANCE-<br>LIERS. | 7<br>SÉNÉCHAL. | 8<br>MARÉCHAUX. |
|---|---|---|---|---|---|
| Sparano de Bari et Bartholomeo de Capoue, faisant fonctions sous la régence du prince de Salerne. | Jean de Montfort (créé en mars-mai 1273). | Charge vacante. | Adam de Doussy, conseiller et trésorier du roi, garde du sceau. | Jean de Eppe, sénéchal depuis le mois de janvier 1281. | Anselme de Chevreuse (Caprosia), créé maréchal en 1280 |
| Sparano de Bari, logothète, mort en février 1296. | Le même. | — | Le même.<br>Gobert, évêque de Capaccio, garde du sceau de la vicairie. | Le même.<br>Le même. | Guillaume l'Etendart, maréchal. |
| Le même. | Le même. | — | Les mêmes. | Le même. | Les mêmes. |
| Le même. | Le même. | — | Les mêmes. | Le même. | Les mêmes. |
| Le même. | Le même. | — | Les mêmes. | Le même. | Les mêmes. |
| Bartolomeo di Capua, protonotaire. | Le même. | — | Le même. | Le même. | Les mêmes. |
| Les mêmes. | Le même. | — | Guillaume de Ferrières, vice-chancelier (en Provence). | Le même. | Les mêmes. |
| Les mêmes. | Le même. | Adam de Doussy, arch. élu de Cosenza. Chancelier. | Le même. | Le même. | Les mêmes. |
| Les mêmes. | Le même. | Le même. | Le même. | Jean Scot, sénéchal de Sicile. | Les mêmes. |
| Les mêmes. | Le même. | Le même. | Guillaume de Poncy, garde du sceau de la vicairie, vice-chancelier. | Le même. | Les mêmes. |
| Les mêmes. | Le même. | Le même. | Le même. | Le même. | Les mêmes. |
| Les mêmes. | Le même. | Le même (mort le 20 août 1294). | Les mêmes. | Geoffroy de Milly, sénéchal. | Les mêmes. |
| André Acconzaioco de Ravello, lieutenant du protonotaire, avec André de Isernia. | Le même. | Charge vacante. | Les mêmes. | Le même. | Les mêmes. |

| INDICTIONS. | DATES de l'entrée en charge ou de l'apparition des noms nouveaux. | 1 CONNÉTABLE. | 2 AMIRAL. | VICE-AMIRAUX. | 3 MAÎTRE JUSTICIER |
|---|---|---|---|---|---|
| VII° Indiction. | 30 septembre 1294 (commission). | Le même. | Le même. | | Guillaume de Vaux, lieutenant ou vice-maître just. |
| VIII° — | 15 juin 1295 (commission). | Le même. | Le même. | | Le même. |
| VIII° — | 1er juillet 1295 (commission). | Le même. | Le même. | | Les mêmes. |
| IX° — | 7 septembre 1295 (commission). | Le même. | Le même. | Niccolà de Loparia, vice-amiral. | Les mêmes. |
| IX° — | 20 novembre 1295 (commission). | Le même. | Le même. | . Le même. | Pierre de Brabiers, vice-maître just. |
| IX° — | Février 1296 (commission). | Le même. | Le même. | Le même. | Les mêmes. |
| IX° — | 14 février 1296 (commission). | Le même. | Le même. | Le même. | Guillaume d'Allemagne, lieutenant ou vice-maître just. |
| IX° — | 15 avril 1296. | Le même. | Le même. | Le même. | Les mêmes. |
| IX° — | 27 août 1296. | Le même (meurt en 1297). | Le même. | Le même. | Les mêmes. |
| X° — | 29 septembre 1296. | Charge vacante. | Le même. | Riccardo de Agello, vice-amiral de Pouille et des Abruzzes. | Les mêmes |
| X° — | 23 octobre 1296 (commission). | Florent de Hainaut, connétable, mort en 1297. | Le même. | Richaud de Lamagnon, amiral de Provence. | Eudes de Toucy (mort le 5 décembre 1296) maître just. |
| X° — | 12 novembre 1296. | — | Le même. | Les mêmes. | Pierre de Brabier, vice-maître just. en novembre 1296 |
| X° — | 11 février 1297 (commission). | | Le même. | Les mêmes. | |

| 4 PROTONOTAIRE. et LOGOTHÈTE. | 5 CHAMBRIER. | 6 CHANCELIER. | VICE-CHANCE-LIERS. | 7 SÉNÉCHAL. | 8 MARÉCHAUX. |
|---|---|---|---|---|---|
| Les mêmes. | Le même. | — | Les mêmes. | Le même. | Les mêmes. |
| Les mêmes. | Le même. | — | Ernulfo de Boni-gnis, garde du sceau de la vicairie, rem-placé par : | Le même. | Les mêmes. |
| Les mêmes. | Le même. | — | Guillaume de Poncy et A.-Acc. de Ra-vello. | Le même. | Les mêmes. |
| Les mêmes. | Le même. | — | Les mêmes. | Le même. | Les mêmes. |
| Les mêmes. | Le même. | — | Les mêmes. | Le même. | Les mêmes. |
| Bartolomeo di Capua, logo-thète et pro-tonotaire. | Le même. | — | Les mêmes. | Le même. | Les mêmes. |
| Les mêmes. | Le même. | — | Les mêmes. | Le même. | Les mêmes. |
| Les mêmes. | Le même. | Pierre de Fer-rières, doyen du Puy et d'Auch. | Les mêmes. | Le même. | Les mêmes. |
| Les mêmes. | Le même. | Le même. | Guillaume de Goderio, lieu-tenant du chancelier, puis vice-chancelier au-près de Ro-bert, duc de Calabre. | Le même. | Les mêmes. |
| Les mêmes. | Le même. | Le même. |  | Le même. | Les mêmes. |
| Les mêmes. | Jean de Montfort, comte de Squil-lace, cham-brier. | Pierre de Fer-rières, doyen d'Annecy, chancelier. | Guillaume de Poncy et An-dré Accon-zaiocco. | Le même. | Les mêmes. |
| Les mêmes. | Le même. | Le même. | Les mêmes. | Le même. | Les mêmes. |
| Niccola Preccia di Ravello, lieutenant du protonotaire. | Le même. | Le même. |  | Le même. | Les mêmes. |

| INDICTIONS. | DATES de l'entrée en charge ou de l'apparition des noms nouveaux. | 1 CONNÉTABLE. | 2 AMIRAL. | VICE-AMIRAUX. | 3 MAITRE JUSTICIER |
|---|---|---|---|---|---|
| X° Indiction. | 17 mars 1297 (commission). | Charge vacante. | Le même. | Les mêmes. | Ermengaud d Sabran, comt d'Ariano, mal tre justicier. |
| XI° — | 4 octobre 1297 (commission). | — | Roger de Lauria, amiral d'Aragon et de Sicile. | Les mêmes. | Le même. |
| XI° — | 2 octobre 1297. | — | | | Le même. |
| XIV° — | 1300. | — | Le même. | Raymond de Pratis, vice-amiral, en 1299. | Le même. |
| XIV° — | 15 décembre 1300. | — | Le même. | | Le même. |
| XV° — | 4 octobre 1301 (commission). | Guillaume l'Etendart, connétable. | Le même. | | Le même. |
| XV° — | 1301. | — | Le même. | | Le même. |
| XV° — | 11 décembre 1301 (commission). | Le même. | Le même. | | Le même. |
| XV° — | 25 mai 1302. | Le même. | Le même. | | Le même. |
| I°° — | 26 novembre 1302. | Le même. | Le même (mort le 1er février 1304). | Riccardo de Lauria. vice-amiral. | Le même. |
| III° — | 2 août 1304 (commission). | Le même. | — | Le même. | Le même. |

| 4 PROTONOTAIRE et LOGOTHÈTE. | 5 CHAMBRIER. | 6 CHANCELIER. | VICE-CHANCE-LIERS. | 7 SÉNÉCHAL. | 8 MARÉCHAUX. |
|---|---|---|---|---|---|
| Les mêmes. | Le même. | Le même. | | Le même. | Les mêmes. |
| Les mêmes. | Le même. | Le même. | | Le même. | Les mêmes. |
| Les mêmes. | Le même. | Le même, évêque de Lettere. | | Accusé de trahison et suspendu de ses fonctions, réintégré le 28 août 1298. | Anselme de Chevreuse reste en France et autorise le roi à disposer de sa charge à partir de Pâques 1298. |
| Les mêmes. | Mort le 1er décembre 1300. | Le même. | | Mort le 15 avril 1300. | Il est remplacé le 31 décembre 1301 par Guillaume Bolard. |
| Les mêmes. | Charge supprimée. | Le même, évêque de Noyon. | | Charles de Lagonesse, sénéchal. | |
| Les mêmes. | — | Le même. | | Le même. | Guillaume Palotte remplace Guillaume l'Etendart en octobre 1301. |
| Les mêmes. | — | Le même. | Guillaume Ebrard, sacristain de Rodez, vice-chancelier. | Le même. | — |
| Les mêmes. | — | Le même. | Le même. | Le même. | Guillaume Bolard ou Balard remplace Anselme de Chevreuse. |
| Les mêmes. | — | Le même. | Le même. | Le même. | Jean de Joinville remplace Guillaume Palotta, décédé. |
| Les mêmes. | Bartolommeo Siginulfo di Napoli, comte de Telese, gr. chambrier. | Le même. | Le même. | Le même. | |
| Les mêmes. | | Le même. | Le même. | Raymond Bérenger, comte de Piémont, fils du roi Charles II, sénéchal. | Les mêmes. |

| | des noms nouveaux. | CONNÉTABLE. | AMIRAL. | | GRAND JUSTICIER. |
|---|---|---|---|---|---|
| IIIᵉ Indiction. | 2 mai 1305 (commission). | Le même. | Sergio Siginulfo di Napoli, amiral, mort en juin 1306 ; la charge est confiée à Bartholomaeo Sigimulfo, chambrier. | Le même. | Le même. |
| IVᵉ — | 16 juin 1306 (commission). | Le même. | Le même. | Guillaume Passarello. | Siméon de Marziaco, régent de la Grande Cour, remplacé par Nicolas de Joinville, régent de la Grande Cour. |
| IVᵉ — | 6 mars 1306 (commission). | Le même. | | Le même. | |
| IVᵉ — | Août 1306. | Le même. | Le même. | Le même. | — |
| VIᵉ — | 26 septembre 1307. | Le même. | Philippe, prince de Tarente, fils du roi, amiral. | Le même. | Les mêmes. |
| VIᵉ — | 1307. | Le même (mort en mai ou juin 1308). | Le même. | Le même. | Les mêmes. |
| VIIᵉ — | 23 juin 1308. | Jean de Joinville, connétable. | Le même. | | Les mêmes. |
| VIIIᵉ — | Décembre 1308. | Le même. | Odoardo Spinola di Luculo, da Genova, amiral. | Corrado Spinola di Luculo, vice-amiral. | Les mêmes. |
| VIIIᵉ — | 1308. | Le même. | | | Les mêmes. |
| VIIIᵉ — | Décembre 1308. | Le même. | Le même (reste en fonctions jusqu'à sa mort survenue en 1313). | Le même (succède le 26 décembre 1313 à son père dans la charge d'amiral du royaume). | Francesco de Barraco, lieutenant du m justicier. |

| 4 PROTONOTAIRE. | 5 CHAMBRIER. | 6 CHANCELIER. | VICE-CHANCE-LIERS. | 7 SÉNÉCHAL. | 8 MARÉCHAUX. |
|---|---|---|---|---|---|
| Les mêmes. | Le même. | Le même. | Le même. | | Les mêmes. |
| Les mêmes. | Le même. | Le même, ar-chevêque d'Ar-les. | Le même. | | Les mêmes. |
| Les mêmes. | Le même. | Le même. | Le même. | Jean de Lago-nesse, séné-chal. | Les mêmes. |
| Les mêmes. | Bernardo Carac-ciolo di Na-poli, lieut. du gr. chambrier. | Le même. | Le même. | Le même. | Les mêmes. |
| Les mêmes. | Les mêmes. | Le même. | Le même. | Le même. | Les mêmes. |
| Giacomo di Ca-pua, vice-pro-tonotaire sous les ordres de son père. | Les mêmes. | Le même. | Le même. | Le même. | Les mêmes. |
| | Les mêmes. | Le même. | Le même. | Hugues de Baux, grand sénéchal. | |
| Les mêmes. | Les mêmes. | Le même. | Le même. | Le même. | |
| Les mêmes. | Les mêmes. | Jacques, évêque de Fréjus, chancelier. | Le même. | Le même. | |
| Giacomo di Ca-pua (meurt le 12 avril 1312). Bartolommeo di Capua reste en charge jus-qu'en 1328, date de sa mort. | Bartolommeo Siginulfo perd sa charge en 1310. | Le même (reste en fonctions sous le règne de Robert). | | Le même (reste en fonctions sous le règne de Robert). | |

# PIÈCES JUSTIFICATIVES

I

*Ordonnance et capitoli de l'office d'amiral de Provence donné par le roi à Riccario de Lamagnon, chevalier.* — Aix, 4 octobre 1297.

Scriptum est Riccario de Alamannono, militi, comitatuum Provincie et Forcalquerii et precipue Civitatis Massilie amirato, dilecto consiliario, familiari et fideli suo, etc. Olim dum onus Amiratie officii in dictis comitatibus nostris Provincie et Forcalquerii, quod inibi pro Curie nostre parte geris, humeris tuis confidentia magna credidimus quod capitulis ejusdem tui officii facta exinde tibi per eandem Curiam nostram commissio caruit, causa fuit quia tunc temporis et adhuc usque de illis, prout erat hactenus in dictis comitatibus nostris servari solitum, nulla dicte nostre Curie, certitudo manebat. Nunc autem certi reduci ex prescrutatione sollerti de capitulis ipsis, ut idem officium eo perspicacius, et lucidius administres, nec in aliquo ex ignorantia pecces, ac in laboribus emolumenta cognoscas, ea tibi presentibus taliter declaravimus.

I. Primo enim ad dictum tuum officium spectare decernimus, quod vasa pro parte Curie de novo constitui et fieri facere ad mandatum ipsius Curie et reparari quotiens expediens fuerit, nec negligas nec omittas. De quibus conscientiam claram et informatam habebis, concedentes tibi super hiis unum vel plures fideles et ydoneos statuere ac ordinare possis, aut tu ipse pro majori operis cautela intersis, reservato nobis vel dicte Curie nostre quod pecunia expendenda in dicto opere per illas dumtaxat distribui debeat et expendi, quas ad id nostra Curia deputabit, et quod prepositus tocius dicti operis, solum per eamdem nostram Curiam statuatur, faciendis de constructione et reparatione vasorum et expensis factis in èis annis singulis, quibus eas fieri contigerit, quaternis consimilibus tribus sub sigillis eorum qui dictum opus facere fieri habebunt, quorum uno eis dimisso, alio tibi retento, tertium ad nostram Curiam volumus destinari.

II. Item sine tui licentia, nullus preter nos in Provincia vas aliquod armare seu facere armari presumet; et si de tuo consilio vel assensu illud armari contigerit, satisdabitur primo tibi ydonee pro Curie parte, nec per ipsum nostri in aliquo offendantur amici, et si contra fieret, potestates principales seu datos per eum fidejussores, justicia mediante punire aut cohercere ipsos ad integram et debitam restitutionem ablatorum per eos discriminum dampna passis. Mercatores tamen pacis tempore libere armabunt, ibunt et redibunt pro eorum libito voluntatis. Pene vero quecunque ex hujusmodi tuo provenientes officio nostre Curie deferentur.

III. Item cognosces summarie, vel qui locum tuum tenuerit, de causis et questionibus tam civilibus quam criminalibus, etiam que inter homines armate vertentur, secundum consuetudinem et statuta armate, que de tuo vel de tui locumtenentis arbitrio et voluntate prodibunt. Conquerentibus vero singulis armate hujusmodi hominibus absque personarum delectu, per te vel locum tenentem cumdem justicia ministretur. Cogniciones enim excessuum hominum predictorum fieri debere decrevimus et jubemus, a quindecim diebus in antea, postquam armate homines solidari incipient usque ad quindecim dies postquam armate vassella exarmari continget, quo termino ejusdem armate homines, vel ad navigandum in eis parati per te vel locumtenentem predictum, omni qua expedierit distinctione debita compellantur, eorum causis seu questionibus secundum justiciam fine debito terminandis. Et ut hominibus ipsis de ignorancia excusationis merita precludatur, placet nobis et volumus quod per te vel locumtenentem prefatum, cum peritorum in arte maris consilio, statuta fierit ante maris ingressum, quem statim, postquam . . . . . . Deo duce feliciter in mari processerit, per singulorum vasorum comitos publicentur.

IV. Item non sine deliberatione Consulta comitos in galea qualibet ordinabis, quos fides erga nos comprobet et sufficientia in eorum officio laudata commendet, vice amiratum vel locumtenentem tuum, scriptorem seu scriptores, et quoslibet officiales alios necessarios ad opus armate, illos proinde statues, de quibus armate profectus et tibi honor accrescat.

V. Item quod tam tempore pacis quam guerre usque galeas duas ad servitia nostra et pro nostri exultatione nominis et honoris armare. et armari facere licite poteris pro tuo libito voluntatis; sic tamen quod, si de mandato Curie nostre illas armaveris aut armari feceris, tunc nostris, si de ordinatione tua, tunc tuis expensis.

VI. Item placet nobis quod si amiratum hostilis armate cum Dei auxilio fortuna tuis arridenti successibus, captuum tibi bellicus concedat eventus, ammiratus idem cum omnibus rebus suis in ejus armata sistentibus, juri tuo accedat, tuisque utilitatibus applicetur.

VII. Item applicari volumus commoditatibus tuis armate nostre vassella quelibet et eorum guarnimenta et ornamenta quecunque, que pro futura armata inutilia prorsus judicata fuerint, per illos duntaxat quod ad id nostra Curia duxerit eligendos, ad que alter te manus tuas extendere prohibemus. Hanc autem commissionem nostram ad vasa, guarnimenta et ornamenta ipsorum, que tunc vetera et ad navigandum inutilia sunt modo prohibemus extendi, sed ad ea solum que inutilia fient post presentem armatam.

VIII. Item concedimus tibi quod de Sarracenis quos ceperis partem vicesimam consequaris.

IX. Item si contingat te vel eum qui per te fuerit de bello inito cum ammirato hostium aut inimicis aliis nostris quibuscunque, Deo actore, victoriam reportare, vasa, guarnimenta et ornamenta ipsorum omnia per te capta vel illum compendiis tuis accedant, captivis tamen exceptis et rebus quibuslibet aliis preter vestes et panno scisos, quos similiter tuis utilitatibus applicamus.

IX. De gagiis autem tuis que ad nostram Curiam ratione dicte Ammiratie officii percipis, nichil statuimus aliud quod ea stabilitate persistant, qua tibi per alias nostras commissionis tue litteras ordinata et concessa fuisse noscantur.

Predicta autem omnia et singula intelligi volumus, reservato nobis quod addere, minuere ac mutare in parte vel toto possimus, prout nobis videbitur expedire. Datum Aquis in absentia prothonotarii regni Sicilie per Magistrum Petrum de Ferreriis, Decanum Aniciensem, cancellarium dicti regni die quarto octobris XI⁰ indictionis.

(Reg. ang. 91, fol. 7 v⁰, n. 2.)

II

*Commission de Grand Amiral du royaume de Sicile donnée par le roi à Roger de Lauria, amiral du royaume d'Aragon et vice-amiral de la Sainte Eglise Romaine, en remplacement de Rinaldo de Avella. — Aix, 20 novembre 1297.*

PRO ROGERIO DE LAURIA, MILITE, DE OFFICIO AMIRATIE REGNI SICILIE.

Karolus secundus, Dei gratia rex Jerusalem et Sicilie, ducatus Apulie et principatus Capue, Provincie et Forcalquerii comes, nobili viro Rogerio de Lauria, militi, regni Aragonum ammirato et vice-ammirato Sancte Romane matris Ecclesie, dilecto consiliario, familiari et fideli suo, gratiam suam et bonam voluntatem. Illum digne per exhibitionem magni muneris providentia principalis honorat, quem clarere ad se in favore fidei et sinceritate cordis magistra omnium experientia repperit et ad quem honor exhibitus non indignus accessit. Sane accepto nuper quod ammiratie officium regni nostri Sicilie, per obitum viri nobilis Raynaldi de Avellis, militis, olim Ammirati regni, ejusdem vacationis incommoda substinebat, cepimus ex corde pensare, attentis inquirere studiis et examinatis consiliis providere que tanto officio persona congrueret, et tam solennis administrationis restauratis deperditis gubernacula possideret. Tandem cum undique girum fecerimus, ad te quem erga majestatem nostram approbate fidei zelus attendit, consilii maturitas erigit, illustrat nobilitas et armorum strenuitas terra marique commendat, deliberationis nostre sententia rediit et in te agitata per plurimum ac de cunctis electa, fecit finalis nostra meditatio mensionem.

19

uuuis impendisti graiater gratauus incessanter impendis, que ve per
continuationem laudabilem inceptorum te impensurum utiliora spe certa
supponimus, cum omnibus et singulis juribus, redditibus, proventibus
et pertinentiis suis juxta ordinationes regni ipsius tibi presentium
tenore conferrimus, et de ipso officio providemus. In cujus rei fidem
has litteras nostras pendenti sigillo majestatis nostre munitas tibi duximus concedendas. Datum Aquis in absentia Prothonotarii regni Sicilie
per magistrum Petrum de Ferreriis, decanum Auiciensem, cancellarium dicti regni, anno Domini M°CC°XCVII° die XX° novembris XI°
Indictionis, regnorum nostrorum anno XIII°.

(Reg. ang. 91, fol. 25, n. 1.)

III

*Commission de l'office de Protonotaire du royaume de Sicile, donnée par le
roi à Bartolomeo di Capua, professeur de droit civil et Maître rational
de la Cour. — Brignoles, 7 juin 1290.*

Scriptum est Bartholomeo de Capua, juris civilis professori, etc.
Dum ad agenda nobis communiter ex eminenti potestate regiminis
nostre dirigimus considerationis intuitum, dum ad arduarum nunc ur-
gentium instantiam rationabiliter convertimus intellectum oportet nos
personis illis incumbere que ex fidelitatis constantia et sufficientia probitatis hujusmodi possint onera supportare. Attendentes igitur zelum
tue ferventis fidei, virtuose scientie et clare discretionis dotes laudabiles,
quibus et pollere dignosceris et circa servitia clare memorie domini
Karoli, Jerusalem et Sicilie regis illustris, nostri genitoris et nostra in
magnis et arduis comprobata effectibus te diutinus jam probati, quam-
quam Magne Curie nostre Magistri Rationalis officium, quod de mandato et ordinatione nostra gessisti hactenus et geris ad presens circa
servitia nostra te occupet, prothonotariatus officium [quod de mandato
et ordinatione nostra gessisti hactenus] in regno nostro Sicilie tuis
humeris providimus adjungendum, ut dum tibi onus adicimus honoris
etiam titulum cumulemus. Propter quod volumus quod ipsa Prothonotariatus et Magistri Rationalis officia ad honorem et fidelitatem nostram
et heredum nostrorum more solito fideliter et prudenter exerceas, ac eo
potius in agendis nostris te accingas ad fortia quo pluribus occupa-
tum merosius te fore persentis, ut ex hiis proveniat nobis honor et
gloria tibi laudabilis fame preconium et tum favore gratie nostre con-
tinuo altioris retributionis augmentum. In cujus rei testimonium, etc.
Data Brinonie in Provincia die septimo junii tertie Indictionis, regnorum nostrorum anno sexto.

(Reg. ang. L, fol. 385 v°, n. 1.)

**IV**

*Lettre du roi à tous les justiciers du royaume, réglant le mode de souscription des privilèges royaux qui doivent porter le nom du Chancelier et du Protonotaire, et des lettres données par les Maîtres rationaux.* — Aquila, 6 août 1294.

Karolus secundus, Dei gratia rex Jerusalem, Sicilie, ducatus Apulie et principatus Capue, Provincie et Forchalquerii comes, Berterando Archus, militi, justiciario Terre Laboris et comitatus Molisii, fideli suo, gratiam suam et bonam voluntatem. Inter cetera que circa perplexitatem officiorum regni nostri Sicilie, que nonnumquam inter exercentes illa obscuritatem et confusionem non modicam inducebat, pridem infra nuper preteritum mensem Aprilis Neapoli, consulta nostra provisio deduxit in lucem, fuit per nos deliberate statutum, ut in singulis privilegiis nostris extunc personis quibuslibet indulgendis, que quidem per Bartholomeum de Capua, ejusdem regni nostri prothonotarium et magne Curie magistrum rationalem, fieri debere provisum est, vir venerabilis magister Adam de Duxiaco, Cusentinus electus, cancellarius regni ejusdem, ac prothonotarius ipse, dilecti consiliarii, familiares et fideles nostri, nomina et cognomina propria propriis manibus in subscriptionis signum imprimerent, ut clarius illa per eorum manus dari pateret, et quod in singulis etiam litteris nostris extunc similiter in nostra Curia faciendis, in hiis scilicet que ad dicti prothonotarii spectarent officium, quasque fieri prothonotarius ipse juberet, solus idem prothonotarius in littere data cujuslibet nomen et cognomen proprium manu propria denotaret; de litteris ad officium magistrorum Rationalium magne Curie nostre spectantibus, et que ad jussionem ipsorum vel alicujus ex eis fierent, provisio tunc similiter et statuto ut scilicet per illum ex ipsis ad cujus verbum littera fieret in ejusdem littere data hec duo verba Magistros Rationales manu propria scriberentur. Ne igitur declaratio et ordinatio nostra hujusmodi clara quidem presentibus posset longinquitate temporis obscura reddi futuris et quod de pretactis subscriptionibus nominum et cognominum Cancellarii et prothonotarii ac magistrorum rationalium predictorum factis et faciendis propriis eorum manibus modo prescripto in privilegiis et litteris supradictis propter diversitatem et disparitatem scripture officialium ipsorum subscribentium, a concestu scripture notariorum, privilegia et litteras ipsa scribentium assumere debet rectus intellectus in bonum, usurpare nequeat aliquis in malum, volumus et fidelitati tue districte precipiendo mandamus quatinus provisionem et ordinationem pretactam, prout illam presentium series indicat et declarat in singulis terris et locis decrete tibi provincie, facias statim puplice divulgari, ut causa universaliter cognita pretacta scripturarum disparitas aliquem in posterum circa contenta in illis ambigere aut aliud quam vere fingere vel presumere non inducat, faciendis de exequtione presentium, publicis consimilibus instrumentis, quorum altera predictis magistris rationalibus Curie nostre mittente, reliqua penes te retineas tui ratiocinii tempore producenda. Datum Aquile per predictum Bartholomeum de Capua, militem, regni predicti prothonotarium et Magne Curie magistrum rationalem, anno Domini M•CC•XCIIII• die VI• augusti VII• Indictionis regnorum nostrorum anno decimo.

Eodem die ibidem similes facte sunt .. justiciario Aprucii.
— .. justiciario Principatus.
— .. justiciario Capitinate.
— .. justiciario Basilicate.
— .. justiciario terre Ydronti.
— .. justiciario Vallisgrati et terre Jordani.

(Reg. 66, fol. 31, n. 1.)

## V

*Lettre du roi à Robert, duc de Calabre, lui envoyant Bartolomeo di Capua, Logothète et Protonotaire, chargé de la dépense de l'argent perçu à la Chambre d'après les instructions du roi.* — Rome, 10 février 1297.

Scriptum est eidem primogenito, etc. Mittimus ad te Bartholomeum de Capua, militem, Logothetam et Prothonotarium regni Sicilie, dilectum consiliarium, familiarem et fidelem nostrum, de regni nostri negotiis et voluntate nostra super illis plenarie informatum, cujus consilio in negotiorum ipsorum prosecutione uti te volumus illaque de conscientia nostra disponi. Et quia gubernatio dicti Regni hoc presertim tempore a pecunie potissime distributione dependet, mandamus et volumus quod juxta ipsius Logothete informationem, quam habet a nobis quecumque fiscalis pecunia ad tuam Cameram proventura primo in necessariis et secundario in utilibus convertatur. Sic equidem quod omnes littere super exhibitione cujuscumque fiscalis pecunie in Curia tua vel extra Curiam faciende, fiant per Logothetam eundem signande anulo suo et non aliter, sigillo vicarie quo uteris sigillande, ita quod sine ipsius conscientia predicte fiscalis pecunie solutio nulla fiat, non ostante ordinatione facta de omnibus litteris fiscalis pecunie solutionem tangentibus per Magistros Rationales Magne nostre Curie faciendis, cum de hiis et ceteris ejusdem regni negotiis sibi tanquam de nobis ipsis confidimus, specialiter incumbamus, nec latere te volumus quod eidem Logothete et prothonotario liberam facultatem concessimus ad executionem sui officii substituendi alium loco sui, prout in aliis nostris litteris indultis sibi exinde videris contineri. Datum Rome per Magistros Rationales etc. die X• Februarii X• Indictionis.

(Reg. ang. 88, fol. 244, n. 3.)

## VI

*Ordonnance réglant les fonctions et attributions du Grand Chambrier à la cour des rois normands de Sicile. — XII<sup>e</sup> siècle.*

### DE OFFICIO CAMERARII.

I. Ad officium Camerarii spectat habere curam et custodiam domini regis intus in Camera, procurare lectum, vestimenta omnia ipsius Jomini et filiorum suorum, procurare similiter quod vigiles qui faciunt excubias in nocte pro custodienda persona domini intus in Camera, bene vigilent et bene custodiant.

II. Item habeat ordinare usserium in Camera lecti et dare vestimenta familie.

III. Item spectat ad officium Camerarii recipere omnem pecuniam cujuscumque generis sit, que ad Cameram regiam mittitur undecunque, et thesaurarii debent ordinari per eum.

IV. Item omnes panni sive ad aurum sint, sive ad setam, sive de lana, sive de lino, sive tarpeta, arma etiam cujuscumque generis, libri, sirupi, aqua rosacea, gariofali, juccarum, canellam et cetere species, cujuscunque generis sint, sive seta, jocalia omnia cujuscunque speciei, vasa argentea et aurea, vasa metallorum, cujuscunque generis sint, fructus etiam comestibiles pro ore domini, Camerarius habet conservare et custodire.

V. Item omnia hospitia domini, sive sint domanii sive regis, sive sint aliena, sunt sub procuratione Camerarii.

VI. Hospitiarii Camere lecti domini regis ordinantur per Merescallum.

VII. Omnes sclavi et sclave domini regis sunt sub Cura Camerarii.

VIII. Dicimus similiter eadem bona domine regine et filiorum suorum, que spectant ad Camerarium; et Camerarius debet eadem procurare et omnia sunt sub cura sua, sicut supradicta bona regia.

(Archives du Vatican, arm. XXXV, n. 137, fol. 100 v°.)

## VII

Rieti, 27 septembre 1289.

*Ordonnance du roi à tous les justiciers du royaume de faire payer à Jean de Montfort, Chambrier du royaume, le droit d'une once d'or dû par tous les feudataires qui ont de nouveau prêté l'hommage au roi pour leurs biens féodaux d'une valeur de 20 onces de revenu et par ceux qui, ayant déjà prêté hommage au roi Charles I<sup>er</sup>, ont eu leur provision augmentée.*

Scriptum est eidem justiciario, etc. Volentes Johanni de Monteforti, Squillacii et Montiscaveosi comiti et regni nostri Sicilie camerario, jura sibi debita, tam ratione dicti officii quam aliunde integre conservari, fidelitati tue precipiendo mandamus quatinus ab unoquoque pheudotariorum decrete tibi provincie, qui homagium majestati nostre de novo fecerunt, aut facere debuerunt, pro singulis annis viginti unciis auri bonorum pheudalium, unciam auri unam exigas, et procuratori dicti comitis, presentes tibi litteras assignanti, assignare procures, exceptis pheudotariis illis qui clare memorie domino Karolo, regi Jcrusalem et Sicilie, patri nostro fecerunt homagium de bonis pheudalibus supradictis. Si tamen ipsi pheudotarii qui prefato domino patri nostro fecerunt homagium, augmentum provisionis eorum sint de novo a nostra magnificentia consecuti, illos secundum modum predictum ad solutionem predistincte quantitatis volumus obligari. Sic autem in premissis te geras sollicitum et attentum quod idem comes per dilationis obstaculum juri sibi debito non fraudetur tuaque solercia possit exinde merito commendari. Dat. Reate die XXVII° Septembris III° Indictionis [1289].

Similes facte sunt de verbo ad verbum ut supra, dat. ut supra.
Justiciario Basilicate pro eodem comite.
Justiciario [Principatus] ultra serras Montorii, id.
Justiciario terre Bari, id.
Justiciario principatus citra terras Montorii, id.
Justiciario Capitanate, id.
Justiciario Terre Ydronti, id.
Justiciario Aprucii citra flumen Piscarie, id.
Justiciario Aprucii ultra flumen Piscarie, id.

(Reg. ang. XIX, fol. 34 v°.)


VIII


*Le roi nomme Jean de Montfort, comte de Squillace et de Montescaglioso, chambrier et capitaine général du royaume, son vicaire général pendant l'absence du roi de Hongrie, qu'il appelle auprès de lui en Toscane. — Aix, 30 octobre 1293.*


Scriptum est nobili viro Johanni de Monteforti Squillacii et Montiscaveosi comiti, regni Sicilie camerario et capitaneo generali, dilecto consiliario, familiari et fideli suo. Intendentes duce Domino in regnum nostrum Sicilie venire in proximo, Karolum, primogenitum nostrum, Dei gratia regem Ungarie, per nostras litteras evocamus, ut versus partes Tuscie obvius nobis occurrat. Ne igitur officium Vicariatus generalis regni Sicilie, quod idem rex Ungarie gerit nomine nostro in prejudicium rei publice interim vacare contingat, de fide, circumspectione ac strenuitate tua plenius confidentes, te post recessum dicti regis Ungarie de predicto regno usque ad nostrum beneplacitum et mandatum, generalem dicti regni vicarium duximus fiducialiter statuendum, tenore tibi presentium committentes, ut officium vicariatus hujusmodi, eatenus tibi liceat exercere et gerere, quatenus predicto regi Ungarie, primogenito nostro, dudum in proximo discessu nostro de regno predicto per nostras patentes litteras et capitula sub sigillo nostri culminis commisimus exercendum. Et ut de forma et modo commissionis et capitulorum hujusmodi sis plenarie informatus, ipsorum transumptum tibi per regem Ungarie sub sigillo suo precipimus assignari. Tu autem transumptum hujusmodi simul cum presentibus a predicto rege primogenito nostro recipiens, a predicti regis de predicto regno discessu, et quamdiu de beneplacito nostro dictum officium gesseris ea omnia inviolabiliter observare procures; nos enim dicto regi per litteras nostras injungimus, ut tibi predictorum commissionis et capitulorum tenorem sub sigillo suo simul cum presentibus debeat assignare. In cujus officii exercitio uti te volumus sigillo Vicarie regni predicti, quo ad presens utitur rex Ungarie supradictus, cujus sigilli custodia Guillelmo de Pontiaco, militi, dilecto consiliario et familiari nostro per nostram celsitudinem est commissa. Quod sigillum cum predicto Guillelmo totamque Curiam dicti regis Ungarie apud te mandamus per eumdem regem dimitti. Illud tamen expressius declaramus, quod propter dictum officium vicarie officium capitanie dicti regni non deseras, quin ipsum sicut tibi commissum est exequaris. Datum Aquis anno Domini M° ducentesimo nonagesimo tercio die penultimo mensis octobris VII° Indictionis.

Lettres patentes adressées à tous les fidèles du royaume de Sicile pour leur annoncer la nomination de Jean de Montfort comme Vicaire général du royaume. [Fol. 7, v°.]

(Reg. ang. LXIII, fol. 7, n. 4.)

## IX

*Charles II abolit l'office de Comte Chambrier, après la mort de Jean de Montfort, et décide qu'à l'avenir cette charge sera dévolue au Maître Chambellan. — Naples, 15 décembre 1300 (1).*

Scriptum est Magistro Justiciario dicti regni nostri vel ejus locumtenenti, fideli suo, etc. Nuper constitutionem quandam promulgari mandavimus, cujus tenor per omnia talis est :

Karolus secundus, Dei gratia rex Jerusalem et Sicilie, ducatus Apulie et principatus Capue, Provincie et Forchalquerii comes, ad perpetuam rei memoriam hoc edicto in perpetuum valituro. Statuimus ne officium Comitis Camerarii regni nostri, regno ipsi et nobis inutile, nec publico statui fructuosum, vacuum pro quiete communi, laboribus sumptibus, in nostrum et nostrorum detrimentum fidelium, onerosum, exercitii fere nullius, eo potissimum quod substantialia dicti officii per alios in capite officiis aliis presidentes geruntur, de cetero non sit in regno

(1) Ce document a été publié assez incorrectement par Minieri-Riccio, *Saggio di codice diplomat.*, Suppl., part. II, p. 10, n. XI.

Camere aliisque, prout videbitur, duxerimus faciendum, quod nobis ex habundanti reservamus expressim. Idem Magister Cambellanus per nos de novo creandus, cui quotiens et quando nobis placuerit, jura et pertinentia ad suum officium distinguemus, contentus sit emolumentis generaliter sibi vel specialiter per nostram Curiam concedendis, nec aliquid petere audeat ratione officii supradicti Comitis Camerarii jam cassati. Set nec ipse vel alius Comitem Camerarium aut officium Comitis Camerarii abolitum et deletum ammodo nominet ejus etenim evacuamus vocabulum efficaciam enervamus, ut ejus viribus annullatis perpetuo sileat aut fructu effectuque totaliter careat, cujus nomen per deliberatam nostri consilii providentiam est sublatum. Datum Neapoli anno Domini M•CCC°, die XV• decembris XIIII• Indictionis.

Quocirca fidelitati tue districte precipiendo mandamus quatenus Constitutionem eamdem in vulgarem deducas notitiam singulis Justiciariis, capitaneo Aquile et Gaiete, Stratigoto Salerni, vicario terrarum Principis Tarentini, filii nostri carissimi, constitutionis ipsiusque seriem cum inserta forma presentium per tuas litteras sub sigillo justicie, intimando quibus precipias, ut per terras famosas jurisdictionis eorum eam faciant divulgari. Datum Neapoli anno Domini M•CCC°, die XVII° decembris XIIII• Indictionis.

(Reg. ang. 1301, n. CXVII, fol. 4 v°.)

## X

*Commission de lieutenant du Grand Chambrier pour Bernardo Caracciolo da Napoli, sénéchal de l'Hôtel. — Naples, 15 juin 1306.*

Scriptum est Bernardo Caraczulo de Neapoli, militi, hactenus nostr Hospitii Senescallo, vicem gerenti viri nobilis Bartholomei Siginulfi de Neapoli, comitis Thelesie, Magni regni Sicilie Camerarii, dilecti consiliarii, familiaris et fidelis nostri, fideli suo, etc. Suadente nobis experte jamdiu circa nos prefati comitis fidei puritate, ac prompte grateque sue obsequiositatis studio exigente, personam suam Magni Camerarii titulo nostra Excellentia insignivit et ut cautius predictum officium exerceret que ad ipsum spectant officium, declaravimus per certa Capitula seriatim. Verum quia idem Comes, cui cura et custodia persone nostre per primum ex ipsis capitulis precipue noscitur esse commissa, circa latus nostrum ob id assiduis et aliis interdum nostris servitiis occupatus ad executionem plenariam dicti officii personaliter et comode vacare non potest, nos ut quod principalis persone studio propter premissas causas expediri non potest, operatione vicaria explicetur, te quem fide clarum, legalitate sincerum, prudentia circumspectum et operosa sollicitudine studiosum ab experto novimus hactenus in commissis, vicemgerentem

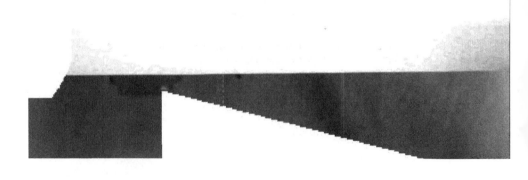

ejusdem comitis, usque ad nostrum et predicti Comitis beneplacitum, tenore presentium fiducialiter ordinamus, recepto a te solito fidelitatis et de exercendo predicto officio corporali ad sancta Dei Evangelia juramento, volentes tueque fidelitati mandantes expresse quod hujusmodi vicarie officium ad honorem et fidelitatem nostram, sic fideliter, prudenter et sollicite studeas exercere juxta tenorem Capitulorum que tibi sub sigillo Majestatis nostre tradentur, quod speratum in hoc ex tue diligentie studio commòdum nostra Curia consequatur, tuque perinde ad majora merearis assumi. Datum Neapoli per Bartholomeum de Capua, militem, etc. Anno Domini M°CCCVI° die XV° junii IIII° Indictionis.

(Reg. ang. CXLVII, fol. 85 v°, n. 2.)

XI

*Le roi envoie à Bernardo Caracciolo, lieutenant du Grand Chambrier, l'ordonnance de 1302 relative aux attributions du Grand Chambrier, et lui donne des instructions pour l'exercice de sa charge.* —Naples, 15 juin 1306.

Scriptum est Bernardo Caraczulo de Neapoli, militi, nobilis viri Bartholomei Siginulfi de Neapoli, comitis Thelesie, Magni regni Sicilie Camerarii, vicemgerenti, consiliario, familiari et fideli suo, etc. Declaravimus dudum prefato Comiti que ad eum ratione dicti officii pertinere decrevimus, seriatim per nostras litteras continencie subsequentis, etc.

[Suivent les lettres du 26 novembre 1302, analysées et publiées en partie par Minieri-Riccio, *De' Grandi Uffiziali*, p. 172 à 174.]

Ut autem tibi vicemgerenti prefati comitis certius innotescat quorum ex prescriptis capitulis executio seu observatio ad te spectat, illa ex predictis capitulis, que et sub qua forma per te observari et executioni mandari volumus presentibus duximus subnectenda. Videlicet ad officium tuum spectat mandare et facere distribui omnem fiscalem pecuniam, cujuscumque generis sit, et fieri exinde ad Thesaurarios nostros, justiciarios, secretos et officiales alios litteras Curie oportunas, in quarum cujuslibet data scribatur manu tua propria : Camera nostra.

Item habes sollicitare per litteras Curie et tuas justiciarios, secretos et officiales alios, qui recolligere et tractare et solvere habent fiscalem pecuniam ad celerem recollectionem et missionem ad Cameram : ac solutionem in eadem Camera pecunie supradicte.

Item debes ordinare et providere de rebus necessariis pro apparatu et ornatu domus regie.

Item habebis plenam conscientiam et noticiam omnium expensarum que quolibet die fiunt in Hospitio regis.

Item habebis similiter noticiam et conscientiam conditionis et status jurium fisci et reddituum et proventuum regiorum, sive in cabellam vendantur... etc. (1).

(1) Suivent les articles des *Capitoli* de 1295 : IV, V, VI, VII, VIII, IX, X,

## XII

*Le roi Charles II, en reconnaissance des services que lui a rendus Bartolomeo Siginulfo di Napoli, comte de Telesa, Grand Chambrier, lui enlève la charge et la responsabilité du Trésor, qui sont confiées aux trésoriers. — Naples, 18 juin 1306.*

Karolus secundus, Dei gratia rex Jerusalem, Sicilie, ducatus Apulie et principatus Capue, Provincie ac Pedemontis comes, nobili viro Bartholomeo Siginulfo de Neapoli, Thelesie comiti, Magno regni Sicilie Camerario, dilecto consiliario familiari et fideli suo, gratiam suam et bonam voluntatem. Suadente nobis experte jamdiu circa nos tua fidei puritate ac prompte grateque tue obsequiositatis studio exigente, personam tuam Magni Camerarii titulo nostra Excellentia insignivit, et ut cautius predictum officium exerceres que ad ipsum spectant officium declaravimus tibi per certa Capitula seriatim. Verum quia tibi cura et custodia persone nostre per primum ex ipsis capitulis precipue noscitur esse commissa, tu ob id circa latus nostrum assiduis et aliis interdum nostris servitiis occupatus ad totalem executionem et observanciam ceterorum capitulorum ipsorum et specialiter circa receptionem et distributionem fiscalis pecunie, prout unum ex ipsis capitulis continet vacare nequisti hactenus nec vacare poteris in futurum. Nos igitur nolentes te et tuos heredes propterea dampnum pati te heredes et successores tuos a presenti et futuro onere ponende rationis hujusmodi officii ac dispendio negligentie seu defectus qui tibi impingerentur in executione et observatione capitulorum ipsorum et specialiter predicti unius Capituli de receptione [et] distributione fiscalis pecunie perpetuo quietamus et absolvimus tenore presentium ex certa nostra scientia et gratia speciali, volentes atque mandantes quod te ac heredes et successores tuos nec non et bona tua et ipsorum nullus propterea impetere audeat vel quomodolibet molestare. Volumus etiam quod Thesaurarii ad recipiendum et expendendum fiscalem pecuniam ordinati, teneantur debitam exinde nostre Curie ponere rationem. In cujus rei testimonium et prefati comitis et heredum suorum cautelam presentes litteras fieri et pendenti Majestatis nostre sigillo jussimus communiri. Datum Neapoli per Bartholomeum de Capua, logothetam et protonotarium regni Sicilie, anno

XI: les articles XII et XIII, relatifs aux droits du chambrier, manquent. L'article XIV stipule que les maitres des comptes doivent se réunir à l'hôtel du lieutenant. L'article XV manque.

Domini MCCC*VI° die XVIII° Junii IIII° Indictionis, regnorum nostrorum anno XXII°.

(Reg. ang. CLIV, fol. 245, n. 1.)

## XIII

*Commission donnée à M° Guillaume de Ferrières, vice-chancelier du royaume,
à Jean de Trois-Châteaux, chambellan, et à M° Jean de Vemars, trésorier
de Provence, pour s'enquérir des biens de la Cour en Provence, qui ont été
aliénés ou occupés illégalement.* — Paris, 27 août 1290.

Scriptum est universis per comitatus Provincie et Forcalquerii et vicinas terras et loca adjacentia constitutis, fidelibus et devotis suis, etc. Pro bonis et viribus curie nostre Provincie alienatis, occupatis et distractis illicite in Comitatibus nostris Provincie et Forcalquerii et terris adjacentibus seu vicinis, revocandis et reintegrandis ad jus et proprietatem prefate curie, discretum virum Magistrum Guillelmum de Ferreriis, prepositum Massiliensem regni nostri Sicilie vicecancellarium ad partes ipsas presentialiter destinamus, cui super revocandis ipsis per quamcunque viam a quibuscunque personis ecclesiasticis vel secularibus cujuscunque status, dignitatis aut conditionis existant, plenam potestatem concedimus, prout in sue commissionis litteris inde confectis apertius continentur. Verum quia ipsius revocationis via fidelibus nostris forte rigida videretur, cupientes cum ipsis potius humaniter agere quam rigorem simplicem exercere, de fide, prudentia et experta constantia dicti prepositi et Johannis de Tricastris, cambellani, et magistri Johannis de Vemarcio, thesaurarii nostri Provincie, dilectorum familiarium nostrorum integre confidentes, ipsis expresse committimus et potestatem plenariam tenore presentium impartimur, componendi, paciscendi, transigendi, nomine nostro in quibuscunque universitatibus, collegiis seu locis de quibuslibet causis, questionibus, litibus, controversiis, quacunque via motis vel movendis pro parte Curie nostre in comitatibus Provincie et Forchalquerii et locis vicinis ad nos pertinentibus. Nos enim compositionem, pactionem et transactionem faciendas cum eisdem preposito, Johanne et thesaurario, promittimus per nos et nostros heredes acceptare, confirmare firmiter et inviolabiliter observare et componentibus paciscentibus et transigentibus, si voluerint, nostra acceptatione, confirmatione et observatione litteras nostras concedere, sigilli nostri pendentis munimine roboratas. Datum Parisiis die XXVII° Augusti III° Indictionis.

(Reg. ang. L, fol. 394.)

## XIV

*Le roi Charles II nomme Guillaume de Poncy, chevalier, maître rational,
garde des sceaux de la vicairie générale de Sicile en remplacement de feu*

Karolus, etc. Guillelmo de Ponciaco, militi, etc. Pridem in proximo discessu nostro de regno nostro Sicilie inter alia que de ipsius regni ordinatione statuimus, custodiam sigilli vicarie regni predicti, quo utitur Karolus, primogenitus noster, etc. bone memorie G[oberto], Capudaquensi episcopo, commisimus, ut per ipsum sigillarentur dicto sigillo vicarie omnes littere que fierent per dictum primogenitum nostrum, veluti dicti regni generalem vicarium super ejusdem regni negotiis fiscalibus et privatis, secundum certam formam de mandato nostro exhibitam episcopo memorato, subsequenter insuper de receptoribus fiscalis pecunie, providentes in regno predicto prefatum quondam episcopum et Guidonem de Alamania, militem, etc. Statuimus receptores et expensores fiscalis pecunie in regno predicto, data eis per nos super hujusmodi receptione et liberatione pecunie, per capitula certa forma. Verumquia dictus episcopus, sicut Domino placuit nuper diem clausit extremum, consulta deliberatione providimus te, de cujus fide et circumspectione ab experto plene confidimus dicto quondam episcopo ad premissa usque ad nostrum bene placitum statuere successorem, amotis quibuslibet aliis super hiis per dictum primogenitum nostrum forsitan ordinatis. Quocirca fidelitati tue firmiter et expresse precipimus quatinus, statim ad partes dicti regni nostri te personaliter conferens, predictum sigillum vicarie regni Sicilie a prefato primogenito nostro recipias, ac ipsum diligenter et fideliter custodire procures, sigillando cum ipso, te presente et inspiciente omnes litteras que fient per dictum primogenitum nostrum seu ordinatos ipsius, super dicti regni negotiis, tam fiscalibus quam privatis. Super quo servare te volumus modum et formam, qui per predictum quondam episcopum servabantur, super quibus per dictum primogenitum nostrum informeris in scriptis, redigi faciens omnium hujusmodi litterarum continencias in registro, prout ejusdem episcopi tempore servabatur. Super quibus omnibus per prefatum primogenitum nostrum studeas informari; prefatum autem officium receptionis et liberationis fiscalis pecunie, una cum dicto Guidone de Alamania, fideliter et diligenter exerceas, in cujus exercitio serves tenaciter, una cum Guidone predicto, forma et capitula eisdem episcopo et Guidoni per nos, ut predicitur destinata. quorum capitulorum tenorem a prefato rege Ungarie recipias sigillata. Sic autem in exercitio predictorum officiorum te curiosum, diligentem et sollicitum prebeas, ut proinde in conspectu nostri culminis, comenderis, sicut exinde in nostri presencia prestitisti corporaliter ad sancta Dei evangelia juramentum. Nos autem prefato regi Ungarie, primogenito nostro super predictis omnibus nostras dirigimus litteras speciales. Et quia te nolumus in dictis serviciis expensis propriis laborare, presentium tibi tenore concedimus ut de predicta pecunie fiscali, qui per manus tuas extiterit, expensas pro te, familia et equis

tuis tibi retineas et ad rationem de tarinis auri sex ponderis generalis
per diem, a dio scilicet ingressus tui ad predicta servitia et quamdiu in
antea indebi moram trahes, et diem ingressus a XVI° die presentis
mensis Septembris in antea, volumus computari eum usque per totum
quintodecimum diem mensis ejusdem tibi sit de tuis gagiis de nostra
Camera satisfactum. Dat. aput Pontem Ortesii in Guasconio anno Domini, etc. [1293] die IIII° Septembris VII° Indictionis.

(Reg. ang. LXIII, fol. 4 v°.)

XV

*Commission de receveur des droits de sceau et de registrateur de la Chancel-
lerie pour Jean de Cambronne, archidiacre de Viccari dans l'église de
Palerme. — Aquila, 18 août 1294.*

Scriptum est Johauni de Cambcrona, archidiacono Biccariensi in
ecclesia Panormitana, dilecto clerico et familiari suo, etc. A tuorum
consideratione laudabilium meritorum plenam de te, cujus utique fidem,
legalitatem et industriam, ipsa operum experientia comprobat, fiduciam
obtinentes te ad subscripta duximus usque ad nostrum beneplacitum
ordinandum. Quamobrem volumus et fidelitati tue presentium tenore
committimus et precipiendo mandamus, ut postquam quecunque littere
nostre sive magno, sive parvo majestatis nostre sigillo sigillate ac ille
que bulla nostra bullari debebunt, bullate fuerint et apud sigillorum
ipsorum custodes, rubricate litteras ipsas immediate recipias et registratis ex illis tam in registris Cancellarie quam comitis Camerarii et
Prothonotarii regni nostri, ac Magistrorum magne nostre Curie, hiis
que patentes fuerint, litteras ipsas nec non et clausas, que videlicet
de negociis Curie specialiter fuerint, que debebunt dirigi illico per
Cursores Curie nostre mittas, vel alios de quibus sit merito confiden-
dum; privatorum quoque litteras tuam patentes quam clausas, soluta
tibi prius per eos pro litteris ipsis pecunia debita juxta tenorem Capitulorum nostrorum editorum dudum in planicie Sancti Martini et divul-
gatorum in Parlamento per nos Neapoli celebrato, ac secundum quod
dictant alia capitula nostra, proxime in dicta civitate Neapolis per excellentiam nostram facta, assignes quam celerius poteris privatis eisdem,
cavens attente ne aliquas de litteris ipsis, sive de fiscalibus, sive de
privatorum negociis fuerint, mittere, ut predicitur, vel assignare pre-
sumas; nisi in omnibus predictis registris fuerint primitus registrate.
De hujusmodi quidem peccunia, tibi taliter proventura, emas precio
scilicet quo poteris pro Curia meliori, cartas necessarias, incaustrum
etiam in necessaria quantitate pro scribendis omnibus litteris ipsis, ac
quaternos sive cartas, ex quibus quaternos ipsos confici facias pro eisdem litteris in registris predictis, ut predicitur, registrandis atque ceram
rubeam necessariam pro eisdem litteris sigillandis. Exhibiturus de
eadem pecunia cursoribus Curie nostre peditibus gagia et expensas

cum ipsos aliqua cum predictis litteris mittere contigerit, et gagia de
tarenis auri tribus ponderis ejusdem per mensem pro quolibet eorumdem; et si quando cursores ipsos de Curia abesse contingerit, propter
quod oporteat litteras predictas de negotiis Curie per alios destinari, illis
per quos eas miseris. Debitam infra rationes predictas mercedem im-
pendas, si opus etiam fuerit aliquando aliquas de predictis fiscalibus
litteris per nuncios equites destinare, nunciorum ipsorum cuilibet expensas suas ad rationem de tareno auri uno infra regnum et de tareno
uno et granis quinque extra regnum predicti ponderis per diem exhi-
beas et exsolvas. Et retentis tibi de eadem pecunia gagiis tuis ad
rationem de unciis auri quinquaginata ponderis predicti per annum pro
te et uno scriptore, tecum in hujusmodi officio moraturo, residuam de
eadem pecunia. quantitatem successive grafferiis hospitii nostri pro
parte nostre Camere, te integraliter assignare jubemus et ab eis exinde
recipere apodixas ydoneas ad cautelam. De introytu vero et exitu dicte
pecunie quaternum unum per te confici volumus, introytum et exitum
ipsos distincte et particulariter continentem, per quem de universali
introytu et exitu memoratis absque alia cautelarum productione. De
hiis autem que predictis grafferiis solveris, per apodixas ipsorum coram
magistris Rationalibus nostram sequentibus comitivam singulis mensibus modo debito computare procures et recipiens ab eis de hujusmodi
computi positionem, cedulam sigillis vel pressionibus anulorum eorum
munitam in fine cujuslibet trimestris temporis computes de predictis
omnibus finaliter coram ipsis apodixam tunc sub pendenti Majestatis
nostre sigillo, de finali positione ipsius computi recepimus. Datum
Aquile per Magistros Rationales, etc. Die XVIIII Augusti VIIᵉ Indictionis.

(Reg. 63, fol. 202.)

## XVI

*Commission de receveur et payeur des revenus du Sceau de la Vicairie
donnée par le roi à Guillaume Septays, clerc, et instructions pour les
dépenses de l'office du Sceau. — Rome, 16 avril 1295.*

Scriptum est magistro Guillelmo de Septays, clerico, familiari et fideli
suo, etc. De fide, prudentia et legalitate tua plenam gerentes fiduciam
ab experto, te super recipienda et expendenda pecunia proventuum
sigilli Vicarie dicti regni nostri Sicilie, cujus regni Karolus, primogenitus noster, rex Ungarie, princeps Salernitanus et honoris montis
Sancti Angeli dominus, est vicarius per nostram Curiam ordinatus,
duximus usque ad nostrum beneplacitum statuendum, fidelitati tue
tenore presentium injungentes quatenus in regnum predictum in comitiva regis ejusdem conferas, et litteris omnibus conficiendis in Curia

dicti regis postquam sigillabuntur sigillo predicto ad manus tuas receptis, eas in quaterno uno rubrices et in scriptis redigas, distinguendo litteras Curie a litteris privatorum, cui dirigentur, pro qua causa et quantum pro qualibet privatorum littera solvetur, particulariter et distincte ut ipsis registratis in registris Curie nostre, ut est moris, fiscales litteras statim illis quibus dirigentur per cursores ad expensas Curie competentes debeas destinare et alias per privatas personas in ipsius regis Curia impetratas, petentibus restituas, recepto ab eis proinde per te pro parte Curie sigilli juxta formam capitulorum per nos in Sancti Martini Planitie super statu regni pacifico hactenus editorum et confirmatorum in Parlamento per nos olim Neapoli celebrato; de cujus sigilli proventibus, factis per te expensis necessariis in emendis cartis et encastro pro scribendis, cera rubea pro sigillandis et quaternis de pergameno pro registrandis litteris supradictis, ac exhibitis expensis cursoribus pro ipsis fiscalibus litteris deferendis, totum id quod inde supererit assignabis vel exhibebis, sicut tibi per ejusdem regis litteras injungetur amplius. Tibi committimus ut totam fiscalem pecuniam ratione dicte Vicarie ad ejusdem regis Ungarie Curiam proventuram ad manus tuas pro parte Curie recipias et conserves, preter illam que pro usu hospitiorum, tam videlicet nostri quam dicti regis Ungarie, regine Jerusalem et Sicilie, consortis nostre carissime et pro guerre negotiis est per Curiam nostram stabilita. De qua recipienda te nullatenus intromittas, sicut indignationem nostri culminis desideras evitare et predictam fiscalem pecuniam quam recipies exhibebis, sicut tibi predictus rex per suas litteras duxerit injungendum, ac de omnibus que ad mandata regis ipsius solvis, recipias pro tui cautela ydoneas apodixas per te una cum mandatis predictis et quaternis conficiendis de introytu et exitu pecunie supradicte juxta formam Curie que servatur in talibus, magistris rationalibus Magne nostre Curie assignandas coram quibus, quotiens fueris exinde requisitus, te volumus computare. In predictis vero Curie nostre serviliis exequendis sic te geras fideliter et prudenter ut possis proinde per effectum operis merito commendari. Et quia nolumus in pretactis Curie nostre serviliis te propriis sumptibus laborare, concedimus ut donec in eis fueris, gagia ad rationem de unciis auri duabus ponderis generalis per mensem de predicta fiscali pecunia que erit per manus tuas tibi debeas retinere in predictis Curie nostre serviliis exequendis, procedas juxta informationem magistrorum rationalium Magne nostre Curie morantium in comitiva regis Ungarie supradicti. Datum Rome per Magistros Rationales, etc. Die XVI° Aprilis VIII° Indictionis.

(Reg. ang. 73, fol. 196 v°, n. 3.)

## XVII

*Lettre du roi Charles II à Charles Martel, vicaire général du royaume, lui faisant part de la Commission de garde des sceaux de la Vicairie donnée*

*par le roi à Ernulfo de Bonignis, en remplacement de Guillaume de Poncy,*
*avec instructions sur le mode de sceller les lettres.* — Anagni, 15 juin 1295.

Scriptum est Karolo, primogenito suo, eadem gratia regi Ungarie, principi Salernitano et honoris Montis Sancti Angeli domino, ac in regno Sicilie vicario generali, etc. De fide et discreptione Ernulfi de Bonignis, juris civilis professoris, clerici et familiaris nostri et vestri, plene confisi, custodiam sigilli vicarie regni nostri Sicilie quo utimini, cujus custodia pridem Guillelmo de Ponciaco, militi, magne Curie nostre magistro Rationali, dilecto consiliario familiari et fideli nostro, per excellentiam nostram commissa extiterat, eidem Ernulfo duximus usque ad nostrum beneplacitum committendam. Quo circa filiationi vestre precipimus, quatinus prefatum sigillum Vicarie assiguetis seu assignari faciatis eidem custodiendum per eum juxta commissionis ejus seriem, subscripto modo, videlicet quod omnes litteras que per vos mandabuntur et fient, sub vestre titulo vicarie cum sigillo predicto sigillet, sicquidem quod omnes hujusmodi littere ad Cancellarie officium pertinentes fiant et sig-nentur propria manu Andree Anconzaroci de Ravello, dilecto consiliario, familiari et fideli nostro tenentis apud vos de mandato nostro, locum Prothonotarii regni nostri Sicilie ac ejus anulo consignate. Ille vero que de officio Magistrorum Rationalium fuerint, fiant et sint signate similiter propria manu, unius ex dictis Magistris Rationalibus, qui vobiscum in dicto regno fuerint, illius scilicet de cujus mandato littere ipse fient sintque signate similiter signaculis anulorum omnium qui nobiscum concurrent Magistrorum Rationalium predictorum. Que vero et contra dictam formam fuerint, nullatenus sigillare presumat, quin immo, si que forsitan sic fierent et sigillarentur informiter, eas nullius decernimus esse vigoris. De alio vero processu habendo per eum in gestu predicti Officii juxta ordinationem nostram, vobis per alias nostras litteras decla-ratam, informetis eundem ; et ne in dictis servitiis propriis sumptibus laborare cogatur, expensas suas, familie et equorum suorum ei exhiberi mandetis de pecunia proventuum dicti sigilli ad rationem de tarenis auri quinque ponderis generalis per diem. Datum Anagnie per B. de Capua, militem, etc., die XV° Junii VIII° Indictionis.

(Reg. 79, fol. 58, n. 3.)

## XVIII

*Commission de Vicaire général du royaume donnée par le roi à Pierre, ar-*
*chevêque d'Arles, chancelier de Sicile, pendant son absence et celle de Ro-*
*bert, duc de Calabre.* — Pérouse, 26 mars 1305.

Scriptum est venerabili in Christo patri, domino P. archiepiscopo Are-latensi, regni Sicilie Cancellario, dilecto consiliario et familiari suo, gra-gratiam suam, etc. Ne propter absentiam nostram de regno Sicilie, nec-non Roberti, primogeniti nostri, ducis Calabrie, qui jam est in itinere positus accedenti extra regnum ipsum, prout a deliberato processit, partes ejusdem regni sine rectore remaneant, possitque propterea in eisdem defectus administrande justicie resulcare, nos de fidei vestre constantia et circumspectione probata plenarie confidentes, vos generalem vicarium nostrum in predicto regno noster Sicilie usque ad nostrum reditum in eodem ac nostrum beneplacitum, duximus tenore presentium statuendum; volentes et vobis presentium auctoritate mandantes, ut de statu ipsius regni prospero et tranquillo habentes curam et diligentiam oportunam singulis ejusdem regni fidelibus justiciam ministretis, utentes in administratione ipsa sigillo Vicarie regni ejusdem, quod a prefato duce auctoritate presentium petere et recipere debeatis. Nos enim penas et banna que infra ipsius officii tempus rite tuleritis, rata geremus et firma eaque per vos pro Curia nostra volumus a transgressoribus secundum justiciam extorqueri. Data Perusii per Bartholomeum de Capua, militem, etc., die XXVI° Martii III° Indictionis.

(Reg. Ang. CXLIX, fol. 32 v°, n. 1.)

Lettres-patentes du même jour aux prélats, maître justicier, justiciers, capitaines, *secreti* et autres officiers, aux comtes, barons, et à tous les sujets du royaume, leur ordonnant d'obéir à l'archevêque d'Arles, vicaire général (*Ibidem*, fol. 32 v°, n. 2).

# XIX

*Capitoli de l'office de Grand Sénéchal de Sicile donnés par le roi à Raymond Bérenger, son fils, comte de Piémont et seigneur de Monte S. Angelo.* — Aversa, 2 août 1304.

*Hec sunt Capitula per dominum nostrum regem Sicilie de novo concessa et addita officio Senescallie in persona spectantibus juvenis domini Raymundi Berengarii, nati sui, comitis Pedimontis et honoris Montis Sancti Angeli domini in ejus persona personaliter et specialiter quamdiu vixerit valitura tantummodo et non ad alium porrigenda.*

## IN PRIMIS :

I. Providit idem dominus rex quod prefatus dominus Raymundus coram eo servire debeat de scutella in festis Nativitatis, Resurrectionis Domini, Pentecostes omnium Sanctorum, ac in omni alio generali festo quo dominus rex in sala comederet ipseque dominus Raymundus mandatum haberet serviendi et in quolibet ipsorum festorum quo serviet, ut est dictum, habebit de camera donum regis, pro omni jure suo, uncias centum.

II. Item eo die quo dominus rex portabit coronam et ipse dominus Raymundus serviet coram eo, habebit duplum predicte pecunie, videlicet uncias ducentas.

20

jus suum ad rationem jamdictam. Et si forsitan esset absens in jam-
dictis festis propter aliquam corporis molestiam aut aliquod aliud im-
pedimentum, quod domino regi rationabiliter videretur, aut de ipsius
domini regis mandato habebit similiter jus suum predictum, ad rationem
supradictam, et tunc eo absente seu non serviente, ut predicitur, debebit
servire Magister Pannecterius sicuti ad officium ipsum spectat.

IV. Item habebit ordinare vice senescallum in hospitio domini Regis,
de ipsius tamen domini regis conscientia.

V. Item habebit provedire et ordinare de hospitio regis, juxta quod
spectat ad officium suum, set habebit hoc facere cum consilio comitis
Camerarii et magistrorum Rationalium in quantum spectat ad ipsorum
officium et removebit personas defectivas, tam officiales quam alios, ac
alios ydoneos, sicut sibi videbitur, surrogabit, exceptis militibus in
quibus nichil novi constituet sine conscientia domini regis.

VI. Item habebit provisionem et curam omnium regiarum massaria-
rum etiam et forestarum, nec non et palatiorum seu domorum que sunt
ad regia solatia deputate et habebit pro se, quamdiu vixerit, ratione dicti
officii, omnes redditus et proventus forestarum ipsarum, ac erit sibi lici-
tum, per se et alios inquirere de massariis et submassariis ipsis et punire mediante justitia defectivos et alios surrogare.

VII. Item habebit jurisdictionem supra omnes personas que sunt de hospitio regio, ac nominatim magistros hostiarios, vallettos, hostiarios et servientes armorum, qui de hospitio ipso sunt, nec non et supra omnes familiares tam ducis quam principis, quam aliorum liberorum domini regis,
quando scilicet et quamdiu sunt in comitiva domini regis, nisi ipse dominus rex contrarium exinde demandaret, exceptis tamen personis de Camera
domini regis, que omnes subsunt jurisdictioni comitis Camerarii, sicut
in Capitulis sui officii continetur; exceptis etiam aliis infra nominatis
personis videlicet Cancellario, comite Camerario, Logotheta et Protho-
notara Magistro justiciario, Comestabulo, Amirato, Marescallo, Vice-
cancellario, Magistris Rationalibus, locumtenente Prothonotarii et omnibus collateralibus qui sunt de secreto Consilio domini Regis. In quibus
jurisdictionem dominus rex sibi reservat expresse, salva jurisdictione
Comestabuli, Amirati et Marescalli, tam turbato tempore quam pacato,
in quantum ad unumquemque eorum juxta formam sui officii noscitur
pertinere.

VIII. Item de omnibus violenciis, injuriis, gravaminibus, criminibus
atque causis civilibus de quibus adiri posset idem dominus rex, vel dominus dux ejus vicarius, nec non de omnibus defensis juste vel injuste
impositis etiam et penis legalibus atque aliis que per privatos quoscum-
que clericos sive laycos regio nomine imponuntur et contempte fuerint
precipue pro violenciis, injuriis et gravaminibus illatis et inferendis per
Comites et barones vel alios quoslibet, vassalis vel vicinis eorum aut

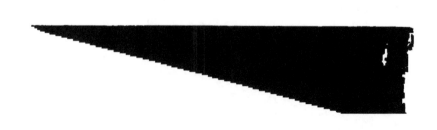

aliis per officiales regios vel quosvis alios subjectis regiis vel aliis quibuscumque si primo adeatur.

IX. Item dominus Raymundus, eodem domino Rege aut duce presentibus vel absentibus, faciet ipse querelantibus debite et ordinate justicie complementum, ita scilicet quod procuratorem aut procuratores pro parte regie Curie super causis et litibus regium fiscum tangentibus sibi liceat ordinare, ita etiam quod officialis durante officio, nec de causa civili, nec criminali, nisi de speciali domini regis mandato conveniri per eundem dominum Raymundum valeat vel etiam coerceri, poenis verumtamen impositis de mandato regio vel officialium suorum prorsus exceptis. Nam de illis nec idem dominus Raymundus conoscet, nec earum exactio pertinebit ad ipsum, set ad competentes judices vel ad eos quibus hoc dominus rex duxerit committendum; exceptis etiam causis feudorum et quorumcumque bonorum stabilium ad predictum fiscum spectantium, que ad Magistrum Justiciarium regni et ad justiciarios regionum, secundum distinctos ordines, pertinere noscuntur, quas coram eis dominus rex agitari vel vult coram aliis prout frequenter facit, quibus illos duxerit committendas. Civilibus etiam causis seu questionibus brevioribus, quarum jurisdictio ad alios magistratus inferiores pertinere dinoscitur in suis tribunalibus ordine debito pertractandis.

X. Item habebit sub cura et protectione sua ecclesias et personas ecclesiasticas, pupillos, orfanos, viduas, omnesque miserabiles personas, ut eas ab omnibus indebitis gravaminibus et molestiis per convenienda remedia protegat et defendat, possitque si oppressio vel grava non tangat criminis causam exinde inquirere per se vel per alium in suo officio vel per specialem inquisitionem, etiam contra speciales personas, sicut et dominus rex posset in hoc casu specialem inquisitionem committere, constitutiones regni non obstante-integre ac penam debitam secundum justitiam irrogare. Si vero ex ipsa oppressione vel gravamine civilis causa tangatur, in predictis specialibus causis procedet et procedi faciet, summarie, de plano, sine strepitu et figura judicii ordine judiciario pretermissis. In aliis autem causis et cognitionibus ad eum pertinentibus, cum retro juris et judicii ordine justiciam observabit.

XI. Item habebit custodiam passuum regni, tam Terre Laboris quam Aprucii et posse statuendi ibi magistros passagerios et servientes sufficientes tantum et legales, et removendi ac substituendi alios quotiens viderit expedire, necnon et posse concedendi et dandi litteras suas super passagio tantumdem valituras, quantum valent regie littere in hac parte. Et totius lucri quod pervenerit de rebus in ipsis passibus interceptis, sive in animalibus, sive in aliis consistant, medietatem habebit ipse dominus Raymundus, reliqua medietate regie Curie remanente. Verumtamen reservat sibi in hoc dominus rex quod cum placuerit ei de ipsis rebus interceptis gratiam facere, ita eam facere possit, de medietate ipsius domini Raymundi, sicut de sua intra unius tantum mensis spatium, a die interceptionis hujusmodi inantea numerandi.

XII. Et super hiis omnibus et singulis supradictis, habebit litteras regias ad prelatos, comites, barones, magistros justiciarios, justiciarios et ceteros officiales quocumque nomine censeantur, atque ad universos alios per regnum Sicilie constitutos, quod circa premissa devote, prememorato domino Raymundo novis mandatis obediant et intendant.

XIII. Super omnibus autem premissis reservat persone sue dominus rex posse addere minuere, mutare ac declarare pro suo arbitrio voluntatis.

Actum Averse anno Domini millesimo trecentesimo quarto die ii° mensis Augusti ii° indictionis.

Datum vero Neapoli per Bartholomeum de Capua, militem, logothetam et prothonotarium regni Sicilie anno premisso die xviii° octobris tercie indictionis regnorum ipsius domini regis anno vicesimo.

(Reg. ang. 139, fol. 129 v° et 130, 139 v° et 140.)

## XX

*Commission de maréchal du royaume pour Jean de Joinville, chevalier, en remplacement de Guillaume Pallotta, chevalier, décédé.* — Naples, 25 mai 1302.

Karolus, etc. Johannis de Janvilla, militi, etc. Rerum ordo tunc rectius geritur et unius cujusque conditio in sua dignius qualitate monstratur, cum sua cuilibet correspondet equalitas, ut sicut ad consilia sapiens et providus, eloquens ad sermones eligitur, sic circumspectus ad ardua et vir strenuus advocetur ad opera probitatis. Cujus quidem ordinis consideratione pensantes quod personam tuam tam naturalis industria et probata strenuitas ac aliorum dona virtutum quibus dedenter ornaris, quam etiam fidei merita, in arduis comprobata, dignam ad majora presentant et nobis etiam gratam reddunt, te prout et congruere novimus, Marescallum tocius regni Sicilie, Guillelmo Pallotta, milite, hucusque marescallo illius, sicut Domino placuit, vita functo duximus cum plena deliberatione consilii, tenore presentum statuendum, plenam tibi et hoc postestatem meri ac misti imperii concedentes, recepto prius a te solito fidelitatis et de officio ipso exercendo fideliter, corporaliter juramento. Itaque fidelitati tue mandamus ut conceptam nostram de tua probitate fiduciam opere comprobaris et affectus nostros ad tua jugiter meliora confirmans, dictum marescallie officium juxta Capitulorum seriem que spectant ad illud et tibi precipimus sub sigillo nostro concedi, sic ad honorem et fidelitatem nostram studeas diligenter et fideliter exercere quod possis exinde commendari, nos enim penas et banna que rite tuleris, rata geremus et firma, eaque per te a transgressoribus per curiam volumus irremissibilita extorqueri.

Datum Neapoli per Bartholomeum de Capua, etc., die xxv° maii xvᵉ indictionis. (Reg. ang. CXXII, fol. 192 v°, n. 3.)

# TABLE DES MATIÈRES

---

## PREMIÈRE PARTIE.

LE GOUVERNEMENT DE CHARLES I<sup>er</sup> D'ANJOU. — LES RÉFORMES ADMINISTRATIVES DE 1282 ET 1283. — LA CONSTITUTION D'HONORIUS ET LA RÉGENCE PENDANT LA CAPTIVITÉ DE CHARLES II D'ANJOU.

### I

### II

### III

## SECONDE PARTIE.

LA GRANDE COUR ROYALE DE SICILE PENDANT LES RÈGNES DE CHARLES I<sup>er</sup> ET CHARLES II D'ANJOU.

### I

## II

TOULOUSE — IMPRIMERIE A. CHAUVIN ET FILS, RUE DES SALENQUES, 28.

Lightning Source UK Ltd.
Milton Keynes UK
UKHW022225241122
412725UK00008B/1024